CAUSERIES
DU LUNDI

CORBEIL. — IMPRIMERIE CRÉTÉ-DE L'ARBRE

CAUSERIES
DU LUNDI

PAR

C.-A. SAINTE-BEUVE

DE L'ACADÉMIE FRANÇAISE

CINQUIÈME ÉDITION

REVUE ET CORRIGÉE

TOME DEUXIÈME

PARIS
GARNIER FRÈRES, LIBRAIRES
RUE DES SAINTS-PÈRES, 6

CAUSERIES DU LUNDI.

Lundi 1er avril 1850.

LETTRES ET OPUSCULES INÉDITS

DE

FÉNELON.

(1850.)

Le présent volume doit s'ajouter comme un complément indispensable aux vingt-deux volumes d'*Œuvres* et aux onze volumes de *Correspondance* de Fénelon, c'est-à-dire à la très-belle et très-bonne édition de Paris (1820-1829), à laquelle ont présidé l'abbé Gosselin et l'abbé Caron. Ce nouveau volume réunit des écrits qui ne sont pas sans intérêt, quelques lettres d'affaires et d'administration, quelques autres spirituelles et de direction, et surtout de charmantes lettres amicales et familières : c'est assez déjà pour retrouver tout Fénelon. La dernière partie du volume contient des *Fables* de La Fontaine traduites en prose latine pour l'usage du duc de Bourgogne. On avait déjà donné un échantillon de ces Fables traduites ; aujourd'hui c'est toute une série jusqu'au VIIIe livre. On sait combien Fénelon goûtait La Fontaine. Au moment de la mort du poëte, il l'a loué par une jolie pièce latine dans laquelle il célèbre ses grâces ingénues, son naturel nu et simple, son élégance sans fard et cette négligence unique, à lui seul permise, inappréciable négligence, et qui l'emporte sur un style plus poli. (*Politiori stilo quantum præstitit aurea negligentia!*)

Il y a ce rapport entre Fénelon et La Fontaine, qu'on les aime tous deux sans bien savoir pourquoi et avant même de les avoir approfondis. Il émane de leurs écrits comme un parfum qui prévient et s'insinue; la physionomie de l'homme parle d'abord pour l'auteur; il semble que le regard et le sourire s'en mêlent, et, en les approchant, le cœur se met de la partie sans demander un compte bien exact à la raison. L'examen, chez l'un comme chez l'autre, pourra montrer bien des défauts, bien des faiblesses ou des langueurs, mais la première impression reste vraie et demeure aussi la dernière. Il semble qu'entre les poëtes français La Fontaine seul ait, en partie, répondu à ce que désirait Fénelon lorsque, dans une lettre à La Motte, cet homme d'esprit si peu semblable à La Fontaine, il disait : « Je suis d'autant plus touché de ce que nous avons d'exquis dans notre langue, qu'elle n'est ni harmonieuse, ni variée, ni libre, ni hardie, ni propre à donner de l'essor, et que notre scrupuleuse versification rend les beaux vers presque impossibles dans un long ouvrage. » La Fontaine, avec une langue telle que la définissait Fénelon, a su pourtant paraître se jouer en poésie, et donner aux plus délicats ce sentiment de l'exquis qu'éveillent si rarement les modernes. Il a rempli cet autre vœu de Fénelon : « Il ne faut prendre, si je ne me trompe, que la fleur de chaque objet, et ne toucher jamais que ce qu'on peut embellir. » Et, enfin, il semble avoir été mis au monde exprès pour prouver qu'en poésie française il n'était pas tout à fait impossible de trouver ce que Fénelon désirait encore : « Je voudrais un je ne sais quoi, qui est une facilité à laquelle il est très-difficile d'atteindre. » Prenez nos auteurs célèbres, vous y trouverez la noblesse, l'énergie, l'éloquence, l'élégance, des portions de sublime ; mais ce je ne sais quoi de facile qui se communique à tous les sentiments, à toutes les pensées, et qui gagne jusqu'aux lecteurs, ce facile mêlé de persuasif, vous ne le trouverez guère que chez Fénelon et La Fontaine.

Leur réputation à tous deux (chose remarquable) est allée en grandissant au xviiie siècle, tandis que celle de beaucoup de leurs illustres contemporains semblait diminuer et se voyait contester injustement. Je ne répondrais même pas qu'on n'ait point surfait quelquefois ces deux renommées diversement aimables, mais non pas dissemblables dans des ordres si différents, et qu'on n'ait point mis à les louer de cette exagération et de cette déclamation qui leur étaient si antipathiques à eux-mêmes. Ainsi, on a fort loué Fénelon d'une tolérance de doctrine et presque d'un relâchement qu'il n'avait certainement pas. Les philosophes l'ont tiré à eux comme s'il était l'un des leurs, et il a trouvé grâce devant ceux mêmes qui voulaient écraser ce qu'il adorait. Mais le dirai-je ? malgré toutes les justes remarques qui peuvent s'opposer à cette fausse vue philosophique qu'on a voulu donner de Fénelon, il y avait un instinct qui ne trompait pas entièrement ceux qui le traitaient avec cette faveur toute particulière ; car si ce n'est pas la doctrine de Fénelon qu'on peut dire tolérante, c'est sa personne et son caractère qui l'était, et il savait mettre en chaque chose un ton, un tour de grâce, une onction qui faisait tout passer, même les prescriptions rigoureuses.

J'en trouve quelques-unes qui pourraient paraître telles, dans le volume même que je viens de lire, et qui montrent que Fénelon n'était pas du tout un évêque selon l'ordination par trop commode de La Harpe, de d'Alembert et de Voltaire. Une partie des lettres nouvelles (et ce ne sont point d'ailleurs les plus intéressantes) sont adressées à M. de Bernières, alors intendant du Hainaut et ensuite de Flandre. Ce M. de Bernières, issu, si je ne me trompe, d'une famille très-liée avec Port-Royal, était homme de bien, d'un bon esprit, et vivait en parfait accord avec l'archevêque de Cambrai. En mars 1700, Fénelon lui écrit pour régler, de concert avec lui, l'observation des lois de l'Église pour le Carême : « Il m'a paru, dit le prélat, que la règle ne se rétablirait jamais, si on ne se hâtait de la renouveler après dix ans de dispense continuelle. La paix est confirmée depuis plus de deux ans ; l'hiver est doux ; la saison est assez avancée, et on doit avoir plus de légumes que les autres années ; la cherté diminue tous les jours. Si nous laissions encore les peuples manger des œufs, il en arriverait une espèce de prescription contre la loi, comme il est arrivé pour le lait, pour le beurre et pour le fromage... » Voilà donc Fénelon évêque tout de bon et dans le plus strict détail, et y attachant de l'importance. Mais tout à côté on retrouve, même dans ces sortes de détails, le Fénelon de la tradition, le Fénelon populaire. M. de Bernières, en ce même Carême de 1700, réclamait sans doute pour l'armée certaines dispenses de régime, et Fénelon s'empresse de les accorder aux soldats ; mais « il n'y a pas d'apparence, Monsieur, ajoute-t-il, que j'accorde aux officiers, payés par le roi, une dispense que je refuse aux plus pauvres d'entre le peuple. » Ce sentiment d'équité en vue surtout des petits, ce bien du peuple le préoccupe encore visiblement en d'autres endroits ; mais ceci ne nous apprendrait rien de nouveau, et je passe aux autres lettres du Recueil.

Il en est quelques-unes adressées à Mme de Maintenon. Fénelon, on le sait, avait été des plus protégés, des plus écoutés et consultés par elle, avant qu'elle eût la faiblesse de l'abandonner. Saint-Simon, dans ses Mémoires, a tellement rendu au vif cette entrée de Fénelon à la Cour, cette initiation dans le petit monde particulier de Mme de Maintenon, des ducs de Beauvilliers et de Chevreuse, cette rapide fortune de l'heureux prélat, sitôt suivie de tant de vicissitudes et de disgrâces, tout ce naufrage d'espérances qui est aujourd'hui une touchante partie de sa gloire, qu'on ne saurait que renvoyer à un tel peintre, et que ce serait profanation de venir toucher à de pareils tableaux, même lorsqu'on peut croire qu'il y a quelques traits hasardés. Saint-Simon était doué d'un double génie qu'on unit rarement à ce degré : il avait reçu de la nature ce don de pénétration et presque d'intuition, ce don de lire dans les esprits et dans les cœurs à travers les physionomies et les visages, et d'y saisir le jeu caché des motifs et des intentions ; il portait, dans cette observation perçante des masques et des acteurs sans nombre qui se pressaient autour de lui, une verve, une ardeur de curiosité qui semble par moments insatiable et presque cruelle : l'anatomiste avide n'est pas plus prompt à ouvrir la poitrine encore palpitante, et à y fouiller en tous sens pour y étaler la plaie cachée. A ce premier don de pénétration instinctive et irrésistible, Saint-Simon en joignait un autre qui ne se trouve pas souvent non plus à ce degré de puissance, et dont le tour hardi le constitue unique en son genre : ce qu'il avait comme arraché avec cette curiosité acharnée, il le rendait par écrit avec le même feu, avec la même ardeur et presque la même fureur de pinceau. La Bruyère aussi a la faculté de l'observation pénétrante et sagace ; il remarque, il découvre toute chose et tout homme autour de lui ; il lit avec finesse leurs secrets sur tous ces fronts qui l'environnent; puis rentré chez lui, à loisir, avec délices, avec adresse, avec lenteur, il trace ses portraits, les recommence, les retouche, les caresse, y ajoute trait sur trait jusqu'à ce qu'il les trouve exactement ressemblants. Mais il n'en est pas ainsi de Saint-Simon, qui, après ces journées de Versailles ou de Marly que j'appellerai des débauches d'observation (tant il en avait amassé de copieuses, de contraires et de diverses!), rentre chez lui tout échauffé, et là, plume en main, à bride abattue, sans se reposer, sans se relire et bien avant dans la nuit, couche tout vifs sur le papier, dans leur plénitude et leur confusion naturelle, et à la fois avec une netteté de relief incomparable, les mille personnages qu'il a traversés, les mille originaux qu'il a saisis au passage, qu'il emporte tout palpitants encore, et dont la plupart sont devenus par lui d'immortelles victimes.

Peu s'en faut qu'il n'ait fait aussi de Fénelon une de ses victimes; car, au milieu des charmantes et délicieuses qualités qu'il lui reconnaît, il insiste perpétuellement sur une veine secrète d'ambition qui, au degré où il la suppose, ferait de Fénelon un tout autre homme que ce qu'on aime à le voir en réalité. Sur ce point nous croyons que le tableau du grand peintre doit subir, pour rester vrai, un peu de réduction, et que sa verve s'est donné trop de saillie. Il n'avait pas pénétré et habité à loisir dans toutes les parties de cette âme aimable. Saint-Simon, par les ducs de Beauvilliers et de Chevreuse, avait connu Fénelon autant qu'on peut connaître un homme à travers ses amis les plus intimes. Directement il l'avait vu très-peu, et il nous en avertit : « Je ne le connaissais que de visage, trop jeune quand il fut exilé. » C'était assez toutefois à un tel peintre qu'une simple vue pour saisir et rendre merveilleusement le charme :

« Ce prélat, dit-il, était un grand homme maigre, bien fait, pâle, avec un grand nez, des yeux dont le feu et l'esprit sortaient comme un torrent, et une physionomie telle que je n'en ai point vu qui y ressemblât, et qui ne se pouvait oublier quand on ne l'aurait vue qu'une fois. Elle rassemblait tout, et les contraires ne s'y combattaient point. Elle avait de la gravité et de la galanterie, du sérieux et de la gaieté; elle sentait également le docteur, l'évêque et le grand seigneur, et ce qui y surnageait, ainsi que dans toute sa personne, c'était la finesse, l'esprit, les grâces, la décence, et surtout la noblesse. Il fallait effort pour cesser de le regarder... »

Quand on a une fois peint un homme de cette sorte et qu'on l'a montré doué de cette puissance d'attrait, on ne saurait jamais être accusé ensuite de l'avoir calomnié, même lorsqu'on l'aurait méconnu par quelques endroits. C'est d'ailleurs avec Saint-Simon qu'on peut combattre et corriger avantageusement Saint-Simon lui-même. Qu'on lise ce qu'il dit si admirablement du duc de Bourgogne, cet élève chéri de Fénelon, et que le prélat ne cessa de diriger de loin, jusque dans son exil de Cambrai, par le canal des ducs de Beauvilliers et de Chevreuse. Ce jeune prince, que Saint-Simon nous montre si hautain, si fougueux, si terriblement passionné à l'origine, si méprisant pour tous, et de qui il a pu dire : « De la hauteur des cieux il ne regardait les hommes que comme des atomes avec qui il n'avait aucune ressemblance, quels qu'ils fussent; à peine Messieurs ses frères lui paraissaient-ils intermédiaires entre lui et le genre humain; » ce même prince, à une certaine heure, se modifie, se transforme, devient un tout autre homme, pieux, humain, charitable autant qu'éclairé, attentif à ses devoirs, tout entier à sa responsabilité de roi futur, et cet héritier de Louis XIV ose proférer, jusque dans le salon de Marly, ce mot capable d'en faire crouler les voûtes, « qu'un roi est fait pour les sujets et non les sujets pour lui. » Eh bien! ce prince ainsi présenté par

Saint-Simon, et dont la mort lui arrache, à lui l'observateur inexorable, des accents d'éloquence émue et des larmes, qui donc l'avait transformé ainsi? Laissons la part due à tout ce que vous voudrez reconnaître le mystérieux et d'invisible dans ces opérations du dedans, même à ce qu'on appelle la grâce; laissons sa part au vénérable duc de Beauvilliers, gouverneur excellent; mais, entre les instruments humains, à qui donc fera-t-on plus large part qu'à Fénelon, à celui qui, de près comme de loin, ne cessa d'influer directement sur son élève, de lui inculquer, de lui insinuer cette maxime de *père de la patrie*, « qu'un roi est fait pour le peuple, » et tout ce qui en dépend?

Nous en savons maintenant là-dessus, à certains égards, plus que n'en savait Saint-Simon : nous avons les lettres confidentielles que Fénelon adressa de tout temps au jeune prince, les mémoires qu'il rédigea pour lui, les plans de réforme, toutes pièces alors secrètes, aujourd'hui divulguées, et qui, en permettant de laisser à l'ambition humaine la place qu'il faut toujours faire aux défauts de chacun jusque dans ses vertus, montrent celles-ci du moins au premier rang, et mettent désormais dans tout son jour l'âme patriotique et généreuse de Fénelon.

Bossuet aussi, de concert avec le duc de Montausier, a fait un élève, le premier Dauphin, père de ce même duc de Bourgogne; c'est pour ce royal et peu digne élève qu'il a composé tant d'admirables écrits, à commencer par le *Discours sur l'Histoire universelle*, dont jouit pour jamais la postérité. Mais, à y regarder de près, quelle différence de soins et de sollicitude! Le premier Dauphin prêtait moins sans doute à l'éducation ; il avait une douceur poussée jusqu'à l'apathie. Le duc de Bourgogne, avec des passions et même des vices, avait du moins du ressort, et trahissait en lui le feu sacré. « Les naturels vifs et sensibles, a dit excellemment Fénelon, sont capables de terribles égarements : les passions et la présomption les entraînent; mais aussi ils ont de grandes ressources et reviennent souvent de loin..., au lieu qu'on n'a aucune prise sur les naturels indolents.» Et cependant voit-on que Bossuet ait fait de près, pour vaincre la paresse de son élève, pour piquer sa sensibilité, ce que Fénelon a fait, dans le second cas, pour dompter et humaniser les violences du sien? Le premier grand homme a fait son devoir avec ampleur et majesté, selon son habitude, et il a passé outre. Le second a poussé les attentions et les craintes, les soins ingénieux et vigilants, les adresses insinuantes et persuasives, comme s'il y était tenu par les entrailles; il a eu les tendresses d'une mère.

Pour en revenir au présent volume, je disais donc qu'on y trouve quelques lettres que Fénelon, nouvellement à la Cour, adressait à Mme de Maintenon encore sous le charme. Le ton des *Lettres spirituelles* de Fénelon est en général délicat, fin, délié, très-agréable pour les esprits doux et féminins, mais un peu mou et entaché de quelque jargon de spiritualité quiétiste; on y sent trop le voisinage de Mme Guyon. Fénelon aussi y prodigue trop les expressions volontiers enfantines et mignardes telles que saint François de Sales en adressait à sa dévote idéale, à sa *Philothée*. Parlant de certaines familiarités et de certaines caresses que fait, selon lui, le Père céleste aux âmes redevenues petites et simples, Fénelon, par exemple, dira : « Il faut être enfant ô mon Dieu, et jouer sur vos genoux pour les mériter. » Des théologiens ont cherché querelle à ces expressions et à d'autres pareilles, au point de vue de la doctrine; un bon goût sévère suffirait pour les proscrire. Et c'est ici que la manière saine et mâle que Bossuet portait en chaque sujet retrouve toute sa supériorité.

Je sais, en parlant ainsi des Lettres de Fénelon, les exceptions qu'il convient de faire : il y en a de très-belles de tout point et de très-solides, telles que celle à une dame de qualité *sur l'éducation de sa fille,* telles que les *Lettres sur la Religion* qu'on suppose adressées au duc d'Orléans (le futur Régent), et qui se placent d'ordinaire à la suite du traité *de l'Existence de Dieu.* Mais je parle des *Lettres spirituelles* proprement dites, et je ne crains pas que ceux qui en auront lu un bon nombre me démentent.

Mme de Maintenon, en recevant les lettres de Fénelon, et tout en les goûtant pour leur délicatesse infinie, les jugeait pourtant avec cet excellent esprit et ce bon sens qu'elle appliquait à tout ce qui n'excédait pas sa portée et l'horizon de son intérieur. Elle eut des doutes sur quelques expressions un peu vives et un peu hasardées, du détail desquelles je fais grâce ici. Pour s'en éclaircir, elle consulta un autre directeur, homme de sens, l'évêque de Chartres (Godet des Marais), et Fénelon eut à se justifier, à s'expliquer. Dans l'explication de lui que nous lisons dans ce volume, et par laquelle il s'attache à réduire ces expressions mystiques et légèrement étranges à leur juste valeur, je suis frappé d'un tour habituel qui a déjà été remarqué, et qui est un trait du caractère de Fénelon. Tout en soutenant ses expressions, ou du moins en les justifiant moyennant des autorités respectables, il termine chaque paragraphe en disant, en répétant sous toutes les formes : « Un prophète (ou un saint) avait déjà dit avant moi quelque chose d'équivalent ou de plus fort, je ne fais que redire la même chose, et plutôt moins fortement ; mais *cependant je me soumets.* » Ce refrain de soumission, revenant perpétuellement à la suite d'une justification qu'il semble donner comme victorieuse, produit à la longue un singulier effet, et finit véritablement par impatienter ceux même qui sont le moins théologiens. J'appelle cela une douceur irritante, et l'impression qu'on éprouve vient bien à l'appui de cette remarque qu'avait déjà faite M. Joubert : « L'esprit de Fénelon avait quelque chose de plus doux que la douceur même, de plus patient que la patience. » C'est encore là un défaut.

Ce qui n'en est pas un, à coup sûr, c'est le caractère général de sa piété, de celle qu'il ressent et de celle qu'il inspire. Il y veut de la joie, de la légèreté, de la douceur; il en bannit la tristesse et l'âpreté : « La piété, disait-il, n'a rien de faible, ni de triste, ni de gêné : elle élargit le cœur; elle est simple et aimable; elle se fait tout à tous pour les gagner tous. » Il réduit presque toute la piété à l'amour, c'est-à-dire à la charité. Cette douceur, chez lui, n'est pourtant pas de la faiblesse ni de la complaisance. Dans le peu qu'on nous donne ici de ses conseils à Mme de Maintenon, il sait mettre le doigt sur les défauts essentiels, sur cet amour-propre qui veut *tout prendre sur soi*, sur cet esclavage de la considération, cette ambition de paraître parfaite aux yeux des gens de bien, enfin tout ce qui constituait au fond cette nature prudente et glorieuse. Il y a d'ailleurs, dans l'ensemble des *Lettres spirituelles* de Fénelon, une certaine variété par laquelle on le voit se proportionner aux personnes, et il devait surtout y avoir de cette variété dans sa conversation. Les *Entretiens* que nous a transmis Ramsai, et dans lesquels Fénelon lui développa les raisons qui devraient amener victorieusement, selon lui, tout déiste à la foi catholique, sont d'une largeur, d'une beauté simple, d'une éloquence pleine et lumineuse qui ne laisse rien à désirer. De même que l'Entretien qui nous a été conservé de Pascal et de M. de Saci est un des plus beaux témoignages de l'esprit de Pascal, de même ces Entretiens transmis par Ramsai donnent la plus haute idée de la manière de Fénelon, et surpassent même en largeur de ton la plupart de ses lettres.

La plus intéressante partie du volume qu'on publie se compose d'une suite de lettres familières adressées par Fénelon à l'un de ses amis, militaire de mérite, le chevalier Destouches. Tout ce qui passait de distingué à Cambrai (et presque toute l'armée y passait à chaque campagne, durant ces guerres des dernières années de Louis XIV) voyait Fénelon, était traité par lui; et, avec cet attrait particulier qui était le sien, il lui restait, de ces connaissances de passage, plus d'une liaison durable. Celle qu'il eut avec le chevalier Destouches fut une des plus étroites et des plus tendres. Destouches, alors âgé de quarante-trois ans, servait dans l'artillerie et avec distinction; il était homme d'esprit, cultivé, et goûtait fort Virgile. Avec cela, il était dissipé, adonné aux plaisirs, à celui de la table, qui pour lui n'était pas le seul; et l'on est obligé de convenir que le commerce qu'il eut avec Fénelon ne le convertit jamais bien à fond, puisque c'est lui qui passe pour être le père de d'Alembert, qu'il aurait eu de Mme de Tencin en 1717. Quoi qu'il en soit, Fénelon l'aimait, et ce seul mot rachetait tout. L'aimable prélat le lui dit sur tous les tons, en le grondant, en le morigénant, et en voyant bien qu'il y réussit peu :

« Si vous alliez montrer ma lettre à quelque grave et sévère censeur, lui écrivait-il un jour (avril 1714), il ne manquerait pas de dire: Pourquoi ce vieil évêque (Fénelon avait alors soixante-trois ans) aime-t-il tant un homme si profane ? Voilà un grand scandale, je l'avoue; mais quel moyen de me corriger ? La vérité est que je trouve deux hommes en vous; vous êtes double comme Sosie, sans aucune duplicité pour la finesse; d'un côté, vous êtes mauvais pour vous-même; de l'autre, vous êtes vrai, droit, noble, tout à vos amis. Je finis par un acte de protestation tiré de votre ami Pline le Jeune : *Neque enim amore decipior...* »

C'est-à-dire : « L'affection ne m'aveugle point, il est vrai que j'aime avec effusion, mais je juge, et avec d'autant plus de pénétration, que j'aime davantage. »

Cette Correspondance de Fénelon avec le chevalier Destouches nous montre le prélat jusque dans ces tristes années (1711-1714) se délassant parfois à un innocent badinage et jouant, comme Lélius et Scipion, après avoir dénoué sa ceinture. Il semble s'être proposé une gageure dans cette Correspondance, il semble avoir dit à son ami un peu libertin : « Vous aimez Virgile, vous le citez volontiers; eh bien! moi, je vous renvoie à Horace, je ne veux, pour vous battre, d'autre auxiliaire que lui, et je me fais fort de vous insinuer presque tous les conseils chrétiens qui vous conviennent, ou du moins tous les conseils utiles à la vie, en les déguisant sous des vers d'Horace. » Horace, en effet, revient à chaque ligne dans ces lettres, et c'est lui qui parle aussi souvent que Fénelon. Ces lettres donnent tout à fait l'idée de ce que pouvait être cette conversation, la plus charmante et la plus distinguée, aux douces heures de gaieté et d'enjouement; ce sont les *propos de table* et les après-dîners de Fénelon, ce qu'il y a de plus riant dans le ton modéré. On y saisit, comme si l'on y était, les habitudes de penser et de sentir, et l'accent juste de cette fine nature. Destouches avait envoyé au prélat quelques épitaphes latines : « Les épitaphes, répond Fénelon, ont beaucoup de force, chaque ligne est une épigramme; elles sont historiques et curieuses. Ceux qui les ont faites avaient beaucoup d'esprit, mais ils ont voulu en avoir;

il ne faut en avoir que par mégarde et sans y songer. Elles sont faites dans l'esprit de Tacite, *qui creuse dans le mal.* » Plus loin, après avoir cité des strophes d'Horace sur la paix, Fénelon arrive à rappeler une stance de Malherbe : « Voilà l'antique, dit-il, qui est simple, gracieux, exquis, voici le moderne *qui a sa beauté.* » Comme cela est bien dit ! comme la proportion, la nuance du moderne à l'antique, est bien observée, et comme on sent qu'il préfère l'antique ! Des traits sérieux et touchants traversent ces jeux de l'esprit. Ce fut une grande année pour Fénelon que cette année 1711. Le premier Dauphin était mort le 14 avril, et le duc de Bourgogne devenait l'héritier prochain et, selon toute apparence, très-prochain du trône. On aurait dit que, du fond de son exil de Cambrai, Fénelon recevait en plein le rayon, et qu'à côté de son royal élève il régnait déjà. Consulté par écrit sur toute matière politique ou ecclésiastique, arbitre très-écouté en secret dans les querelles du Jansénisme, redevenu docteur et oracle, il tenait déjà le grand rôle à son tour. Mais tout à coup les malheurs viennent fondre : la duchesse de Bourgogne meurt le 12 février 1712; le duc de Bourgogne la suit le 18, six jours après, âgé de vingt-neuf ans; et toutes les espérances, toutes les tendresses, oserons-nous dire les ambitions secrètes, du prélat, s'évanouissent. On voit trace de sa douleur profonde jusque dans cette Correspondance badine; mais que les paroles sont simples, vraies, et qu'elles rejettent bien loin toute maligne pensée ! Apprenant la mort de la princesse, qui précéda de si peu celle de son élève, Fénelon écrivait à Destouches (18 février) :

« Les tristes nouvelles qui nous sont venues du pays où vous êtes, Monsieur, m'ôtent toute la joie qui était l'âme de notre commerce : *Quis desiderio s't pudor...* Véritablement la perte est très-grande pour la Cour et pour tout le royaume. On disait de la princesse mille biens qui croissaient tous les jours. On doit être fort en peine de ceux qui la regrettent avec une si juste douleur. (*Quelle manière délicate d'indiquer ses craintes au sujet du duc de Bourgogne!*) Vous voyez combien la vie est fragile. Quatre jours; ils ne sont pas sûrs! Chacun fait l'entendu, comme s'il était immortel; le monde n'est qu'une cohue de gens vivants, faibles, faux et prêts à pourrir; la plus éclatante fortune n'est qu'un songe flatteur. »

Ce ne sont pas là les grands accents, les larges coups d'aile de Bossuet, du haut de la chaire, s'écriant : **Madame se meurt! Madame est morte!** Mais, avec moins d'éclat et de tonnerre, cela n'est-il pas aussi éloquent et aussi pénétrant?

En apprenant la mort du duc de Bourgogne, Fénelon n'a qu'une parole ; elle est brève et sentie, elle est ce qu'elle doit être : « Je souffre, Dieu le sait; mais je ne suis point tombé malade, et c'est beaucoup pour moi. Votre cœur, qui se fait sentir au mien, le soulage. J'aurais été vivement peiné de vous voir ici; songez à votre mauvaise santé; *il me semble que tout ce que j'aime va mourir.* » Écrire ainsi au chevalier Destouches dans une telle douleur, c'était le placer bien haut.

Le contre-coup mondain de cette perte cruelle se fait vite sentir à Fénelon. La veille, il était l'homme du règne futur et des prochaines espérances; aujourd'hui il n'est plus rien, son rêve a croulé, et s'il pouvait l'oublier un seul instant, le monde est là aussitôt pour le lui dire. Un homme considérable, ami de Destouches, avait offert sa fille à l'un des neveux de Fénelon; le lendemain de la mort du duc de Bourgogne, cet homme se dédit et retire sa promesse. Fénelon ne s'en étonne point; il ne blâme point ce père si attentif au solide établissement de sa fille; il le loue et le remercie même de la netteté de son procédé :

« Pour votre ami, écrit-il à Destouches, je vous conjure de ne
lui savoir aucun mauvais gré de son changement; son tort est
tout au plus d'avoir trop espéré d'un appui fragile et incertain;
c'est sur ces sortes d'espérances incertaines que les sages mondains
ont coutume de hasarder certains projets. Quiconque ne passerait
pas de telles choses aux hommes deviendrait misanthrope; il faut
éviter pour soi de tels écueils dans la vie, et les passer facilement
à son prochain. »

Admirable et sereine, ou du moins tranquille disposition, et qui perce en plus d'un endroit de cette Correspondance ! Fénelon connaît à fond le monde et les hommes, il n'a pas une illusion sur leur compte. Un cœur délicat comme le sien en était-il donc à avoir rien à apprendre encore, en fait de dégoûts et d'amertumes? Mais il n'est pas pour cela misanthrope, et, s'il l'était jamais, il aurait une manière de l'être qui ne ressemblerait à nulle autre :

« Je suis fort aise, mon cher bonhomme, écrit-il à Destouches,
de ce que vous êtes content d'une de mes lettres qu'on vous a fait
lire. Vous avez raison de dire et de croire que je demande peu de
presque tous les hommes; je tâche de leur rendre beaucoup, et de
n'en attendre rien. Je me trouve fort bien de ce marché; à cette
condition, je les défie de me tromper. Il n'y a qu'un très-petit
nombre de vrais amis sur qui je compte, non par intérêt, mais par
pure estime; non pour vouloir tirer aucun parti d'eux, mais pour
leur faire justice en ne me défiant point de leur cœur. Je voudrais
obliger tout le genre humain, et surtout les honnêtes gens; mais
il n'y a presque personne à qui je voulusse avoir obligation. Est-ce
par hauteur et par fierté que je pense ainsi? Rien ne serait plus sot
et plus déplacé; mais j'ai appris à connaître les hommes en vieillissant, et je crois que le meilleur est de se passer d'eux sans faire
l'entendu. » — « J'ai pitié des hommes, dit-il encore, quoiqu'ils ne
soient guère bons. »

Cette rareté de bonnes gens, qui lui paraît être *la honte du genre humain*, le ramenait d'autant plus à aimer les amis choisis qu'il s'était faits : « La comparaison ne fait que trop sentir le prix des personnes vraies, douces, sûres, raisonnables, sensibles à l'amitié, et au-dessus de tout intérêt. » Une seule fois, on lui surprend encore une curiosité d'esprit, c'est pour le prince Eugène, en qui il a cru apercevoir un vrai grand homme. Il avoue qu'il serait curieux de le connaître et de l'observer :

« Ses actions de guerre sont grandes ; mais ce que j'estime le plus en lui, c'est des qualités auxquelles ce qu'on appelle fortune n'a aucune part. On assure qu'il est vrai, sans faste, sans hauteur, prêt à écouter sans prévention, et à répondre en termes précis. Il se dérobe des moments pour lire ; il aime le mérite, il s'accommode à toutes les nations ; il inspire la confiance : voilà l'homme que vous allez voir. Je voudrais bien le voir aussi dans nos Pays-Bas ; j'avoue que j'ai de la curiosité pour lui, quoiqu'il m'en reste peu pour le genre humain. »

La mort du duc de Beauvilliers (31 août 1714) acheva de briser les derniers liens étroits qui rattachaient Fénelon à l'avenir : « Les vrais amis, écrivait-il en cette occasion à Destouches, font toute la douceur et toute l'amertume de la vie. » C'est à Destouches aussi qu'il écrivait cette admirable lettre, déjà citée par M. de Bausset, sur ce qu'il serait à désirer « que tous les bons amis s'entendissent pour mourir ensemble le même jour, » et il cite à ce sujet Philémon et Baucis ; tant il est vrai qu'il y a un rapport réel, et que nous n'avons pas rêvé, entre l'âme de Fénelon et celle de La Fontaine.

C'est assez indiquer l'intérêt de ces lettres nouvelles. On y trouverait quelques détails de plus sur la dernière année de Fénelon (1714). La paix qui venait de se signer lui imposait de nouveaux devoirs :

« Ce qui finit vos travaux, écrivait-il à Destouches, commence les miens ; la paix qui vous rend la liberté me l'ôte ; j'ai à visiter sept cent soixante et quatre villages. Vous ne serez pas surpris que je veuille faire mon devoir, vous que j'ai vu si scrupuleux sur le vôtre, malgré vos maux et votre blessure. »

Six semaines avant sa mort, dans une de ses visites pastorales, il avait versé en carrosse et failli périr; il raconte cela bien agréablement :

« Une assez longue absence a retardé les réponses que je vous dois. Il est vrai, cher homme, que j'ai été dans le plus grand danger de périr; je suis encore à comprendre comment je me suis sauvé; jamais on ne fut plus heureux en perdant trois chevaux. Tous mes gens me criaient: *Tout est perdu! sauvez-vous!* Je ne les entendais point, les glaces étaient levées. Je lisais un livre, ayant mes lunettes sur le nez, mon crayon en main, et mes jambes dans un sac de peau d'ours: tel à peu près était Archimède, quand il périt à la prise de Syracuse. La comparaison est vaine, mais l'accident était affreux. »

Et il entre dans le détail de l'accident : une roue de moulin qui se met tout à coup à tourner au bord d'un pont sans garde-fous, un des chevaux de côté qui s'effraie, qui se précipite, et le reste. — Jusqu'à la fin, malgré ses tristesses intérieures, et quoique son cœur fût resté toujours malade depuis la perte qu'il avait faite de son élève chéri, Fénelon savait sourire, et sans trop d'effort. Il a cette gaieté légère qui n'est ni une dissipation ni un mensonge, et qui, chez lui, n'est que le mouvement naturel d'une âme chaste, égale, tempérante; il a cette joie dont il a dit si bien que « la frugalité, la santé et l'innocence en sont les vraies sources. » Dans sa dernière lettre du 1er décembre 1714 (c'est-à-dire un mois avant de tomber malade de sa maladie finale), il plaisantait encore Destouches sur les *jolis* repas auxquels le chevalier s'adonnait, au risque de s'en repentir : « C'est à Cambrai, dit-il, qu'on est sobre, sain, léger, content et gai avec règle. » Le ton général de ces lettres aimables est marqué dans ces paroles mêmes. En lisant cette correspondance familière, je retrouve, comme dans tout Fénelon, quelque chose de gai, de court, de vif, de lent, d'aisé, d'insinuant et d'enchanteur.

Parmi les plaisanteries qu'on y rencontre, il en est quelques-unes qui ont trait à la querelle des Anciens et des Modernes, laquelle était alors flagrante au sein de l'Académie et qui se rallumait de plus belle, précisément quand la paix se signait en Europe. La Motte, ami du chevalier Destouches, venait de traduire, de travestir *l'Iliade* d'Homère, et il l'envoyait à Fénelon, en lui demandant son avis. Fénelon ici fut un peu faible. Invoqué pour juge et pour arbitre des deux parts, il éluda. Il pensait qu'en ces matières qui n'intéressent point le salut de l'État, on peut être plus coulant que dans d'autres, et incliner vers la politesse. Il répondit à La Motte par des compliments et des louanges, sans vouloir se prononcer sur le fond; il s'en tira par un vers de Virgile, qui laisse la victoire indécise entre deux bergers: *Et vitula tu dignus, et hic...* La victoire indécise entre La Motte et Homère! Et c'est Fénelon, le traducteur, le continuateur de *l'Odyssée*, le père du *Télémaque*, qui parle ainsi! Est-il bien possible de pousser à ce point la tolérance? Évidemment Fénelon n'avait pas cette irritabilité de bon sens et de raison qui fait dire *Non* avec véhémence, cette faculté droite et prompte, même un peu brusque, que Despréaux portait en littérature, et Bossuet en théologie. Nous retrouvons encore ici un côté faible.

A chacun sa gloire et ses ombres. On peut prendre Fénelon en défaut sur quelques points. Bossuet, en théologie, l'a poussé rudement. Je le trouve également réfuté, gourmandé avec force, à propos de ses *Dialogues sur l'Éloquence* et de quelques assertions hasardées sur les orateurs anciens, par un homme instruit, un esprit rigoureux et nullement méprisable, également adversaire de Rollin, Gibert. Mais qu'importent aujourd'hui quelques inexactitudes? Fénelon a eu l'esprit de piété, et il a eu l'esprit de l'antiquité. Il unit en lui ces deux esprits, ou plutôt il les possède et les contient chacun dans sa sphère, sans combat, sans lutte, sans les mettre aux prises, sans que rien vienne avertir du désaccord, et c'est un grand charme. Pour lui, le combat du Christianisme et de la Grèce n'existe pas, et *Télémaque* est le monument unique de cette heureuse et presque impossible harmonie.

Le *Télémaque* (comment n'en pas dire un mot en parlant de Fénelon?) n'est pas de l'antique pur. De l'antique pur aujourd'hui serait plus ou moins du calqué et du pastiche. Nous avons eu, depuis lors, de frappants modèles de cet antique étudié et refait avec passion et avec science. Le *Télémaque* est autre chose, quelque chose de bien plus naïf et de plus original dans son imitation même. C'est de l'antique ressaisi naturellement et sans effort par un génie moderne, par un cœur chrétien, qui, nourri de la parole homérique, s'en ressouvient en liberté et y puise comme à la source; mais il la refait et la transforme insensiblement, à mesure qu'il s'en ressouvient. Cette beauté ainsi détournée, adoucie et non altérée, coule chez Fénelon à plein canal, et déborde comme une fontaine abondante et facile, une fontaine toujours sacrée, qui s'accommode à sa nouvelle pente et à ses nouvelles rives. Pour apprécier comme il convient le *Télémaque*, il n'est que de faire une chose ; oubliez, si vous le pouvez, que vous l'avez trop lu dans votre enfance. J'ai eu l'an dernier ce bonheur ; j'avais comme oublié le *Télémaque*, et j'ai pu le relire avec la fraîcheur d'une nouveauté.

Littérairement, on a beaucoup loué et cherché à définir Fénelon, mais nulle part, selon moi, avec une sensibilité d'expression plus heureuse et une plus touchante ressemblance que dans le passage suivant, où il s'agit autant de son style que de sa personne : « Ce qu'il faisait éprouver n'était pas des transports, mais une succession de sentiments paisibles et ineffables : il y avait dans son discours je ne sais quelle tranquille harmonie, je ne sais quelle douce lenteur, je ne sais quelle longueur de grâces qu'aucune expression ne peut rendre. » C'est Chactas qui dit cela dans *les Natchez*. Il est assez singulier qu'une telle parole se rencontre dans la bouche du Sauvage américain, mais elle n'en est pas moins belle et parfaite, et digne qu'on l'inscrive à la suite des pages de Fénelon.

Lundi 8 avril 1850.

ŒUVRES
DE
BARNAVE,

Publiées par m. bérenger (de la drôme).

— 4 volumes. —

C'est en 1843, c'est-à-dire cinquante années juste après la mort de Barnave, qu'ont paru ses Œuvres très-authentiques recueillies par la piété d'une de ses sœurs, Mme de Saint-Germain, aidée des soins de M. Bérenger. Barnave n'était connu auparavant que comme orateur; mais l'orateur, toujours en représentation et en scène, ne laisse pas suffisamment percer l'homme. Ici, dans ces Œuvres, c'est l'homme au contraire qu'on saisit, c'est la nature et la qualité de l'esprit encore plus que celle du talent, c'est la personne morale. Barnave, rentré en janvier 1792 dans ses foyers, après la clôture de l'Assemblée constituante, mis en état d'arrestation en septembre de cette même année, détenu pendant plus d'un an avant de périr sur l'échafaud, profita de cet intervalle pour écrire des réflexions de tout genre sur les objets habituels qui l'occupaient. Ces pensées politiques et autres, par leur caractère de gravité et de vérité, par l'absence de toute déclamation, par la sincérité des aveux et le noble regret des fautes commises, par les sages vues d'avenir qui se mêlent au jugement du présent, font beaucoup d'honneur à Barnave, et ne peuvent que confirmer, en l'épurant, l'impression d'intérêt et d'estime qui demeure attachée à sa mémoire. Je ne vois pas qu'on ait fait assez d'attention à ces volumes dans le moment où ils parurent, et c'est une omission à réparer.

Barnave avait vingt-sept ans au moment où il fut élu membre des États-Généraux, et il est mort à trente-deux ans. Dès les premiers jours, il se fit remarquer dans l'Assemblée par la clarté et la netteté de son esprit et de sa parole, et il prit rang avec faveur. Une phrase malheureuse qui lui échappa, et sur laquelle nous reviendrons, le fit plus homme de parti qu'il n'aurait fallu. Il gagna vite en autorité malgré sa jeunesse, et grandit dans les discussions; il compta dans toutes les délibérations importantes. Une fois ou deux il parut embarrasser Mirabeau, et il eut l'honneur de le tenir en échec. Son principal talent était dans l'argumentation ; il intervenait volontiers sur la fin d'un débat et avait l'art de l'éclaircir, de le résumer. Mme de Staël a remarqué qu'il était plus fait par son talent qu'aucun autre député, pour être orateur à la manière des Anglais, c'est-à-dire un orateur de raisonnement et de discussion. Le nerf, la vigueur, de nobles sentiments non joués, le préservaient de l'inconvénient que ses ennemis auraient pu lui reprocher, que Mme Roland lui reproche, et qui eût été un peu de froideur. Il y eut dans l'Assemblée constituante des orateurs plus puissants, plus impétueux, plus tonnants, et qui donnaient plus l'idée de la grande éloquence; il n'en est peut-être aucun qui eût plus que lui « la facilité de discuter, de lier des idées, de parler sur la question sans avoir écrit. » S'il fallait nommer à distance, parmi les membres de cette grande Assemblée, l'orateur qui la représenterait le plus fidèlement depuis le premier jusqu'au dernier jour, dans sa continuité et sa tenue d'esprit, dans sa capacité, dans son éclat, dans ses fautes, dans son intégrité aussi et dans l'œuvre de sa majorité saine, ce ne serait ni Mirabeau, trop grand, trop corrompu, enlevé trop tôt, qu'on devrait choisir, ni Maury, le Mirabeau de la minorité, ni La Fayette, trop peu éloquent, ni d'autres; ce serait, pour l'ensemble de qualités qui expriment le mieux la physionomie de l'Assemblée constituante, ce jeune député du Dauphiné, Barnave.

Il naquit à Grenoble, le 22 octobre 1761, d'un père homme de loi respecté, d'une mère noble et belle. Ses parents professaient la religion réformée; mais il ne paraît y avoir rien puisé, en aucun temps, qu'une certaine habitude réfléchie et grave. Il fut élevé dans l'austérité et aussi dans la tendresse domestique, au foyer de cette honnête et forte bourgeoisie, dont il sera bientôt le champion et le vengeur. Une circonstance assez frappante dut agir sur son esprit dès l'enfance. Sa mère, un jour, l'avait conduit au spectacle; il n'y avait qu'une seule loge vacante, et elle s'y mit. Mais cette loge était destinée à l'un des complaisants du duc de Tonnerre, gouverneur de la province, et le directeur, puis l'officier de garde vinrent prier Mme Barnave de se retirer. Elle s'y refusa, et, sur l'ordre du gouverneur, quatre fusiliers arrivèrent pour l'y décider. Le parterre déjà prenait parti, et une collision était à craindre, lorsque M. Barnave, prévenu de l'affront fait à sa femme, survint et l'emmena en disant : « Je sors par ordre du gouverneur. » Tout le public, toute la bourgeoisie ressentit l'injure faite aux Barnave et le leur témoigna hautement.

On prit l'engagement de ne retourner désormais au spectacle que quand satisfaction aurait été donnée, et on n'y revint, en effet, qu'après plusieurs mois, lorsque Mme Barnave eut consenti à y reparaître. L'impression de cette injure dut agir sur l'esprit précoce de Barnave enfant : on n'apprécie jamais mieux une injustice, une inégalité générale, que quand on en est atteint soi-même, ou dans les siens, d'une manière directe et personnelle. Barnave, dès qu'il y vit jour, fit donc serment « de relever *la caste à laquelle il appartenait* (c'est son expression) de l'état d'humiliation auquel elle semblait condamnée. »

Fier, ardent, impatient de l'injustice, profondément animé du sentiment de la dignité humaine, on le voit de bonne heure réagir sur lui-même, s'imposer des règles de conduite et d'étude, s'analyser, joindre la réflexion et la méthode aux premiers mouvements. Il aime à se rendre compte de tout par écrit. A seize ans, il a un duel et se bat pour son frère, plus jeune, qu'on a insulté; il est blessé à quelques lignes du cœur. A dix-sept ans, il ne fréquente volontiers que des gens au-dessus de son âge; doué des avantages du corps et d'une élégance naturelle, il recherche pourtant avant tout les entretiens sérieux. Avec un goût vif pour la littérature, il sait se contraindre et s'appliquer fortement au Droit par déférence pour son père. Si l'austérité de celui-ci le tenait un peu à distance, il trouvait auprès de sa mère, de son jeune frère et de ses sœurs, de quoi s'épancher et se détendre avec enjouement. Mais, là encore, l'habitude de son esprit se décèle dans sa tournure grave. On le voit donner à ses jeunes sœurs de charmants conseils dont la gaieté ne faisait qu'assaisonner la justesse. Il perd de bonne heure ce jeune frère pour qui il s'est battu, et qui s'annonçait avec une grande distinction dans les sciences exactes. Il le pleure, il exhale ses regrets dans quelques pages senties et touchées tout à fait à l'antique :

« Tu étais, s'écrie-t-il, un de ceux que je séparais parmi le monde, et je t'avais placé bien près de mon cœur. Hélas! tu n'es plus qu'un souvenir, qu'une pensée fugitive : la feuille qui vole et l'ombre impalpable sont moins atténuées que toi. »

Il est remarquable, en plus d'un endroit, comme l'idée d'une existence future après cette vie est presque naturellement absente de la supposition de Barnave.

« Mais, ô chère image! continue-t-il, non, tu ne seras jamais pour ton frère un être éteint et fantastique : souvent présent à ma pensée, tu viens animer ma solitude... Quand une pensée douce vient m'émouvoir, je t'appelle à ma jouissance. Je t'appelle surtout lorsque mon cœur médite un projet honnête, et c'est en voyant sourire ta physionomie que j'en goûte plus délicieusement le prix. Souvent tu présides aux pensées qui viennent animer mes rêves avant le sommeil. Je ne me cache point de toi, mais il est bien vrai que, lorsque mon âme est occupée de ses faiblesses, je ne cherche plus tant à t'appeler. Alors je ne te vois plus sourire. Oh! ta belle physionomie est un guide plus sûr que la morale des hommes. »

Il y a encore sur sa mère une page touchante, qui se rapporte au lendemain de cette perte cruelle. Si Barnave a jamais atteint à quelque chose qui approche de ce qu'on peut appeler le sentiment ou l'expression poétique (accident chez lui très-rare), c'est ce jour-là qu'il y est arrivé par l'émotion. Il faut citer cette page heureuse par laquelle il prend place entre Vauvenargues et André Chénier, ses frères naturels, morts au même âge, qu'on aime à lui associer pour le talent et pour le cœur comme pour la destinée.

SUR SA MÈRE

(*Après la mort de son frère.*

« Elle s'était levée malade; nous descendîmes tous pour déjeuner; après quelques moments, elle vint aussi, mais elle ne voulut rien prendre; cela faisait de la peine à tout le monde.

« Comme son estomac lui faisait mal, je lui proposai du café, elle le prit. Pendant le reste du jour, elle ne sentit plus de mal, mais nous lui trouvâmes une certaine mélancolie. Si délicate et si tendre, un rien porte sur son cœur et réveille ses émotions.

« Le vent du midi soufflait; toute la journée il agita les arbres sous les fenêtres et abattit les dernières feuilles de l'année. »

Comme ce vent du midi, qui souffle et abat les dernières feuilles, est amené ici par une harmonie délicate et sensible !

« Le soir, à la fin du jour, nous fûmes promener, elle, Adélaïde et moi. En allant, nous chantâmes des airs tendres et mélancoliques; nous parlâmes des talents de Saint-Huberti. La soirée, le vent, les nuages, la feuille volante, parlaient un langage attendrissant. Nous étions émus, et peu à peu le silence remplaçait notre entretien. — Ce vent m'attriste, dit-elle une fois. — Un moment après, je lui parlai, et elle ne me répondait plus; elle était oppressée; elle le fut longtemps, malgré nos paroles et nos caresses, auxquelles elle ne pouvait pas répondre. Enfin, le témoignage de notre affection calma un peu la violence de sa situation; nous parvînmes à l'attendrir. Elle nomma péniblement mon frère, en se laissant aller sur mon épaule; ses fibres douloureuses se relâchèrent; elle sanglota; les larmes vinrent, et elle en fut soulagée. La sympathie de nos cœurs calmait le sien; je lui montrais notre Du Gua (c'est le nom de son frère) plus heureux que nous, heureux, si nos cœurs lui étaient connus, de toutes les traces qu'il y a laissées. Nous nous promîmes de travailler toute la vie à nous consoler l'un par l'autre de la perte que nous avions faite. Ses larmes coulèrent plus librement; elle redevint tranquille. Mais, pendant le reste de la promenade, nous ne pûmes plus parler, et l'objet qui avait fait son mal nous occupait tous. »

Dans cette intelligente et patriotique province du Dauphiné, la jeunesse sérieuse de Barnave trouvait des sujets d'inspiration et d'exercice ; sa vie politique commença avant l'âge. Le Dauphiné, a-t-il remarqué, se distingua de bonne heure, dans la résistance des autres provinces, par une marche *hardie* et *méthodique* : c'est là aussi le double caractère qu'offre toute la carrière de Barnave. En se livrant à l'étude du Droit, il se sentit d'abord poussé bien moins vers les lois civiles que vers les lois politiques ; il lut avec avidité, il s'empressa d'extraire et d'approfondir tous les ouvrages français composés sur ces matières de gouvernement et d'institutions. Dès l'année 1783, à l'âge de vingt-deux ans, il prononça, à la clôture des audiences du Parlement, un Discours *sur la nécessité de la division des pouvoirs dans le Corps politique*. Quand survinrent les troubles du Dauphiné, l'insurrection régulière contre les Édits et la convocation spontanée des États de cette province, qui accomplit par avance sa révolution, il se trouva tout prêt ; il fut l'un des plus prompts à donner le signal par un écrit courageux et opportun. Il fit ses premières armes sous le digne Mounier, et mérita d'être porté à ses côtés, et par les mêmes suffrages, aux États-Généraux.

Il raconte en termes simples et véridiques ses impressions premières et sa situation d'esprit à son arrivée à Versailles : « Ma position personnelle dans ces premiers moments, dit-il, ne ressemblait à celle d'aucun autre : trop jeune pour concevoir l'idée de diriger une Assemblée aussi imposante, cette situation faisait aussi la sécurité de tous ceux qui prétendaient à devenir chefs ; nul ne voyait en moi un rival, et chacun pouvait y apercevoir un élève ou un sectateur utile. » Il commençait déjà à exercer de l'ascendant par la netteté de ses opinions et par la vigueur de sa parole. Les chefs l'accueillaient avec bienveillance ; et lui, avec cette illusion confiante à laquelle n'échappe aucune noble jeunesse, il voulut user d'abord de cette espèce d'influence qu'ils paraissaient lui accorder, pour tenter de les réunir : « Ainsi, dit-il, je fis de vains efforts pour rapprocher Mounier et l'abbé Sieyès, entreprise bien digne d'un jeune homme à l'égard de ces hommes impérieux, qui étaient arrivés pour faire prévaloir des systèmes opposés. »

Lui-même il se forma vite et se décida sur la ligne à suivre. On l'avait considéré d'abord comme *l'aide-de-camp* de Mounier, il fit ce qu'il fallait pour se détacher et paraître lui-même. Selon lui, « Mounier et ses partisans semblaient ne s'être point aperçus qu'il y eût une révolution ; ils voulaient construire l'édifice avec des matériaux qui venaient d'être brisés. » Ce groupe d'hommes honorables, mais obstinés, rencontra vite des obstacles insurmontables, et ils abdiquèrent. En dehors d'eux, trois systèmes dès lors étaient en présence : le premier visait à régénérer le pouvoir monarchique en changeant la personne du monarque : c'était la secrète pensée du parti d'Orléans. Le second système, qui ne réunissait encore qu'un petit nombre d'adeptes, tendait déjà à substituer au pouvoir monarchique le gouvernement républicain. Enfin, le troisième système, qui était alors celui du plus grand nombre, consistait à conserver tout à la fois le trône et celui qui l'occupait, et « à renouveler toutes les autres parties en les prenant pour ainsi dire en sous-œuvre, et en les plaçant à l'abri de cette pièce principale. » C'est à ce dernier parti que Barnave se rallia franchement, sans arrière-pensée ; mais sa marche ne fut pas exempte d'entraînements, de déviations et d'erreurs. Il se lia dès les premiers mois avec Duport et avec les Lameth, et, jusqu'à la fin, cette étroite liaison subsista sans s'affaiblir. Il appelle ces amis de son choix, à qui il resta de tout temps fidèle, « des hommes *remplis de défauts,* mais de probité, de caractère et de courage. » Il parle ainsi d'eux dans les écrits qu'il composa pour lui seul ; il en parla de même devant ses accusateurs et en face de l'échafaud : ce double jugement se confirme et concorde trop exactement pour ne pas être bien sincèrement le sien. J'ai dit qu'une parole malheureuse vint, presque dès les premiers jours changer sa situation à l'Assemblée et altérer la candeur de son caractère. Cette parole est celle qui lui échappa dans la séance du 23 juillet 1789, à l'occasion des assassinats de Foulon et de Bertier, dont Lally-Tolendal tirait politiquement parti en les dénonçant : « Le sang qui vient de se répandre était-il donc si pur? » Voilà le mot fameux, le mot inexcusable et fatal qui échappa à Barnave, et qui, si on l'isolait, si on le pressait en tous sens, comme l'ont fait ses ennemis, calomnierait étrangement ses instincts et son cœur. « Tous ceux avec qui j'ai vécu, dit-il, ont vu, par mes actions et par mes discours, que je faisais surtout consister l'élévation du caractère dans ces deux choses, la *franchise* et la *mesure;* et si, dans le cours de la Révolution, j'ai quelquefois oublié celle-ci, je déclare que c'est alors seulement que j'ai cessé d'être moi-même. » Après avoir regretté cette expression irréfléchie, il ajoute dans des pages sincères :

« Mais voici, avec la même vérité, le mouvement qui se passa en moi, et comment elle me fut arrachée.

« J'ai toujours regardé comme une des premières qualités d'un homme la faculté de conserver sa tête froide au moment du péril, et j'ai même une sorte de mépris pour ceux qui s'abandonnent aux larmes quand il faut agir. Mais ce mépris, je l'avoue, se change en une profonde indignation quand je crois m'apercevoir qu'un certain étalage de sensibilité n'est qu'un jeu de théâtre.

« Voici maintenant le fait:

« Avant qu'on parlât dans l'Assemblée de cet événement, Desmeuniers me montra une lettre qui le lui annonçait. J'en fus fortement ému, et je l'assurai que je sentais comme lui la nécessité de mettre un terme à de tels désordres.

« Un moment après, M. de Lally fit sa dénonciation. On aurait cru qu'il parlerait de Foulon et de Bertier, de l'état de Paris, de la nécessité de réprimer les meurtres. Non ; il parla de lui, de sa sensibilité, de son père ; il finit par proposer une proclamation.

« Je me levai alors. J'avoue que mes muscles étaient crispés... »

On voit, ce me semble, la situation, l'attitude et le geste des deux parts : d'un côté, M. de Lally, celui qu'on a appelé le plus gras, le plus gai, le plus gourmand des hommes sensibles, ce personnage spirituel et démonstratif, à qui un moment d'éloquence généreuse et de pathétique dans sa jeunesse permit d'être déclamateur toute sa vie, ayant le beau rôle des larmes et se le donnant ici comme toujours ; de l'autre côté, un homme jeune, ardent, un peu amer, irrité de voir un mouvement d'humanité devenir une machine oratoire et un coup de tactique ; qu'on se représente les deux hommes en présence, et tout s'expliquera. Mais le mot n'en fut pas moins très-fâcheux pour Barnave. Il fallut toute sa vie et surtout sa mort pour le racheter. Ajoutons seulement que l'excessive sévérité avec laquelle, en temps de calme, et du fond de leur fauteuil, bien des gens sont portés à juger de tels accidents, prouverait seulement qu'ils diraient peut-être pis eux-mêmes dans le tumulte et dans l'occasion.

La vie publique de Barnave est connue, et ce n'est pas sur la suite des travaux et des actes mémorables qui la composent que nous avons ici à insister. Dans les pages de réflexions et de considérations élevées qu'il écrivit dans la retraite ou dans la captivité en 1792, il faut lui rendre cette justice qu'il parle surtout des choses et des événements généraux, et très-peu de lui. Il n'en parle guère que pour y joindre quelques aveux qui sont faits pour toucher. Il confesse que l'amour de la popularité fut longtemps son faible et son idole, et que, s'il dévia un moment de la droiture de sa ligne, ce fut pour la ressaisir quand il la vit près de s'échapper :

« Dès qu'un homme faible, a-t-il remarqué, sent échapper la popularité, il fait mille efforts pour la retenir, et, pour l'ordinaire, ce moment est celui où on manque le plus à son opinion, et où l'on peut se laisser entraîner aux plus folles et aux plus funestes extravagances. — Pour un homme de caractère, l'abus contraire serait plutôt à craindre, et, tout comme l'autre y eût mis de la lâcheté, il serait enclin à y mettre du dépit. »

Cet homme de caractère, c'est lui-même, et c'est lui aussi qui, à un certain moment, fut cet homme faible. Écoutons ces nobles aveux :

« Je me suis senti la première disposition (celle de la faiblesse) au commencement de 1791, et la seconde (celle du dépit) pendant la même année, après l'affaire des Colonies. Je me suis tellement surveillé, que je ne pense pas m'être écarté de ma ligne naturelle ; mais la seconde fois, si je ne me fusse imposé pendant quinze jours un silence presque absolu, il y aurait eu quelques moments de chaleur où je me serais donné des torts réels et ineffaçables. »

A un autre endroit, il convient plus explicitement d'avoir dévié de sa ligne, lorsque, redevenant assidu aux séances publiques de l'Assemblée, d'où ses travaux dans les Comités l'avaient quelque temps éloigné, il s'aperçut que sa popularité avait notablement baissé, et que les attaques du dehors avaient agi. Ce genre de disgrâce, tout nouveau pour lui, le trouva singulièrement vulnérable : « Cette époque de ma vie publique est la seule, nous avoue-t-il, où je n'aie pas été parfaitement moi-même ; une faute m'entraînait dans une autre. » Et il les énumère. Nous recommandons la lecture de ces pages à ceux qui entrent loyalement dans la carrière publique, et qui ne veulent ni flatter l'idole de l'opinion régnante, ni (ce qui est un autre travers) se faire un rôle de la braver.

Barnave donne le petit tableau suivant, qui est curieux en ce qu'il offre une sorte de statistique ou d'échelle de la popularité dans cette première période révolutionnaire :

« Necker est le premier qui, de notre temps, en France, ait joui de ce qu'on appelle popularité. — Elle s'attacha à La Fayette, lors de la création de la garde nationale. Bientôt après, Mirabeau la partagea avec lui ; mais celle de Mirabeau, comme celle de M. d'Orléans, fut toujours accompagnée de beaucoup de méfiance. Charles Lameth et moi l'avons eue ensuite, un peu diminuée cependant, en ce que La Fayette conservait encore un grand nombre de partisans. — Nous la perdîmes dans l'affaire des Colonies, mais le scélérat qui nous l'enleva (*il se montre moins emporté en d'autres endroits contre Brissot*) ne put la recueillir, parce que le peuple, tout léger qu'il est, a cependant un tact qui ne peut s'attacher à cette sournoise hypocrisie; elle est donc allée à Robespierre, mais tellement décrue, qu'on peut dire qu'il n'a peut-être pas recueilli le quart de nos partisans. »

Oui, elle alla à Robespierre diminuée en nombre et en étendue, mais accrue en intensité et portée jusqu'au fanatisme, ce qui la rendit plus réelle et plus redoutable.

La popularité de Barnave n'était encore qu'à demi entamée, quand il fut choisi avec La Tour-Maubourg et Pétion, en qualité de commissaire de l'Assemblée, pour ramener à Paris Louis XVI fugitif, qu'on venait d'arrêter à Varennes. On a fait sur ce chapitre bien des suppositions et des romans; rien de plus simple et de plus net que la conduite de Barnave. Elle est attestée directement par lui-même, et non moins directement par le témoignage peu suspect de Pétion. Celui-ci, en effet, a écrit une Relation de ce retour de Varennes, Relation encore manuscrite, et dont j'ai pu lire une copie dans le cabinet de l'ancien et toujours gracieux Chancelier de France, M. Pasquier. Ce récit de Pétion fait autant d'honneur à Barnave qu'il en fait peu au narrateur lui-même, et, par un oubli étrange, celui qui parle n'a pas l'air de s'en douter. En présence de ces grandes et touchantes infortunes, Pétion ne semble occupé que d'une chose, du respect de sa propre vertu, du dessein qu'il suppose à tout le monde de la surprendre et de la corrompre, du soin qu'il a de la préserver et de la faire valoir. Il y a des portions niaises, et d'autres qui pourraient sembler pires encore. Rien n'égale la vulgarité du ton, si ce n'est celle des sentiments. Quant à Barnave et à Maubourg, desquels il se méfie beaucoup, Pétion leur rend justice par cette méfiance même ; il témoigne à quel point, en cette circonstance, ils étaient préparés à sentir autrement que lui :

« Depuis longtemps, dit Pétion en commençant son récit, je n'avais aucune liaison avec Barnave ; je n'avais jamais fréquenté Maubourg. Maubourg connaissait beaucoup Mme de Tourzel (gouvernante des Enfants de France), et on ne peut se dissimuler que Barnave avait déjà conçu des projets. Ils crurent très-politique de se mettre sous l'abri d'un homme qui était connu pour l'ennemi de toute intrigue, et l'ami des bonnes mœurs et de la vertu. »

Mœurs et vertu à part, ce témoignage a du prix. Il importe, en effet, à la vérité historique de reconnaître que ce qu'on a appelé le changement de Barnave ne date point de ce voyage, ne tient point à une simple émotion, bien concevable d'ailleurs et bien naturelle, mais à une modification antérieure et raisonnée de vues et de principes. Les impressions d'alors ne firent qu'y venir en aide et la confirmer. Quant au voyage même, il résulte des détails les plus circonstanciés et les plus précis, qu'il n'y eut point et ne put y avoir à aucun moment, entre Barnave et la reine, aucun entretien bien particulier.

Pétion et Barnave, qui étaient dans l'intérieur de la voiture royale, ne se quittèrent pas.

« Nous arrivions insensiblement à Dormans, écrit Pétion ; j'observai plusieurs fois Barnave (qui était placé en face de lui, entre le roi et la reine), et quoique la demi-clarté qui régnait ne me permît pas de distinguer avec une grande précision, son maintien avec la reine me paraissait honnête, réservé, et la conversation ne me semblait pas mystérieuse. »

Et un peu plus loin, au sortir de La Ferté-sous-Jouarre.

« Barnave causa un instant avec la reine, mais, à ce qu'il me parut, d'une manière assez indifférente. »

Ce qui arriva tout naturellement et inévitablement, c'est que la reine, en femme qu'elle était, reconnut à l'instant dans Barnave l'attitude, l'accent, les égards de ce qu'on appellera toujours en France un homme *comme il faut ;* elle se sentit, de sa part, l'objet d'une pitié respectueuse et discrète ; elle comprit que, dans une certaine mesure, elle pouvait compter sur lui. Barnave, de son côté, repassant dans sa prison les souvenirs de cette époque, a pu dire d'une conjoncture si touchante, « qu'en gravant dans son imagination ce mémorable exemple de l'infortune, elle lui avait servi sans doute à supporter facilement les siennes. »

L'impression ne se borna point d'ailleurs à une simple disposition morale ; des actes politiques éclatants s'en ressentirent. Le premier grand Discours de Barnave à l'Assemblée, sur la question même qu'avait soulevée cette fuite, sur l'inviolabilité royale remise en question, peut compter pour son plus beau triomphe, bien qu'un triomphe éphémère. Il s'y élève à une hauteur de vues politiques et d'éloquence à laquelle il n'avait pas encore atteint, et on le dirait inspiré du génie de Mirabeau. Il essaie, en cette circonstance désastreuse, de relever, de restaurer dans toute sa pureté cet idéal, si compromis, du roi constitutionnel inviolable et impeccable, que l'impétuosité de l'esprit français n'a jamais pu accepter ni se figurer, mais qu'il était honorable de lui offrir. Sur ce roi à demi déchu et si humilié, il essaie de jeter le manteau protecteur de la théorie et de la loi, et il le fit avec une largeur, une dignité, une chaleur de mouvement qui arracha des applaudissements presque unanimes. C'est alors que, voulant montrer tout le danger qu'il y avait pour la liberté même à rendre la personne du monarque responsable à ce degré soit en mal, soit en bien, il s'écria : « A ceux qui s'exhalent avec une telle fureur contre l'individu qui a péché, je dirai : *Vous seriez donc à ses pieds si vous étiez contents de lui!* »

Mirabeau avait dit un jour à Barnave, pour signifier que son talent d'orateur n'était pas du génie : « Il n'y a point de divinité en toi! » Si Barnave a jamais donné un démenti au mot de Mirabeau, ce fut ce jour-là.

Dans la dernière partie de ce Discours, sortant du détail des récriminations, coupant court aux partis mitoyens et prenant les faits en masse, il envisageait l'avenir dans toute son étendue, il disait : « Tout changement est aujourd'hui fatal; tout prolongement de la Révolution est aujourd'hui désastreux. La question, je la place ici, et c'est bien là qu'elle est marquée par l'intérêt national. Allons-nous terminer la Révolution? allons-nous la recommencer? » Ce discours, lu aujourd'hui, a quelque chose de prophétique; la sensation du moment fut profonde; Barnave eut cause gagnée dans l'Assemblée, mais la cause était déjà perdue au dehors.

Et ce ne fut pas seulement à la tribune qu'il devint désormais l'homme de la monarchie constitutionnelle; il paraît certain que Barnave, après le retour de Varennes, accepta et entretint, d'une manière ou d'une autre, quelques liaisons avec la Cour, et qu'il donna plus ou mions directement des conseils. Le récit de Mme Campan, bien qu'inexact sur plusieurs points, et trahissant dans son ensemble une légère teinte romanesque qui sied peu à Barnave, ne semble point permettre de doute là-dessus. Dans les ouvrages de Barnave que nous avons sous les yeux, et qui ont été écrits durant sa captivité, on ne saurait s'étonner de ne voir aucune mention ni trace de ces relations secrètes, desquelles le simple soupçon allait suffire pour causer sa perte. On demeure pourtant dans un réel embarras lorsqu'on entend Barnave, dans la Défense qu'il prononça devant le Tribunal révolutionnaire, s'exprimer en ces termes : « J'atteste, sur ma tête, que jamais, absolument jamais, je n'ai eu avec le Château la plus légère correspondance ; que jamais, absolument jamais, je n'ai mis les pieds au Château. » Voilà qui est formel. Une telle déclaration, placée en regard du récit de Mme Campan, ne laisse pas d'embarrasser, je le répète, et de jeter dans une vraie perplexité ; car on se refuse à admettre que Barnave ait parlé simplement ici comme un avocat qui se croit en droit de nier tout ce qui n'est pas prouvé. Mais tout en s'y refusant par respect pour son caractère moral, on ne sait quelle autre explication trouver. Il est à regretter que M. Bérenger, dans l'estimable et intéressante Notice qu'il a placée en tête des présents volumes, n'ait point abordé et discuté ce point délicat pour le fixer avec précision ; c'est là une lacune fâcheuse dans un travail qui pourrait autrement passer pour définitif. S'il n'y avait, de la bouche de Barnave, cette dénégation précise qui gêne, on n'aurait d'ailleurs aucune raison pour devoir dissimuler ce qui, après tout, eût été honorable et avouable. Barnave n'était pas et ne se donna jamais pour républicain : c'était un royaliste constitutionnel qui, même en secret, ne dut jamais suggérer de conseils que dans ce sens. Mais il crut peu à l'efficacité de ses paroles; il quitta Paris avant l'époque indiquée par Mme Campan; il ne s'y trouvait plus dès les premiers jours de janvier 1792, et il était retourné dans ses foyers. Ses lettres écrites aux Lameth, à cette date, indiquent assez en quel sens et de quelle nature pouvaient être les seuls conseils qu'il fût capable de donner (1).

Barnave avait vite mûri. Ses jugements sur les derniers actes de l'Assemblée constituante sont d'une grande sagesse. Il démêle et fait vivement ressortir les fautes suprêmes de cette grande Assemblée, de même qu'il a dévoilé, chemin faisant, les siennes propres. En interdisant à ses membres l'entrée de la prochaine législature et en les déclarant exclus de tous les emplois à la nomination du roi, l'Assemblée constituante prolongeait et rouvrait la Révolution, au moment même où elle la proclamait close. Elle brusquait la conclusion à plaisir, et substituait à une vraie solution politique un dénoûment de théâtre. En coupant toute communication entre elle et ses successeurs, elle faisait exactement comme si elle eût voulu leur indiquer de tout recommencer; ils y étaient bien assez disposés d'eux-mêmes. Dès lors le sort de la Révolution, si aventuré déjà, fut totalement remis en question. On avait manqué le port, et il fallait faire double traversée : « Ce n'est plus le voyage de l'Amérique, disait ingénieusement Barnave, c'est celui de l'Inde. » Mais il n'en concluait pourtant pas au découragement ni au désespoir, et il écrivait de Grenoble à l'un des Lameth (31 mars 1792) : « Des hommes qui ont *excessivement* voulu une révolution ne peuvent pas, au milieu du chemin, manquer de tête ou de courage. »

(1) Je renvoie à la fin de l'article pour quelques détails qui me sont venus sur ces rapports de Barnave avec la Cour.

Ce noble sentiment de dévouement et de foi à sa cause ne l'abandonna jamais, même au milieu des dégoûts et des ingratitudes; il en a consacré l'expression dans une page généreuse qui résume tout son examen final de conscience en politique :

« (1792). Quel espace immense franchi dans ces trois années, et sans que nous puissions nous flatter d'être arrivés au terme!

« Nous avons remué la terre *bien profond*, nous avons trouvé un sol fécond et nouveau; mais combien en est-il sorti d'exhalaisons corrompues! Combien d'esprit dans les individus, combien de courage dans la masse; mais combien peu de caractère réel, de force calme, et surtout de véritable vertu!

« Arrivé sur mes foyers, je me demande s'il n'eût pas autant valu ne jamais les quitter; et j'ai besoin d'un peu de réflexion pour répondre, tant la situation où nous a placés cette nouvelle Assemblée abat le courage et l'énergie.

« Cependant, pour peu qu'on réfléchisse, on se convainc que, quoi qu'il arrive, nous ne pouvons pas cesser d'être libres, et que les principaux abus que nous avons détruits ne reparaîtront jamais. Combien faudrait-il essuyer de malheurs pour faire oublier de tels avantages! »

Ceci devait être écrit dans les premiers temps de son retour à Grenoble. La captivité changea peu à ces dispositions. Détenu durant plus d'une année en Dauphiné, les nombreux écrits par lesquels il remplissait les longues heures de réflexion et de solitude sont empreints du même caractère : maturité, sagesse, élévation, aucun sentiment irrité ni haineux, rien de personnel. Je ne dirai pas que toutes les idées m'en paraissent également nettes, dégagées et venues à terme; il en est qui ne sont évidemment qu'à l'état d'essais. Il entre beaucoup de hasard dans ses vues littéraires, et encore plus dans ses aperçus physiologiques; il y a beaucoup de tâtonnements, même dans ses considérations politiques, lorsqu'il sort de ce qu'il sait le mieux, et qu'étendant son regard au delà de l'horizon intérieur, il aborde, par exemple, les questions de relations étrangères. Mais en ce qui est de la France, de la connaissance des partis, du jeu des divers éléments, de leur qualité et de leur force relative, il est juge excellent. Ce qu'il dit du parti modéré, du parti constitutionnel d'alors, de cette majorité saine de la nation, de cette bourgeoisie dont il était l'honneur et qu'il connaissait si bien, est digne de remarque :

« Le parti modéré, qui, soit par le nombre, soit par la composition, pourrait être regardé comme la nation même, est presque nul pour l'influence; il se jette, à la vérité, pour faire poids, du côté qui cherche à ralentir le mouvement, mais à peine ose-t-il expliquer publiquement son vœu. Lorsque les événements qu'il a redoutés le plus sont consommés, il y souscrit, il abandonne ses anciens chefs et ses anciens principes, et cherche seulement, dans la nouvelle marche, à former encore l'arrière-garde et à retarder la marche de la colonne révolutionnaire, à la suite de laquelle il se traine à contre-cœur.

« Ce parti a toujours lâchement abandonné ses chefs, tandis que le parti aristocratique ou populaire a toujours vaillamment soutenu les siens. Tout ce qu'on peut en attendre, en général, ce sont des vœux secrets et quelques applaudissements lorsqu'on a vaincu pour lui. Un faible appui dans le succès, nulles ressources dans la défaite, aucun espoir de vengeance.

« Dans cette Révolution, il n'y a jamais eu de l'énergie, de l'ensemble et du talent que pour l'attaque... »

Décidément, Barnave est un général qui connaissait bien son armée. Il ne connaissait pas moins bien ses adversaires. Après le 10 août, posant nettement le parallèle entre les auteurs de la première révolution et ceux de la seconde, il termine par cette question : « Les premiers ont voulu l'établissement d'une monarchie libre et limitée : *qu'ont voulu les autres ?* » C'est l'histoire des Girondins de tous les temps.

Barnave fut transféré des prisons du Dauphiné à Paris,

en novembre 93; pendant le trajet, et prévoyant le terme prochain, il écrivait de Dijon à l'une de ses sœurs une lettre qui est comme le testament de cette âme grave, noble et stoïquement tendre :

« Je suis encore dans la jeunesse, écrivait-il, et cependant j'ai déjà connu, j'ai déjà éprouvé tous les biens et tous les maux dont se forme la vie humaine; doué d'une imagination vive, j'ai cru longtemps aux chimères; mais je m'en suis désabusé, et, au moment où je me vois près de quitter la vie, les seuls biens que je regrette sont l'amitié (personne plus que moi ne pouvait se flatter d'en goûter les douceurs), et la culture de l'esprit, dont l'habitude a souvent rempli mes journées d'une manière délicieuse. »

Mais il reconnaît en même temps que cette jouissance modérée, tout en le consolant, ne lui suffisait pas pour le bonheur. S'occupant alors de ceux qui vont survivre, de sa mère, de ses sœurs, des amis qu'il n'ose nommer, il parle avec cet accent qui dénote l'intégrité morale conservée tout entière. L'honneur domestique et la religion de la famille respirent dans ces recommandations affectueuses à ses sœurs :

« Avant tout, n'épousez que des hommes dont la conduite et les sentiments puissent aller avec les vôtres; eussent-ils peu de fortune, pourvu qu'ils y suppléent par un état ou une capacité de travail, ne vous arrêtez pas à cet obstacle. Il faut pouvoir sentir et penser ensemble, et ne former entre vous qu'une famille comme nous étions : c'est la première base du bonheur. »

En finissant, il n'a pas l'air de croire avec bien de la certitude à la persistance de la pensée au delà de cette vie :

« Mes bonnes amies, l'espoir que vous parviendrez à une existence heureuse embellira mes derniers moments, il remplira mon cœur. Si, au delà de la vie, ce sentiment existait encore, si l'on se rappelait ce qu'on a quitté, cette idée serait la plus douce pour moi. Que, peu à peu, mon idée devienne tendre sans être douloureuse. Songez que j'ai fait un voyage éloigné, que je ne souffre pas, que si je pouvais sentir, je serais heureux et content, pourvu que vous le soyez »

C'est ainsi qu'un ancien, un ami de Cicéron ou de Thraséas, pouvait parler de sa fin prochaine au milieu des siens, et savait mourir.

Après tout, mourir à trente-deux ans, au comble d'une vie si remplie, au moment où la jeunesse rayonne encore, où l'expérience acquise n'a pas encore achevé de flétrir en nous l'espérance et la foi à la régénération de la société et aux futures destinées humaines, ce n'est peut-être pas un sort si lamentable. Que serait devenu Barnave s'il avait franchi cette époque funeste, s'il avait vécu? Il aurait vu arriver ce moment qu'il prévoyait, où la nation, *rassasiée de discours*, se jeta tout entière du côté de la victoire. Le Consul, qui fit placer la statue de Barnave à côté de celle de Vergniaud dans le grand escalier du palais du Sénat, lui en aurait fait monter, vivant, les degrés. Il serait devenu le comte Barnave sous l'Empire. Il aurait vieilli honorablement, mais en sentant s'affaiblir sa flamme et en ne portant plus l'éclair au front. L'autre fin pour lui a été plus digne et plus belle. Le voilà immortel dans la mémoire des hommes; il y est fixé à jamais dans l'attitude de la jeunesse, du talent, de la vertu retrouvée à travers les erreurs et les épreuves, et du sacrifice suprême, enviable, qui épure et rachète tout.

NOTE. — Je dois à la bienveillance de M. le marquis de Jaucourt, ancien ministre d'État, lequel a beaucoup connu Barnave, quelques explications qui répondent à la question que je me suis posée au sujet des rapports du célèbre orateur avec la Reine. Voici ce que M. de Jaucourt et les personnes les mieux informées de sa société croyaient à cet égard (je ne fais que reproduire exactement ce qui m'est transmis) :

« Barnave ne vit jamais la Reine. C'est Duport qui la voyait, au nom de Barnave; mais l'intermédiaire habituel était le chevalier de Jarjayes, dont la femme était de la maison de la Reine. Quand la Reine voulait faire à Barnave une communication quelconque, elle mettait un écrit cacheté dans la poche de Jarjayes, et celui-ci le transmettait à Barnave, lequel, après en avoir pris connaissance, le replaçait recacheté dans la poche du messager, de façon que la Reine pût le reprendre et le détruire. Le même procédé servait aux avis que Barnave voulait donner à la princesse; même passage par ladite poche et même retour aux mains de Barnave. Il en résulte que Barnave pouvait dire, à la rigueur ou *à peu près*, devant le Tribunal révolutionnaire, qu'il n'avait jamais eu avec la Reine des relations directes, qu'il ne l'avait jamais vue, etc. D'ailleurs, les communications paraissent avoir été rédigées d'une façon telle, et tellement à la troisième personne, que ni l'un ni l'autre correspondant ne pouvaient en être fort compromis. La poche de Jarjayes était comme un bureau où chacun déposait sa réflexion, son impression personnelle, son *monologue,* sans avoir l'air de se douter qu'un autre que soi en pût prendre connaissance.

« Il reste sans doute (à examiner les choses avec une précision mathématique) une certaine restriction, une certaine interprétation à donner au mot de Barnave devant le Tribunal révolutionnaire : *Je n'ai jamais eu de correspondance avec le Château.* Mais tel tribunal, telle déposition. »

Voilà l'explication la plus plausible, dans les termes mêmes où je la reçois; et, malgré tout, le sentiment moral persiste à souffrir d'une dénégation si formelle de la part de Barnave.

Lundi 22 avril 1850.

PLINE LE NATURALISTE.

HISTOIRE NATURELLE, TRADUITE PAR M. E. LITTRÉ.

Il y a déjà longtemps que j'ai envie, ne fût-ce que par variété, de parler une fois d'un ancien, et je n'ose. Ce n'est pas que les sujets manquent. J'ai là sur mon bureau des livres qui sont fort dignes qu'on s'en occupe et qu'on les recommande aux lecteurs studieux : et, par exemple, un *Essai sur l'Histoire de la Critique chez les Grecs*, dans lequel M. Egger a rassemblé avec science, avec esprit, toutes les notions curieuses qu'on peut désirer sur les critiques, les rhéteurs, les grammairiens de l'antiquité avant et depuis Aristote. Le centre, le corps principal du travail est Aristote lui-même et sa *Poétique* traduite, commentée, cette Poétique que tant de gens hier invoquaient encore et que si peu ont lue. Mais, pour aborder convenablement les anciens, il faut des préparations singulières. Machiavel, en des années de disgrâce où il se voyait forcément mêlé à une vie vulgaire, ne les lisait qu'à une certaine heure du jour, et après avoir fait sa toilette comme pour se rendre digne de les approcher. Et puis, ce n'est pas tout de les approcher; si l'on veut encore les présenter et les faire agréer aux autres, à quel degré de familiarité ne faut-il pas les posséder? Pour y rendre attentifs les hommes de notre temps, si occupés à bon droit de leurs affaires, de leurs craintes, et qui, dans leurs courtes distractions, ne veulent pas du moins d'effort, je ne sais si tout l'art même suffirait. Les hommes pris en masse ne s'intéressent qu'à ce qui les touche, aux choses d'hier, à celles qui retentissent encore, aux grands noms qu'une gloire favorable n'a pas cessé de rendre présents. Le reste est matière d'étude, de curiosité solitaire, de projet lointain pour les années de la retraite et du repos, pour ces années qu'on ajourne toujours et qui ne viendront jamais; mais dans le courant habituel, dans le torrent des intérêts et des idées, quand on n'a qu'un quart d'heure à donner çà et là aux Lettres proprement dites, on n'a pas le temps, en vérité, de venir prêter l'oreille à un ancien, pas plus que, dans une foule où tout nous pousse, il n'y a moyen de s'arrêter à converser avec un vieillard qui s'exprime avec majesté et lenteur.

Pourtant, Pline aujourd'hui m'a tenté. Parmi les anciens, les deux Pline sont restés des plus présents et des plus récents au souvenir. Ils sont venus à nous en se donnant la main, l'oncle et le neveu; celui-ci nous a raconté, dès notre enfance, la mort mémorable de l'autre. On en sait assez d'eux pour en désirer davantage. Pline l'Ancien, dit *le Naturaliste*, vient d'être traduit complétement par M. Littré, et le traducteur excellent a de plus apprécié son auteur dans une Notice écrite, comme tout ce qui sort de la plume de M. Littré, avec hauteur de vues, indépendance et fermeté. C'est le cas de se former une idée juste du personnage célèbre qui nous est ainsi montré en pleine lumière.

Pline l'Ancien n'était pas tout à fait un naturaliste, comme on se le figurerait au premier abord d'après le titre et la renommée de son principal ouvrage : c'était un homme de guerre, un administrateur. Né sous Tibère, mort la même année que Titus, il avait traversé les règnes de Claude et des autres empereurs en servant dans les armées, dans les diverses charges publiques. Jeune, commandant un corps de cavalerie en Germanie, il avait fait un traité spécial, et de théorie, sur *l'Art de lancer le javelot à cheval*. Il avait de plus écrit en vingt livres l'Histoire des *Guerres de Germanie*, ce qui ne l'empêcha point de composer ensuite des livres de rhétorique et même de grammaire sur les difficultés du langage. C'est sous Néron qu'il s'amusa à ces menues questions grammaticales et littéraires; il n'était pas sûr alors à la pensée de prendre son vol plus haut. Il s'appliqua dans un temps à la jurisprudence, et il plaida comme avocat. Cette diversité de fonctions et d'études était la force et l'honneur des Romains. Quand il mourut dans l'éruption du Vésuve, âgé de cinquante-huit ans, il était commandant de la flotte à Misène. Outre sa grande *Histoire naturelle*, dans ses dernières années il avait écrit l'*Histoire* politique *de son temps*, en trente et un livres. Son neveu nous a peint son genre d'esprit et ses habitudes de travail dans une lettre intéressante. Pline ne perdait pas un instant : levé avant le jour, il trouvait du temps la nuit pour ses travaux de prédilection; c'est là ce qu'il appelait ses moments de loisir. Donnant la journée aux fonctions publiques et au service de ses princes, il réglait le reste avec le sommeil et lui disputait le plus qu'il pouvait. *Vivre*, disait-il, *c'est veiller*. Aussi, quoique mort avant le terme, peu de gens ont plus vécu que lui

« On n'est pas né pour la gloire lorsqu'on ne connaî pas le prix du temps. » Cette pensée de Vauvenargues semble avoir été la règle de conduite de Pline. Il lisait ou se faisait lire à tous les instants, prenait des notes et faisait des extraits de tout. Il avait pour principe « qu'il n'est livre si mauvais dont on ne puisse tirer profit par quelque endroit. » Il poussait son économie du temps jusqu'à l'avarice. Un jour qu'il se faisait lire quelque chose devant un de ses amis, celui-ci fit répéter au lecteur une phrase qui avait été mal prononcée. — « Aviez-vous compris ? » dit Pline. Et comme l'ami répondit qu'il avait compris : « Alors, ajouta Pline, pourquoi faire recommencer ? Votre interruption nous a fait perdre dix lignes. » Il regardait comme perdu tout le temps qui n'était pas donné à l'étude. Ses extraits sur toute matière étaient considérables. Son neveu possédait de lui jusqu'à cent soixante registres de morceaux de choix, écrits, dit-il, d'une écriture très-fine, et même sur le verso.

On devine déjà ce que peut être l'*Histoire naturelle*, écrite par un homme dont c'est là la principale méthode. Ce sera un vaste répertoire, un inventaire de tout ce qui aura été dit, bien plutôt que de ce qu'il aura vu et observé par lui-même. Pline n'est pas le moins du monde un Aristote, c'est-à-dire un génie directement observateur et original, critiquant l'objet de ses expériences ou de ses lectures, et aspirant à découvrir les vraies lois. On a pu dire avec une magnifique justesse, du précepteur d'Alexandre, que si quelqu'un a mérité d'être appelé l'instituteur du genre humain, c'est lui. Il n'y eut dans toute l'antiquité qu'un Aristote. Pline n'est rien moins que cela ; il ne nous offre qu'un studieux zélé, un curieux de la nature, mais un curieux surtout dans le cabinet. Ce n'est pas qu'il n'observe directement les faits quand l'occasion s'en présente. Il parle quelque part d'expériences qu'il aurait faites sur le chant du cygne ; il ira voir volontiers une collection de plantes médicinales dans le jardin d'un célèbre amateur de son temps, Antonius Castor ; tout ce qu'il peut voir de curieux, il le voit : témoin sa mort mémorable. Cette mort, qui se confond avec la catastrophe du Vésuve, lui a donné dans la postérité l'air d'un observateur opiniâtre, et d'un martyr généreux de la science. En réalité, c'était plutôt un lettré, un érudit, admirant et étudiant la nature à travers les livres et les traités des autres, desquels il extrait et compile élégamment la substance et la fleur, et pas seulement la fleur, car il ne choisit pas toujours, et il agrée les erreurs tout autant que les vérités. Dans cet immense Digeste de la nature, dans cette Encyclopédie en trente-sept livres, le rédacteur et collecteur paraît remarquable avant tout et maître, en ce qu'un large souffle de talent et de grandeur y circule, en ce que la vigueur de sa plume ne faiblit nulle part, et ne se lasse pas d'exprimer tant de détails souvent fastidieux. Il les égaie par des anecdotes historiques piquantes; il les orne au moins par la concision; il les relève toutes les fois qu'il peut par des vues morales qui ont leur beauté, même lorsqu'elles touchent au lieu-commun, par un sentiment profond de l'immensité sacrée de la nature, et aussi par celui de la majesté romaine.

Après une préface sous forme de Lettre familière adressée à Titus, Lettre spirituelle, mais difficile à saisir en quelques parties, et qui n'est pas du même ton que le reste de l'ouvrage, Pline entre en matière. Le second livre (lequel est véritablement le premier, puisque la préface ne saurait compter pour un) traite du monde et des éléments. En laissant de côté la physique et les explications particulières, en ne s'attachant qu'à ce que j'appelle les idées, il est aisé de reconnaître dans Pline un philosophe, un esprit supérieur à la plupart des choses qu'il va enregistrer. A propos du soleil, âme de la nature, dont il trace un éclatant tableau, il en vient à parler de Dieu. Il pense « que c'est le fait de la faiblesse humaine que de chercher l'image et la forme de Dieu. » Métaphoriquement, on peut dire que le soleil est « le

principal régulateur, la principale divinité de la nature; »
mais, en réalité, il ne faut pas chercher à Dieu une forme
particulière, encore moins croire qu'il y en a un nombre
infini. Et ici Pline se sépare des opinions populaires de
son temps; il ne croit pas (est-il besoin de le dire?) aux
divinités païennes, mythologiques; et quant aux divinités héroïques et aux apothéoses : « C'est être Dieu pour
l'homme, dit-il, que de venir en aide à l'homme, et telle
est la voie qui mène à l'éternelle gloire. » Mais, à part
cette interprétation morale, le *dieu Auguste* et le *dieu
César* ne lui imposent pas autrement. Pline appartient
à cette classe d'esprits élevés et éclairés, tels que l'ancienne civilisation en possédait un assez grand nombre
avant le Christianisme, qui ne séparent point l'idée de
Dieu de celle de l'univers, qui ne croient pas qu'elle en
soit distincte, et qui, dans le détail de la vie et l'usage
de la société, condescendent d'ailleurs aux idées reçues
et aux préjugés utiles : « Il est bon, dans la société, de
croire que les dieux prennent soin des choses humaines... La religion, répète-t-il en plus d'un endroit, est
la base de la vie. » Mais ce n'est qu'une religion toute
politique comme l'entendaient les Romains. Aussi Pline
pourra nous transmettre ensuite bien des détails de superstition, il ne sera pas inconséquent pour cela. Ce
qu'il rapporte de singulier, il est loin de l'admettre nécessairement; sa foi n'y est pas engagée, il nous en prévient assez souvent pour qu'on se tienne pour averti là
même où il ne prévient pas. Comme érudit, il suit ses
auteurs, et tout ce qu'il y trouve à son gré, il l'enre-
gistre sous leur garantie; c'est à faire à eux d'en répondre. Ce n'est pas qu'il n'accueille de son fait et n'autorise bien des erreurs, sur les songes, par exemple, sur
les comètes, sur les présages dus à la foudre : dans l'i-
gnorance où il est des explications naturelles, il regarde

ces accidents singuliers, non pas comme la cause, mais comme le symptôme d'autres événements avec lesquels il les suppose liés d'une manière mystérieuse. De même, il est tenté d'attribuer à une certaine force infuse dans la nature, à une sorte d'ivresse divine qui la possède par moments, les irrégularités, les productions bizarres, les merveilles capricieuses qu'il ne saurait rapporter à des lois. Ce sont là des préjugés et des erreurs; ce sont surtout des explications vagues. Mais dès l'abord, ce me semble, on ne laisse pas de reconnaître en Pline un homme éclairé de son temps, un de ceux avec lesquels un homme éclairé du nôtre pourrait entrer en commerce immédiat et s'entendre, profiter et mettre du sien sans être choqué en rien d'essentiel et sans choquer à son tour; avec qui, en un mot, on causerait de plain-pied comme avec un de ses pairs. Les explications que Pline n'avait pas, on les lui donnerait, et on ne trouverait en lui aucun obstacle d'un autre ordre, aucune résistance mystique ou théologique; il admettrait sur preuve la rondeur de la terre, les antipodes, et le reste. J'insiste sur ce point, parce qu'en le comparant avec un célèbre encyclopédiste du moyen-âge, Vincent de Beauvais, M. Littré ne me paraît pas avoir assez dégagé peut-être la nature de l'esprit de Pline, esprit qui est tout voisin du nôtre, qui est à bien des égards notre contemporain, tandis que celui du bon chapelain de saint Louis aurait fort à faire pour le devenir (1).

Pline a le culte et l'enthousiasme de la science, une admiration reconnaissante pour les inventeurs illustres, le sentiment du progrès indéfini des connaissances hu-

---

(1) Des personnes très-compétentes m'assurent que, tout en rendant justice à Pline, je n'accorde pas assez à Vincent de Beauvais qu'en effet je connais trop peu, et je mets ici cette critique qu'on m'adresse, à titre de réparation.

maines, le regret de les voir négligées parfois et retardées par des intérêts subalternes, par des passions égoïstes et cupides. Au chapitre sur les météores et les principaux souffles des vents, il faut l'entendre parler des anciens observateurs grecs et de leur supériorité relative : « Mon étonnement est extrême, dit-il, quand je vois que dans le monde, autrefois si plein de discordes et divisé en royaumes comme en autant de membres, un aussi grand nombre d'hommes s'est livré à la recherche de choses si difficiles à trouver, et cela sans en être empêchés par les guerres, par les hospitalités infidèles, par les pirates ennemis de tous, et interceptant presque les passages; et cela avec un tel succès, que, pour des lieux où ils ne sont jamais allés, on en apprend plus sur certains points, à l'aide de leurs livres, que par toutes les connaissances des habitants. De nos jours, au contraire, au sein d'une paix que fête l'univers, sous un prince qui se plaît tant à voir prospérer les choses de la nature et les arts, non-seulement on n'ajoute rien aux découvertes déjà faites, mais encore on ne se tient pas même au niveau des connaissances des anciens. Les récompenses n'étaient pas autrefois plus grandes, car la puissance souveraine était partagée entre plus de mains ; et pourtant beaucoup ont fouillé ces secrets de la nature, sans autre rémunération que la satisfaction d'être utiles à la postérité. *Ce sont les mœurs qui ont déchu, et non les récompenses.* » Cet éloquent regret revient en plus d'un endroit, bien qu'ailleurs il reconnaisse aussi les facilités et les bienfaits que l'on doit à cette unité pacifique de l'Empire. Mais c'est au luxe surtout, aux satisfactions de la table et de la mollesse, que toutes les activités dès lors étaient tournées. Savez-vous bien qu'on se moquait de Pline dans son temps, qu'on le raillait, lui amiral, général d'armée, de se livrer à ces recherches qui semblaient parfois minutieuses et frivoles, de s'en aller demander à l'étude des herbes et des simples je ne sais quelles recettes qu'il fallait laisser à Caton l'Ancien? « Le monde raille les recherches auxquelles je me livre, disait-il, et tourne en ridicule mes travaux ; mais dans ce labeur, tout immense qu'il est, ce m'est une grande consolation encore de partager ce dédain avec la nature. »

Il y a du rhéteur dans Pline ; il ne faut ni le méconnaître ni l'exagérer. Quand, redescendant des sphères et des astres, et de la région orageuse des météores, il en vient à décrire la terre, il se livre à un lieu-commun véritable, exaltant, amplifiant les qualités et les mérites de cette surface du globe, subtilisant pour lui prêter plus de vertus qu'il n'est besoin. Il fait un petit tableau qui devait être très-beau à citer dans les écoles du temps, comme nous ferions d'une belle page descriptive de Bernardin de Saint-Pierre ou de Chateaubriand. Mais aussi, et tout comme chez eux, des idées morales s'y mêlent et relèvent vite ce qui a pu sembler de pure rhétorique. Comparant sur ce globe la chétive étendue de la terre par rapport à celle de l'Océan et des mers (disproportion qui semblera encore évidente aujourd'hui malgré la découverte des continents nouveaux), il nous montre avec ironie ce théâtre de notre gloire, de nos ambitions, de nos fureurs ; il dira presque comme a dit depuis le poëte Racan, qui, dans de beaux vers, nous transporte en idée avec le sage au haut de l'Olympe :

> Il voit comme fourmis marcher nos légions
> Dans ce petit amas de poussière et de boue,
> Dont notre vanité fait tant de régions !

Pline a le sentiment de la misère et à la fois de la grandeur de l'homme, des contradictions qu'il croit y découvrir. « Rien de plus superbe que l'homme, dit-il, ou de plus misérable. » Cuvier lui a reproché une philosophie chagrine. Né à une époque de calamités et de corruption, Pline porte en effet ses impressions morales, et comme ses ressentiments de société, dans la considération de la nature. Son livre VII, où il traite de l'Homme, commence par un tableau énergique, éloquent et sombre, où il semble se ressouvenir des couleurs du poëte Lucrèce, et préparer la matière aux réflexions d'un Pascal. Il nous montre l'homme, le seul de tous les animaux, jeté *nu sur la terre nue*, signalant son entrée dans le monde par des pleurs, ignorant le rire avant le quarantième jour; et il s'attache, en toute rencontre, à nous faire voir, par une sorte de privilége fatal, ce maître de la terre malheureux, débile, toujours en échec, et, jusque dans l'éclair du plaisir, toujours prêt à se repentir de la vie. Je n'ai pas à discuter ici cette manière de voir dont Pascal a si puissamment usé depuis. Il est de grands esprits qui exagèrent peut-être les difficultés et qui créent les contradictions au sein d'eux-mêmes, pour se donner ensuite le tourment et le triomphe de les dénouer. De plus conciliants philosophes, des esprits plus largement contemplateurs, ont prétendu « qu'il n'y a point de contradictions dans la nature. » Il est difficile pourtant, si indulgent qu'on soit, de n'en point apercevoir quelques-unes dans l'homme, tel du moins que nous le voyons. Pline s'est contenté de les marquer, sans essayer d'en rendre compte. Tout ce livre sur l'Homme est d'ailleurs des plus curieux chez lui. Après avoir ramassé toutes sortes de singularités et bizarreries physiologiques sur les sexes, sur les organes des sens, il en vient aux grands hommes, à ceux qui ont excellé ou primé par une distinction quelconque. César lui paraît à bon droit avoir été, dans l'ordre de l'action, le premier des mortels : « Je pense, dit-il, que l'homme né avec l'esprit le plus vigoureux est le dictateur César. Je ne parle pas ici de son courage, de sa fermeté, de cette hauteur de pensée capable d'embrasser tout ce qui est sous le ciel; mais je parle d'une vigueur qui lui était propre, et d'une rapidité qui semblait de feu. » Et après quelques détails connus, il ajoute : « Il a livré cinquante batailles rangées, l'emportant seul sur M. Marcellus, qui en avait livré trente-neuf. Sans parler des victoires remportées dans les guerres civiles, 1,192,000 hommes ont péri dans les combats livrés par lui. Ce n'est pas que je lui compte à titre de gloire un tel méfait, fût-il commis par nécessité, contre le genre humain : et il en est convenu lui-même, en ne donnant pas le chiffre du carnage des guerres civiles. » Ce sentiment moral et humain de Pline est digne de remarque; il ne se lasse point de l'exprimer en maint endroit, mais nulle part plus admirablement que quand il parle de Sylla : « Le seul homme qui jusqu'à présent se soit attribué le surnom d'*Heureux* est L. Sylla, sans doute pour l'avoir acheté par le sang des citoyens et la prise d'assaut de la patrie. Et quels furent ses titres à se dire heureux? Est-ce parce qu'il put proscrire et égorger tant de milliers de Romains? O la détestable raison, et où l'avenir a plutôt vu un titre de malheur! N'eurent-elles donc pas un meilleur sort ces victimes d'alors que nous plaignons aujourd'hui, tandis qu'il n'est personne qui n'exècre Sylla? Et sa fin ne fut-elle pas plus cruelle que le malheur de tous ceux qu'il proscrivit, lui dont la chair se rongeait elle-même et enfantait son propre supplice? » On sait l'affreuse maladie dont mourut Sylla. Et Pline nous apprend que, tandis que l'usage général à Rome était déjà de brûler les corps, la famille Cornélia, ainsi que quelques autres familles, avait conservé les rites anciens qui consistaient à les enterrer. Mais

Sylla, le premier de sa race, voulut être brûlé à sa mort ; car il craignait, par représailles, d'être déterré un jour comme il avait fait déterrer le cadavre de Marius. Telle fut la préoccupation dernière de cet homme, le seul qui se soit proclamé heureux.

A côté et comme en regard de César, Pline exalte Cicéron, celui qu'il appelle *le flambeau des Lettres*. Il faut voir dans le texte (car les meilleures traductions sont pâles en ces endroits) avec quelle effusion il célèbre ce beau génie, le seul que le peuple romain ait produit de vraiment égal à son empire : « Je te salue, ô toi, s'écrie-t-il, qui le premier fus nommé Père de la patrie, toi qui le premier méritas le triomphe sans quitter la toge... » A quelques livres de là nous apprenons à regret que le fils indigne de l'illustre orateur était un buveur éhonté ; qu'il se vantait d'avaler d'un seul trait des mesures de vin immenses ; qu'un jour qu'il était ivre, il jeta une coupe à la tête d'Agrippa : « Sans doute, dit ironiquement Pline, ce Cicéron voulait enlever à Marc-Antoine, meurtrier de son père, la palme du buveur. »

Le livre de Pline sur l'Homme est rempli de particularités, d'anecdotes intéressantes et qu'on ne trouve que là. Il va faisant un choix dans l'élite humaine et prélevant en chaque genre, comme il dit, *la fleur des mortels*. La gloire du génie le préoccupe et y tient une grande place. Il nous apprend que Ménandre, le prince des poëtes comiques, à qui les rois d'Égypte et de Macédoine rendaient un si bel hommage en le demandant avec une flotte et des ambassadeurs, refusa leurs offres, et s'honora encore davantage en préférant le sentiment littéraire, la *conscience des Lettres* (c'est le mot de Pline), à la faveur des rois.

Pendant que les Lacédémoniens assiégeaient Athènes, Bacchus, dit Pline, apparut plus d'une fois en songe à

Lysandre leur roi, l'avertissant qu'il eût à ne pas troubler l'enterrement de celui qui avait fait *ses délices*, les délices de Bacchus dont les fêtes à l'origine se confondaient avec les solennités du théâtre. C'était le grand poëte Sophocle qui venait de mourir. Lysandre, ayant demandé alors les noms des citoyens nouvellement morts dans Athènes, y reconnut aussitôt celui que le dieu voulait désigner, et laissa faire en paix ses funérailles. Conclurons-nous de cette anecdote que Pline croyait au dieu Bacchus? Oh! non pas. Mais si l'anecdote n'est pas vraie, elle était digne de l'être; et Pline, qui sentait ainsi, nous l'a conservée.

Toutes les anecdotes de Pline ne sont sans doute pas aussi délicates et aussi belles, et il y en a pour les goûts les plus divers. Après avoir épuisé sa série de curiosités de tout genre relatives à l'homme, il conclut par quelques réflexions philosophiques sur les *Mânes*, et sur ce qui suit la sépulture. Ces réflexions sont telles qu'on les peut attendre d'un esprit ferme, positif, sans illusion, sans croyance religieuse proprement dite. Je n'ai ni à l'en féliciter, ni encore moins à l'en reprendre. Ce que je tiens à marquer, c'est que des pensées comme celles que j'indique, et rendues avec une si forte expression, suffisent à classer un esprit, quoi qu'il puisse dire ensuite et avoir l'air d'accueillir ou de croire. L'antiquité aussi a eu son xviiie siècle, j'entends par là sa manière philosophique de penser. Ce xviiie siècle des anciens a commencé de très-bonne heure et a duré fort longtemps, et Pline, si l'on va au fond, en était.

« Non-seulement, a dit Buffon le plus bienveillant de ses juges, il savait tout ce qu'on pouvait savoir de son temps, mais il avait *cette facilité de penser en grand*, qui multiplie la science. Il avait cette finesse de réflexion de laquelle dépend l'élégance et le goût, et il communique à ses lecteurs une certaine liberté d'esprit, une hardiesse de pensée qui est le germe de la philosophie...» Le jugement de Buffon est extrêmement favorable à Pline; il semble que le grand écrivain ait eu pour lui de la reconnaissance, qu'il ait deviné qu'on lui reprocherait un jour à lui-même quelques-uns des défauts qu'on peut imputer à l'auteur romain, et qu'il se soit plu d'avance à saluer en lui quelques-unes de ses propres qualités, quelques-uns des traits généraux de sa manière. Buffon, à l'égard de Pline, apporte ce je ne sais quoi de libéralité et de largesse qu'il est séant toujours aux nobles esprits de s'accorder entre eux à travers les âges. Il y a comme de l'hospitalité dans son jugement. Il accueille et traite son célèbre devancier comme un hôte de Rome à qui il ferait les honneurs du Jardin-du-Roi. Le jugement de Cuvier, plus sévère, est beaucoup plus juste, a remarqué M. Littré. Cuvier insiste moins que Buffon sur les mérites littéraires et philosophiques de Pline; il les reconnaît pourtant, et fait la part de tout avec une stricte mais incontestable justesse. C'est un dessin exact, tracé d'une main sûre. Il apprécie et définit Pline et ses caractères avec autant de précision qu'il en mettrait à décrire tout autre individu de l'histoire naturelle. Quant aux autres jugements que cite M. Littré, et qui proviennent d'hommes spéciaux dans les sciences, ils sont sévères jusqu'à sembler durs. Je m'incline; ces maîtres compétents ont sans doute trois fois raison en ce qui les concerne; mais, en ce que nous avons droit de comprendre comme eux, ils ont tort. Si Pline a senti si bien et si souvent exprimé la majesté, la grandeur et (pourquoi ne dirait-on pas comme lui?) la religion de la nature, eux, ils n'ont nullement senti et daigné saisir cet esprit général circulant et respirant dans Pline. Cette *manière de penser en grand* leur a échappé, et Buffon seul l'a reconnue ; il a eu, en jugeant Pline, de ces mots qu'aucun autre que lui n'aurait trouvés. Le jugement de Cuvier, couronné d'une ou deux des paroles de Buffon, embrasserait probablement l'entière vérité. Tout ceci n'est et ne peut être de ma part qu'une impression littéraire et morale ; c'est la seule que j'aie le droit d'apporter en ces doctes sujets ; mais je la donne telle qu'elle résulterait pour moi, rien que de la lecture du livre sur l'Homme.

Pline passe de là à l'examen des autres animaux, et on pense bien que je ne m'y embarquerai point avec lui. A chaque pas, et même à ne voir les choses qu'en profane, on rencontrerait des portraits pleins de vie et de talent (celui du *Coq*, du *Rossignol*, par exemple, au livre des Oiseaux) ; à chaque pas on trouve aussi des anecdotes plus ou moins authentiques, mais piquantes, et qui toutes, même dans leurs erreurs, jettent un grand jour sur les habitudes, les manières de voir et les superstitions de l'antiquité. Quand, des animaux, il en vient aux productions de la terre, aux arbres et autres végétaux, Pline expose les usages qu'en ont tirés les arts et l'industrie aux diverses époques. Grâce à lui, on sait à point nommé quand et par qui chaque objet de consommation et de luxe a été introduit dans Rome. A propos du papyrus, par exemple, cette plante qui croît en Égypte, il nous parle au long de la fabrication du papier, des différentes qualités qu'il offrait pour la finesse ou la solidité, de celui qui, plus mince, s'employait dans la correspondance épistolaire, de celui qui servait pour les ouvrages, du *papier Auguste*, du *papier Livie*, du *papier Claude* (sous l'Empire (1) n'avions-nous pas le

(1) On me fait remarquer que le papier dit Grand-Aigle était connu avant l'époque de l'Empire ; c'est pourtant bien alors qu'il prit son cachet impérial.

papier Grand-Aigle?) : « Le papyrus, ajoute Pline, est sujet aussi à manquer. Il y eut, sous le règne de Tibère, une disette de papier, au point qu'il fallut nommer des sénateurs pour en régler la distribution ; autrement les relations de la vie auraient été troublées. » Oh! que voilà donc une disette qui nous viendrait bien à propos! Mais de telles choses n'arrivaient que sous Tibère, et nous n'avons plus à espérer de ces bonheurs-là aujourd'hui.

Après avoir, en nomenclateur infatigable, épuisé le catalogue de la nature, de tout ce qu'elle produit et qu'elle enferme en son sein, et des arts nombreux qui en dérivent, Pline s'arrête et conclut par ce petit hymne final : « Salut, ô Nature, mère de toutes choses! et à nous, qui, seul entre tous les Romains, t'avons complétement célébrée, sois favorable! »

C'était pour ajouter une observation de plus à son grand ouvrage, qu'étant à Misène à la tête de la flotte, au moment où l'éruption du Vésuve se déclara, Pline alla droit au péril, pour y saisir de plus près ce mystère des causes dont il était si curieux. Il avait toujours estimé « qu'une mort subite est la dernière félicité de la vie. » Il fut servi à souhait, et il périt suffoqué au milieu du tumulte des éléments. C'est dans ce rôle d'observateur intrépide que la postérité aime à le voir encore, expirant sur le rivage, ses tablettes à côté de lui. Il faut relire ce récit de sa mort dans la célèbre lettre que son neveu écrivit à Tacite sur ce sujet.

Ce neveu, élevé, adopté par lui, et dont la mémoire ne saurait se séparer de la sienne, est une des figures les plus aimables et, à notre égard, (si l'on peut dire les plus modernes de l'antiquité. Ses Lettres, que chacun peut lire dans l'agréable traduction de Sacy, nous offrent tous les détails de la vie publique, de la vie domestique et littéraire d'un Romain éclairé et honnête homme, sous Trajan, à la belle époque finissante de l'Empire. Jamais le sentiment littéraire proprement dit, la passion des belles études et de l'honneur qu'elles procurent, jamais l'amour de l'honnête louange, le culte de la gloire et de la postérité, n'a été poussé plus loin et plus heureusement cultivé que chez Pline le Jeune. Il confesse ses goûts et son ambition décente avec une candeur et une ingénuité qui désarment, et je m'étonne que Montaigne l'ait pu taxer si rigoureusement de vanité. Pour moi, les Lettres de Pline, quoique recueillies, composées et refaites à loisir, comme a fait depuis Balzac, comme on nous dit que Courier, de nos jours, recomposait les siennes, restent une lecture d'une douceur infinie et d'un grand charme. Les après-midi d'été à la campagne, si vous voulez vous redonner un léger goût, une saveur d'antiquité, si vous n'êtes trop tourmenté ni par les passions, ni par les souvenirs, ni par la verve car je vous suppose un peu auteur vous-même, tout le monde l'est aujourd'hui), prenez Pline, ouvrez au hasard et lisez. Il est peu de sujets de la vie, et surtout de ceux qui tiennent à l'habitude des choses de l'esprit, sur lesquels il ne nous offre quelque pensée ingénieuse, brillante et polie, une de ces expressions qui reluisent comme une pierre gravée antique, ou comme les blancs cailloux qu'il se plaît à nous montrer en nous décrivant les belles eaux de ses fontaines. Pline est du petit nombre des Romains qui ont ce que Sacy appelle *les mœurs*, c'est-à-dire qui ont de la pudeur, de la modestie, de la décence. Avec plus de vivacité d'esprit et de relief, c'est le Daguesseau du déclin de l'antiquité. On ne sait pas avec précision à quel âge il mourut, mais on se le figure ayant toujours gardé quelque chose de jeune, de riant, de rougissant et de pur, un de ces visages qui sont tout étonnés d'avoir des cheveux blancs. Il nous parle de tous les hommes de lettres célèbres de son temps, il correspond avec eux, il écrit à Quintilien, à Suétone, à Tacite : mais c'est à ce dernier surtout que son souvenir est resté tendrement et intimement uni. L'opinion publique, en leur temps, ne les séparait point. Quand un homme instruit, un chevalier romain était au Cirque, et qu'il se trouvait par hasard assis à côté de Tacite sans savoir son nom, après un quart d'heure de conversation, s'apercevant qu'il avait affaire à quelqu'un de connu dans les Lettres : « Vous êtes Pline, lui disait-il, à moins que vous ne soyez Tacite. » La postérité a continué de faire ainsi, et cette touchante confraternité dure encore. Et qu'on ne dise pas que Pline seul gagne aujourd'hui au rapprochement, et qu'il est bien heureux de ce voisinage de Tacite. Tous les deux y gagnent. La figure de Tacite, à n'en juger que par ses seuls écrits, nous paraîtrait trop sourcilleuse et trop sombre, si elle n'était adoucie et comme éclairée par le sourire de Pline. Il rend à Tacite en grâce ce que celui-ci lui prête en autorité.

Pline, à l'exemple de son oncle, est partout rempli de sentiments humains, généreux, pacifiques et compatissants. Il faut voir comme il parle de ses affranchis, des gens de sa maison, comme il les soigne en père de famille quand ils sont malades, comme il les pleure quand il les perd ! Il est homme en tout, et il se fait honneur de l'être. Il y a telle lettre de lui où il semblerait à demi chrétien par la morale. Mais, dans son proconsulat de Bithynie, il se vit en présence des chrétiens eux-mêmes, qui déjà se multipliaient extrêmement dans l'Empire. Il avait à faire exécuter contre eux les Édits, et, tout en y procédant selon les rigueurs d'usage, il éprouvait des scrupules d'humanité; il en référait à Trajan : « J'hésite beaucoup, dit-il, sur la différence des âges. Faut-il les assujettir tous à la peine sans distinguer les plus jeunes des plus âgés? Doit-on pardonner à celui qui se repent? ou est-il inutile de renoncer au christianisme, quand une fois on l'a embrassé? Est-ce le nom seul que l'on punit en eux? ou sont-ce les crimes attachés à ce nom? » Parlant de ceux qu'il avait interrogés, et même de deux pauvres filles esclaves qu'il avait fait mettre à la question, il reconnaît qu'il n'a pu apercevoir en eux tous d'autre crime qu'une mauvaise superstition et une folie : « Ils assurent que toute leur faute ou leur erreur consiste en ceci, qu'ils s'assemblent à un jour marqué, avant le lever du soleil, et chantent tour à tour des vers à la louange du Christ, qu'ils regardent comme Dieu; qu'ils s'engagent par serment non à quelque crime, mais à ne point commettre de vol ni d'adultère, à ne point manquer à leur promesse, à ne point nier un dépôt; qu'après cela ils ont coutume de se séparer, et ensuite de se rassembler pour manger en commun des mets innocents... » Pline et son oncle étaient des hommes humains, modérés, éclairés; mais cette humanité des honnêtes gens d'alors était déjà devenue insuffisante pour la réformation du monde. Il fallait de plus héroïques remèdes : ce n'était pas trop de cette espèce de folie sainte qu'on appelle la charité. Pline la rencontre une fois sur son chemin; il s'arrête un moment, mais il ne sait comment la nommer. Son oncle aussi avait oublié cette plante-là dans l'Encyclopédie si complète qu'il a donnée des choses de la nature. C'est ainsi qu'à certaines époques du monde la prudence et même la vertu des modérés et des sages se trouvent vaines, et le malade réclame je ne sais quels miracles ou quelles vertus nouvelles pour se sauver.

Lundi 29 avril 1850.

MADAME DE LA TOUR-FRANQUEVILLE

ET

JEAN-JACQUES ROUSSEAU

On a publié en 1803 une Correspondance, jusque-là inédite, de Jean-Jacques Rousseau avec une dame du temps, femme d'esprit et de ses grandes admiratrices, Mme de La Tour-Franqueville. Cette Correspondance dans laquelle Rousseau n'entra qu'à son corps défendant, et où, du premier au dernier jour, chaque billet lui fut comme arraché, a pourtant cela de remarquable et d'intéressant, qu'elle est suivie, qu'elle forme un tout complet, qu'elle n'était pas destinée au public, qu'elle nous montre Jean-Jacques au naturel depuis le lendemain de *la Nouvelle Héloïse* jusqu'au moment où sa raison s'altéra irrémédiablement. On y peut étudier en abrégé le progrès croissant de ses bizarreries et de ses humeurs, entremêlées de retours pleins de grâce, et de rares mais charmants rayons. On y peut étudier en même temps le public, et, si je puis dire, *les femmes de Rousseau*, dans la personne de l'une des plus distinguées et certainement de la plus dévouée d'entre elles.

Tout grand poëte, tout grand romancier a son cortége d'admirateurs, et surtout de femmes, qui l'exaltent, qui l'entourent, qui le chérissent, qui se sacrifieraient de grand cœur à lui, et (je leur en demande bien pardon) qui, si on les laissait faire, l'auraient, sans le vouloir, bientôt mis en pièces comme Orphée. Mais c'est là aussi, c'est dans cet entourage où tout se reflète et s'exagère, qu'il est parfois commode et piquant de connaître un auteur et de le retrouver. Dis-moi qui t'admire, et je te dirai qui tu es, — du moins qui tu es par la forme du talent, par le goût. Nous avons eu, de nos jours, bien des exemples de ces cortéges divers que nous avons vus passer. M. de Chateaubriand, après *Atala* et *René*, a eu ses admiratrices passionnées, nobles, tendres, délicates, dévouées jusqu'à en mourir : on eût vu marcher en tête la pâle et touchante Mme de Beaumont. Ce qui suffirait pour donner la plus haute idée de la *qualité* du talent de M. de Chateaubriand, c'est en général la nature distinguée des femmes qui s'y sont prises, qui se sont éprises de lui pour son talent. M. de Lamartine est venu ensuite, et nous avons eu des milliers de sœurs d'Elvire, rêveuses et mélancoliques comme elle. Dans les dernières années, et depuis *Jocelyn*, le cercle s'est élargi ou plutôt transformé, les Elvire sont devenues des Laurence. M. de Balzac, le célèbre romancier, a eu plus que personne son cortège de femmes, celles de trente ans en masse et d'au-delà, dont il a si bien saisi le faible et flatté l'infirmité secrète, toutes ces organisations nerveuses et fébriles qu'il a eu l'art de magnétiser. Au XVIIIe siècle, Bernardin de Saint-Pierre. après *Paul et Virginie*, fut assiégé d'admiratrices aussi, entre lesquelles Mme de Krüdner se montra l'une des plus vives. Mais c'est Rousseau qui commença cette grande révolution en France, et qui, en fait de littérature, mit décidément les femmes de la partie. Il souleva en sa faveur cette moitié du genre humain, jusque-là contenue et assez discrète; l'enthousiasme du sexe, pour lui, fut sans exemple. Comment décrire cette insurrection universelle qui éclata après *la Nouvelle Héloïse,* après *l'Émile* (1759-1762), qui devança la Révolution de 89, et qui déjà, de loin, la préparait? Mme de Staël, Mme Roland, ne figureront-elles pas bientôt en première ligne dans le cortége de ce que j'appelle les femmes de Jean-Jacques? Plus modeste ou moins en vue, non moins généreuse et dévouée, Mme de La Tour-Franqueville fut une des premières; elle ouvre la marche, et elle mérite qu'on lui fasse une place à part dans la renommée de celui à qui elle s'est consacrée.

Qu'était-ce que cette Mme de La Tour? Elle a occupé les bibliographes de Rousseau, car lui, l'ingrat qu'il est, il n'en a pas dit un mot dans ses *Confessions.* Ce qu'on sait, on le doit à M. Musset-Pathay, à M. de La Porte, auteur d'une Notice sur elle; M. Ravenel me fournit des notes précises qui corrigent et complètent les renseignements des premiers. Elle se nommait Marie-Anne Merlet de Franqueville; son père était dans la finance. Née à Paris le 7 novembre 1730 (c'est la date exacte, relevée sur les actes officiels), elle avait épousé en juillet 1751 M. Alissan de La Tour, homme de finance également; il était receveur-général et payeur de l'Hôtel-de-Ville de Paris. Elle avait près de trente ans à l'époque où parut *la Nouvelle Héloïse :* c'est l'âge où les plus sages des femmes commencent à oser. Mme de La Tour avait une amie intime dont on ignore le nom; ces deux femmes, en lisant le roman nouveau, crurent se reconnaître, l'une dans le personnage de *Claire,* l'autre dans celui de *Julie :* elles se récrièrent d'étonnement et de plaisir. Claire surtout, plus vive, n'hésita pas à déclarer que son amie était Julie toute pure et dans la perfection, Julie

4.

avant la faute. Ce qui décide des grands succès pour les ouvrages d'imagination, c'est lorsque la création de l'auteur est telle, qu'une foule de contemporains, à la lecture, croient aussitôt s'y reconnaître : ils s'y reconnaissent d'abord par quelques traits essentiels qui les touchent, et ils finissent par s'y modeler pour le reste. Le poëte, le romancier, ne voulait que réaliser le fantôme de ses rêves, et voilà qu'il a trouvé la forme qu'attendaient, que chérissaient vaguement d'avance les imaginations du moment, et qu'elles ne pouvaient définir et démêler sans lui. Aussi, du premier jour, elles se jettent sur l'œuvre qui est plus ou moins leur miroir, et elles se mettent à en adorer l'auteur avec passion et reconnaissance, comme si, en composant, il n'avait songé qu'à elles. C'est toujours soi qu'on aime, même dans ce qu'on admire.

Il y avait deux années déjà que *la Nouvelle Héloïse* avait paru, et qu'elle enflammait de toutes parts, qu'elle ravageait les imaginations sensibles. Rousseau, âgé de quarante-neuf ans, retiré à Montmorency, jouissait de ce dernier intervalle de repos (un repos bien troublé) avant la publication de l'*Émile* qui allait bouleverser sa vie. Il reçut, à la fin de septembre 1761, une lettre non signée, dans laquelle on lui disait : « Vous saurez que Julie n'est point morte et qu'elle vit pour vous aimer ; cette Julie n'est pas moi ; vous le voyez bien à mon style : je ne suis tout au plus que sa cousine, ou plutôt son amie, autant que l'était Claire. » C'était l'amie de Mme de La Tour, qui faisait ici le rôle de Claire, et qui dénonçait à Jean-Jacques l'admiratrice nouvelle, digne elle-même d'être admirée. Après d'assez longs éloges sur cette Julie inconnue et sur son droit d'entrer en relation avec le grand homme, on indiquait à Rousseau un moyen de répondre. Il répondit, et cette première fois poste pour poste, sans se faire prier. On a beau être misanthrope et ours, on est toujours sensible à ces engageantes avances d'une admiration nouvelle et mystérieuse encore. Mais, dès cette première lettre, il prend ses précautions et se peint déjà avec ses variations bizarres : « J'espère, madame, malgré le début de votre lettre, que vous n'êtes point auteur, que vous n'eûtes jamais intention de l'être, et que ce n'est point un combat d'esprit auquel vous me provoquez, genre d'escrime pour lequel j'ai autant d'aversion que d'incapacité. » Il entre alors très au sérieux dans ce jeu prolongé des Claire, des Julie et des Saint-Preux; il ne fait pas semblant, comme ce serait de bon goût à un écrivain bien appris, de traiter légèrement les personnages de son invention; il continue de leur porter respect, et d'en parler dans le tête-à-tête comme s'ils étaient de vrais modèles : « A l'éditeur d'une Julie, vous en annoncez une autre, une réellement existante, dont vous êtes la Claire. J'en suis charmé pour votre sexe, et même pour le mien; car, quoiqu'en dise votre amie, sitôt qu'il y aura des Julie et des Claire, les Saint-Preux ne manqueront pas; avertissez-la de cela, je vous supplie, afin qu'elle se tienne sur ses gardes... » Puis tout à coup il s'enflamme à l'idée de retrouver quelque part une image des deux amies inséparables qu'il a rêvées; l'apostrophe, cette figure favorite qui est son tic littéraire, lui échappe : « Charmantes amies! s'écrie-t-il, si vous êtes telles que mon cœur le suppose, puissiez-vous, pour l'honneur de votre sexe et pour le bonheur de votre vie, ne trouver jamais de Saint-Preux! Mais si vous êtes comme les autres, puissiez-vous ne trouver que des Saint-Preux! »

Tout cela, lu aujourd'hui à froid, par des hommes d'une génération qui n'a point eu les mêmes enthousiasmes, paraît un peu singulier et provoque le sourire.

Au sortir de cet élan romanesque, Rousseau rentre dans la réalité plus qu'il ne faudrait, en étalant à ces deux jeunes femmes, qu'il ne connaît pas, le détail de ses maux physiques, de ses infirmités : « Vous parlez de faire connaissance avec moi ; vous ignorez sans doute que l'homme à qui vous écrivez, affligé d'une maladie incurable et cruelle, lutte tous les jours de sa vie entre la douleur et la mort, et que la lettre même qu'il vous écrit est souvent interrompue par des distractions d'un genre bien différent. » Quand on sait de quel genre était la maladie de Rousseau, on est un peu surpris de cette allusion directe qu'il y fait. Montaigne parle bien d'une maladie pareille qu'il avait, mais il en parle à ses lecteurs, c'est-à-dire à tout le monde ; tandis qu'ici Rousseau en parle dans une lettre particulière à de jeunes femmes à qui il écrit pour la première fois : c'est là un renchérissement et un embellissement.

Au reste, il aurait bien tort de se contraindre ; car ces deux femmes, dans les lettres qui suivent, vont entrer à leur tour dans ces détails de santé, non-seulement avec intérêt et affection, mais avec importunité et harcèlement, jusqu'à discuter, par moments, les voies et moyens et les vices de conformation, comme feraient des chirurgiens et des anatomistes. Ce ne sont là que des manques de goût et de délicatesse, qui caractérisent l'époque, et surtout le genre dont Rousseau est le type.

Ce qui ne le caractérise pas moins, c'est le ton, le style des lettres, tant celles des deux amies que les billets de Rousseau lui-même. J'y remarque l'emploi fréquent des imparfaits du subjonctif. A propos de ce chapitre de la santé, la soi-disant Claire écrira à Jean-Jacques : « Avez-vous pu croire que nous en *ignorassions* le déplorable état ? » Mme de La Tour met à un endroit un mot terrible, *consultassiez*, et Rousseau semble l'y autoriser quand il écrit : « Je ne supporterais pas l'idée que vous *attribuassiez* à négligence... » Que dirait Fénelon? que dirait Voltaire? Il y a là de quoi les faire souffrir et crier. Jamais non plus vous ne trouveriez de ces fautes régulières et méthodiques sous la plume des femmes de la fin du xviie siècle ou de la première moitié du xviiie. O plume négligente et légère des Aïssé, des Caylus et des Coulanges, où êtes-vous? On trouverait plutôt chez elles une faute d'orthographe ou de grammaire, ce qui est moins grave selon moi. Mais ici tout est marqué, accentué, accusé. « Si j'avais reçu vos lettres, écrit Rousseau à Mme de La Tour, *je n'en aurais point nié la réception.* » Sentez-vous le défaut? car, si on ne le sent pas, je n'ai pas à le prouver. Et encore, parlant des éloges que Claire donne à son amie, il dira : « Avec quel plaisir son cœur s'épanche sur ce *charmant texte!* » Je crois sentir, en un mot, dans ce style si régulier, si ferme, si admirable aux pages heureuses, un fond de prononciation âcre et forte, qui prend au gosier, un reste d'accent de province.

Je dis les défauts, mais il ne faut pas trop y insister d'abord, et il convient de ne pas perdre le fil du petit roman qui est noué à peine. Pour montrer, avant tout, ce qu'était Mme de La Tour, cette Julie qui se croyait en droit d'être comparée à Julie d'Étanges, et pour prouver qu'elle n'en était pas trop indigne, je ne puis faire rien de mieux que de citer son propre Portrait, envoyé par elle à Rousseau, un jour que celui-ci, dans une de ses rares boutades de galanterie, lui avait demandé *comment elle s'habillait,* afin de pouvoir se fixer l'imagination, disait-il, et se faire quelque idée d'elle. Car elle ne le vit en tout que trois fois, et, à cette date où elle traçait le Portrait, elle ne l'avait pas visité encore.

« Avec quelque exactitude que je veuille vous détailler mes traits, lui écrivait-elle, il me sera impossible de vous donner une juste idée de leur ensemble; je n'y saurais que faire, et j'en suis fâchée. Du moins sur ma taille, je ne veux coûter aucun frais à votre imagination; j'ai, raisonnablement chaussée, quatre pieds neuf pouces et dix lignes de haut, et de l'embonpoint tout ce qu'il faut en avoir. Mon visage, qui, grâce à la petite vérole dont je suis un peu marquée, est la partie la moins blanche de ma personne, ne l'est pourtant pas encore trop mal pour une brune. Son contour est d'un ovale parfait, et son profil agréable. J'ai les cheveux fort bruns et très-avantageusement placés; le front un peu élevé, et d'une forme régulière; les sourcils noirs et bien arqués; les yeux à fleur de tête, grands, d'un bleu foncé, la prunelle petite, et les paupières noires; mon nez, ni gros, ni fin, ni court, ni long, n'est point aquilin, et cependant contribue à me donner la physionomie d'un aigle. Ma bouche est petite et suffisamment bordée; mes dents sont saines, blanches et bien rangées; mon menton est bien fait, et mon cou bien pris, quoique un peu court. J'ai les bras, les mains, les doigts, les ongles même, dessinés comme les voudrait une fantaisie de peintre. Venons à présent à ma physionomie, puisque, grâce au Ciel, j'en ai une: Elle annonce plus de contentement que de gaieté, plus de bonté que de douceur, plus de vivacité que de malice, plus d'âme que d'esprit. J'ai le regard accueillant, le maintien naturel, et le sourire sincère. D'après ce portrait, qui est pourtant bien le mien, vous allez me croire belle comme un ange? Point du tout! je n'ai qu'une de ces figures qu'on regarde à deux fois. Reste un article qui, à mon sens, tient assez à la personne pour qu'on en fasse mention, et que vous-même n'avez pas dédaigné : la façon de se mettre. Mes cheveux composent ordinairement toute ma coiffure : je les relève le plus négligemment qu'il m'est possible, et je n'y ajoute aucun ornement; à la vérité, je les aime avec assez d'excès pour que cela dégénère en petitesse. Comme je suis modeste et frileuse, on voit moins de moi que d'aucune femme de mon âge. Rien dans mon habillement ne mérite le nom de parure. Aujourd'hui, par exemple, j'ai une robe de satin gris, parsemée de mouches couleur de rose... »

Placez une telle femme à son clavecin, chantant un air du *Devin du Village,* ou bien mettez-la à sa table à écrire, ayant en face d'elle la collection rangée des Œuvres de Jean-Jacques, et au-dessus le portrait de celui qui est le saint de son oratoire, et vous aurez vu Mme de La Tour.

Si nos lecteurs n'ont pas tout à fait oublié un charmant Portrait, que nous avons cité autrefois, d'une grande dame du xviie siècle, se dépeignant elle-même, la marquise de Courcelles (1), ils peuvent se représenter les deux tons et les deux siècles dans leur parfaite opposition : d'un côté, la grâce fine, délicieuse et légère ; de l'autre, des traits plus fermes, plus dessinés, nullement méprisables, et un tour de grâce auquel il ne manque qu'une certaine négligence aisée et naturelle.

Rousseau lui-même, quoique ce soit là une beauté dans son genre et taillée sur le patron de son idéal, sent bien le défaut. Il trouve à Mme de La Tour l'esprit *net et lumineux;* mais il avait remarqué dès l'abord dans ses lettres un caractère d'écriture trop lié et trop formé, une régularité extrême d'orthographe, une ponctuation « plus exacte que celle d'un prote d'imprimerie, » quelque chose enfin qui, à lui soupçonneux, lui avait fait croire un moment que ce pouvait être un homme qui se déguisait ainsi pour lui jouer un tour. En voyant en elle son ouvrage, il ne pouvait s'empêcher de le trouver trop parfait.

Mme de La Tour était une personne de mérite et de vertu. Mariée à un homme peu digne, et de qui elle finit par se séparer sur le conseil et du consentement de sa famille, elle n'abusa point de son malheur pour se croire le droit de se consoler. Elle a un tort pourtant comme toutes les femmes de cette école de Rousseau : elle ne parle pas seulement de sa sensibilité et de ses grâces, elle parle de son caractère, de ses *principes*, de ses *mœurs* et de sa *vertu*. Je ne sais si les personnes du

---

(1) Voir au tome premier des *Causeries du Lundi*, page 58.

xviie siècle avaient plus ou moins de toutes ces choses; mais en général elles n'en disaient rien elles-mêmes, et cela est plus agréable, plus convenable en effet, soit qu'il vaille mieux ne pas afficher ce qui manque, soit qu'il y ait bon goût en ceci et bonne grâce à laisser découvrir aux autres ce qu'on a.

Mme de La Tour écrit un jour à Rousseau : « Si mon cœur n'était pas hors de la classe commune, je n'oserais m'avouer jusqu'à quel point je m'occupe de vous. » Ce témoignage qu'elle se rend est juste, et certes elle avait le cœur hautement placé. Mais quand on aime vraiment, d'une passion de cœur et non d'une passion de tête, est-ce qu'on songe à tirer ainsi son cœur de *la classe commune* et à l'en distinguer? Les vraies amantes, la Religieuse portugaise, par exemple, songeait-elle à cela?

L'enthousiasme de Mme de La Tour pour Jean-Jacques n'est point factice, il est sincère, et pourtant il a du faux comme son objet et son héros en a lui-même. Elle s'exalte et se monte la tête sur la pureté de sa passion, sur la beauté du motif qui l'anime. Elle voudrait faire du misanthrope vieilli et infirme un Saint-Preux véritable, un Saint-Preux idéal, tout âme et tout esprit, toute flamme. L'instinct de son sexe, c'est-à-dire son bon sens, lui dit bien tout bas par instants qu'elle a peu à attendre de lui, qu'elle peut à peine en tirer quelque réponse, qu'il n'est guère séant après tout à une femme de se jeter ainsi à la tête d'un homme bourru (fût-il grand écrivain), qui ne se soucie nullement d'elle et qui la rebute. Puis tout à coup, passant sur l'objection, elle s'écrie : *Il est homme!* qu'est-ce que cela fait? « La frivole distinction des sexes doit-elle être admise dans un commerce dont l'âme fait tous les frais? » Voilà le faux, voilà l'impossible qui commence. Mais c'est le sexe précisément (ne le comprenez-vous pas?) qui, toujours ramené ou sous-entendu, vaguement indiqué et senti, fait le charme de ces correspondances, même les plus pures, et desquelles on n'attend rien autre chose que ce charme même.

L'amie de Mme de La Tour, la soi-disant Claire, qui avait engagé la correspondance au nom de son amie, fut la première et la seule à y renoncer. Elle se dégoûta de recevoir les bourrasques de Rousseau, et elles étaient rudes en effet à de certains jours, surtout quand les deux amies exigeaient de lui des lettres, des réponses, ce qu'elles faisaient trop souvent. Un jour qu'il s'était vu trop harcelé et chicané par les deux amies sur la rareté et la brièveté de ses réponses, Rousseau, poussé à bout, écrivit la lettre suivante à Mme de La Tour :

« A Montmorency, le 11 janvier 1762.

« Saint-Preux avait trente ans, se portait bien, et n'était occupé que de ses plaisirs; rien ne ressemble moins à Saint-Preux que J.-J. Rousseau. Sur une lettre pareille à la dernière, Julie se fût moins offensée de mon silence qu'alarmée de mon état; elle ne se fût point, en pareil cas, amusée à compter des lettres et à souligner des mots; rien ne ressemble moins à Julie que Mme de... (de La Tour). Vous avez beaucoup d'esprit, Madame, vous êtes bien aise de le montrer, et tout ce que vous voulez de moi, ce sont des lettres : vous êtes plus de votre quartier que je ne pensais.

« J.-J. Rousseau. »

Notez que Mme de La Tour logeait rue Richelieu, dans le quartier du Palais-Royal, et que l'allusion finale de Rousseau n'était rien moins qu'une grossière injure. L'amie de Mme de La Tour, Claire, se le tint pour dit : « Je me suis donné trois fiers coups de poing sur la poitrine, écrivait-elle à son amie, du commerce que je me suis avisée de lier entre vous. Socrate disait qu'il se mirait quand il voulait voir un fou. Donnons cette recette à notre animal. » Dans la dernière lettre qu'elle avait adressée à Rousseau, cette Claire, qui avait peut-être plus d'esprit, ou du moins l'esprit plus dégagé et plus malin que Mme de La Tour, avait lâché à l'éloquent bourru le mot le plus cruel qu'il pût entendre : « Allez, lui avait-elle dit, vous êtes fait tout comme les autres hommes. » La *Dorine* de Molière n'eût pas mieux trouvé.

En effet, la grande prétention de Rousseau, le germe de sa maladie et de la maladie de ses successeurs, ç'a été justement de ne vouloir point être jeté dans le moule des autres hommes : « Je ne suis fait comme aucun de ceux que j'ai vus; j'ose croire n'être fait comme aucun de ceux qui existent. » Ce que Rousseau a dit là au début de ses *Confessions*, tous ceux qui ont en eux le mal de Rousseau le disent ou le pensent tout bas. René, qui se flatte si fort de s'être séparé de son célèbre devancier, s'est écrié tout comme lui dans *les Natchez* : « C'est toi, Être suprême, source d'amour et de beauté, *c'est toi seul qui me créas tel que je suis, et toi seul me peux comprendre!* » Le plus piquant hommage qu'on puisse adresser aux hommes de cette nature et de cette manie, c'est de leur dire : « On vous comprend, on vous connaît, on vous admire; mais vous avez des pareils, ou du moins des semblables, plus que vous ne le croyez. »

Mme de La Tour ne fit pas comme son amie Claire; elle ne se découragea point. Ce n'était pas sa tête seulement qui s'était montée pour Rousseau; elle l'aimait sincèrement, avec chaleur, avec déraison, avec ce dévouement d'une femme qui n'avait point eu jusque-là d'objet sur qui placer ses affections romanesques. Quelques phrases de lui, à elles adressées, dans les premiers billets, phrases toutes littéraires dont elle s'exagérait le sens, et qu'elle relisait sans cesse, lui avaient fait croire qu'elle avait pu, un instant, occuper dans son cœur je ne sais quelle place qui n'était plus vacante pour personne, depuis que Mme d'Houdetot y avait passé. Elle reprit la correspondance seule, et cette fois à l'insu de Claire ; elle fut ce qu'on est si aisément quand on aime, elle fut importune, obstinée, maladroite souvent ; elle obséda. Mortifiée sans cesse, elle revint à la charge, ne se rebutant jamais. Fière et sensible, elle reçut bien des blessures, ce qui ne l'empêcha jamais de pardonner. Le nom de *Julie*, que Rousseau lui avait décerné d'abord, lui fut retiré ; il ne l'appela plus que *Marianne*. Elle se soumit à ces diminutions pénibles de témoignages déjà si marchandés et si rares, et se montra encore reconnaissante de ce qu'elle obtenait. Il oubliait quelquefois ce nom même de *Marianne*, et ne savait plus comment la nommer en lui écrivant ; elle avait besoin de le lui rappeler. N'importe, elle trouvait encore à se prendre aux moindres marques d'attention, et à s'émouvoir de ce qui certes n'en valait pas la peine. L'intervalle de deux ou trois ans pendant lequel Rousseau, réfugié en Suisse, habita à Motiers (1762-1765), fut le temps où la correspondance eut le plus de suite et apporta le plus de consolation à la pauvre Marianne. Un jour, après avoir reçu d'elle la jolie page de Portrait que j'ai précédemment citée, Rousseau lui écrivait : « Combien il va m'être agréable de me faire dire par une aussi jolie bouche tout ce que vous m'écrirez d'obligeant, et de lire dans des yeux d'un bleu foncé, armés d'une paupière noire, l'amitié que vous me témoignez ! » Ce fut là le plus bel instant.

« Savez-vous bien qu'elle est charmante votre lettre, répond Mme de La Tour, et que, pour ne pas vous trouver trop charmant vous-même, j'ai été obligée de me rappeler de combien de nuages vous avez obscurci les beaux jours que vous m'avez quelquefois procurés ?... Plus égal, votre commerce serait trop attachant ; tel qu'il est, il m'attache assez pour me faire plaisir et peine; plus serait trop. » Soyons juste : il y a des moments aussi où l'on conçoit l'impatience de Rousseau, où on la partage presque; car Mme de La Tour est bien exigeante sans paraître s'en douter. Elle lui envoie un jour un autre portrait d'elle, mais un portrait peint en miniature. Elle attache à cet envoi une importance bien naturelle chez une femme, chez une femme qui aime, qui voudrait être aimée sans qu'on l'ait encore vue; mais cette importance se trahit aussi par trop de soins. Elle exige de Rousseau qu'*au moment même* où il recevra le portrait ou la lettre qui l'accompagne (et dût sa réponse ne partir que huit jours après), il se mette à écrire... quoi?... à écrire sa première impression. Elle veut saisir cette première impression au vif, et telle qu'elle ne fasse qu'un saut de l'esprit et du cœur sur le papier. Rousseau obéit, mais en deux mots, et trop froidement au compte de la sensible Marianne : « Le voilà donc enfin, ce précieux portrait si justement désiré! il m'arrive au moment où je suis entouré d'importuns et d'étrangers... J'ai cru devoir vous donner avis de *sa* réception, afin de vous tranquilliser là-dessus. » La pauvre Marianne est désespérée et furieuse de recevoir si peu : « Votre laconisme me désole, mon ami. » Elle voudrait savoir comment on l'a trouvée dans ce portrait; elle a grand soin d'avertir qu'il n'est pas flatté; que tout le monde la trouve mieux. Enfin elle est femme. Hélas! tout cela repose sur une illusion, sur cette idée qu'en aimant elle peut être aimée aussi. Mme de La Tour ne savait pas que, depuis Mme d'Houdetot, le cœur de Rousseau n'avait plus à rendre de flamme. Aussi, malgré tous ses efforts, elle ne peut trouver à se loger dans ce cœur resserré et aigri; elle voudrait introduire une douceur, une consolation secrète dans cette gloire; cela eût sans doute été bien difficile en aucun temps, mais décidément, à cette heure où elle le tente, il est trop tard.

Rousseau le lui dit sur tous les tons, il lui énumère ses maux physiques, les obsessions dont il est ou dont il se croit l'objet, les importuns, les espions, que sais-je ? « Au milieu de tout cela, ajoute-t-il assez sensément, un homme qui n'a pas un sol de rente ne vit pas de l'air, et il faut quelques soins aussi pour pourvoir au pain. Mais je ris de ma simplicité, de prétendre faire entendre raison sur une situation si différente à une femme de Paris, oisive par état, et qui, n'ayant pour toute occupation que d'écrire et recevoir des lettres, entend que tous ses amis ne soient occupés non plus que du même objet... Je sais, lui dit-il encore avec autant de vérité que d'amertume, je sais qu'il n'est pas dans le cœur humain de se mettre à la place des autres dans les choses qu'on exige d'eux. »

Elle se relève, et non sans avantage, toutes les fois qu'elle a été atteinte ; car elle a de l'esprit, de la dignité, surtout un cœur généreux. Je ne l'aime pas quand elle est en adoration devant son idole, quand elle lui parle solennellement de l'*univers*, quand à propos d'un imprimé de lui, qu'il lui fait parvenir par la petite poste, elle s'écrie : « J'ai soupiré de ne pouvoir pas prendre l'univers à témoin d'une distinction si flatteuse. » Elle me paraît peu aimable quand elle lui dit encore : « Vous avez le plus beau génie du siècle ; moi j'ai le meilleur cœur du monde... Vous êtes digne qu'on vous élève des statues ; moi je suis digne de vous en élever. » Tout cela est déclamatoire, comme une page même de Jean-Jacques. Mais elle reprend sa supériorité de femme si elle ajoute : « Vous êtes le plus sensible des hommes ; moi, sans être peut-être la plus sensible des femmes, je suis plus sensible que vous ; vous avez reçu mes hommages sans dédain, je vous les ai offerts sans orgueil ; c'est vous que vous aimez en moi ; moi, je n'aime en vous que vous-même, et nous avons raison tous deux. »

A cette époque, la raison de Rousseau avait déjà reçu des altérations profondes ; il commençait non pas seulement à paraître fou dans le sens vague et général du mot, mais à l'être trop réellement dans le sens précis et médical. Sa Correspondance avec Mme de La Tour, pendant son séjour en Suisse, porte des traces de cette irritation, de cette surexcitation de *vanité*, c'est-à-dire de ce qui, en ce genre de folie, est à la fois la cause et le symptôme : « Vous dites que je ne suis indifférent à personne, écrivait-il un jour à Mme de La Tour ; tant mieux ! je ne puis souffrir les tièdes, et j'aime mieux être haï de mille à outrance, et aimé de même d'un seul. *Quiconque ne se passionne pas pour moi, n'est pas digne de moi.* » Voilà la fibre malade qui se met à vibrer. Il ne peut plus se contenir ; la détente est lâchée ; il ajoute : « On peut ne pas aimer mes livres, et je ne trouve point cela mauvais ; mais *quiconque ne m'aime pas à cause de mes livres, est un fripon :* jamais on ne m'ôtera cela de l'esprit. » L'esprit était donc déjà atteint. On se sent humilié pour ce qu'on appelle talent humain ou génie, de penser que c'est à partir de ce temps que Rousseau a écrit quelques-unes de ses plus divines pages, les premiers livres des *Confessions*, la cinquième promenade des *Rêveries*. Cette organisation blessée ne semblait que mieux disposée à produire quelques-uns de ses fruits les plus délicieux. Décidé, par les persécutions qu'il avait trouvées en Suisse, à passer en Angleterre et à se confier à l'hospitalité de David Hume, Rousseau revint un moment à Paris (décembre 1765). On a publié dernièrement à Édimbourg une *Vie de Hume* qui met en parfaite lumière cet épisode de la vie de Rousseau. Les lettres de Hume sont ici un témoignage précieux, impartial. L'esprit froid du sage anglais était alors tout prononcé en faveur de celui qui voulait devenir son hôte. Les philosophes avaient eu beau lui dire qu'il ne serait pas encore arrivé à Calais sans s'être brouillé avec lui, Hume n'en croyait rien ; il le voyait si doux, si poli, si modeste, si naturellement gai et de si agréable humeur dans la conversation : « Il a, disait-il, les manières d'un homme du monde plus qu'aucun des lettrés d'ici, excepté M. de Buffon, dont l'air, le port, l'attitude répondent plutôt à l'idée d'un maréchal de France qu'à celle qu'on se fait d'un philosophe. M. Rousseau est de petite taille, et serait plutôt laid s'il n'avait pas la plus belle physionomie du monde, ou du moins la plus expressive. » Hume l'appelait le *joli petit homme ;* il ne voyait pas même trop d'affectation dans ce costume arménien que portait alors Rousseau sous prétexte de son infirmité. Mais ce même David Hume le juge admirablement lorsqu'un mois ou deux après, et avant leur brouille, voyant Rousseau décidé à s'aller confiner seul dans une campagne, il prédit qu'il va y être aussi malheureux que partout ailleurs : « Il sera absolument sans occupation, écrit-il à Blair, sans compagnie et presque sans amusement d'aucun genre. Il a très-peu lu durant le cours de sa vie, et il a maintenant renoncé tout à fait à la lecture. Il a très-peu vu, et n'a aucune sorte de curiosité pour voir et observer. Il a, à proprement parler, réfléchi et étudié fort peu, et n'a, en vérité, qu'un fonds peu étendu de connaissances. Il a seulement *senti* durant toute sa vie ; et, à cet égard, sa sensibilité est montée à un degré qui passe tout ce que j'ai vu jusqu'ici ; mais elle lui donne un sentiment plus aigu de peine que de plaisir. Il est comme un homme qui serait nu, non-seulement nu de ses vêtements, mais nu et dépouillé de sa peau et qui, ainsi au vif, aurait à lutter avec l'intempérie des éléments qui troublent perpétuellement ce bas monde. » Certes, il est impossible de mieux représenter l'état moral et physiologique de Rousseau ; et, avec un hôte d'une sensibilité si maladive, ainsi livré à la solitude « sans occupation, sans livres, sans société (hors celle de cette misérable Thérèse), et *sans sommeil,* » Hume aurait moins dû s'étonner du résultat.

J'ai oublié pendant ce temps Mme de La Tour, et peu s'en faut qu'à son passage à Paris, Rousseau ne l'ait oubliée lui-même. Elle attendait avec anxiété qu'il la prévînt de son arrivée par un mot, peut-être même qu'il la visitât : « J'ai entendu dire que vous étiez à Paris, mon cher Jean-Jacques ; je n'ai pu le croire, puisque je ne le savais pas par vous-même. » Mais le *cher Jean-Jacques,* ce jour-là, n'était pas dans une veine aimable : « J'ai reçu vos deux lettres, Madame ; toujours des reproches ! Comme, dans quelque situation que je puisse être, je n'ai jamais autre chose de vous, je me le tiens pour dit, et m'arrange un peu là-dessus. Mon arrivée et mon séjour ici ne sont point un secret. Je ne vous ai point été voir, parce que je ne vais voir personne... » Et il lui fait sentir, à elle qui se croyait déjà une vieille amie, qu'elle n'est pour lui qu'une amie nouvelle, qui fait nombre avec tant d'autres, et qui n'a pas encore réussi à se loger à fond dans un coin de son cœur. Elle s'enhardit malgré tout ; elle se présente à sa porte, au Temple, où le prince de Conti lui donnait asile. Elle arrive à une heure où elle espérait le trouver seul, il ne l'était pas ; elle entre pourtant, et il paraît, à la reconnaissance qu'elle témoigne, qu'elle n'est pas trop mal reçue : il l'embrassa au départ. Ce fut la seule fois où elle vit avec un peu de satisfaction l'objet de son culte. Six ans après (avril 1772), comme Jean-Jacques était revenu à Paris, elle se présenta un matin chez lui, rue Plâtrière, sous prétexte de lui faire copier de la musique. Elle ne se nomma point, il ne la reconnut pas. Elle retourna chez lui deux mois après, en se faisant connaître : elle eut peu de succès ; il lui donna son congé par lettre, et lui signifia que c'était assez de cette troisième visite. En proie à ses idées fixes, Rousseau, à cette date, ne s'appartenait plus.

Mme de La Tour avait pourtant bien mérité de lui dans une circonstance mémorable, et lui-même avait paru apprécier son dévouement. Lorsque, six mois après le départ de Rousseau pour l'Angleterre, éclata la brouille avec Hume, et que tout Paris prit fait et cause pour ou contre, Mme de La Tour n'hésita point : elle était pour Jean-Jacques *quand même ;* c'est l'honneur et le droit des femmes d'agir à l'aveugle en pareil cas. Elle publia, sans se nommer, une *Lettre* toute favorable au caractère de son ami, elle qui savait cependant si bien à quel point il pouvait se montrer injuste et injurieux sans cause. Cette *Lettre*, qui a perdu aujourd'hui tout intérêt, atteste une plume ferme, capable d'une polémique virile, une lance d'amazone. « En la lisant, écrivait Rousseau, le cœur m'a battu, et j'ai reconnu ma chère Marianne. » Mais cette reconnaissance lui passa vite, et déjà son cœur était trop envahi par le soupçon pour accueillir longtemps rien de doux.

Homme étrange, écrivain puissant et prestigieux, il faut faire sans cesse double part en le jugeant. S'il a été son propre bourreau et s'il s'est beaucoup troublé lui-même, il a encore plus troublé le monde. Il n'a pas seulement jeté l'enchantement sur la passion, il a su, comme l'a dit Byron, donner à la folie l'apparence de la beauté, et recouvrir des actions ou des pensées d'erreur avec le céleste coloris des paroles. Il a le premier conféré à notre langue une force continue, une fermeté de ton, une solidité de trame, qu'elle n'avait point auparavant, et c'est là peut-être sa plus sûre gloire. Quant au fond des idées, tout est douteux chez lui, tout peut paraître à bon droit équivoque et suspect; les idées saines se combinent à tout instant avec les fausses et s'y altèrent. En entourant les demi-vérités d'un faux jour d'évidence, il a plus qu'aucun autre écrivain contribué à mettre les orgueilleux et les faibles sur la route de l'erreur. Un jour, en une heure d'abandon, causant de ses ouvrages avec Hume, et convenant qu'il en était assez content pour le style et l'éloquence, il lui arriva d'ajouter : « Mais je crains toujours de pécher par le fond, et que toutes mes théories ne soient pleines d'extravagances. » Celui de ses écrits dont il faisait le plus de cas était *le Contrat social*, le plus sophistique de tous en effet, et qui devait le plus bouleverser l'avenir. Pour nous, quoi que la raison nous dise, pour tous ceux qui, à quelque degré, sont de sa postérité poétiquement, il nous sera toujours impossible de ne pas aimer Jean-Jacques, de ne pas lui pardonner beaucoup pour ses tableaux de jeunesse, pour son sentiment passionné de la nature, pour la rêverie dont il a apporté le génie parmi nous, et dont le premier il a créé l'expression dans notre langue. Chateaubriand, dans un jugement final, insistant sur le défaut essentiel du caractère, a dit de lui : « Qu'un auteur devienne insensé par les vertiges de l'amour-propre; que toujours en présence de lui-même, ne se perdant jamais de vue, sa vanité finisse par faire une plaie incurable à son cerveau, c'est de toutes les causes de folie celle que je comprends le moins, et à laquelle je puis le moins compatir. » Byron, qui n'était pas exempt de ce même mal dont furent diversement atteints Chateaubriand et Rousseau, a mieux daigné y entrer et le comprendre ; les stances qu'il a consacrées, dans *Childe-Harold*, au peintre de Clarens et à l'amant de Julie, resteront le portrait le plus sympathique et le plus fidèle.

Qu'avons-nous encore à dire de Mme de La Tour, l'une des dévotes et des victimes que ces génies de séduction entraînent au passage? Les belles années pour elle avaient fui ; vinrent celles du retour et du malheur. Elle eut à se séparer de son mari et crut devoir répudier même son nom ; elle se fit appeler Mme de Franqueville. Elle n'avait point d'enfants ; elle vieillit dans la tristesse, et mourut le 6 septembre 1789, retirée au couvent des Religieuses hospitalières à Saint-Mandé. On la retrouve, après la mort de Rousseau, essayant encore de défendre sa mémoire, et brisant pour lui des lances dans les journaux du temps. A la façon dont elle prend à partie tous ceux qui l'attaquent, on voit qu'elle a à cœur de prouver jusqu'à la fin « qu'on est toujours de la religion de ce qu'on aime. » Mais le trait principal qui la distingue, et qui marque sa destinée, c'est d'avoir voulu être une Julie réelle, et, malgré ses titres, de n'avoir pu être agréée. Elle justifie ce qu'a remarqué si bien Byron : l'amour de Rousseau n'était pour aucune femme vivante, ni pour une de ces beautés d'autrefois, que ressuscitent les rêves du poëte. Son amour était celui de l'idéale beauté, du fantôme auquel lui-même prêtait vie et flamme : c'était ce fantôme seul, tiré de son sein, et formé d'un ardent nuage, qu'il aimait, qu'il embrassait sans cesse, à qui il donnait chaque matin ses baisers de feu, sur qui il plaçait, en les rassemblant, ses rares souvenirs de bonheur ; et quand il se présenta une femme réelle qui eut l'orgueil de lui montrer l'objet terrestre de son idéal et de lui dire : *Je suis Julie*, il ne daigna point la reconnaître ; il lui en voulut presque d'avoir espéré se substituer à l'objet du divin songe.

Soyons plus justes que lui. Elle aspira à se faire une place et à laisser une empreinte dans son cœur, sans y parvenir; mais que du moins son nom reste attaché à la renommée de celui qui si souvent la repoussa, et à qui elle se dévoua sans murmure; qu'il lui soit donné (seule consolation qu'elle eût choisie) de vivre à jamais, comme une suivante, dans sa gloire!

Lundi 6 mai 1850.

LETTRES INÉDITES

DE

LA DUCHESSE DE BOURGOGNE,

PRÉCÉDÉES D'UNE NOTICE SUR SA VIE

(1850.)

Ces *Lettres* et cette *Notice,* qui ont déjà depuis quelques jours une demi-publicité de salon, font partie du volume de *Mélanges* que la *Société des Bibliophiles* publie pour cette année, et qui paraît en ce moment. La Société des Bibliophiles, fondée en 1820 par MM. de Châteaugiron, de Pixerecourt, Walckenaer, et autres gens de lettres ou amateurs distingués, est une institution essentiellement aristocratique, qui suppose de l'argent, du loisir, le goût des belles choses, des choses rares, de ces curieuses inutilités qui tiennent ou qui mènent aux études sérieuses. Si vous ôtez le loisir, a dit Ovide, vous supprimez tout l'art de l'amour; et moi j'ajoute : vous supprimez tous les amours délicats et les nobles goûts. La Société des Bibliophiles vit depuis trente ans, et elle n'est pas du tout en train de périr. Le goût des livres n'a fait que gagner dans ces derniers temps. Les amateurs qui suivent depuis deux ans les ventes publiques savent bien si, de ce côté, le *cours* a fléchi le moins du monde. Cette Bourse-là a tenu mieux que l'autre. Hier encore, maigré l'élection du 28 avril (1), tel petit livre du xvie siècle s'est vendu plus cher, plus follement cher qu'en pleine monarchie. Il n'est rien de tel que la passion pour trouver à tout prix de quoi se satisfaire, surtout quand il entre dans la passion un brin de manie.

Les poëtes ont employé ce mot de *manie* avec honneur, et il est bien entendu que c'est dans ce sens que je l'emploie ici. La Société des Bibliophiles (je reviens à elle) a donc été instituée « pour entretenir et propager le goût des livres, pour publier ou reproduire les ouvrages inédits ou rares, surtout ceux qui peuvent intéresser l'histoire, la littérature ou la langue, et pour perpétuer dans ses publications les traditions de l'ancienne imprimerie française. » Elle n'a pas manqué jusqu'ici à son programme. Elle a publié, de 1820 à 1834, sept volumes de *Mélanges*, qui contiennent des pièces du moyen-âge, des lettres ou opuscules de personnages célèbres. Le seul inconvénient de ces premiers volumes de *Mélanges*, c'est d'être à peu près introuvables pour le vulgaire des lecteurs; car ils n'ont été tirés qu'à un très-petit nombre d'exemplaires, et pour autant de têtes seulement qu'il y avait de membres. La Société a publié depuis lors (1844) un magnifique recueil de gravures représentant les *Cartes à jouer* de tous les pays du monde. Elle est entrée, à dater de ce moment, dans une voie de publication plus large, plus ouverte et à la portée de tous; elle a eu raison. Il faut en ce siècle faire la

(1) Quelque élection, déjà oubliée, et qui semblait ultra-démocratique.

part à l'utile, même dans le rare et dans le choisi ; il faut se faire pardonner chaque distinction par quelque titre auprès du grand nombre. *Le Ménagier de Paris*, publié il y a trois ans, au nom de la Société, par les soins de M. Jérôme Pichon, offre un curieux traité de morale, de civilité honnête et d'économie domestique, le tout dressé par un bon bourgeois de Paris du xive siècle, à l'usage de sa jeune femme. Ce livre nous introduit dans un riche ménage d'honnêtes gens d'alors, et l'on en sait chaque détail comme si l'on y avait vécu. Dans un tout autre genre, la Société va bientôt publier les *Contes de la Reine de Navarre,* revus sur les manuscrits. C'est M. Le Roux de Lincy qui est chargé de ce travail, et à qui l'on devra cette édition vraiment première et originale. Alors seulement on pourra juger du livre de la spirituelle reine, que tous les éditeurs, même les premiers éditeurs, m'assure-t-on, ont étrangement défiguré.

La Société des Bibliophiles se compose en tout de vingt-quatre membres. Si l'on parcourt la liste des membres actuels, imprimée en tête du volume de *Mélanges* que nous annonçons, on y remarque des noms d'amateurs qui sont, à bon droit, connus pour avoir su réunir des collections uniques en leur genre ; M. Cigongne, par exemple, qui possède le plus complet et le plus beau cabinet en fait d'ancienne poésie française. Au milieu de tous ces noms, dont quelques-uns des plus doctes et appartenant à l'Académie des inscriptions, mais dont aucuns ne sont des noms en *us*, on rencontre avec plaisir deux femmes, l'une que le génie de l'art a douée en naissant, et qui, entre mille grâces naturelles, a celle du crayon et du pinceau ; l'autre qui vient de montrer qu'elle n'a qu'à vouloir, pour mettre une plume nette et fine au service de l'esprit le plus délicat. Comme tout cela est imprimé et publié, je ne vois pas pourquoi j'en ferais mystère, car il n'y a pas deux manières de publier. Ces deux noms de femmes, qui honorent la liste de la Société des Bibliophiles, sont ceux de Mme Gabriel Delessert et de Mme la vicomtesse de Noailles; et, pour être indiscret jusqu'au bout, j'ajouterai que ce n'est point la première qui est l'auteur de la *Notice* sur la duchesse de Bourgogne, *Notice* qui est à la fois d'un membre de la Société et d'une femme. Devinez maintenant, si vous l'osez.

Marie-Adélaïde de Savoie, duchesse de Bourgogne, qui fut mariée au petit-fils de Louis XIV, et qui fut la mère de Louis XV, a laissé un bien gracieux souvenir après elle. Elle a passé dans le monde comme une de ces vives et rapides apparitions que l'imagination des contemporains se plaît à embellir. Née en 1685, fille du duc de Savoie, qui lui transmit de son habileté et peut-être de sa ruse, petite-fille par sa mère de cette aimable Henriette d'Angleterre dont Bossuet a immortalisé la mort, et dont elle semblait ressusciter le charme, elle vint en France à l'âge de onze ans, pour y épouser le duc de Bourgogne qui en avait treize (1696). Le mariage se fit l'année suivante, mais pour la forme seulement, et pendant quelques années on ne s'occupa que de l'éducation de la jeune princesse. Mme de Maintenon s'y appliqua avec tout le soin et toute la suite dont elle était si capable. Il ne tint pas à elle que la duchesse de Bourgogne ne devînt la plus exemplaire des élèves de Saint-Cyr. La vivacité et les saillies de la princesse dérangeaient bien un peu parfois des conseils si bien concertés par la prudence, et elle sortait à tout moment du cadre qu'on voulait lui faire. Pourtant elle profitait à travers tout; le sérieux se glissait jusque dans les plaisirs. Ce fut pour elle qu'on représenta dans l'appartement de Mme de

Maintenon des pièces saintes, quelques-unes de Duché, mais surtout *Athalie*. La duchesse de Bourgogne y jouait un rôle :

« Cet amusement, dit l'auteur de la *Notice*, se renouvela souven et avec succès... La vie de la duchesse de Bourgogne, jusqu'en 1705, fut donc une suite non interrompue de plaisirs choisis et d'instructions exquises. Jamais princesse n'en sut mieux profiter. Du jour de son arrivée jusqu'à celui qui l'enleva à la France, elle ne fit, pour ainsi dire, que marcher de succès en succès. Après avoir été une enfant délicieuse, elle grandit sans cesser d'être charmante; son esprit se développa avec sa taille, et son jugement, chaque jour plus avancé, promettait une maturité précoce. On peut suivre ses progrès dans les lettres de Mme de Maintenon, dont la tendresse la surveille avec tant de sollicitude. Saint-Simon, si amer quand il blâme, trouve, pour la louer, des grâces qui semblent inspirées par elle; Dangeau la fait aimer par le simple récit de ses moindres actions. »

Voilà le beau côté, le côté apparent et tout gracieux ; mais, à ne voir que celui-là, on prendrait peut-être du moral de la jeune princesse une idée trop flattée, l'idée de quelque chose de trop accompli, et on ne sentirait pas assez non plus à quel point devait être grand en elle le charme, puisqu'il avait à triompher de certains défauts et de certaines ombres, dont il sera à propos de parler. Voyons donc un peu de plus près, et laissons-nous guider par l'auteur même de la *Notice*, sauf à être plus hardi ou plus indiscret en quelques points.

La princesse qui arrivait en France à l'âge de onze ans, avait déjà reçu en Savoie une certaine éducation, surtout celle qui était nécessaire aux princes, et que la nature toute seule donne aux femmes, l'envie et le soin de plaire. Elle arriva à Montargis le dimanche 4 novembre 1696. Louis XIV était parti de Fontainebleau après son dîner, et se trouvait à Montargis avec son fils; son frère et les principaux de sa Cour, pour la recevoir.

Pour se faire une juste idée de ce qu'était alors la représentation, et de l'importance qu'on attachait à toutes ces choses, remplacées depuis par d'autres que nous croyons beaucoup plus sensées et qui le deviendront peut-être, il faut lire le récit de cette première entrevue, chez Dangeau :

« La princesse, dit l'historiographe fidèle, arriva sur les six heures. Le roi descendit de son appartement, et la reçut au bas de son carrosse, et me dit : *Pour aujourd'hui, vous voulez bien que je fasse votre charge.* Il embrassa la princesse dans le carrosse, et lui donna la main pour la descendre; il la conduisit dans son appartement à elle; il lui présenta en chemin Monseigneur, Monsieur et M. de Chartres; la princesse lui baisa plusieurs fois la main en montant le degré. La foule était si grande et les chambres si petites, que le roi, après y avoir demeuré quelque temps, fit sortir tout le monde, et puis rentra chez lui, où il nous dit qu'il allait commencer à écrire à Mme de Maintenon ce qu'il pensait de la princesse, et qu'il achèverait de lui écrire après souper, quand il l'aurait encore mieux vue. »

Nous allons voir tout à l'heure cette lettre que Louis XIV est si pressé d'écrire. On trouvera qu'il était bien prompt à se former une pensée et une impression; mais cette première impression, en effet, était capitale dans une Cour et sur une scène où il s'agissait avant tout de réussir en entrant, et de représenter toujours. « Je pris, ajoute Dangeau, la liberté de lui demander, comme il rentrait dans sa chambre, s'il était content de la princesse; il me répondit *qu'il l'était trop, et qu'il avait peine à contenir sa joie.* » Un quart d'heure après, le roi revient la voir : « Il la fit causer, *regarda sa taille, sa gorge, ses mains,* et puis ajouta : *Je ne voudrais pas la changer en quoi que ce soit au monde pour sa personne.* Il la fit jouer aux jonchets avec les dames devant lui, il admira son adresse. » Il l'examine, ni plus ni moins, comme un joli animal, comme on ferait une gazelle. On vient avertir que *la viande est portée;* on soupe ; ce ne sont qu'éloges de la part du roi sur l'air noble de la petite princesse, sur *la façon dont elle mangeait.* « Pendant qu'il fut dans son cabinet avant souper, il fut toujours sur un petit siége et la fit tenir dans un fauteuil, lui disant : Madame, voilà comme il faut que nous soyons ensemble, et que nous soyons en toute liberté. » Voilà, en effet, qui sent davantage le grand-papa et le bonhomme, mais ne vous y fiez pas ; ce n'est que le vieillard qui veut se prêter à être distrait et amusé ; on serait bien dupe d'en aller tirer de trop grandes conséquences pour la tendresse. Avant de se coucher, le roi achève cette importante lettre à Mᵐᵉ de Maintenon, par laquelle il lui rend compte dans le plus grand détail de la personne et des moindres mouvements de la princesse ; c'était l'affaire d'État du moment. L'original de cette lettre de Louis XIV existe à la bibliothèque du Louvre, et l'auteur de la présente *Notice* la donne textuellement. Lisons donc du pur Louis XIV, ou mieux écoutons le grand roi causer et raconter : langue excellente, tour net, exact et parfait, termes propres, bon goût suprême pour tout ce qui est extérieur et de montre, pour tout ce qui tient à la représentation royale. Quant au fond moral, il est mince et médiocre, il faut l'avouer, ou plutôt il est absent. Mais lisons d'abord :

« Je suis arrivé ici (à Montargis) avant cinq heures, écrit Louis XIV à Mᵐᵉ de Maintenon. La princesse n'est venue qu'à près de six. Je l'ai été recevoir au carrosse ; elle m'a laissé parler le premier, et après elle m'a fort bien répondu, mais avec un petit embarras qui vous aurait plu. Je l'ai menée dans sa chambre au travers de la foule, la faisant voir de temps en temps en approchant les flambeaux de son visage. Elle a soutenu cette marche et ces lumières avec grâce et modestie. Nous sommes enfin arrivés dans sa chambre, où il y avait une foule et une chaleur qui faisaient crever. Je l'ai montrée de temps en temps à ceux qui s'approchaient, et je l'ai considérée de toutes manières pour vous mander ce qu'il m'en semble. Elle a la meilleure grâce et la plus belle taille que j'aie jamais vue, habillée à peindre et coiffée de même ; des yeux très-vifs et très-beaux, des paupières noires et admirables, le teint fort uni, blanc et rouge, comme on peut le désirer ; les plus beaux cheveux blonds que l'on puisse voir, et en grande quantité. Elle est maigre, comme il convient à son âge ; sa bouche fort vermeille, les lèvres grosses, les dents blanches, longues et mal rangées ; les mains bien faites, mais de la couleur de son âge. Elle parle peu, au moins à ce que j'ai vu, n'est point embarrassée qu'on la regarde, comme une personne qui a vu du monde. Elle fait mal la révérence et d'un air un peu italien. Elle a quelque chose d'une Italienne dans le visage, mais elle plaît, et je l'ai vu dans les yeux de tout le monde. Pour moi, j'en suis tout à fait content. Elle ressemble à son premier portrait, et point à l'autre. Pour vous parler comme je fais toujours, je la trouve à souhait, et serais fâché qu'elle fût plus belle.

« Je le dirai encore : tout plaît, hormis la révérence ; je vous en dirai davantage après souper, car je remarquerai bien des choses que je n'ai pas pu voir encore. J'oubliais de vous dire qu'elle est plus petite que grande pour son âge. Jusqu'à cette heure j'ai fait merveille : j'espère que je soutiendrai un certain air aisé que j'ai pris, jusqu'à Fontainebleau, où j'ai grande envie de me retrouver. »

A dix heures du soir, avant de se coucher, le roi ajoutait en post-scriptum :

« Plus je vois la princesse, plus je suis satisfait. Nous avons été dans une conversation publique où elle n'a rien dit ; c'est tout dire. Elle a la taille très-belle, on peut dire parfaite, et une modestie qui vous plaira. Nous avons soupé ; elle n'a manqué à rien et est d'une politesse charmante à toutes choses ; mais, à moi et à mon fils, elle n'a manqué à rien et s'est conduite comme vous pourriez faire. Elle a été bien regardée et observée, et tout le monde paraît satisfait de bonne foi. L'air est noble, et les manières polies et agréables ; j'ai plaisir à vous en dire du bien, car je trouve que, sans préoccupation et sans flatterie, je le peux faire, et que tout m'y oblige. »

Maintenant oserai-je exprimer ma pensée ? Il est bien question de la modestie en un ou deux endroits de cette lettre ; mais c'est de l'*air* modeste et du bon effet qu'il produit, et de la grâce qui en dépend. Pour tout le reste, il est impossible de voir dans ces pages autre chose qu'une charmante description physique, extérieure, mondaine, sans la moindre préoccupation des qualités intérieures et morales. Évidemment on s'en soucie, dans ce cas, aussi peu qu'on s'inquiète fortement du dehors. Que la princesse réussisse et plaise, qu'elle charme et amuse, qu'elle embellisse la Cour et l'égaie, qu'elle ait ensuite un bon confesseur, un confesseur jésuite et sûr, et que pour le reste elle soit et fasse comme il lui plaira, le roi son grand-père ne lui demande rien autre : c'est là l'impression qui résulte pour moi de cette lettre.

Mais il serait par trop bourgeois à nous d'aller demander au grand roi un genre de sollicitude qui serait celle d'un père de famille ordinaire. La moralité à tirer de cette première lettre ne me semblerait pas complète toutefois, si l'on ne mettait en regard une page des plus mémorables de Saint-Simon. Un jour, douze ans après, la jeune princesse était devenue l'ornement et l'âme de la Cour, l'unique joie de cet intérieur du roi et de Mme de Maintenon, de ces vieillesses moroses. Elle était enceinte. Le roi voulait aller à Fontainebleau ; en attendant il voulait ses voyages de Marly. En un mot, il ne souffrait d'être gêné en rien dans ses habitudes, et, comme sa petite-fille l'amusait et qu'il ne pouvait se passer d'elle, l fallait qu'elle fût de toutes ses parties coûte que coûte et au risque d'accident. Elle avait donc suivi son grand-père à Marly, et le roi se promenait après la messe auprès du bassin des Carpes, quand arriva une dame de la duchesse, tout empressée, et qui annonça au roi que, par suite du voyage, la jeune femme était en danger d'une fausse couche. Je traduis tout cela en prose bourgeoise et à la moderne. Le roi, plein de dépit, annonça la nouvelle d'un seul mot aux courtisans qui l'entouraient : « La duchesse de Bourgogne est blessée. » Là-dessus, tous de se récrier et de dire que c'était un grand malheur et qui pourrait compromettre ses couches à l'avenir.

« Eh! quand cela serait? interrompit le roi tout d'un coup avec colère, qui jusque-là n'avait dit mot; qu'est-ce que cela me ferait? Est-ce qu'elle n'a pas déjà un fils? et quand il mourrait, est-ce que le duc de Berry n'est pas en âge de se marier et d'en avoir? et que m'importe qui me succède des uns ou des autres? ne sont-ce pas également mes petits-fils? — Et tout de suite avec impétuosité : Dieu merci! elle est blessée, puisqu'elle avait à l'être, et je ne serai plus contrarié dans mes voyages et dans tout ce que j'ai envie de faire, par les représentations des médecins et les raisonnements des matrones. J'irai et reviendrai à ma fantaisie, et on me laissera en repos. — Un silence *à entendre une fourmi marcher* succéda à cette espèce de sortie. On baissait les yeux ; à peine osait-on respirer. Chacun demeura stupéfait; jusqu'aux gens des bâtiments et aux jardiniers demeurèrent immobiles. Ce silence dura plus d'un quart d'heure. »

Je renvoie, pour l'entier détail et pour les accessoires de l'admirable scène, à Saint-Simon, qui, en cet endroit, est notre Tacite, le Tacite d'un roi non cruel, mais qui le fut ce jour-là à force d'égoïsme et de personnalité.

S'il s'était glissé dans la lettre écrite de Montargis un éclair de préoccupation morale au milieu de toutes les grâces extérieures et de toutes les parfaites convenances qu'on y décrit, Louis XIV n'aurait pas été, après douze ans d'une intimité de toutes les heures, le grand-père odieux et dur qu'on vient de voir, pour la mère de son héritier. Cette première lettre si élégante, si riante de surface et d'apparence, ne renfermait au fond que vanité, égoïsme de maître, pur souci de la révérence et **du décorum** : la scène du bassin des Carpes est au bout.

Je ne reproduirai pas ici les divers portraits de la duchesse de Bourgogne, qu'il faudrait transcrire de maint endroit et surtout copier chez Saint-Simon ; on les retrouve heureusement encadrés et entourés de traits fins dans la *Notice* de Mme de Noailles (oh ! mon Dieu ! voilà le nom qui m'est échappé). La duchesse de Bourgogne n'était ni belle ni jolie, elle était mieux que cela. Chaque partie du visage, à la prendre isolément, pouvait paraître défectueuse ou même laide, et de toutes ces laideurs, de tous ces défauts et de ces irrégularités, ajustées, attachées par la main des Grâces, il résultait je ne sais quelle harmonie de la personne, un ensemble délicieux dont le mouvement et le tourbillon vous ravissaient le regard et l'âme. Au moral c'était de même, et je me permettrai d'être ici moins circonspect que l'auteur de la *Notice*. Il semble trop, d'après ce gracieux et discret auteur, que la duchesse de Bourgogne fût une personne accomplie et parfaite, et que cette éducation de Saint-Cyr l'eût réellement atteinte au fond. Gardez-vous bien de le croire. Elle jouait, il est vrai, un rôle dans *Athalie*, mais pourquoi ne saurions-nous pas aussi ce qu'elle pensait d'*Athalie*, en enfant capricieuse qu'elle était ? C'est à propos de ces représentations de Saint-Cyr que Mme de Maintenon écrivait : « Voilà donc *Athalie* encore tombée ! Le malheur poursuit tout ce que je protége et que j'aime. Mme la duchesse de Bourgogne m'a dit qu'elle ne réussirait pas, que c'était une pièce fort froide, que Racine s'en était repenti, que j'étais la seule qui l'estimait, et mille autres choses qui m'ont fait pénétrer, par la connaissance que j'ai de cette Cour-là, que son personnage lui déplaît. Elle veut jouer Josabeth, qu'elle ne jouera pas comme la comtesse d'Ayen. » Et dès qu'on lui a accordé ce rôle qu'elle désire, tout change, le point de vue a tourné en un instant ; ce sont là les coulisses de Saint-

Cyr. « Elle est ravie, continue Mme de Maintenon, et trouve *Athalie* merveilleuse. Jouons-la, puisque nous y sommes engagés ; mais, en vérité, il n'est point agréable de se mêler des plaisirs des grands. » La duchesse de Bourgogne était de cette race des *grands* dont l'espèce va se perdant de jour en jour, et qui sera bientôt une race disparue. Elle mérite d'en rester de loin comme une des représentations les plus légères et les plus séduisantes dans sa course fugitive.

Les Lettres qu'on publie d'elle aujourd'hui ne sont que des billets qui n'ajouteront pas beaucoup à l'idée qu'on a de son esprit; une partie de ces billets est adressée à Mme de Maintenon. On y voit la jeune princesse se repentir du malheureux goût qu'elle avait pour le jeu et qu'elle partageait avec toute la Cour. La Fare, dans ses Mémoires écrits vers 1699, a très-bien remarqué que depuis la mort de Madame Henriette, duchesse d'Orléans (1670), le goût des choses de l'esprit avait fort baissé dans cette Cour brillante de Louis XIV : « Il est certain, dit-il, qu'en perdant cette princesse, la Cour perdait la seule personne de son rang qui était capable d'aimer et de distinguer le mérite; et ce n'a été, depuis sa mort, que *jeu, confusion et impolitesse.* » Voltaire, qui voit le siècle de Louis XIV à travers le prisme de son enfance, se récrie contre une telle assertion. En admettant que le trait de La Fare soit un peu forcé, la remarque garde encore de sa justesse. Vers la fin du règne de Louis XIV, le goût de l'esprit et même du bel-esprit reparut sans doute et trouva faveur dans les petites Cours de Saint-Maur et de Sceaux; mais le gros de la Cour pendant ce temps-là était en proie à la bassette, au lansquenet et à d'autres excès, parmi lesquels celui du vin avait sa bonne part. La duchesse de Berry, fille du futur Régent, n'était pas la seule jeune femme d'alors à qui il arrivât de s'enivrer. La duchesse de Bourgogne elle-même, en entrant dans un tel monde, eut peine à ne pas donner quelquefois dans ces vices du temps, dans ces travers dont le lansquenet était le plus affiché et le plus ruineux. Plus d'une fois le roi ou M⁰ᵉ de Maintenon durent payer ses dettes.

« Je suis au désespoir, ma chère *tante*, écrivait-elle à M⁰ᵉ de Maintenon (mai 1700), de faire toujours des sottises, et de vous donner lieu de vous plaindre de moi. Je suis bien résolue de me corriger et de ne plus jouer à ce malheureux jeu qui ne sert qu'à nuire à ma réputation et à diminuer votre amitié, ce qui m'est plus précieux que tout. Je vous prie, ma chère *tante*, de n'en point parler, en cas que je tienne la résolution que j'ai prise. Si j'y manque une seule fois, je serai ravie que le roi me le défende, et d'éprouver ce qu'une telle impression peut faire contre moi sur son esprit. Je ne me consolerai jamais d'être la cause de vos maux, et je ne pardonnerai point à ce maudit lansquenet. Pardonnez-moi donc, ma chère *tante*, mes fautes passées... Tout ce que je souhaiterais au monde, ce serait d'être une princesse estimable par ma conduite, ce que je tâcherai de mériter à l'avenir. Je me flatte que mon âge n'est pas encore trop avancé, ni ma réputation assez ternie, pour qu'avec le temps je n'y puisse parvenir. »

Elle demandait son pardon avec tant de bonne grâce et de soumission par lettre, avec tant de gentillesse et de folâtrerie de vive voix, qu'elle était bien sûre de l'obtenir.

Ceux qui l'ont jugée avec le plus de sévérité conviennent d'ailleurs qu'elle se corrigea avec l'âge, et que sa volonté, son rare esprit, le sentiment du rang qu'elle allait tenir, triomphèrent, sur la fin, de ses impétuosités premières et de ses pétulances : « Trois ans avant sa mort (écrit la duchesse d'Orléans, mère du Régent, honnête et terrible femme qui dit crûment toute chose), la Dauphine s'était entièrement changée à son avantage ; elle ne faisait plus d'escapade, *et ne buvait plus à l'excès.* Au lieu de se comporter comme un être indomptable, elle était devenue raisonnable et polie, se tenait selon son rang, et ne souffrait plus que les jeunes dames se familiarisassent avec elle, en trempant les mains dans le plat... » Voilà d'incommodes éloges et dont on se passerait bien. Mais on peut tout entendre sans scrupule à cette distance, et, en faisant la part d'hommage à la personne qui eut en don le charme, il faut oser voir les mœurs d'alors comme elles étaient. Il faut, quoi qu'il en coûte, se décider à sortir de la chambre de Mme de Maintenon et de ce demi-jour de sanctuaire. On avait fait peindre la duchesse de Bourgogne en habit de dame de Saint-Cyr. Ce n'est pas sous cet habit-là qu'elle est, selon moi, le plus au naturel et le plus vraie.

Une question délicate se présente, plus délicate que celle du lansquenet : la duchesse de Bourgogne eut-elle des faiblesses de cœur? Adorée de son jeune époux, et sachant prendre en main ses intérêts en toute rencontre, il ne paraît pas qu'elle eût pour sa personne un goût bien vif et bien tendre. Dès lors on ne voit pas ce qui l'aurait garantie de quelque autre penchant. Le spirituel auteur de la *Notice*, essayant sur ce point de contredire Saint-Simon et tous les contemporains, nous dit : « Pourquoi cette charmante princesse n'aurait-elle pas eu des amis, des admirateurs, et point d'amants? » Et moi je me permets de poser la question précisément contraire : Pourquoi donc n'aurait-elle pas eu ce que presque toute princesse, toute grande dame se permettait d'avoir alors, et ce qu'elle passe aussi pour s'être légèrement accordé? Saint-Simon, qui n'est nullement malveillant pour la duchesse de Bourgogne, nous raconte dans le plus grand détail, et comme le tenant des confidentes les mieux informées, les légers faibles de la princesse pour M. de Nangis, pour M. de Maulevrier, pour l'abbé de Polignac. Cet abbé, depuis cardinal de Polignac, est celui qui se faisait le défenseur de la Providence outragée et de la morale contre le poëte Lucrèce. Il conférait sur ces graves sujets avec le duc de Bourgogne, vers le même temps qu'il cherchait à faire son chemin auprès de la duchesse. Au départ de l'abbé pour Rome (1706), on remarqua beaucoup « que Mme la duchesse de Bourgogne lui souhaita un heureux voyage d'une tout autre façon qu'elle n'avait coutume de congédier ceux qui prenaient congé d'elle. » Elle s'enferma le reste du jour chez Mme de Maintenon, les fenêtres closes, et eut une migraine à laquelle on crut peu, et qui ne finit que par beaucoup de larmes. Peu de jours après, *Madame* (mère du Régent), se promenant dans les jardins de Versailles, trouva sur quelque balustrade un papier contenant un distique satirique qu'elle n'eut pas la charité de supprimer. Mais on aimait tant la duchesse de Bourgogne à la Cour, que c'était comme un parti pris pour tout le monde de lui garder le secret, et de n'épargner qu'elle seule dans la médisance universelle. On étouffa les deux méchants vers, qui pour toute autre auraient trouvé mille échos. Enfin, cette véridique et terrible *Madame* que j'ai déjà citée sur l'article du vin, celle même qui avait trouvé les deux vers dans le jardin de Versailles, venant ici à l'appui du propos de Saint-Simon, nous dit sans plus de façon dans ses Mémoires : « A Marly, la Dauphine courait la nuit avec tous les jeunes gens dans le jardin jusqu'à trois ou quatre heures du matin. Le roi n'a rien su de ces courses nocturnes. » Voilà les raisons qui, sans que j'y tienne beaucoup, m'ont fait hasarder un doute contraire au vœu du spirituel auteur de la *Notice*, et élever pour ainsi dire question contre question. Après cela, je ne demande pas mieux que de conclure avec Mme de Caylus, qui, en admettant le goût de la princesse pour M. de Nangis, se hâte d'ajouter : « La seule chose dont je doute, c'est que cette affaire soit allée aussi loin qu'on le croit, et je suis convaincue que cette intrigue s'est passée en regards, et en quelques lettres tout au plus. »

Madame Henriette d'Angleterre, duchesse d'Orléans et grand'mère de la duchesse de Bourgogne, disait, au moment de mourir, à Monsieur, à qui elle était suspecte : « Hélas! Monsieur, vous ne m'aimez plus, il y a longtemps; mais cela est injuste; *je ne vous ai jamais manqué.* » La duchesse de Bourgogne mourante eût-elle pu dire de même au duc de Bourgogne, si celui-ci s'était avisé d'être soupçonneux autant qu'il était confiant? Question, encore une fois, bien chatouilleuse et délicate! Chaque lecteur, et surtout chaque lectrice, n'a qu'à y rêver.

Une chose ne laissa pas de donner beaucoup à penser. A l'article de la mort, ayant à faire sa confession générale, la duchesse de Bourgogne refusa tout net le Père de La Rue, son confesseur ordinaire, et en désira un autre. S'il est permis d'appliquer l'examen à de telles matières, on en peut seulement conclure qu'elle n'avait pas tout dit chaque fois bien en détail au Père de La Rue, et qu'il lui coûtait trop d'avoir à réparer avec lui ces omissions légères dans une confession générale, telle que la commande à la conscience des mourants l'approche du moment suprême. Et puis elle ne se confiait peut-être pas assez à sa fidélité de confesseur et à sa discrétion du côté du roi pour lui tout dire.

Ce que Saint-Simon ne dit pas et qui n'est que piquant, c'est que le duc de Fronsac, depuis maréchal de Richelieu, qui mourut en 1788, et qui fut présenté à la Cour en 1710 (il n'avait alors que quatorze ans), avait eu aussi l'honneur de faire parler de lui à l'occasion de la duchesse de Bourgogne. Ce fut l'aventure de début de ce fat illustre. Admis dans l'intimité de la princesse et de Mme de Maintenon, traité sur le pied d'un bel enfant espiègle et spirituel, il ne tarda pas à prendre les licences que prend cet effronté de Chérubin près de sa marraine, et s'émancipa si bien qu'il ne fallut rien moins que la Bastille pour le remettre à la raison et satisfaire la colère du roi. La duchesse était déjà morte quand il en sortit.

Au milieu de toutes ces légèretés et de ces enfances, la duchesse de Bourgogne avait des qualités sérieuses, et qui le devenaient de plus en plus avec l'âge. Elle disait agréablement un jour à Mme de Maintenon : « *Ma tante*, je vous ai des obligations infinies, *vous avez eu la patience d'attendre ma raison.* » Elle eût sans doute été capable d'affaires et de politique. La manière dont elle sut défendre le prince son époux contre la cabale du duc de Vendôme, l'éclatante revanche qu'elle prit contre celui-ci en plein Marly, et le coup de revers par lequel elle l'évinça, font entrevoir ce qu'elle aurait pu, ce qu'elle pouvait de suivi et d'habile quand les choses lui tenaient à cœur. Les quelques lettres qu'on publie d'elle au duc de Noailles, et où elle dit qu'elle n'entend rien à la politique, prouveraient plutôt que, si elle pouvait causer plus librement que par écrit, elle aimerait très-bien à s'en mêler. Il y a même quelque chose de plus grave, et que je ne vois aucune raison de dissimuler : selon Duclos, cette enfant si séduisante, et si chère au roi, n'en trahissait pas moins l'État, en instruisant son père le duc de Savoie, redevenu alors notre ennemi, de tous les projets militaires qu'elle trouvait moyen de lire : et avec sa familiarité folâtre, avec ses entrées à toute heure et partout, elle était à la source pour cela. Le roi, ajoute l'historien, eut la preuve de cette perfidie par les lettres qu'il trouva dans la cassette

6.

de la princesse après sa mort : « *La petite coquine*, dit-il à Mme de Maintenon, *nous trompait.* »

Malgré tout, on se prend à regretter que cette princesse, enlevée à vingt-six ans, et dont la féerie naturelle avait enchanté les cœurs, n'ait pas régné à côté du vertueux élève de Fénelon. Le règne de leur fils, de ce Louis XV qui ne sut être qu'un joli enfant, et qui se montra le plus méprisable des rois, eût été heureusement ajourné. Mais à quoi bon refaire l'histoire et rétablir en idée ce qui aurait pu être? Nous en devrions surtout être guéris de nos jours. A ce même Fontainebleau, où la jeune duchesse de Bourgogne arrivait à l'âge de onze ans, n'avons-nous pas vu arriver aussi (quand je dis *nous*, j'en puis d'autant mieux parler aujourd'hui que je n'en étais pas), — n'a-t-on pas vu arriver, il n'y a pas quinze ans, une jeune princesse, désirée à son tour et fêtée, également héritière du trône? Celle-là, elle n'était pas une enfant de onze ans, elle n'avait pas seulement les grâces, elle avait l'élévation morale, le vrai mérite et les hautes vertus. A quoi tout cela a-t-il servi? Il y a je ne sais quelle *force cachée*, a dit Lucrèce (ce que d'autres avec Bossuet nommeront Providence), qui semble se plaire à briser les choses humaines, à faire manquer d'un coup l'appareil établi de la puissance, et à déjouer la pièce, juste au moment où elle promettait de mieux aller.

Lundi 13 mai 1850.

LA RELIGIEUSE DE TOULOUSE,

PAR

M. JULES JANIN.

(2 vol. in-8º.)

M. Janin, en composant le roman qu'il vient de publier, a eu l'excellente idée, et bien digne d'un véritable homme de Lettres, de se distraire depuis deux ans du spectacle des choses publiques, du spectacle de la rue, et de chercher dans un sujet emprunté au grand siècle un oubli des misères et des ennuis du présent. Avant même de considérer quel est le sujet de ce roman, qu'il me soit permis de féliciter l'auteur de cette pensée honorable, qui lui a fait demander tout d'abord au travail et à l'étude une consolation. M. Janin est homme de Lettres; il l'est avant, pendant et après les révolutions. Il n'avait jamais cherché ni faveur ni place, ce qu'on appelle *position*, sous le régime où ses amis étaient tout; il ne s'est pas jeté dans l'agitation ni dans les vagues poursuites, depuis qu'il y a eu naufrage. Il ne veut d'autre position encore que celle qu'il a depuis vingt ans dans la presse, et, en pensant ainsi, il s'honore, il fait preuve de bon sens; il fait ce que bien de grands littérateurs qui se croient graves ne font pas, il reste lui-même.

Je dis qu'il y a vingt ans que M. Janin s'est fait un genre et une manière à part, et qu'il a créé un feuilleton qui porte son cachet. Ceux qui ont tâté de ce métier (et je suis de ceux-là depuis quelque temps), et qui savent quel effort périodique il exige, apprécieront le degré de facilité et de verve, la force de tempérament (c'est le mot) qu'il a fallu à M. Janin pour y suffire tant d'années sans fatigue, sans ennui, pour se retrouver aussi à l'aise et aussi en train le dernier jour que le premier. Le créateur du feuilleton au *Journal des Débats*, Geoffroy, répondit une fois avec raison et fierté à l'un de ses adversaires : « Ce n'est pas une petite affaire d'amuser le public trois ou quatre fois la semaine ; d'avoir de l'esprit à volonté, tous les jours, et sur toutes sortes de sujets ; de traiter les plus sérieux d'un ton badin, et de glisser toujours un peu de sérieux dans les plus frivoles, de renouveler sans cesse un fonds usé, de faire quelque chose de rien... Je suis loin de me flatter d'avoir rempli toutes ces conditions ; je vois ce qu'il eût fallu faire, sans avoir la consolation de penser que je l'ai fait ; mais enfin, comme tout cela est fort difficile, n'avais-je pas droit à quelque indulgence? » On serait bien malheureux, en pareil cas, d'en être réduit à réclamer l'indulgence, car le public n'en a guère ; il veut avant tout son divertissement et son plaisir. M. Janin, en le lui donnant, a commencé par y prendre le sien propre ; il s'amuse évidemment de ce qu'il écrit : c'est le moyen le plus sûr de réussir, de rester toujours en veine et en haleine. Il se met donc avec joie, avec légèreté, à ce qui ferait la tâche et la corvée de tout autre. Il est là, dans ce cabinet, que dis-je? dans cette jolie mansarde, d'où il écrit, et qu'il a eu le bon goût de ne jamais quitter, comme l'oiseau dans sa volière. Embrassant dans sa juridiction universelle (ce qui, je crois, ne s'était pas encore vu jusqu'à lui) tous les théâtres, jusqu'aux plus petits théâtres, obligé de parler de mille choses qui le plus souvent n'en valent pas la peine, et qui n'offrent aucune prise sérieuse ni agréable, il s'est dit de bonne heure qu'il n'y avait qu'une manière de ne pas tomber dans le dégoût et l'insipidité : c'était de se jeter sur *Castor et Pollux*, et de parler le plus qu'il pourrait, à côté, au-dessus, à l'entour de son sujet. Il a beaucoup demandé à la fantaisie, aux hasards de la rencontre, à tous les buissons du chemin : les buissons aussi lui ont beaucoup rendu. C'est un descriptif que M. Janin, qui vaut surtout par le bonheur et par les surprises du détail. Il s'est fait un style qui, dans ses bons jours et quand le soleil rit, est vif, gracieux, enlevé, fait de rien, comme ces étoffes de gaze, transparentes et légères, que les anciens appelaient de *l'air tissé*. Ou encore ce style prompt, piquant, pétillant, servi à la minute, fait l'effet d'un sorbet mousseux et frais qu'on prendrait en été sous la treille.

Les défauts, il y en a beaucoup ; qui le sait mieux que lui, lui qui aime les anciens, qui les lit et relit à plaisir, et sait les goûter pour eux-mêmes? Mais, chez les anciens aussi, il a ses antécédents et presque ses modèles ; il va les chercher, à ses instants de loisir, chez Apulée, chez Pétrone, chez Martial, et il a parlé d'eux tous avec le sentiment de quelqu'un qui les entend mieux que par la lettre et par le texte, qui en ressaisit l'essence et l'esprit, et qui est, à quelque degré, de leur descendance. Parmi les modernes en français, je lui cherche des antécédents, des prédécesseurs, et j'ai peine à en trouver. Savez-vous que c'est quelque chose dans les Lettres que d'être soi, et de n'avoir pas de modèle avéré, dût-on mériter de ne pas avoir ensuite d'imitateurs ? En cherchant bien toutefois, voici ce qui me semble. Un jour, Garat, dans sa jeunesse, alla voir Diderot déjà vieux. Au sortir de là, il se mit à écrire le récit de cette visite où le philosophe, sans le connaître, sans l'avoir vu encore, n'eut pas même l'idée de lui demander son nom, lui parla d'abord de tout, comme à un vieil ami, s'ouvrit à lui de mille plans politiques, philosophiques et autres, faisant à la fois les questions et les réponses, et ne le quitta qu'après l'avoir serré avec effusion dans ses bras. Ce charmant récit de trois ou quatre pages, très-fin, très-gai, qui exagère la réalité, qui ne va pas tout à fait jusqu'à la caricature, qui a de l'ivresse et du montant, qui semble écrit après déjeuner, est peut-être le premier échantillon, dans notre littérature, de ce genre un peu chargé, mais d'une charge légère, où Janin s'est tant joué depuis. Garat sortant de chez Diderot, Charles Nodier encore, contant quelqu'un de ses jolis contes où le fond se dérobe et où la façon est tout, ce sont presque les seuls auteurs, en français, qui me donnent quelque idée à l'avance de cette manière unique de M. Janin, quand il fait bien.

Et ne croyez pas que le bon sens manque à travers ces airs habituels de courir les champs et de battre les buissons. Bien que la critique que M. Janin affectionne soit surtout celle de fantaisie et de broderie, elle lui a servi plus d'une fois à recouvrir l'autre, la vraie critique digne de ce nom. Quand il se mêle d'avoir du bon sens, il en a, et du meilleur, du plus franc. Il a de la gaieté, du naturel, il aime Molière : ce sont là des garanties. Je noterai tel feuilleton de lui (celui du jeudi 24 décembre 1846, par exemple, sur *Agnès de Méranie*), duquel, après l'avoir lu, j'écrivais pour moi seul cette note que je retrouve, et que je donne comme l'expression nette de ma pensée : « Excellent feuilleton. C'est plein de bon sens et de justesse, d'un bon style et nourri de mots fins et heureux. Janin, décidément, est un vrai critique, quand il s'en donne le soin et qu'il se sent libre, la bride sur le cou. Il a le goût sain au fond et naturel, quand il juge des choses du théâtre. Il est, d'esprit aussi, comme de toute sa personne, bien portant et réjoui, un peu comme ces personnages gaillards de Molière, ces Dorine et ces Marton qu'il aime à citer, et qui disent des vérités le poing sur la hanche. » Voilà mon impression toute crue sur un des bons et solides feuilletons de ce critique qui en a tant fait de vifs et de jolis. Mais, pour que M. Janin ait tout son bon sens, il faut (je lui en demande pardon) qu'il se sente libre, qu'il n'ait pas affaire à l'un de ces noms qui, bon gré, mal gré, ne se présentent jamais sous sa plume qu'avec un cortége obligé d'éloges. Un critique ne doit pas avoir trop d'amis, de relations de monde, de ces obligations commandées par les convenances. Sans être précisément des corsaires, comme on l'a dit, nous avons besoin de courir nos bordées au large; il nous faut nos coudées franches. M. Janin disait un jour spirituellement à une femme qui, dans une soirée, le mettait en rapport avec une quantité de personnages : « Vous allez me faire tant d'amis que vous m'ôterez tout mon esprit. »

Même quand il a affaire à ces noms illustres dont je parle et auxquels il attache aussitôt toutes sortes d'épithètes, M. Janin a une manière de s'en tirer en homme d'esprit et de marquer jusqu'à un certain point sa contrainte : il les loue trop. Il s'en fait presque une malice. Il accumule tout d'abord tant d'éloges à leur sujet, qu'il est bien aisé de sentir que cette fois l'éloge ne tire point du tout à conséquence. Oh! que je ne voudrais pas être ainsi loué par lui, et que j'aime mieux de sa part un jugement plus sobre, plus motivé, où ce n'est plus le

Janin du rôle, mais le Janin de l'entr'acte qui parle, le Janin véridique et franc du collier! Courage! lui dirai-je, que ce soit ce dernier qui parle souvent!

Entre tous ces feuilletons qu'il écrit depuis tant d'années et qui lui assurent une physionomie originale dans l'histoire des journaux de ce temps-ci, on ferait un choix très-agréable, très-intéressant à relire et à consulter. Jamais on n'a mieux parlé que lui de ces choses fugitives et rapides, qui pourtant ont été l'événement d'un jour, d'une heure, et qui ont vécu. Sur un brouillard du soir, sur un violoniste qui passe, sur une danseuse qui s'en va, sur une bouquetière qui meurt, il a écrit des pages délicieuses qui méritent d'être conservées. Sur Scribe, sur Balzac, sur Eugène Sue, sur Théophile Gautier, sur Méry, il a écrit des jugements rapides, nuancés, trouvés à l'heure même, qu'on ne refera pas, et qu'il faudrait découper, isoler de ce qui les entoure. Ce choix que je désire dans les feuilletons de Janin, il serait bon peut-être que ce fût un autre que lui qui se chargeât de le faire. Martial a très-bien jugé ses propres épigrammes; pourtant, s'il avait fallu faire un choix, un triage dans un si grand nombre de pièces, est-ce Martial qui en eût été le plus capable? Vous voyez que je dis toute ma pensée.

Mais je m'oublie à parler de l'écrivain, et le roman est là qui me rappelle. M. Janin nous raconte dans sa préface qu'à travers ses occupations de chaque semaine et les feuilles qu'il jette au vent, il voulait, lui aussi, faire son volume et son livre, qu'il avait depuis dix ans sur le chantier son œuvre capitale, son *canot de Robinson*. Ce devait être un livre qui aurait eu pour sujet le règne de Louis XV, et pour titre *la Fin du Monde*. Quand éclata la Révolution de février 1848, M. Janin sentit aussitôt qu'il ne fallait pas porter l'eau, comme on dit, à la rivière, et faire concurrence par son livre avec la fin du monde qui semblait en train d'arriver tout de bon. Il changea alors courageusement de plan et de batterie, et se mit, pour plus de contraste, à chercher un sujet dans le siècle, non plus de Louis XV, mais de Louis XIV. De là le nouveau roman qu'il nous donne, et qui a pour héroïne la Supérieure et fondatrice d'un Institut de Toulouse, lequel fut détruit en 1686, comme affilié et un peu cousin-germain du monastère de Port-Royal.

Voilà un bien grave sujet, et on se demande de quel droit le roman y peut entrer. Je dirai, avant tout, qu'autant je trouverais inconvenant et irréfléchi qu'un romancier mît le pied dans Port-Royal, ce lieu de vérité et de sérieuse grandeur, autant il lui est permis peut-être de se glisser dans la maison de Toulouse qui s'intitulait la Congrégation des Filles de l'Enfance, et qui n'offre pas les mêmes caractères de vertu et d'austérité. On va en juger par la courte narration que j'essaierai de faire, et dans laquelle je résumerai ce qu'on sait de précis sur l'histoire de cette Congrégation. On sera mieux à même ensuite de voir quel parti M. Janin en a su tirer.

Mlle Jeanne de Juliard, fille d'un Conseiller au Parlement de Toulouse, naquit en cette ville sous Louis XIII; elle était belle, spirituelle, et fut très-recherchée de plusieurs partis. Parmi ceux qui se mirent sur les rangs, on citait M. de Ciron, fils d'un Président au même Parlement, et qui, malgré les convenances apparentes, fut évincé. Mlle de Juliard épousa, le 13 décembre 1646, M. de Turle, seigneur de Mondonville, fils lui-même d'un conseiller au Parlement : nous sommes en pleine robe, et il n'y a de militaires que dans le roman. Le jeune M. de Ciron n'avait pas attendu ce jour du mariage pour rompre avec le monde : voyant la ruine de ses plus chères espérances, il s'était tourné du côté de Dieu, et, dans son premier accès de douleur, il avait voulu se faire chartreux; puis, son peu de santé s'y opposant, il s'était voué simplement à la prêtrise. Il fut ordonné sous-diacre le 22 décembre 1646, c'est-à-dire neuf jours après le mariage de celle qu'il aimait. Il s'acquit l'estime publique et devint Chancelier de l'Église et de l'Université de Toulouse. Député à Paris à l'Assemblée du Clergé de 1656 (à cette heure décisive des *Provinciales*), il y contracta des liaisons avec les principaux chefs du parti janséniste. Le prince de Conti, gouverneur du Languedoc, s'était converti et obéissait aux influences jansénistes lui-même; M. de Ciron fut chargé de le diriger. Cependant Mme de Mondonville perdit son mari après quelques années de mariage, et ce fut l'abbé de Ciron qui, comme prêtre, assista cet ancien rival dans sa maladie et jusqu'à sa mort.

Mme de Mondonville était, tout l'atteste, une personne de tête et de capacité, ferme, altière, séduisante, ayant l'instinct et le génie de la domination. Ces femmes-là, sur le trône, s'appellent Élisabeth, Catherine. M. de Talleyrand avait surnommé la princesse Élisa, sœur aînée de Bonaparte, *la Sémiramis de Lucques*. Mme de Mondonville, libre et riche, sans enfants, pensa à se créer un petit empire et à être la Sémiramis d'un monde choisi où elle régnerait.

De concert avec l'abbé de Ciron, elle posa les bases de l'Institut nouveau qu'elle prétendait fonder; elle dressa les *Constitutions* de la Congrégation dite de l'Enfance, ainsi nommée parce qu'il s'agissait d'y honorer particulièrement la divine enfance de Jésus-Christ. Ce que la fondatrice voulait établir, ce n'était pas un Ordre religieux ni un cloître austère; c'était quelque chose d'intermédiaire entre la retraite et le monde, un asile en faveur des filles qui n'auraient point de vocation pour le mariage ni pour le couvent proprement dit, et qui voudraient concilier l'éloignement du siècle avec une vie exempte de clôture et affranchie de la solennité des vœux. « Les Filles de l'Enfance, telles que les vierges chrétiennes ou les *diaconesses* des premiers siècles, n'étaient point enfermées dans un cloître, pour être à même de vaquer avec plus de facilité à tous les emplois de la charité que les vierges chrétiennes peüvent pratiquer honnêtement dans le monde. Elles vivaient néanmoins en commun, mais sans autres pratiques extérieures que celles que doivent observer toutes les personnes de leur sexe qui renoncent au mariage, et qui veulent mener une vie modeste et chrétienne. Elles ne faisaient d'autre vœu que le vœu simple de *stabilité*, mais il renfermait les trois autres, de pauvreté, de chasteté et d'obéissance. » Ce vœu de *stabilité* revenait assez aux vœux perpétuels, mais sous un air moins formidable. La distinction des rangs, et des conditions de naissance selon le siècle, n'était pas supprimée dans cette Congrégation d'une nouvelle espèce. Il y avait trois sortes de filles : les premières, qui devaient être *damoiselles de noblesse d'épée ou de robe*, pouvaient seules arriver aux hautes charges du gouvernement intérieur. Les secondes devaient être des filles de condition inférieure, mais honorable encore; celles-ci ne pouvaient prétendre qu'aux charges moindres et secondaires, sauf le cas d'une dispense extraordinaire que se réservait d'octroyer la fondatrice. Enfin, il y avait des filles du troisième rang, simples femmes de chambre et servantes, frappées d'une incapacité absolue pour tous autres emplois. On voit que les trois ordres subsistaient là comme ailleurs. Mais la Supérieure s'était fait la large part dans ce gouvernement, et l'on peut dire que tout s'absorbait en elle. Elle aussi avait dit à sa manière, en prenant possession : *L'État, c'est moi.* « La Supérieure, disait un des articles des *Constitutions*, est l'âme de la maison et le chef de tous les membres qui la composent; toute leur vertu dépend de son influence. » Elle devait être âgée de trente ans au moins; elle était perpétuelle. Il y avait de la reine dans la manière dont Mme de Mondonville établissait cette domination à son usage : « La Supérieure, disait-elle, donnera une fois le mois une audience à chacune des filles qui demandera de lui parler, les accueillera avec un visage serein, les écoutera paisiblement et charitablement, gardant un juste tempérament entre la familiarité et la pesanteur d'une trop tendue conversation... Enfin, elle se comportera de telle manière qu'elle ne les renvoie jamais mécontentes, s'il est possible. » C'était la punition la plus sensible que d'être privée de sa présence. Sur quoi les railleurs avaient fait des vers satiriques, une espèce de parodie des Commandements de Dieu à l'usage des Filles de l'Enfance :

>   Madame seule adoreras,
>   Et l'Institut parfaitement.
>
>   Son beau minois tu ne verras,
>   Si tu fais quelque manquement...

Les confesseurs n'avaient eux-mêmes qu'un rôle secondaire et subordonné à l'influence de la Supérieure, qui tenait en main la clef des consciences. Les habits étaient simples, mais non uniformes : « On pourra indifféremment choisir du noir, du gris, du blanc, du *feuillemorte* ou autre couleur obscure, pour le choix de laquelle on prendra l'avis de la Supérieure, qui réglera toutes ces choses, ayant égard à l'*âge*, à la condition des esprits, et à la *qualité* des personnes. » Et pour la forme tant du linge que des habits, il semblait que, sans être tout à fait des religieuses, les Filles de l'Enfance eussent déjà pour règle le code mignon de Gresset :

> Il est aussi des modes pour le voile;
> Il est un art de donner d'heureux tours
> A l'étamine, à la plus simple toile.

« Elles garderont, était-il dit, un juste tempérament, qui ne fasse pas rire les fous et qui ne contriste pas les sages, qui ne les fasse pas remarquer par la légèreté de la mode, ni par le ridicule d'un usage passé... Elles seront bien propres sans curiosité, nettes sans délicatesse, et bien mises sans afféterie. » Qu'on joigne à cela de bonnes œuvres, l'éducation gratuite des jeunes filles, l'instruction des Calvinistes nouvelles converties, le soin des pauvres, et l'on aura quelque idée de cet Institut habilement concerté, fait pour séduire, attrayant, et utile peut-être, mais empreint évidemment d'un reste d'orgueil humain, et même de coquetterie mondaine.

L'abbé de Ciron pouvait être lié avec quelques amis et disciples de Saint-Cyran, l'Institut fondé par Mme de Mondonville put être persécuté à ce titre, et finalement détruit, comme une succursale que les Jansénistes avaient dans le midi de la France; mais ce n'était pas là et ce ne fut jamais l'esprit pur du sévère et intègre Port-Royal. Cela saute aux yeux, et M. Janin l'a pu tout d'abord faire remarquer.

Ce qui ne faisait pas une moindre différence, et qui ne laisse pas de surprendre au premier coup d'œil, c'est cette espèce de commerce dévot, sans rien de sensuel, on veut le croire, mais trop propre à faire jaser et sourire, entre l'abbé de Ciron, ancien prétendant, et Mme de Mondonville, jeune encore. Ce M. de Ciron, d'ailleurs, paraît avoir été un homme vertueux, d'une charité qui se prodigua durant une peste de Toulouse. Tout indique qu'il était doux, modéré, de bon conseil, plus fait pour mitiger et retenir celle qu'il dirigeait que pour la pousser aux extrêmes. Mais il était, de concert avec elle, le directeur de la maison de l'Enfance; il logeait dans l'enceinte de cette maison, dans l'enclos du jardin, n'ayant qu'un pas à faire pour être chez sa pénitente. Après sa mort, et peut-être de son vivant, son portrait ornait la chambre de la fondatrice; elle lisait et relisait ses billets dont elle faisait des recueils, et qu'elle gardait précieusement. On ne peut s'étonner, après cela, qu'il ait couru des propos et des chansons à ce sujet, et l'on assure que le saint évêque d'Aleth, Pavillon, blâma M. de Ciron d'y avoir prêté par les apparences (1).

Ce fut en 1662 que l'Institut se fonda régulièrement; mais il eut, dès sa naissance, à surmonter bien des difficultés et des obstacles. Les religieux, et particulièrement les Jésuites, qui se voyaient exclus de la direction de cet établissement, et qui n'y avaient aucun accès, essayèrent de le ruiner à diverses reprises. Quatre fois ils revinrent à la charge : une première fois, dès l'origine,

(1) L'évêque d'Aleth, M. Pavillon, avait également désapprouvé, dès le principe, l'idée de mettre en *corps de communauté* les filles destinées à l'éducation de l'enfance. C'est ce saint évêque qui avait d'abord établi dans son diocèse des filles *régentes* pour l'éducation des personnes du sexe, et M. de Ciron lui avait demandé d'en envoyer quelqu'une à Toulouse pour y former d'autres maîtresses et y faire école. Mme de Mondonville, en embrassant la pensée d'une fondation plus ambitieuse, ne suivit point les conseils de M. Pavillon; il s'y opposa autant qu'il le put, mais inutilement : « Les Communautés, disait-il, dégénèrent toujours et ne conservent pas longtemps l'esprit de leur Institut. » (*Vie de M. Pavillon, évêque d'Aleth*, tome 1er, page 166.) — A bien regarder ce passage de la *Vie* de M. Pavillon, qui est écrite par une plume janséniste très-pure et aussi très-circonspecte, on y voit implicitement l'aveu qu'il y eut des abus dans cet Institut de l'Enfance.

en 1663; une seconde, en 1666, aussitôt après la mort du prince de Conti, protecteur puissant. Mme de Mondonville fit alors un voyage à Paris, et s'y concilia d'autres protecteurs, particulièrement M. Le Tellier, qui fut plus tard Chancelier de France, et qui la soutint tant qu'il vécut. En 1682 (M. de Ciron étant mort depuis deux ans), une Fille de l'Enfance, Mlle de Prohenques, qui s'échappa de la maison par escalade, et qui se plaignit de mauvais traitements, suscita une affaire grave dont les ennemis s'empressèrent de profiter. Mais ce ne fut qu'en 1686 que la foudre, toujours conjurée, éclata : la maison fut détruite, et la Congrégation dispersée, avec des circonstances qui excitèrent alors l'intérêt universel.

Il existe une *Histoire*, en deux volumes, *de la Congrégation de l'Enfance*, écrite par un avocat d'Avignon, Reboulet : ces volumes, qui ne manquent pas d'intérêt, ni même de quelque agrément de narration, sont malheureusement très-peu sûrs, et on y a relevé tant d'inexactitudes et d'impossibilités, l'auteur dans sa *Réponse* s'est défendu si faiblement et s'est laissé voir, de son propre aveu, si léger, si peu scrupuleux en matière de critique historique, qu'on ne saurait guère les considérer que comme un roman, mais un roman théologique et dressé au profit des ennemis de l'Enfance. C'est là que M. Janin a pris la plupart des noms qui figurent dans son livre; je dis les noms, car il a donné aux personnages un tout autre caractère, et les a complétement métamorphosés. A partir d'un certain moment, l'Institut de l'Enfance étant devenu suspect, la Cour donna ordre de le surveiller étroitement et d'y introduire des espions, ce qu'on appelait dès lors des *mouches*. C'est l'histoire de cet espionnage, ce sont les ruses et manéges des personnages réels ou supposés qu'on y emploie, qui font les frais de la Relation de Reboulet. En fait, on chargeait surtout la maison de Toulouse et la Supérieure de deux accusations graves : 1° d'avoir donné asile à deux ecclésiastiques, poursuivis pour avoir résisté aux ordres du roi dans l'affaire dite de la Régale; 2° d'avoir une imprimerie clandestine, d'où sortaient, au moment voulu, des placards, et même de petits pamphlets théologiques, qui se répandaient dans tout le midi de la France. On supposait que les Filles mêmes de l'Enfance avaient été façonnées à ce travail d'imprimerie. Notez qu'aucun étranger n'était admis dans l'intérieur de la maison, que tout ce petit monde était absolument dans la main de la Supérieure, et que celle-ci, malgré la rigueur dont on l'accusait, s'était fait tellement aimer de ses filles, qu'elle semblait capable de leur imposer le plus exact secret. Un secret gardé par plus de deux cents filles! ce devait être une habile femme que Mme de Mondonville. Il fallut donc du temps et de l'artifice pour s'informer avant de frapper. Il ne paraît pas, néanmoins, qu'on soit jamais arrivé, touchant les faits mystérieux qu'on soupçonnait, à une conviction bien établie et bien authentique; mais le soupçon suffisait déjà. Cette suppression entrait d'ailleurs dans les plans de Louis XIV, lequel, exposant ses maximes d'État pour l'instruction particulière de son fils, a écrit : « Je m'appliquai à détruire le Jansénisme et à dissiper les Communautés où se formait cet esprit de nouveauté, bien intentionnées peut-être, mais qui ignoraient ou voulaient ignorer les dangereuses suites qu'il pourrait avoir. » La destruction de l'Institut de l'Enfance, plus ou moins retardée, n'était qu'une des applications et des conséquences de cette politique fixe de Louis XIV.

Le 12 mai 1686, quand sortit l'Arrêt du Conseil qui décrétait cette destruction, l'Institut était en pleine prospérité : la maison de Toulouse avait des ramifications dans la province; elle renfermait, je l'ai dit, plus de deux cents filles, tant maîtresses que postulantes et pensionnaires, et servantes. Parmi les premières, se trouvaient beaucoup de demoiselles de qualité, Mlles Daguesseau, de Chaulnes, de Fieubet, de Catelan. Sur la nouvelle du danger, Mme de Mondonville courut à Paris. Déjà deux de ses voyages lui avaient si bien réussi, qu'elle comptait encore sur l'effet de sa présence. Mais, à peine arrivée, elle reçut l'ordre du roi de se rendre à Coutances, en basse Normandie. Là, détenue comme en prison au couvent des Religieuses Hospitalières, elle n'en sortit plus, et mourut seulement en 1703 ou 1704.

Privées de leur Supérieure, ses Filles, à Toulouse, se montrèrent dignes d'elle, et soutinrent le choc des puissances, comme elles auraient soutenu un siége et un assaut. On a une Relation de ces moments suprêmes, écrite par l'une d'elles, et où respire un vif sentiment de l'innocence opprimée par l'injustice. Un tel accent, qui ne se feint pas, est la meilleure réponse à bien des accusations des ennemis. La dispersion exigeait des formalités de procédure, d'inventaire. L'archevêque de Toulouse (M. de Montpezat), en rendant son Ordonnance conformément à l'Arrêt du Conseil, aurait voulu adoucir l'exécution dans la forme, surtout en ce qui concernait les demoiselles de qualité, Mlles de Chaulnes, Daguesseau et autres; il leur écrivait ou leur faisait faire des compliments de condoléance sur la nécessité rigoureuse où il était de les frapper; mais elles eurent la générosité de se refuser à tout adoucissement, et tinrent à honneur d'être traitées comme la dernière de leurs compagnes. On vint régulièrement, et en toute cérémonie, *profaner* la chapelle, on enleva les hosties et les vases sacrés. Les Filles de la Congrégation ne continuèrent pas moins de s'y rassembler dans leurs exercices de

7.

piété. On envoya des maçons alors pour la détruire et n'en pas laisser pierre sur pierre : elles continuèrent de se rassembler pour prier sur les décombres. Quand on envoya des soldats pour enlever d'abord quarante filles, puis une trentaine qui restaient, ce fut dans les masures de la chapelle, comme dans un fort, qu'elles allèrent se réfugier, protestant jusqu'à la fin contre la violation de leurs vœux. On avait tout employé pour les disperser, jusqu'à défendre à l'économe de leur fournir de la nourriture, et à vouloir les réduire par la famine, comme des assiégées. Mais rien n'y fit; elles ne se rendirent pas; il fallut la violence et les dragons de M. de Bâville pour consommer l'œuvre du Père de La Chaise. L'émotion que causèrent ces dernières scènes fut vive dans le public, et il en est resté sur cet Institut de l'Enfance une impression du genre de celles qui s'attachent aux touchantes et tragiques infortunes. A la Cour, ce fut toujours une note fâcheuse contre M. Daguesseau d'avoir eu une de ses filles à l'Enfance, et on crut que, sans cette circonstance qui lui donnait une couleur aux yeux de certaines gens, il aurait été Chancelier, comme son fils le devint depuis.

Il est assez difficile aujourd'hui, d'après l'état incomplet des documents, de se faire une idée très-précise du caractère de Mme de Mondonville; mais tout ce qu'on sait prouve, encore une fois, que ce dut être une personne d'une haute distinction, d'un caractère ferme, élevé, née pour le commandement, et d'une grande habileté de domination. Si la conjecture pouvait s'exercer au delà, je croirais volontiers qu'elle est venue trop tôt, et qu'elle s'est trompée de protecteurs en s'adressant aux amis et aux adhérents de Port-Royal. Il semble qu'avec les idées qui percent dans sa conduite et dans quelques articles de ses *Constitutions*, elle eût pu bien mieux s'entendre avec Mme de Maintenon, avec la fondatrice de Saint-Cyr, et que si, née plus tard, elle s'était appuyée de ce côté, elle aurait trouvé un ordre d'idées plus en accord avec ses inclinations, sans aller se heurter contre l'écueil où elle a péri. Elle n'aurait pas été languir et mourir dix-huit ans dans l'exil, comme tant de souverains dépossédés, elle qui avait passé ses belles années à se créer une petite principauté et un petit trône.

Maintenant, je n'entrerai pas dans le récit du roman de M. Janin; tout le monde le voudra lire, et mon analyse serait superflue. Il a très-bien senti et mis en relief les principaux traits du caractère de Mme de Mondonville; mais il n'a pas d'ailleurs visé à restituer, d'après les faits historiques connus, les autres circonstances qui seraient plus ou moins vraisemblables. Il a pris ces noms et ce cadre de l'Institut de l'Enfance comme un simple prétexte et un canevas à ses vives études et à ses goûts du moment; il a voulu tracer, comme il dit, « un capricieux tableau d'histoire. » J'ai tant de respect, je l'avoue, pour tout ce qu'on peut savoir de vérité historique, que j'aurais préféré un récit tout simple, tout nu, de ce qu'on sait sur cette Congrégation de l'Enfance, ou du moins un récit dans lequel les circonstances inventées n'eussent paru jurer en rien avec les faits d'autre part avérés et établis. Par exemple, pour ne citer qu'un trait, il m'est impossible d'admettre, avec le romancier, que M. Arnauld *bénisse à Utrecht le mariage* de Mlle *de Prohenques*, cette Fille de l'Enfance qui s'était enfuie par escalade, quand je lis dans un Écrit d'Arnauld lui-même qu'il ne parle d'elle que comme d'une *fille apostate*, et de l'homme qu'elle épouse que comme d'un *grand débauché :* « On voit assez, dit le sévère Docteur, que Dieu, qui tire le bien du mal, n'a permis qu'elle soit tombée dans des désordres si scandaleux et dans des contradictions si manifestes, que pour découvrir de plus en plus l'innocence des Filles de l'Enfance, et la malice de leurs adversaires, qui se sont servis du témoignage de cette apostate pour surprendre la religion du roi. » Or, après cela, comment puis-je admettre que, dans la conclusion du roman, on dise : « Du Boulay se maria dans une église d'Utrecht avec Mlle de Prohenques... M. Arnauld bénit cette union de deux *honnêtes cœurs*, de deux *esprits sincères;* mais l'illustre capitaine des batailles dogmatiques, qui, de près ou de loin, avait conduit toutes ces guerres, ne s'en tint pas à cette bénédiction suprême. Un livre parut bientôt au milieu de la France indignée, qui fut à la fois le châtiment des vainqueurs et la consolation des vaincus. Ce livre s'appelait *le Cri de l'Innocence opprimée.* » Mais c'est dans ce livre d'Arnauld précisément qu'il est parlé de Mlle de Prohenques, et de celui qu'elle épouse, dans les termes de mépris qu'on vient de lire. Au reste, tout cela importe assez peu à l'intérêt du livre, car bien peu de gens, je crois, ont lu Arnauld, et se soucient d'aller compulser de près les documents d'alors. Le roman de M. Janin n'est pas et n'a pas voulu être un tableau sévère; c'est une fraîche et moderne peinture, décorée de noms d'autrefois, animée des couleurs d'aujourd'hui, une trame mobile où se croisent des fils brillants, où se détachent de jeunes figures, où s'est jouée en tout honneur une amoureuse fantaisie.

Lundi 20 mai 1850.

LETTRES

DE

MADEMOISELLE DE LESPINASSE.

En parlant une fois avec intérêt de Mme Du Deffand, je ne me suis pas interdit pour cela de m'occuper une autre fois de Mlle de Lespinasse. Le critique ne doit point avoir de partialité et n'est d'aucune coterie. Il n'épouse les gens que pour un temps, et ne fait que traverser les groupes divers sans s'y enchaîner jamais. Il passe résolûment d'un camp à l'autre; et de ce qu'il a rendu justice d'un côté, ce ne lui est jamais une raison de la refuser à ce qui est vis-à-vis. Ainsi, tour à tour, il est à Rome ou à Carthage, tantôt pour Argos et tantôt pour Ilion. Mlle de Lespinasse, à un certain moment, s'est brouillée à mort avec Mme Du Deffand, après avoir vécu dix années dans l'intimité avec elle. Les amis furent forcés alors d'opter entre l'une ou l'autre de ces rivales déclarées, et il n'y eut moyen pour aucun de continuer de se maintenir auprès de toutes les deux. Pour nous, nous n'avons pas à opter : nous avons paru rester très-attaché et très-fidèle à Mme Du Deffand, nous n'en serons pas moins très-attentif aujourd'hui à Mlle de Lespinasse.

Les titres de Mlle de Lespinasse à l'attention de la postérité sont positifs et durables. Au moment de sa mort, elle fut universellement regrettée, comme ayant su, sans nom, sans fortune, sans beauté, et par le seul agrément de son esprit, se créer un salon des plus en vogue et des plus recherchés, à une époque qui en comptait de si brillants. Toutefois, ce concert flatteur de regrets qui s'adressaient à la mémoire de l'amie de d'Alembert n'aurait laissé d'elle qu'une idée un peu vague et bientôt lointaine, si la publication qu'on fit, en 1809, de deux volumes de *Lettres* d'elle, n'était venue la révéler sous un aspect tout différent, et montrer non plus la personne aimable et chère à la société, mais la femme de cœur et de passion, la victime brûlante et dévorée. Ces deux volumes de *Lettres* de Mlle de Lespinasse à M. de Guibert sont un des monuments les plus curieux et les plus mémorables de la passion. On a publié en 1820, sous le titre de *Nouvelles Lettres* de Mlle de Lespinasse, un volume qui ne saurait être d'elle, qui n'est digne ni de son esprit ni de son cœur, et qui est aussi plat que l'autre est distingué, ou, pour mieux dire, unique. Je prie qu'on ne confonde pas du tout ce plat volume de 1820, pure spéculation et fabrication de librairie, avec les deux volumes de 1809, les seuls qui méritent confiance, et dont je veux parler. Ces Lettres d'amour adressées à M. de Guibert furent publiées par la veuve même de M. de Guibert, assistée dans ce travail par Barrère, le Barrère de la Terreur, ni plus ni moins, qui aimait fort la littérature, comme on sait, et surtout celle de sentiment. Au moment où ces Lettres parurent, ce fut un grand émoi dans la société où vivaient encore, à cette date, quelques anciens amis de Mlle de Lespinasse. On déplora fort cette publication indiscrète; on réprouva la conduite des éditeurs qui déshonoraient ainsi, disait-on, la mémoire d'une personne jusque-là considérée, et qui livraient son secret à tous sans en avoir le droit. On invoqua la morale et la pudeur; on invoqua la renommée même de Mlle de Lespinasse. Cependant on jouissait avidement de cette lecture qui passe de bien loin en intérêt les romans les plus enflammés, et qui est véritablement la nouvelle Héloïse en action (1). Aujourd'hui la postérité, indifférente aux considérations de personnes, ne voit plus que le livre; elle le classe dans la série des témoignages et des peintures immortelles de la passion, et il n'en est pas un si grand nombre qu'on ne les puisse compter. Dans l'antiquité, on a Sapho pour quelques accents et quelques soupirs de feu qui nous sont arrivés à travers les âges; on a la *Phèdre* d'Euripide, la *Magicienne* de Théocrite, la *Médée* d'Apollonius de Rhodes, la *Didon* de Virgile, l'*Ariane* de Catulle. Parmi les modernes, on a les Lettres latines d'Héloïse; celles d'une Religieuse portugaise; *Manon Lescaut*, la *Phèdre* de Racine, et quelques rares productions encore, parmi lesquelles les Lettres de Mlle de Lespinasse sont au premier rang. Oh! si feu Barrère n'avait jamais rien fait de pis dans sa vie que de publier ces Lettres, et s'il n'avait jamais eu de plus grosse affaire sur la con-

(1) Voici une anecdote que je tiens d'original. Dans la saison où ces Lettres parurent, une brillante société était réunie aux bains d'Aix en Savoie. On était allé en visite à Chambéry; au retour, il y avait une voiture où se trouvaient Mme de Staël, Benjamin Constant, Mme de Boigne, Adrien de Montmorency, etc. Pendant ce voyage, maint accident survint au dehors, tempête, tonnerre, empêchements et retards de toute sorte. En arrivant à Aix, les personnes qui étaient dans la voiture trouvèrent les gens de l'hôtel sur la porte tout inquiets et les interrogeant. Mais eux, les voyageurs, ils n'avaient rien vu ni remarqué de ces petits accidents: c'est que Mme de Staël avait parlé pendant tout ce temps-là, et qu'elle parlait des Lettres de Mlle de Lespinasse, et de ce M. de Guibert, qui avait été sa première flamme.

science, nous dirions aujourd'hui de grand cœur en l'absolvant : *Que la terre lui soit légère!*

La vie de Mlle de Lespinasse commença de bonne heure par être un roman et plus qu'un roman. « Quelque jour, écrivait-elle à son ami, je vous conterai des choses qu'on ne trouve point dans les romans de Prévost ni dans ceux de Richardson... Quelque soirée, cet hiver, quand nous serons bien tristes, bien tournés à la réflexion, je vous donnerai le passe-temps d'entendre un récit qui vous intéresserait si vous le trouviez dans un livre, mais qui vous fera concevoir une grande horreur pour l'espèce humaine... Je devais naturellement me dévouer à haïr, j'ai mal rempli ma destinée. » Elle était fille adultérine de Mme d'Albon, une dame de condition de Bourgogne, dont la fille légitime avait épousé le frère de Mme Du Deffand. C'est chez ce frère que, dans un voyage en Bourgogne, Mme Du Deffand rencontra à la campagne la jeune fille, alors âgée de vingt ans, opprimée, assujettie à des soins domestiques inférieurs et dans une condition tout à fait dépendante. Elle s'éprit d'elle à l'instant, ou mieux, elles s'éprirent l'une de l'autre, et on le conçoit ; si on ne regarde qu'au mérite des esprits, il n'arrive guère souvent que le hasard en mette aux prises de plus distingués. Mme Du Deffand n'eut de cesse qu'elle n'eût tiré cette jeune personne de sa province, et qu'elle ne l'eût logée avec elle au couvent de Saint-Joseph pour lui tenir compagnie, lui servir de lectrice et lui être d'une ressource continuelle. La famille n'avait qu'une crainte : c'était que cette jeune personne ne profitât de sa position nouvelle et des protecteurs qu'elle y trouverait, pour revendiquer le nom d'Albon et sa part d'héritage. Elle l'aurait pu, à la rigueur, car elle était née du vivant de M. d'Albon, mari de sa mère. Mme Du Deffand crut devoir prendre ses précautions, et lui dict assez peu délicatement ses conditions là-dessus, avant de la faire venir près d'elle; pour quelqu'un qui appréciait si bien son esprit, c'était bien mal connaître son cœur. Cet arrangement de vie commune se fit en 1754, et dura jusqu'en 1764 : dix ans de ménage et de concorde, c'était bien long, plus long qu'on n'aurait pu l'espérer entre deux esprits aussi égaux en qualité et associés à des éléments aussi impétueux. Mais, vers la fin, Mme Du Deffand, qui se levait tard et n'était jamais debout avant six heures du soir, s'aperçut que sa jeune compagne recevait en son particulier chez elle, une bonne heure auparavant, la plupart de ses habitués, et qu'elle prenait ainsi pour elle seule la primeur des conversations. Elle se sentit lésée dans son bien le plus cher, et poussa les hauts cris, comme s'il se fût agi d'un vol domestique. L'orage fut terrible et ne se termina que par une rupture. Mlle de Lespinasse quitta brusquement le couvent de Saint-Joseph; ses amis se cotisèrent pour lui faire un salon et une existence rue de Belle-Chasse. Ces amis, c'étaient d'Alembert, Turgot, le chevalier de Chastellux, Brienne le futur archevêque et cardinal, l'archevêque d'Aix Boisgelin, l'abbé de Boismont, enfin la fleur des esprits d'alors. Cette brillante colonie suivit la spirituelle émigrante et sa fortune. Dès ce moment, Mlle de Lespinasse vécut à part et devint, par son salon et par son influence sur d'Alembert, une des puissances reconnues du xviiie siècle.

Heureux temps! toute la vie alors était tournée à la sociabilité; tout était disposé pour le plus doux commerce de l'esprit et pour la meilleure conversation. Pas un jour de vacant, pas une heure. Si vous étiez homme de Lettres et tant soit peu philosophe, voici l'emploi régulier que vous aviez à faire de votre semaine : dimanche et jeudi, dîner chez le baron d'Holbach; lundi et mercredi, dîner chez Mme Geoffrin ; mardi, dîner chez M. Helvétius ; vendredi, dîner chez Mme Necker. Je ne parle pas des déjeuners du dimanche de l'abbé Morellet, qui ne vinrent, je crois, qu'un peu plus tard. Mlle de Lespinasse, n'ayant moyen de donner à dîner ni à souper, se tenait très-exactement chez elle de cinq heures à neuf heures du soir, et son cercle se renouvelait tous les jours dans cet intervalle de la *première soirée*.

Ce qu'elle était comme maîtresse de maison et comme lien de société, avant et même depuis l'invasion et les délires de sa passion funeste, tous les Mémoires du temps nous le disent. Elle s'était fort attachée à d'Alemberg, enfant illégitime comme elle, et qui, comme elle, avait négligé avec fierté de se mettre en quête pour des droits qu'il n'aurait pas dus à la tendresse. D'Alembert logeait d'abord rue Michel-le-Comte, chez sa nourrice, la bonne vitrière ; il y avait bien loin de là à la rue de Belle-Chasse. Une maladie grave qui lui survint, et durant laquelle Mlle de Lespinasse l'alla soigner, lui fit ordonner par les médecins un meilleur air, et le décida à aller demeurer tout simplement avec son amie. Depuis ce jour, d'Alembert et Mlle de Lespinasse firent ménage, mais en tout bien tout honneur, et sans qu'on en jasât autrement. La vie de d'Alembert en devint plus douce, la considération de Mlle de Lespinasse s'en accrut.

Mlle de Lespinasse n'était point jolie ; mais, par l'esprit, par la grâce, par le don de plaire, la nature l'avait largement récompensée. Du premier jour qu'elle fut à Paris, elle y parut aussi à l'aise, aussi peu dépaysée que si elle y avait passé sa vie. Elle profita de l'éducation de ce monde excellent où elle vivait, comme si elle n'en avait pas eu besoin. Son grand art en société, un des secrets de son succès, c'était de sentir l'esprit des autres, de le faire valoir, et de sembler oublier le sien. Sa conversation n'était jamais au-dessus ni au-dessous de ceux à qui elle parlait; elle avait la mesure, la proportion, la justesse. Elle reflétait si bien les impressions des autres et recevait si visiblement l'effet de leur esprit, qu'on l'aimait pour le succès qu'on se sentait avoir près d'elle. Elle poussait cette disposition jusqu'à l'art : « Ah! que je voudrais, s'écriait-elle un jour, connaître le faible de chacun! » D'Alembert a relevé ce mot et le lui a reproché comme venant d'un trop grand désir de plaire, et de plaire à tous. Même dans ce désir et dans les moyens qu'il lui suggérait, elle restait vraie, elle était sincère. Elle disait d'elle-même et pour expliquer son succès auprès des autres, qu'elle avait *le vrai de tout*, tandis que d'autres femmes n'ont *le vrai de rien*. En causant, elle avait le don du mot propre, le goût de l'expression exacte et choisie; l'expression vulgaire et triviale lui faisait mal et dégoût : elle en restait tout étonnée, et ne pouvait en revenir. Elle n'était pas précisément simple, tout en étant très-naturelle. De même dans sa mise, « elle donnait, a-t-on dit, l'idée de la richesse qui, par choix, se serait vouée à la simplicité. » Son goût littéraire était plus vif que sûr; elle aimait, elle adorait Racine, comme le maître du cœur, mais elle n'aimait pas pour cela le trop fini, elle aurait préféré le rude et l'ébauché. Ce qui la prenait par une fibre secrète l'exaltait, l'enlevait aisément; il n'est pas jusqu'au *Paysan perverti* auquel elle ne fît grâce, pour une ou deux situations qui lui étaient allées à l'âme. Elle a imité Sterne dans deux chapitres, qui sont peu de chose. Comme écrivain, là où elle ne songe pas à l'être, c'est-à-dire dans sa Correspondance, sa plume est nette, ferme, excellente, sauf quelques mots tels que ceux de *sensible* et de *vertueux*, qui reviennent trop souvent, et qui attestent l'influence de Jean-Jacques. Mais nul lieu-commun d'ailleurs, nulle déclamation ; tout est de source et vient de nature.

Arrivons vite à son titre principal, à sa gloire d'amante. Malgré sa tendre amitié pour d'Alembert, amitié qui fut sans doute un peu plus à l'origine, on peut dire que Mlle de Lespinasse n'aima que deux fois dans sa vie : elle aima M. de Mora et M. de Guibert. C'est la lutte de ces deux passions, l'une expirante, mais puissante encore, l'autre envahissante et bientôt souveraine, c'est ce combat violent et acharné qui constitue le drame déchirant auquel nous a initiés la publication des Lettres. Les contemporains de Mlle de Lespinasse, ses amis les plus proches et les mieux informés, n'y avaient rien compris ; Condorcet, écrivant à Turgot, lui parle souvent d'elle et de ses crises de santé, mais sans rien paraître soupçonner du fond ; ceux qui, comme Marmontel, en avaient deviné quelque chose, se sont trompés tout à côté, et ont pris le change sur la date et l'ordre des sentiments. D'Alembert lui-même, si intéressé à bien voir, ne connut le mystère que par la lecture de certains papiers, après la mort de son amie. Ne cherchons donc la vérité sur les sentiments secrets de Mlle de Lespinasse que dans ses propres aveux et chez elle seule.

Elle aimait M. de Mora depuis déjà cinq ou six ans quand elle rencontra, pour la première fois, M. de Guibert. Le marquis de Mora était le gendre du comte d'Aranda, ce ministre célèbre qui avait chassé les Jésuites d'Espagne ; il était fils du comte de Fuentès, ambassadeur d'Espagne à la Cour de France. Tout atteste que M. de Mora, fort jeune encore, était un homme d'un mérite supérieur et destiné à un grand avenir, s'il avait vécu. Nous n'en avons pas seulement pour garant Mlle de Lespinasse, mais les moins sujets à s'engouer parmi les contemporains ; l'abbé Galiani, par exemple, qui, appre-

nant à Naples la mort de M. de Mora, écrivait à Mme d'É-
pinay (18 juin 1774) : « Je n'ose parler de Mora. Il y a
longtemps que je l'ai pleuré. Tout est destinée dans ce
monde, et l'Espagne n'était pas digne d'avoir un M. de
Mora. » Et encore (8 juillet) : « Il y a des vies qui tiennent à la destinée des empires. Annibal, lorsqu'il apprit
la défaite et la mort d'Asdrubal son frère, qui valait plus
que lui, ne pleura point, mais il dit : *Je sais à présent
quelle sera la destinée de Carthage.* J'en dis de même
sur la mort de M. de Mora. » M. de Mora était venu en
France vers 1766; c'est alors que Mlle de Lespinasse l'avait
connu et l'avait aimé. Il avait fait plusieurs absences
dans l'intervalle, mais il revenait toujours. Sa poitrine
s'étant prise, on lui ordonna le climat natal. Il quitta
Paris, pour n'y plus revenir, le vendredi 7 août 1772.
Mlle de Lespinasse, qui, bien que philosophe et incrédule,
était sur un point superstitieuse comme l'eût été une
Espagnole, comme l'est une amante, remarqua qu'ayant
quitté Paris un *vendredi*, ce fut un *vendredi* aussi qu'il
repartit de Madrid (6 mai 1774), et qu'il mourut à Bordeaux le *vendredi* 27 mai. Quand il partit de Paris, la
passion de Mlle de Lespinasse et celle qu'il lui rendait
n'avaient jamais été plus vives. On en prendra idée
quand on saura que, dans un voyage qu'il fit à Fontainebleau dans l'automne de 1771, M. de Mora avait écrit à
son amie *vingt-deux* lettres en *dix* jours d'absence. Les
choses étaient montées à ce ton, et l'on s'était quitté
avec tous les serments et toutes les promesses, lorsque
Mlle de Lespinasse, au mois de septembre 1772, rencontra pour la première fois au Moulin-Joli, chez M. Wa-
telet, M. de Guibert.

M. de Guibert, alors âgé de vingt-neuf ans, était un
jeune colonel pour lequel toute la société s'était mise
depuis peu en frais d'enthousiasme. Il venait de publier

un *Essai de Tactique*, précédé d'un discours sur l'état de la politique et de la science militaire en Europe. Il y avait là des idées généreuses, *avancées*, comme on dirait aujourd'hui. Il discutait le système de guerre du grand Frédéric. Il allait concourir à l'Académie sur des sujets d'éloges patriotiques ; il avait en portefeuille des tragédies sur des sujets nationaux. « Il ne prétend à rien moins, disait La Harpe, qu'à remplacer *Turenne, Corneille* et *Bossuet*. » Il serait trop aisé après coup et peu juste de venir faire une caricature de M. de Guibert, de cet homme que tout le monde, à commencer par Voltaire, considéra d'emblée comme voué à la grandeur et à la gloire, et qui a tenu si médiocrement la gageure. Héros avorté de cette époque de Louis XVI qui n'a eu que des promesses, M. de Guibert entra dans le monde la tête haute et sur le pied d'un génie ; ce fut sa spécialité pour ainsi dire que d'avoir du *génie*, et vous ne trouvez pas une personne du temps qui ne prononce ce mot à son sujet. « Une âme, s'écriait-on, qui de tous côtés s'élance vers la gloire ! » Il était là dans une attitude difficile à soutenir, et la chute, à la fin, pour lui fut d'autant plus rude. Reconnaissons toutefois qu'un homme qui put être à ce point aimé de Mlle de Lespinasse, et qui, ensuite, eut le premier l'honneur d'occuper Mme de Staël, devait avoir de ces qualités vives, animées, qui tiennent à la personne, qui donnent le change sur les œuvres tant que leur *père* est là présent. M. de Guibert avait ce qui divertit, ce qui remue et ce qui impose ; il avait toute sa valeur dans un cercle brillant, mais se refroidissait vite et était comme dépaysé au sein de l'intimité. Dans l'ordre des sentiments, il avait le mouvement, le tumulte et le fracas de la passion, non pas la chaleur.

Mlle de Lespinasse, qui finit par le juger ce qu'il était et par l'estimer à son taux sans pouvoir jamais s'empêcher de l'aimer, avait commencé avec lui par l'admiration. « L'amour, a-t-on dit, commence d'ordinaire par l'admiration, et il survit difficilement à l'estime, ou du moins il n'y survit qu'en se prolongeant par des convulsions. » Ce fut là, en elle, l'histoire de cette passion funeste qui fut si prompte qu'on a peine à y distinguer des degrés. Elle avait alors (faut-il le dire?) quarante ans; elle regrettait amèrement le départ de M. de Mora, ce véritable homme délicat et sensible, ce véritable homme supérieur, quand elle s'engagea à aimer M. de Guibert, ce faux grand homme, mais qui était présent et séduisant. Sa première lettre est datée du samedi soir 15 mai 1773. M. de Guibert allait partir et faire un long voyage en Allemagne, en Prusse, peut-être en Russie. On a la Relation imprimée de ce voyage de M. de Guibert, et il est curieux de mettre ces notes spirituelles, positives, instructives souvent, parfois emphatiques et romantiques, en regard des lettres de sa brûlante amie. M. de Guibert, au départ, a déjà un tort. Il dit qu'il part le mardi 18 mai, puis le mercredi, et il se trouve qu'il n'est parti que le jeudi 20, et sa nouvelle amie n'en avait rien su. Il est évident que ce n'est pas elle qui a eu la dernière pensée et le dernier adieu. Elle en souffre déjà, elle se reproche d'en souffrir; elle vient de recevoir une lettre de M. de Mora, toute pleine de confiance en elle; elle est prête à lui tout sacrifier, « mais il y a deux mois, ajoute-t-elle, je n'avais pas de sacrifice à lui faire. » Elle croit qu'elle aime encore M. de Mora, et qu'elle peut arrêter, immoler à volonté le nouveau sentiment qui la détache et l'entraîne loin de lui. La lutte commence, elle ne cessera plus un moment. M. de Mora absent, malade, fidèle (quoi qu'en ait dit cette méchante langue de Mme Suard), lui écrit, et, à chaque lettre, va raviver sa blessure, ses remords. Que sera-ce quand, revenant exprès pour elle, il va tomber plus malade et mourir en route à Bordeaux? Ainsi, jusqu'à la fin, on la verra partagée dans son délire entre le besoin, le désir de mourir pour M. de Mora, et l'autre désir de vivre pour M. de Guibert : « Concevez-vous, mon ami, l'espèce de tourment auquel je suis livrée? J'ai des remords de ce que je vous donne, et des regrets de ce que je suis forcée de retenir. » Mais nous ne sommes qu'au commencement.

M. de Guibert, qui est à la mode et assez fat, laisse après lui, en partant, plus d'un regret. Il y a deux femmes, dont l'une qu'il aime, lui répond assez mal; et dont l'autre, de qui il est aimé, l'occupe peu. La pauvre Mlle de Lespinasse s'intéresse à ces personnes, à l'une surtout, et elle essaie de se glisser entre les deux. Que voulez-vous? quand on aime tout de bon, on n'est pas fier, et elle se dit avec le Félix de *Polyeucte :*

> J'entre en des sentiments qui ne sont pas croyables;
> J'en ai de violents, j'en ai de pitoyables,
> J'en ai même de...

Elle n'ose achever avec Corneille : *J'en ai même de bas.* Elle voudrait pour elle une place à part; elle ne sait trop encore laquelle :

« Réglons nos *rangs*, dit-elle, donnez-moi ma place; mais, comme je n'aime pas à en changer, donnez-la-moi un peu bonne. Je ne voudrais point celle de cette malheureuse personne, elle est mécontente de vous; et je ne voudrais point non plus celle de cette autre personne, vous en êtes mécontent. Je ne sais pas où vous me placerez, mais faites, s'il est possible, que nous soyons tous les deux contents; ne chicanez point; accordez-moi beaucoup, vous verrez que je n'abuse point. Oh! vous verrez comme je sais bien aimer! Je ne fais qu'aimer, je ne sais qu'aimer. »

Voilà l'éternelle note qui commence, elle ne cessera plus. Aimer, c'est là son lot. Phèdre, Sapho ni Didon ne l'eurent jamais plus entier ni plus fatal. Elle se trompe sur elle-même quand elle dit : « J'ai une force ou une faculté qui rend propre à tout : c'est de savoir souffrir, et beaucoup souffrir sans me plaindre. » Elle sait souffrir, mais elle se plaint, elle crie; elle passe en un clin-d'œil de la convulsion à l'abattement : « Enfin, que vous dirai-je? l'excès de mon inconséquence égare mon esprit, et le poids de la vie écrase mon âme. Que dois-je faire? que deviendrai-je? Sera-ce Charenton ou ma paroisse qui me délivrera de moi-même? » Elle compte les lettres qu'elle reçoit; sa vie dépend du facteur : « Il y a un certain courrier qui, depuis un an, donne la fièvre à mon âme. » Pour se calmer dans l'attente, pour obtenir un sommeil qui la fuit, elle ne trouve rien de mieux que de recourir à l'opium, dont on la verra doubler les doses avec le progrès de son mal. Que lui importe la destinée des autres femmes, ces femmes du monde qui « la plupart n'ont pas besoin d'être aimées, car elles veulent seulement être *préférées?* » Elle, c'est être aimée qu'elle veut, ou plutôt c'est aimer, dût-elle ne pas être payée de retour : « Vous ne savez pas tout ce que je *vaux;* songez donc que je sais souffrir et mourir; et voyez après cela si je ressemble à toutes ces femmes, qui savent plaire et s'amuser. » Elle a beau s'écrier par instants : « Oh! je vous hais de me faire connaître l'espérance, la crainte, la peine, le plaisir : je n'avais pas besoin de tous ces mouvements; que ne me laissiez-vous en repos? Mon âme n'avait pas besoin d'aimer; elle était remplie d'un sentiment tendre, profond, partagé, *répondu*, mais douloureux cependant; et c'est ce mouvement qui m'a approchée de vous : vous ne deviez que me plaire, et vous m'avez touchée; en me consolant, vous m'avez attachée à vous... » Elle a beau maudire ce sentiment violent qui s'est mis à la place d'un sentiment plus égal et plus doux, elle a l'âme si prise et si ardente, qu'elle ne peut s'empêcher d'en être transportée comme d'ivresse : « Je vis, j'existe si fort, qu'il y a des moments où je me surprends à aimer à la folie jusqu'à mon malheur. »

Tant que M. de Guibert est absent, elle se contient un peu, si on peut appeler cela se contenir. Il revient pourtant à la fin d'octobre (1773), après avoir été distingué du grand Frédéric, avoir assisté aux manœuvres du camp de Silésie, et resplendissant d'un nouvel éclat (1). C'est ici qu'il est impossible, avec un peu d'attention, de ne pas noter un moment décisif, le moment qu'il faudrait voiler, et qui répond à celui de la grotte dans l'épisode de Didon. Une année après, dans une lettre de M*lle* de Lespinasse, datée de minuit (1775), on lit ces mots qui laissent peu de doute : « C'est le 10 février de l'année dernière (1774) que je fus enivrée d'un poison dont l'effet dure encore.... » Et elle continue cette commémoration délirante et douloureuse, dans laquelle l'image, le spectre de M. de Mora, mourant à deux cents lieues de là, revient se mêler à l'image plus présente et plus charmante qui l'enveloppe d'un attrait funeste.

A partir de ce moment, la passion est au comble, et, durant les deux volumes, il n'y a plus une page qui ne soit de flamme. Des personnes scrupuleuses, tout en lisant et goûtant ces Lettres, ont fort blâmé M. de Guibert de ne les avoir pas détruites, de ne les avoir pas rendues

---

(1) Dans une lettre de Condorcet à Turgot, datée du 20 décembre 1773, on lit : « M*lle* de Lespinasse avait été passablement depuis mon arrivée ; il y a environ huit jours qu'elle va en empirant. L'insomnie et l'accablement augmentaient, et la toux est revenue hier. Peu de personnes ont été plus maltraitées, et l'ont moins mérité. » Voilà le contre-coup de l'arrivée de M. de Guibert qui se fait sentir.

à Mlle de Lespinasse, qui les lui redemande souvent. Il ne paraît pas, en effet, que l'ordre et l'exactitude aient été au nombre des qualités de M. de Guibert : il brouille volontiers les lettres de son amie, il les mêle à ses autres papiers, il les laisse volontiers tomber de ses poches par mégarde, en même temps qu'il oublie de cacheter les siennes. Il lui en rend quelquefois ; mais il s'en trouve alors dans le nombre qui ne sont pas d'elle. Voilà M. de Guibert au naturel. Pourtant, je ne vois pas pourquoi on le rendrait responsable et coupable aujourd'hui du plaisir que nous font ces Lettres. Il en a sans doute beaucoup rendu ; il y en a eu beaucoup de détruites. Mais Mlle de Lespinasse en écrivait tant ! Ce n'en est qu'une poignée conservée au hasard que nous avons ici. Qu'importe ? le fil est bien suffisant. C'est presque partout la même lettre toujours nouvelle, toujours imprévue, qui recommence.

Je ne veux qu'y prendre çà et là quelques mots pour donner l'idée de ce qui est partout à l'état de lave et de torrent :

« Mon ami, je vous aime comme il faut aimer, avec excès, avec folie, transport et désespoir...

« Mon ami, je n'ai plus d'opium dans la tête ni dans le sang, j'y ai pis que cela, j'y ai ce qui ferait bénir le Ciel, chérir la vie, si ce qu'on aime était animé du même mouvement.

« Oui, vous devriez m'aimer à la folie ; je n'exige rien, je pardonne tout, et je n'ai jamais un mouvement d'humeur. Mon ami, je suis parfaite, car je vous aime en perfection.

« Savez-vous pourquoi je vous écris ? C'est parce que cela me plaît : vous ne vous en seriez jamais douté, si je ne vous l'avais dit.

« Vous n'êtes pas mon ami, vous ne pouvez pas le devenir : je n'ai aucune sorte de confiance en vous ; vous m'avez fait le mal le plus profond et le plus aigu qui puisse affliger et déchirer une âme honnête : vous me privez, peut-être pour jamais, dans ce moment-ci, de la seule consolation que le Ciel accordait aux jours qui me restent à vivre : enfin, que vous dirai-je ? vous avez tout rempli : le passé, le présent et l'avenir ne me présentent que douleur, regrets et remords; eh bien! mon ami, je pense, je juge tout cela, et je suis entraînée vers vous par un attrait, par un sentiment que j'abhorre, mais qui a le pouvoir de la malédiction et de la fatalité...

« Que diriez-vous de la disposition d'une malheureuse créature qui se montrerait à vous pour la première fois, agitée, bouleversée par des sentiments si divers et si contraires? Vous la plaindriez : votre bon cœur s'animerait; vous voudriez secourir, soulager cette infortunée. Eh bien! mon ami, c'est moi; et ce malheur, c'est vous qui le causez, et cette âme de feu et de douleur est de votre création... »

Et à travers ces déchirements et ces plaintes, un mot charmant, le mot éternel et divin, revient à bien des endroits, et il rachète tout. Voici une de ses lettres en deux lignes, et qui en dit plus que toutes les paroles :

« De tous les instants de ma vie (1774).

« Mon ami, je souffre, je vous aime, et je vous attends. »

Il est très-rare en France de rencontrer, poussé à ce degré, le genre de passion et de *mal sacré* dont Mlle de Lespinasse fut la victime. Ce n'est pas un reproche que je fais (Dieu m'en garde!) aux aimables personnes de notre nation : c'est une simple remarque que d'autres ont exprimée avant moi. Un moraliste du XVIIIe siècle, qui savait son monde, M. de Meilhan, a dit : « En France, les grandes passions sont aussi rares que les grands hommes. » M. de Mora ne trouvait pas même que les femmes espagnoles pussent entrer en comparaison avec son amie : « Oh! elles ne sont pas dignes d'être vos écolières, lui disait-il sans cesse; votre âme a été chauffée par le soleil de Lima, et mes compatriotes semblent être nées sous les glaces de la Laponie. » Et c'était de Madrid qu'il écrivait cela. Il ne la trouvait comparable qu'à une Péruvienne, à une fille du Soleil. « Aimer et souffrir, s'écrie-t-elle en effet, le Ciel ou l'Enfer, voilà à quoi je me dévouerais, voilà ce que je voudrais sentir ; voilà *le climat que je voudrais habiter.* » Et elle prend en pitié le climat tempéré où l'on vit, où l'on végète, où l'on agite l'éventail autour d'elle : « Je n'ai connu que le climat de l'Enfer, quelquefois celui du Ciel. » — « Ah ! mon Dieu ! dit-elle encore, que la passion m'est naturelle, et que la raison m'est étrangère ! Mon ami, jamais on ne s'est fait voir avec cet abandon. » C'est cet abandon qui fait l'intérêt et l'excuse de cette situation morale, la plus vraie et la plus déplorable qui se soit jamais trahie au regard.

Cette situation d'âme est même si visiblement déplorable, qu'elle s'offre à nous sans danger, je le crois, tant l'idée de maladie y est inhérente, et tant il s'y montre pêle-mêle de délire, de fureur et de malheur. Tout en admirant une nature capable d'une si forte manière de sentir, on est tenté, en lisant, de supplier le Ciel de détourner de nous, et de ce que nous aimons, une telle fatalité invincible, un tel coup de tonnerre. J'essaierai de noter la marche de cette passion, autant qu'on peut noter ce qui est l'irrégularité et la contradiction même. Avant le voyage de M. de Guibert en Allemagne, Mlle de Lespinasse l'aime, mais n'a pas encore cédé. Elle l'admire, elle s'exalte, elle souffre cruellement déjà, et se fait du poison de tout. Il revient, elle s'enivre, elle cède ; elle a des remords ; elle le juge mieux ; elle voit avec effroi sa méprise ; elle le voit tel qu'il est, homme de bruit, de vanité, de succès, non d'intimité, ayant, avant tout, besoin de se répandre, agité, excité du dehors sans être profondément ému. Mais à quoi sert-il de devenir clairvoyante ? L'esprit d'une femme, si grand qu'il soit, a-t-il jamais arrêté son cœur ? « L'esprit de la plupart des

8.

femmes sert plus à fortifier leur folie que leur raison. »
C'est La Rochefoucauld qui dit cela, et Mlle de Lespinasse le justifie. Elle continue donc de l'aimer tout en le jugeant. Elle souffre de plus en plus ; elle l'appelle et le gourmande avec un mélange d'irritation et de tendresse : « Remplissez donc mon âme, ou ne la tourmentez plus ; faites que je vous aime toujours, ou que je ne vous aie jamais aimé ; enfin, faites l'impossible, calmez-moi, ou je meurs. » Au lieu de cela, il a des torts ; il trouve moyen, dans sa légèreté, de blesser même son amour-propre ; elle le compare avec M. de Mora ; elle rougit pour lui, pour elle-même, de la différence : « Et c'est vous qui m'avez rendue coupable envers cet homme ! Cette pensée soulève mon âme, je m'en détourne. » Le repentir, la haine, la jalousie, le remords, le mépris de soi et quelquefois de lui-même, elle éprouve en un instant tous les tourments des damnés. Pour s'assoupir, pour se distraire et faire trêve à son supplice, elle recourt à tout. Elle essaie de *Tancrède* qui la touche et qu'elle trouve beau, mais rien n'est au ton de son âme. Elle essaie de la musique d'*Orphée* qui réussit mieux, et qui lui procure de douloureuses délices. Elle recourt surtout à l'opium pour suspendre sa vie et engourdir sa sensibilité dans les attentes. Elle prend quelquefois la résolution de ne plus ouvrir les lettres qu'elle reçoit ; elle en garde une cachetée pendant *six jours*. Il y a des jours, des semaines, où elle se croit presque guérie, revenue à la raison, au calme ; elle célèbre la raison et sa douceur : ce calme même est une illusion. Sa passion n'a fait la morte que pour se réveiller plus ardente et plus ulcérée. Elle ne regrette plus alors ce calme trompeur, insipide : « Je vivais, disait-elle ; mais il me semblait que j'étais *à côté de moi.* » Elle le hait, elle le lui dit, mais on sait ce que cela veut dire : « Vous savez bien que quand je vous

hais, c'est que je vous aime à un degré de passion qui égare ma raison. » Sa vie se passe ainsi à aimer, à haïr, à défaillir, à renaître, à mourir, c'est-à-dire à aimer toujours. Tout finit chaque fois par un pardon, par un raccommodement, par une étreinte plus violente. M. de Guibert pense à sa fortune et à son établissement; elle s'en occupe pour lui. Oui, elle s'occupe de le marier. Quand il se marie (car il a le front de se marier au plus fort de cette passion), elle s'y intéresse; elle loue sa jeune femme qu'elle rencontre : hélas! c'est peut-être à cette louange généreuse que nous devons la conservation des Lettres, que tout d'ailleurs, entre de telles mains rivales, semblait devoir anéantir. On croirait que ce mariage de M. de Guibert va tout rompre; la noble insensée le croit d'abord elle-même ; mais erreur! la passion se rit de ces impossibilités sociales et de ces barrières. Elle continue donc, malgré tout, à aimer M. de Guibert, sans plus rien lui demander que de se laisser aimer. Après bien des luttes, tout est revenu le dernier jour, comme s'il n'y avait rien eu de brisé entre eux. Aussi bien, elle se sent mourir; elle redouble l'usage de l'opium. Elle ne veut plus que vivre au jour le jour, sans avenir : la passion a-t-elle donc de l'avenir? « Je ne me sens le besoin d'être aimée qu'aujourd'hui; rayons de notre dictionnaire les mots *jamais, toujours.* » Le second volume n'est plus qu'un cri aigu avec de rares intermittences. On n'imagine pas quelles formes inépuisables elle sait donner au même sentiment : le fleuve de feu déborde à chaque pas en sources rejaillissantes. Résumons avec elle : « Tant de contradictions, tant de mouvements contraires sont vrais et s'expliquent par ces trois mots : *Je vous aime.* »

Remarquez qu'à travers cette vie d'épuisement et de délire, Mlle de Lespinasse voit le monde; elle reçoit ses amis tant qu'elle peut; elle les étonne bien parfois avec ses variations d'humeur, mais ils attribuent cette altération chez elle à ses regrets de l'absence, puis de la mort de M. de Mora. « Ils me font l'honneur de croire que je suis restée abîmée par la perte que j'ai faite. » Ils l'en louent et l'en admirent, ce qui redouble sa honte. Le pauvre d'Alembert, qui demeure sous le même toit, essaie vainement de la consoler, de l'entretenir; il ne peut comprendre qu'elle le repousse par moments avec une sorte d'horreur. Hélas! c'était l'horreur qu'elle avait de sa propre dissimulation avec un tel ami. Cette longue agonie eut son terme. Mlle de Lespinasse expira le 23 mai 1776, à l'âge de quarante-trois ans et demi. Sa passion pour M. de Guibert durait depuis plus de trois ans.

Au milieu de cette passion qui dévore et qui semble ne souffrir rien d'étranger, ne croyez pas que la Correspondance ne laisse point voir l'esprit charmant qui s'unissait à ce noble cœur. Que de moqueries fines en passant sur le *bon* Condorcet, sur le chevalier de Chastellux, sur Chamfort, sur les personnes de la société! que de grâce! Les sentiments élevés, généreux, le patriotisme et la virilité des vues, se révèlent aussi en plus d'un endroit, et nous font apprécier la digne amie de Turgot et de Malesherbes. Quand elle cause avec lord-Shelburne, elle sent tout ce qu'il y a de grand et de vivifiant pour la pensée à être né sous un Gouvernement libre : « Comment n'être pas désolé d'être né dans un Gouvernement comme celui-ci? Pour moi, faible et malheureuse créature que je suis, si j'avais à renaître, j'aimerais mieux être le dernier membre de la Chambre des Communes que d'être même le roi de Prusse. » Si peu disposée qu'elle soit à bien augurer en rien de l'avenir, elle a un moment de transport et d'espoir quand elle voit ses amis devenus ministres, et qui mettent courageusement la main à l'œuvre de la régénération publique. Mais, même alors, qu'est-ce donc qui l'occupe le plus? Elle se fait apporter les lettres qui lui viennent de M. de Guibert, partout où elle est, chez Mme Geoffrin, chez M. Turgot lui-même, à table, pendant le dîner. — « Que lisez-vous donc ainsi? lui demandait une voisine, la curieuse Mme de Boufflers. C'est sans doute quelque Mémoire pour M. Turgot? » — « Eh! oui, justement, Madame, c'est un Mémoire que j'ai à lui remettre tout à l'heure, et je veux le lire avant de le lui donner. »

Ainsi tout pour elle se rapporte à la passion, tout l'y ramène, et c'est la passion seule qui donne la clef de ce cœur étrange et de cette destinée si combattue. Le mérite inappréciable des Lettres de Mlle de Lespinasse, c'est qu'on n'y trouve point ce qu'on trouve dans les livres ni dans les romans; on y a le drame pur au naturel, tel qu'il se révèle çà et là chez quelques êtres doués : la surface de la vie tout à coup se déchire, et on lit à nu. Il est impossible de rencontrer de tels êtres, victimes d'une passion sacrée et capables d'une douleur si généreuse, sans éprouver un sentiment de respect et d'admiration, au milieu de la profonde pitié qu'ils inspirent. Pourtant, si l'on est sage, on ne les envie pas; on préférera un intérêt calme, doucement animé; on traversera, comme elle le fit un jour, les Tuileries par une belle matinée de soleil, et avec elle on dira : « Oh! qu'elles étaient belles! le divin temps qu'il faisait! l'air que je respirais me servait de calmant; j'aimais, je regrettais, je désirais; mais tous ces sentiments avaient l'empreinte de la douceur et de la mélancolie. Oh! cette manière de sentir a plus de charme que l'ardeur et les secousses de la passion! Oui, je crois que je m'en dégoûte; je ne veux plus aimer fort; j'aimerai doucement... » Et pourtant, au même moment où elle dit qu'elle aimera doucement, elle ajoute : « *mais jamais faiblement.* » Et voilà la morsure qui la reprend. Oh! non, ceux qui ont une fois goûté au poison ne s'en guérissent jamais.

Lundi, 27 mai 1850.

MÉMOIRES D'OUTRE-TOMBE,

PAR

M. DE CHATEAUBRIAND.

LE CHATEAUBRIAND ROMANESQUE ET AMOUREUX.

Je suis loin d'avoir dit tout ce que j'aurais à dire sur les Mémoires de M. de Chateaubriand. Leur succès s'est fort ranimé depuis les derniers mois, ou du moins l'impression qu'ils ont causée, de quelque nature qu'elle soit, a été vive. En abordant la politique brûlante de 1830, l'homme de polémique a rencontré et rouvert quelques-unes de nos plaies d'aujourd'hui; il les a fait saigner et crier. Chaque parti a vite arraché la page qui convenait à ses vues ou à ses haines, sans trop examiner si le revers de a page ne disait pas tout le contraire, et ne donnait pas un démenti, un soufflet presque à ce qui précédait. Les républicains y ont vu la prédiction de la république universelle, sans trop se soucier du mépris avec lequel il est parlé, tout à côté, de cette société présente ou future et de ces générations avortées. Les royalistes ont continué d'y voir de futures promesses d'avenir, de magnifiques restes d'espérance, je ne sais quelles fleurs de lis d'or, salies, il est vrai, par places, de beaucoup d'insultes et d'éclaboussures, et à travers lesquelles il se mêle, sous cette plume vengeresse, bien autant de frelons que d'abeilles; mais l'esprit de parti est ainsi fait, qu'il ne voit dans les choses que ce qui le sert. Tous les ennemis du dernier régime y ont découvert à l'envi des trésors de fiel et de colère, un arsenal d'invectives étincelantes. La plume de M. de Chateaubriand ressemble à l'épée de Roland d'où jaillit l'éclair; mais ici, sur ces choses de 1830, c'est l'épée de Roland *furieux*, qui frappe à tort et à travers dans le délire de sa vanité, dans sa rage de n'avoir pas été tout sous le régime bourbonien, de sentir qu'il ne peut, qu'il ne doit rien être par honneur sous le règne nouveau, dans son désir que ce monde, dont il n'est plus, ne soit plus rien qui vaille après lui. *Après moi, le déluge!* telle est son inspiration habituelle. « La Légitimité ou la République! s'écrie-t-il : *premier ministre dans l'une ou tribun dictateur dans l'autre!* » Tel est son programme manqué, ce sera celui de bien d'autres; c'est son dernier mot en politique. Je le lis écrit de sa main dans une lettre intime, du 29 octobre 1832. Il va se dévorer, se ronger, en attendant, entre les deux rêves. Cette rage singulière, par moments risible et misérable, par moments sublime dans ses éclats de Juvénal, redonne souvent à son génie d'écrivain toute sa coloration et toute sa trempe. Mais je reviendrai à fond sur ce prodigieux caractère de l'homme politique (si on peut appeler cela un homme politique), qui se révèle désormais à nu, et sans plus de masque, dans toute son humeur massacrante et sa verve exterminatrice : aujourd'hui je ne veux parler que du Chateaubriand romancier, romanesque et amoureux.

C'est là aussi un côté bien essentiel de Chateaubriand,

une veine qui tient au plus profond de sa nature et de son talent. Il y a longtemps que je me suis défini Chateaubriand : *un Epicurien qui a l'imagination catholique.* Mais ceci demande explication et développement. Les Mémoires, là comme ailleurs, disent beaucoup, mais ne disent pas tout. M. de Chateaubriand a la prétention de s'y être montré tout entier : « Sincère et véridique, dit-il, je manque d'ouverture de cœur; mon âme tend incessamment à se fermer; je ne dis point une chose entière, et je n'ai laissé passer ma vie complète que dans ces Mémoires. » Eh ! non, il ne l'a pas laissée passer tout entière ; on l'y trouve, mais il faut un travail pour cela.

En ce qui touche ses amours, par exemple, les amours qu'il a inspirés et les caprices ardents qu'il a ressentis (car il n'a guère jamais ressenti autre chose), il est très-discret, par soi-disant bon goût, par chevalerie, par convenance demi-mondaine, demi-religieuse, parce qu'aussi, écrivant ses Mémoires sous l'influence et le regard de celle qu'il nommait Béatrix et qui devait y avoir la place d'honneur, de Mme Récamier, il était censé ne plus aimer qu'elle et n'avoir jamais eu auparavant que des attachements d'un ordre moindre et très-inégal ou inférieur. Le passé était ainsi sacrifié ou subordonné au présent. Le maître-autel seul restait en vue : on déroba et on condamna toutes les petites chapelles particulières.

Quand on sut que M. de Chateaubriand écrivait ses Mémoires, une femme du monde, qu'il avait dans un temps beaucoup aimée ou désirée, lui écrivit un mot pour qu'il eût à venir la voir. Il vint. Cette femme, qui n'était pas d'un esprit embarrassé, lui dit : « Ah çà ! j'espère bien que vous n'allez pas souffler mot sur... » Il la tranquillisa d'un sourire, et répondit que ses Mémoires ne parleraient pas de toutes ces choses.

Or, comme tous ceux qui ont connu M. de Chateaubriand savent que ces *choses* ont tenu une très-grande place dans sa vie, il s'ensuit que ces Mémoires, où il dit tant de vérités à tout le monde et sur lui-même, ne contiennent pourtant pas tout sur lui, si l'on n'y ajoute quelque commentaire ou supplément. Nous serons très-discret à notre tour, nous efforçant seulement de bien définir cette corde si fondamentale en ce qui touche l'âme et le talent du grand écrivain.

C'est dans des parties accessoires, dans des pages de rêverie telles qu'en offrent à tout propos les Mémoires de M. de Chateaubriand, qu'il faudrait plutôt chercher là-dessus des révélations vraies et sincères. Ainsi, dans son voyage à Venise en 1833, revenant sur les souvenirs que lui rappelle cette mer où il s'était embarqué, vingt-sept ans auparavant, en pèlerin pour la Palestine, il s'écriera :

« Mais ai-je tout dit dans l'*Itinéraire* sur ce voyage commencé au port de Desdemona et d'Othello? Allais-je au tombeau du Christ dans les dispositions du repentir? Une seule pensée m'absorbait; je comptais avec impatience les moments. Du bord de mon navire, les regards attachés sur l'étoile du soir, je lui demandais des vents pour cingler plus vite, de la gloire pour me faire aimer. J'espérais en trouver à Sparte, à Sion, à Memphis, à Carthage, et l'apporter à l'Alhambra. Comme le cœur me battait en abordant les côtes d'Espagne! Aurait-on gardé mon souvenir ainsi que j'avais traversé mes épreuves? Que de malheurs ont suivi ce mystère! le soleil les éclaire encore... Si je cueille à la dérobée un instant de bonheur, il est troublé par la mémoire de ces jours de séduction, d'enchantement et de délire. »

Ainsi, sans prétendre éclaircir quelques obscurités d'allusion, nous tenons l'aveu essentiel : quand M. de Chateaubriand s'en allait au tombeau de Jésus-Christ pour y honorer le berceau de sa foi, pour y puiser de l'eau du Jourdain, et, en réalité, pour y chercher des couleurs nécessaires à son poëme des *Martyrs*, le voilà qui confesse ici qu'il allait dans un autre but encore. Une personne qu'il aimait et poursuivait vivement alors, une enchanteresse lui avait dit : « Songez à votre gloire avant tout, faites votre voyage d'abord, et après... après... nous verrons ! » Et c'était à l'Alhambra qu'elle lui avait donné rendez-vous au retour, et laissé entrevoir la récompense. Elle s'y était rendue de son côté, et l'on assure que les noms des deux pèlerins se lisaient encore, il y a quelques années, sur les murailles moresques où ils les avaient tracés.

Or, j'ouvre les Mémoires de Chateaubriand à l'endroit de son retour de Palestine, et je cherche vainement un détail, une révélation tendre, fût-elle un peu en désaccord avec l'*Itinéraire*, enfin de ces choses qui peignent au vrai un homme et un cœur dans ses contradictions, dans ses secrètes faiblesses. Point. Il se contente de dire : « Je traversai d'un bout à l'autre cette Espagne où, seize années plus tard, le Ciel me réservait un grand rôle, en contribuant à étouffer l'anarchie... » Et il entonne un petit hymne en son honneur à propos de cette guerre d'Espagne dont il ne cesse de se glorifier, tout en voulant paraître le plus libéral des ministres de la Restauration. Ainsi, dans cette partie des Mémoires l'homme officiel a tout dérobé, le solennel est venu se mettre au-devant de la mystérieuse folie.

Puisque vous prétendiez nous raconter toute votre vie, ô Pèlerin, pourquoi donc ne pas nous dire à quelle fin vous alliez ce jour-là tout exprès à Grenade ? Y dussiez-vous perdre un peu comme chrétien, comme croisé et comme personnage de montre, vous y gagneriez, ô Poëte, comme homme, et vous nous toucheriez. Je sais bien que vous l'avez dit d'une autre manière, en le voilant de romanesque et de poésie, dans *le Dernier des*

Abencérages; mais, du moment que vous faisiez des Mémoires, il y avait lieu et il y avait moyen de nous laisser mieux lire dans ce cœur, s'il fut vrai et sincèrement entraîné un jour.

Ce n'est guère que dans les souvenirs d'enfance que l'auteur a osé ou voulu dire un peu plus. Mais encore, si charmante et si réelle à certains égards que soit la Lucile des *Mémoires d'Outre-Tombe,* il en est peut-être moins dit sur elle et sur sa plaie cachée, que dans les quelques pages où nous a été peinte l'Amélie de *René.* Quant aux autres émotions de ses jeunes années, M. de Chateaubriand s'est contenté de les confondre poétiquement dans un nuage, et de les mettre en masse sur le compte d'une certaine *Sylphide,* qui est là pour représenter idéalement les petites erreurs d'adolescence ou de jeunesse que d'autres auraient décrites sans doute avec complaisance, et que M. de Chateaubriand a mieux aimé couvrir d'une vague et rougissante vapeur. Nous ne l'en blâmons pas, nous le remarquons.

Le seul épisode où l'auteur des Mémoires se soit développé avec le plus d'apparence de vérité et de naïveté, est celui de Charlotte, fraîche peinture de roman naturel et domestique, qui se détache dans les récits de l'exil. Pauvre, épuisé de misère, le jeune émigré breton trouve en Angleterre, dans une province, un ministre anglais, M. Ives, savant homme qui a besoin d'un secrétaire, d'un collaborateur. M. de Chateaubriand devient ce secrétaire; il vit là dans la famille; il lit de l'italien avec la charmante miss Ives; comme Saint-Preux, il se fait aimer. Mais, au moment où tout va s'aplanir, où la jeune fille est touchée, où sa mère, qui la devine, prévient l'aveu et offre d'elle-même l'adoption de famille au jeune étranger, un mot fatal vient rompre l'enchantement: *Je suis marié!* et il part. Tout cela est raconté avec charme, poésie et vérité, hors pourtant deux ou trois traits qui déparent ce gracieux tableau. Ainsi, à côté de la jeune miss Ives, il est trop question de cette mère *presque aussi belle* que sa fille, de cette mère qui, lorsqu'elle est près de confier au jeune homme le secret qu'elle a saisi dans le cœur de son enfant, se trouble, baisse les yeux et rougit : « Elle-même, séduisante dans ce trouble, il n'y a point de sentiment qu'elle n'eût pu revendiquer pour elle. » C'est une indélicatesse de tant insister sur cette jolie *maman*. On se demande quelle idée traverse l'esprit du narrateur, en ce moment où il devrait être tout entier à la chaste douleur du souvenir. Dans la supposition qu'une telle idée vienne, on ne devrait jamais l'écrire (1). Cela trahit, du reste, les goûts libertins que le noble auteur avait en effet dans sa vie, assurent ceux qui l'ont bien connu, mais qu'il cachait si magnifiquement dans ses premiers écrits : sa plume, en vieillissant, n'a plus su les contenir. En ce qui est de cette mère de Charlotte, c'est à la fois un trait de mauvais goût et l'indice d'un cœur médiocrement touché. La fin de l'épisode de Charlotte est gâtée par d'autres traits de mauvais goût encore et de fatuité. Il se demande ce qu'il serait devenu s'il avait épousé la jeune Anglaise, s'il était devenu un *gentleman* chasseur : « Mon pays aurait-il beaucoup perdu à ma disparition? » La réponse à une telle question pourrait être piquante à débattre ; on pourrait soutenir le pour et le contre ; on pourrait jouer agréablement là-dessus, et, si l'on devenait tout à fait éloquent et sérieux, on pourrait rendre cette réponse peu plaisante pour celui qui la provoque, et même terrible.

(1) Passe pour Crispin, qui, dans la jolie comédie de Le Sage (*Crispin rival de son maître*), dit, en voyant Mme Oronte et sa fille : « Malepeste! la jolie famille! Je ferais volontiers ma femme de l'une et ma maîtresse de l'autre. »

Quand M. de Chateaubriand essaie de nous peindre la douleur qu'il éprouva dans le temps, après avoir brisé le cœur de Charlotte, il parvient peu à nous en convaincre; des tons faux décèlent le romancier qui arrange son tableau, et l'écrivain qui pousse sa hrase : « Attachée à mes pas par la pensée, Charlotte, gracieuse, attendrie, me suivait, en les purifiant, par les sentiers de la *Sylphide*... » et tout ce qui suit. Ne sentez-vous pas, en effet, la phrase littéraire et poétique qui essaie de feindre un accent ému? La scène à Londres, où il la revoit vingt-sept ans après, lui ambassadeur, elle veuve de l'amiral Sulton, et lui présentant ses deux enfants, serait belle et touchante, si quelques traits non moins choquants ne la déparaient. Il se fait dire par lady Sulton : « Je ne vous trouve point changé, *pas même vieilli...* » Il est vrai qu'il lui avait demandé lui-même, comme ferait un parvenu : « Mais dites-moi, Madame, *que vous fait ma fortune nouvelle?* Comment me voyez-vous aujourd'hui? » Il se fait dire encore par elle : « Quand je vous ai connu, personne ne prononçait votre nom : maintenant, qui l'ignore?» On voit percer, même dans cette scène qui vise et touche à l'émotion, cette double fatuité qui ne le quitte jamais, celle de l'homme à bonnes fortunes qui veut rester jeune, et celle du personnage littéraire qui ne peut s'empêcher d'être glorieux.

J'ai prononcé le mot d'homme à bonnes fortunes; il convient de l'expliquer à l'instant et de le relever. M. de Chateaubriand était un homme à bonnes fortunes, mais il l'était comme Louis XIV ou comme Jupiter. Il serait curieux de suivre et d'énumérer les principaux noms de femmes vraiment distinguées qui l'ont successivement et quelquefois concurremment aimé, et qui se sont dévorées pour lui. L'ingrat! dans cet épisode de Charlotte, il a osé dire, voulant faire honneur à cet amour de la jeune Anglaise : « Depuis cette époque, je n'ai rencontré qu'un attachement assez élevé pour m'inspirer la même confiance. » Cet attachement unique, pour lequel je fait exception, est celui de Mme Récamier. Cette charmante femme méritait certes bien des exceptions; une telle parole toutefois est ingrate et fausse. Eh! quoi? il supprime d'un trait tant de femmes tendres, dévouées, qui lui on tdonné les plus chers et les plus irrécusables gages. Il supprime, il oublie tout d'abord Mme de Beaumont. O vous toutes qui l'avez aimé, et dont quelques-unes sont mortes en le nommant, Ombres adorables, Lucile, dont la raison s'est d'abord troublée pour lui seul peut-être, et vous, Pauline, qui mourûtes à Rome et qui fûtes si vite remplacée, et tant de nobles amies qui auraient voulu, au prix de leur vie, lui faire la sienne plus consolée et plus légère; vous, la dame de Fervaques; vous, celle des jardins de Méréville; vous, celle du château d'Ussé; levez-vous, Ombres d'élite, et venez dire à l'ingrat qu'en vous rayant toutes d'un trait de plume, il ment à ses propres souvenirs et à son cœur.

Ce que voulait M. de Chateaubriand dans l'amour, c'était moins l'affection de telle ou telle femme en particulier que l'occasion du trouble et du rêve, c'était moins la personne qu'il cherchait que le regret, le souvenir, le songe éternel, le culte de sa propre jeunesse, l'adoration dont il se sentait l'objet, le renouvellement ou l'illusion d'une situation chérie. Ce qu'on a appelé *de l'égoïsme à deux* restait chez lui de l'égoïsme à un seul. Il tenait à troubler et à consumer bien plus qu'à aimer. On nous a assuré que, quand il voulait plaire, il avait pour cela, et jusqu'à la fin, des séductions, des grâces, une jeunesse d'imagination, une fleur de langage, un sourire qui étaient irrésistibles. et nous le croyons sans peine. « Oh! que cette race de René est aimable! s'écriait une femme d'esprit qui l'a bien connu; c'est la plus aimable de la terre. » Pourtant il n'était pas de ceux qui portent dans l'amour et dans la passion la simplicité, la bonté et la franchise d'une saine et puissante nature. Il avait surtout de l'enchanteur et du fascinateur. Il s'est peint avec ses philtres et sa magie, comme aussi avec ses ardeurs, ses violences de désir et ses orages, dans les épisodes d'Atala, de Velléda, mais nulle part plus à nu que dans une lettre, une espèce de testament de René, qu'on lit dans *les Natchez*. Cette lettre est, sur l'article qui nous occupe, sa vraie confession entière. Rappelons-en ici quelque chose; c'est là le seul moyen de le pénétrer à fond, cœur et génie, et de le bien comprendre.

René, qui se croit en péril de mourir, écrit à Céluta, sa jeune femme indienne, une lettre où il lui livre le secret de sa nature et le mystère de sa destinée. Il lui dit :

« Un grand malheur m'a frappé dans ma première jeunesse; ce malheur m'a fait tel que vous m'avez vu. J'ai été aimé, trop aimé…

« Céluta, il y a des existences si rudes, qu'elles semblent accuser la Providence et *qu'elles corrigeraient de la manie d'être.* Depuis le commencement de ma vie, je n'ai cessé de nourrir des chagrins; j'en portais le germe en moi comme l'arbre porte le germe de son fruit. Un poison inconnu se mêlait à tous mes sentiments…

« Je suppose, Céluta, que le cœur de René s'ouvre maintenant devant toi : vois-tu le monde extraordinaire qu'il renferme? *Il sort de ce cœur des flammes qui manquent d'aliment, qui dévoreraient la création sans être rassasiées, qui te dévoreraient toi-même…* »

C'est bien cela, et il nous la définit en maître cette flamme sans chaleur, cette irradiation sans foyer, qui ne veut qu'éblouir et embraser, mais qui aussi dévaste et stérilise.

On aura remarqué cette incroyable expression, *la manie d'être*, pour désigner et comme insulter l'attachement à la vie. Ce sentiment instinctif et universel qui fait que pour tout mortel, même malheureux, la vie peut se dire douce et chère, qui fait aimer, regretter à tous les êtres, une fois nés, *la douce lumière du jour*, il l'appelle une manie.

Il continue sur ce ton, bouleversant à plaisir tous les sentiments naturels, avec une magie pleine d'intention et d'artifice. Il écrit à Céluta pour lui dire qu'il ne l'aime pas, qu'il ne peut pas l'aimer, et, connaissant la nature du cœur des femmes, il se sert de ce moyen pour lui lancer un dernier trait, pour l'émouvoir et la remuer davantage. Il se représente, en une page trop vive pour être citée, comme aux prises, dans la solitude, avec un fantôme qui vient mêler l'idée de mort à celle du plaisir : « Mêlons des voluptés à la mort ! que la voûte du ciel nous cache en tombant sur nous ! » C'est l'éternel cri qu'il reproduira dans la bouche d'Atala, de Velléda ; c'est ainsi qu'il a donné à la passion un nouvel accent, une note nouvelle, fatale, folle, cruelle, mais singulièrement poétique : il y fait toujours entrer un vœu, un désir ardent de destruction et de ruine du monde.

En même temps qu'il dit à Céluta qu'il ne l'aime pas, qu'il ne l'a jamais aimée et qu'elle ne l'a jamais connu, il a la prétention de ne vouloir jamais être oublié d'elle, de ne pouvoir jamais être remplacé : « Oui, Céluta, si vous me perdez, vous resterez veuve : qui pourrait vous environner de cette flamme que je porte avec moi, *même en n'aimant pas ?* » Ainsi il prétend, dans son orgueil, qu'en ne donnant rien il en fait plus que les autres ne font en donnant tout, et que ce rien suffit.

9.

pour tout éclipser à jamais dans un cœur. Ce qui est singulier, c'est qu'il n'a guère dans sa vie rencontré de femme qui ne lui ait donné raison. Tant la séduction était grande !

A côté de ces étranges paroles que j'abrége et que j'affaiblis encore, se trouve cet autre aveu qu'il a varié depuis et répété sur tous les tons :

« Je m'ennuie de la vie ; l'ennui m'a toujours dévoré : *ce qui intéresse les autres hommes ne me touche point*. Pasteur ou roi, qu'aurais-je fait de ma houlette ou de ma couronne ? Je serais également fatigué de la gloire et du génie, du travail et du loisir, de la prospérité et de l'infortune. En Europe, en Amérique, la société et la nature m'ont lassé. Je suis vertueux sans plaisir ; si j'étais criminel, je le serais sans remords. Je voudrais n'être pas né, ou être à jamais oublié. »

Ce qu'il disait là à ses débuts, il le répéta à satiété jusqu'au dernier jour : *Je m'ennuie, je m'ennuie !* Dans une lettre écrite de Genève, en septembre 1832, à une femme aimable et supérieure, qui eut le don jusqu'à la fin (et sans être Mme Récamier) de le dérider un peu et de le distraire, il écrivait :

« Puissance et amour, tout m'est indifférent ; tout m'importune. J'ai mon plan de solitude en Italie, et la mort au bout. J'ai vu un plus grand siècle, et les nains (*ceci nous regarde*) qui barbotent aujourd'hui dans la littérature et la politique ne me font rien du tout. Ils m'oublieront comme je les oublie. »

On voit qu'il parlait en 1832 tout comme en 1795. Il voudrait être tout, et toujours, et partout. Le reste ne lui est rien.

Je reviens à cette singulière lettre de René des *Natchez*. Céluta a une fille. René, parlant de cette fille qui est aussi la sienne, regrette de l'avoir eue ; il recommande à sa mère de ne pas le faire connaître à elle, à sa propre enfant : « Que René reste pour elle un homme inconnu, dont l'étrange destin raconté la fasse rêver sans qu'elle en pénètre la cause : je ne veux être à ses yeux que ce que je suis, un pénible songe. » Ainsi, perversion étrange du sentiment le plus pur et le plus naturel ! René, pour paraître plus grand, aime mieux frapper l'imagination que le cœur ; il aime mieux (même dans ce cas où il se suppose père) être *rêvé* de sa fille que d'en être connu, regretté et aimé. Il fait de tout, même du sentiment filial, matière à apothéose et à vanité.

Ces sentiments divers qu'on trouve exprimés dans la lettre du René des *Natchez*, on les vérifierait dans les autres écrits et dans la vie de M. de Chateaubriand, en la serrant d'un peu près. Comme poëte, en donnant à la passion une expression plus pénétrante et parfois sublime, il a surtout usé de ce procédé qui consiste à mêler l'idée de mort et de destruction, une certaine rage satanique, au sentiment plus naturel et ordinairement plus doux du plaisir ; et c'est ici que j'ai à mieux définir cette sorte d'*épicuréisme* qui est le sien, et dont j'ai parlé.

Ce sentiment de volupté et d'abandon suprême, qui, chez les anciens, chez Homère, chez les Patriarches, chez la bonne Cérès ou chez Booz, comme chez le bon Jupiter aux bras de Junon, est si simple, si facile, qui coûte si peu à la nature, qui est si doux, qui fait naître des fleurs à l'entour, et qui voudrait dans sa propre félicité féconder la terre entière, se raffine avec les âges ; il devient plus senti, plus délicat, plus sophistiqué aussi, chez les épicuriens des siècles plus avancés. Horace ne traite pas l'amour comme un pasteur, ni comme un patriarche, ni comme un dieu de l'Olympe. Horace, Pétrone, Salomon lui-même, qui était déjà de la décadence, ils aiment tous à mêler l'idée de la mort et du néant à celle du plaisir, à aiguiser l'une par l'autre. Ils feront chanter à leur maîtresse, à l'heure du festin, une chanson funèbre qui rappelle la fuite des ans, la brièveté des jours. Mais ici, chez René, c'est plus que de la tristesse sentie, c'est une sorte de rage; l'idée de l'éternité s'y mêle ; il voudrait engloutir l'éternité dans un moment. Le Christianisme est venu, qui, là où il n'apporte pas la paix, apporte le trouble et laisse le glaive dans le cœur, y laisse la douleur aiguë. Le Christianisme perverti refait un épicuréisme qui n'est plus le même qu'auparavant, et qui se sent de la hauteur de la chute. C'est l'épicuréisme de l'Archange. Toi-même, ô doux Lamartine, dans ton Ange déchu, tu n'en fus pas exempt ! Tel est aussi celui de René, celui d'Atala mourante, quand elle s'écrie, parlant à Chactas : « Tantôt j'aurais voulu être avec toi la seule créature vivante sur la terre; tantôt, sentant une Divinité qui m'arrêtait dans mes horribles transports, j'aurais désiré que cette Divinité se fût anéantie, pourvu que, serrée dans tes bras, j'eusse roulé d'abîme en abîme *avec les débris de Dieu et du monde!* » Nous touchons là à l'accent distinctif et nouveau qui caractérise Chateaubriand dans le sentiment et dans le cri de la passion. Il n'a pu se l'interdire tout à fait, même dans le récit, d'ailleurs plus pur et plus modéré, qu'il a fait de Charlotte. Il se trahit tout à la fin, et, dans l'odieuse supposition qu'il l'eût pu séduire en la revoyant après vingt-sept années, il s'écrie : « Eh bien ! si j'avais serré dans mes bras épouse et mère, celle qui me fut destinée vierge et épouse, c'eût été *avec une sorte de rage...* » N'est-ce pas ainsi encore que René écrivait, dans cette fameuse lettre à Céluta : « Je vous ai tenue sur ma poitrine au milieu du désert... J'aurais voulu vous poignarder pour fixer le bonheur dans votre sein, et pour me punir de vous avoir donné ce bonheur ! » Eh ! pourquoi donc cette rage perpétuelle de vanité jusque dans l'amour? Il semble que, même alors qu'il se pique d'aimer, cet homme voudrait détruire le monde, l'absorber en lui bien plutôt que le reproduire et le perpétuer; il le voudrait allumer de son souffle pour s'en faire un flambeau d'hyménée, et l'abîmer en son honneur dans un universel embrasement.

Qu'il y a loin de là, de cette volupté forcenée et presque sanguinaire, à Milton et à ces chastes scènes que lui-même, Chateaubriand, a si bien traduites! Milton lui donnait pourtant une belle et pure leçon. Opposons vite ce divin tableau d'Ève encore innocente aux flammes quelque peu infernales qu'on trouve sous le faux christianisme de René :

« Ainsi parla notre commune mère, dit le chantre du *Paradis*, et, avec des regards pleins d'un charme conjugal non repoussé, dans un tendre abandon, elle s'appuie, en l'embrassant à demi, sur notre premier père; son sein demi-nu, qui s'enfle, vient rencontrer celui de son époux, sous l'or flottant des tresses éparses qui le laissent voilé. Lui, ravi de sa beauté et de ses charmes soumis, Adam sourit d'un amour supérieur, comme Jupiter sourit à Junon lorsqu'il féconde les nuages qui répandent les fleurs de mai : Adam presse d'un baiser pur les lèvres de la mère des hommes. Le Démon détourne la tête d'envie... »

Ce Démon, ce glorieux Lucifer, n'est-ce pas le même qui, avec tous les charmes de la séduction et sous un air de vague ennui, se glissant encore sous l'arbre d'Éden, a pris sa revanche en plus d'un endroit des scènes troublantes de Chateaubriand?

Ce que Chateaubriand est là dans ses écrits à l'état idéal, il l'était aussi plus ou moins dans la vie, auprès des femmes qu'il désirait et dont il voulait se faire aimer. Il ne se piqua jamais d'être fidèle : les dieux le sont-ils avec les simples mortelles qu'ils honorent ou consument en passant? Tant qu'il put marcher et sortir, la badine à la main, la fleur à sa boutonnière, il allait, il errait mystérieusement. Sa journée avait ses heures et ses stations marquées comme les signes où se pose le Soleil. De une à deux heures, — de deux à trois heures, — à tel endroit, chez telle personne; — de trois à quatre, ailleurs; — puis arrivait l'heure de sa représentation officielle hors de chez lui; on le rencontrait en lieu connu et comme dans son cadre avant le dîner. Puis le soir (n'allant jamais dans le monde), il rentrait au logis en puissance de Mme de Chateaubriand, laquelle alors avait son tour, et qui le faisait dîner avec de vieux royalistes, avec des prédicateurs, des évêques et des archevêques : il redevenait l'auteur du *Génie du Christianisme* jusqu'à nouvel ordre, c'est-à-dire jusqu'au lendemain matin. Le soleil se levait plus beau; il remettait la fleur à sa boutonnière, sortait par la porte de derrière de son enclos, et retrouvait joie, liberté, insouciance, coquetterie, désir de conquête, certitude de vaincre, de une heure jusqu'à six heures du soir. Ainsi, dans les années du déclin, il passait sa vie, et trompa tant qu'il put la vieillesse

Les Mémoires nous feraient croire vraiment qu'il se convertit tout à fait dans ses vingt dernières années, et qu'il n'adora plus qu'une Béatrix unique. Tout cela est bon pour les lecteurs qui ne l'ont pas connu, ou pour ceux qui ne voient jamais de la scène que le devant. J'ai sous les yeux des lettres, presque des lettres de cœur, adressées par Chateaubriand à une personne distinguée, qu'il se gardera bien de nommer dans ses Mémoires (fi donc! il faut de l'unité dans les œuvres de l'art). Cette vive, courtoise et assez affectueuse Correspondance, nouée à Rome en 1829, marquée d'interruptions et de retours, va jusqu'en avril 1847, c'est-à-dire bien près de sa fin. Quelques lettres sont charmantes, et, même quand elles ne le sont pas, elles restent toujours naturelles, ce qui n'est pas commun chez lui. Ici, il avait affaire à une personne aussi élevée par l'esprit que noble et facile par le caractère, belle et jeune encore, et n'en abusant pas ; qui le comprenait par ses hauts côtés, qui lui ôtait tout sentiment de lien, tout soupçon de tracasserie ; il était gai avec elle, aimable, maussade aussi parfois, souriant le plus souvent, et s'émancipant comme un écolier échappé aux regards du maître : « J'ai peur que les temps de courte liberté, dont je jouis si rarement dans ma vie, ne viennent à m'échapper de nouveau. » Il écrivait cela en août 1832, en courant les grandes routes de Paris à Lucerne. Il aurait bien désiré que l'aimable personne à qui il s'adressait, et que les Mémoires, qui parlent de tant d'idoles, ne mentionnent pas, le vînt rejoindre à ce moment même. Il l'invitait à ce voyage de Suisse, à ces scènes du Saint-Gothard, dans ce court et unique intervalle de liberté ; il lui disait :

« Si vous me mettez à part des autres hommes et me placez hors de la loi vulgaire, vous m'annoncerez votre visite comme une Fée : les tempêtes, les neiges, la solitude, l'inconnu des Alpes iront bien à vos mystères et à votre magie. *Ma vie n'est qu'un accident ; je sens que je ne devais pas naître. Acceptez de cet accident la passion, la rapidité et le malheur ; je vous donnerai plus dans un jour qu'un autre dans de longues années.* »

C'est toujours, on le voit, le René des *Natchez* qui parle, qui redit sa jeune chanson avec la mélodie dans la voix, et qui croit, même à soixante-quatre ans, pouvoir donner en un jour plus qu'un autre en toute sa vie. La dame invoquée ne vint pas. Il la plaint naïvement de n'être pas venue : « Oui, vous avez perdu une partie de votre gloire en me quittant (c'est-à-dire *en ne venant pas*) ; il fallait m'aimer, ne fût-ce que par amour de votre talent et intérêt de votre renommée. » Voilà, du moins, qui est sincère. En septembre 1832, à Genève, il n'est plus seul ; il est rentré sous ses assujettissements domestiques habituels : « Ah ! que ne veniez-vous il y a un mois ! j'étais libre. Ma vie est maintenant resserrée plus que jamais. Je souffre cruellement, et je voudrais arriver vite au bout de ma carrière. »

A chaque ligne de cette Correspondance naïve, je vois l'ennui, le mépris du présent, la haine des générations vivantes, de « ces myrmidons d'aujourd'hui qui se fagotent en grands hommes, » le culte surtout, l'idolâtrie de la jeunesse, de celle qu'il n'a plus : « Je suis toujours triste, parce que je suis vieux... Restez jeune, il n'y a que cela de bon. » L'Élégiaque grec ne dit pas autrement, mais il est Grec et païen. Chateaubriand, en le disant, oublie qu'il va à la messe et qu'il est allé au Calvaire.

Il a (comme le René des *Natchez* encore) la prétention de n'être pas connu, de n'être pas compris : « Vous prenez mon sourire pour de la gaieté, vous vous y connaissez mal. Attendez ma mort et mes Mémoires pour vous détromper. » — Un jour, on lui avait dit que quelqu'un avait parlé de lui avec intérêt, avec bienveillance. Il se révolte contre cette idée d'une bienveillance dont il serait l'objet :

« Je ne sais qui vous voyez et qui peut vous parler de moi : quelque bienveillant qu'on puisse être, on ne me connaît pas, car je ne connais personne. Un de mes défauts est d'être renfermé en moi-même et de ne m'être jamais montré à qui que ce soit. »

La vérité finale et *vraie* sur lui, la voulez-vous ? Il va nous dresser son dernier inventaire et déposer le bilan de son âme :

« (*Dimanche*, 6 juin 1841.) J'ai fini de tout et avec tout : mes Mémoires sont achevés ; vous m'y retrouverez quand je ne serai plus. Je ne fais rien ; je ne crois plus ni à la gloire ni à l'avenir, ni au pouvoir ni à la liberté, ni aux rois ni aux peuples. J'habite seul, pendant une absence, un grand appartement où je m'ennuie et attends vaguement je ne sais quoi que je ne désire pas et qui ne viendra jamais. Je ris de moi en bâillant, et je me couche à neuf heures. J'admire ma chatte qui va faire ses petits, et je suis éternellement votre fidèle esclave ; sans travailler, libre d'aller où je veux et n'allant nulle part. Je regarde passer à mes pieds ma dernière heure. »

Religion et morale à part, il n'y a qu'à s'incliner, convenons-en, devant l'expression d'une si désolée et si suprême mélancolie.

Eh bien ! cet homme-là que nous avons vu à la fin, assis, muet, maussade, disant *non* à toute chose, cet homme cloué dans tous ses membres, et qui se ronge de rage comme un vieux lion, il a sous main des retours charmants, des éclairs. S'il peut s'échapper encore un instant, s'il peut se traîner, un jour de soleil, au Jardin-des-Plantes auprès de celle qui du moins sait l'égayer dans un rayon et lui rendre le sentiment du passé, il s'anime, il renaît, il se reprend au printemps, à la jeunesse ; il se ressouvient de Rome, il s'y revoit comme par le passé : « Voyez-vous toujours ce chemin fleuri qui part de l'Obélisque de Saint-Jean-de-Latran ? » Il retrouve la grâce, l'imagination, presque de la tendresse. Et même quand il ne peut plus bouger de son fauteuil, et quand tous le jugent baissé et absent, il mérite que celle qui avait si bien senti et fait durer sa nature poétique dise encore de lui :

« Chateaubriand est dans une belle langueur. On est charmé, en le revoyant, de sa manière si distinguée, si fine, si douce, si différente et si au-dessus de tout. Son ennui, son indifférence ont de la grandeur ; son génie se montre encore tout entier dans cet ennui ; il m'a fait l'effet des aigles que je voyais le matin au Jardin-des-Plantes, les yeux fixés sur le soleil, et battant de grandes ailes que leur cage ne peut contenir. En les quittant, je trouvais Chateaubriand assis devant sa fenêtre, regardant le soleil, ne pouvant marcher, et ne se plaignant qu'à peine et doucement de son esclavage... »

J'ai dit les défauts, je n'ai pas voulu taire le charme. De quelque nature qu'il semble, et si mélangé qu'on le suppose, il dut être bien puissant et bien réel pour être ainsi senti et rendu en avril 1847, exactement le même qu'il avait paru cinquante années auparavant à Amélie ou à Céluta.

Lundi 3 juin 1850.

HUET, ÉVÊQUE D'AVRANCHES,

PAR

M. CHRISTIAN BARTHOLMÈSS.

(1850.)

Le nom de Huet est bien connu, mais en général ses ouvrages le sont peu. Aussi de quoi s'avisait-il d'aller en écrire la plupart en latin, lui qui, né en 1630, ne mourut qu'en 1721, c'est-à-dire qui était à peine l'aîné de Boileau et de Racine, et qui leur survécut assez pour voir les premières fredaines de Voltaire? Bien des lecteurs ne connaissent aujourd'hui le docte Huet que par les vers badins de Voltaire même :

> Vous demandez, Madame Arnanche,
> Pourquoi nos dévots paysans,
> Les Cordeliers à la grand'manche,
> Et nos curés catéchisants,
> Aiment à boire le dimanche?
> J'ai consulté bien des savants :
> Huet, cet évêque d'Avranche,
> Qui pour la Bible toujours penche,
> Prétend qu'un usage si beau
> Vient de Noé. . . . .

Soyez donc la plume la plus savante de l'Europe, l'homme

de la plus vaste lecture qui fut jamais, le dernier de cette forte race des savants du xve et du xvie siècle, joignez-y dans votre personne et dans votre procédé tout ce qui constituait l'homme poli, l'homme du monde et même de Cour, ce qu'on appelait *l'honnête homme* sous Louis XIV, et tout cela pour que, sitôt après vous, on ne sache plus que votre nom, et qu'on n'y rattache qu'une idée vague, un sourire né d'une plaisanterie ! Ah ! que le sage Huet avait raison quand il démontrait presque géométriquement quelle vanité et quelle extravagance c'est de croire qu'il y a une réputation qui nous appartienne après notre mort !

Et pourtant l'évêque d'Avranches a encore du renom dans son pays de basse Normandie ; il en a jusque parmi le peuple, parmi les paysans ; son souvenir a fait dicton et proverbe. Quand un homme a l'air tout absorbé, tout rêveur, et qu'il n'est pas à son affaire, son voisin, qui le rencontre, lui dit : « Qu'as-tu donc ? *t'es tout évêque d'Avranches* ce matin. » D'où vient ce mot ? J'ai entendu proposer plus d'une explication ; voici la mienne. On sait que lorsque Huet fut nommé à l'évêché d'Avranches, et pendant les huit ou neuf années qu'il remplit les fonctions épiscopales si peu d'accord avec son amour opiniâtre pour l'étude, il passait bien des heures dans son cabinet, et quand on venait le demander pour affaire, on répondait : *Monseigneur étudie*, ce qui faisait dire aux gens d'Avranches, pleins d'ailleurs de respect pour lui : « Nous prierons le roi de nous donner un évêque qui ait fini ses études. » C'est cette idée de savant toujours absorbé et rêveur, tel qu'on se le figure communément, qui se sera répandue dans le peuple et qui aura donné lieu à ce dicton : *T'es tout évêque d'Avranches.* Je soumets mon explication aux savants du pays.

Ce n'était pourtant pas un savant hérissé ni sauvage que l'aimable Huet. M. Christian Bartholmèss vient de le faire connaître par le côté philosophique dans un travail approfondi qui a été fort apprécié dans le monde de l'Université et dans celui de l'Académie des Sciences morales. M. Bartholmèss est un écrivain non-seulement très-instruit, mais élégant, facile, spirituel, qui traite des matières et des personnages philosophiques sans effort, sans ennui, et qui sait même y répandre de l'intérêt, un certain coloris animé et comme affectueux. Ici, toutefois, je me permettrai de trouver que l'ouvrage se ressent un peu trop de sa destination directe, ayant été surtout composé en vue de la Sorbonne. Huet y est trop réfuté et combattu, au lieu d'être plus uniment raconté et exposé. Huet, selon moi, et ceux qui se préoccupent comme lui de la faiblesse de l'esprit humain, n'ont pas si tort qu'on le dit dans les écoles de l'Université, et Descartes, en philosophie, n'a pas si évidemment raison qu'il plaît à nos maîtres de le proclamer.

Mais je ne veux pas discuter moi-même, et j'aimerais simplement à montrer dans son vrai jour cet homme docte, aimable, poli, qui sut tout, tout ce qui pouvait être su alors, et qui est la dernière grande figure, et l'une des plus fines, de ces savants robustes d'un autre âge. Huet se rendait parfaitement compte qu'il était l'homme d'une époque qui finissait : « Quand je suis entré dans le pays des Lettres, dit-il, elles étaient encore florissantes, et plusieurs grands personnages en soutenaient la gloire. J'ai vu les Lettres décliner et tomber enfin dans une décadence presque entière; car je ne connais presque personne aujourd'hui que l'on puisse appeler véritablement savant. » Il écrivait cela en songeant à la seconde moitié du siècle de Louis XIV, ce qui est pourtant de nature à nous consoler, en nous montrant qu'on peut ne plus être savant à proprement parler, et valoir encore quelque chose. « Je puis donc dire, ajoutait Huet, que j'ai vu fleurir et mourir les Lettres, et que je leur ai survécu. » Ce qu'il disait là, ce n'était point par esprit chagrin, ni en qualité de vieillard qui dénigre le présent et se plaît à glorifier le passé; personne n'eut l'esprit plus uni, plus égal et moins chagrin que Huet. Il donne très-bien les raisons de cette décadence, de ce rabaissement graduel des Lettres, qui consiste précisément dans leur vulgarisation plus facile et leur diffusion plus élémentaire. Au xvie siècle, au xve, bien des livres n'étaient que manuscrits, et par conséquent rares, chers, à la portée seulement du petit nombre. On avait peu de secours à attendre autour de soi; il fallait de grands efforts et une rare vigueur d'esprit pour surmonter les obstacles, pour conquérir la science; il fallait jusqu'à un certain point être inventeur, avoir le zèle et le génie de la découverte, pour devenir savant : « Dans ces premiers temps d'obscurité et de ténèbres, *ces grandes âmes* (comme Huet appelle les savants de cette date primitive) n'étaient aidées que de la force de leur esprit et de l'assiduité de leur travail... Je trouve, disait-il spirituellement, la même différence entre un savant d'alors et un savant d'aujourd'hui, qu'entre Christophe Colomb découvrant le Nouveau-Monde et le maître d'un paquebot qui passe journellement de Calais à Douvres. » Huet écrivait cela à la fin du xviie siècle : que penserait-il donc aujourd'hui, que science et paquebot, tout marche à la vapeur?

Huet naquit à Caen, en 1630, d'un père déjà vieillard, qui lui communiqua peut-être de ce tempérament rassis et de cette égalité d'âme qui le distingua dans toute sa longue vie; d'une mère jeune, spirituelle, « d'une humeur charmante, d'un entretien enjoué, d'un esprit délicat et pénétrant, qui savait remarquer finement le ridicule des choses et des personnes. » Dans un portrait de Huet, écrit par Mme l'abbesse de Caen, je rencontre le même trait qui est attribué à notre savant et qu'il dut tenir de sa mère : « Vous trouvez fort bien, lui dit-on, le ridicule des choses, et en cela seulement vous avez assez l'esprit de votre pays. » Le père de Huet avait été calviniste, mais s'était converti avec sincérité et même avec zèle. Sans être un homme régulièrement lettré, il avait le goût des arts, de la musique, jouait du luth, dansait et composait agréablement des vers. Le talent poétique que montra Huet, il dut l'avoir hérité de lui. Huet perdit de bonne heure ce père excellent; il perdit aussi sa mère peu de temps après, et se trouva en bas âge aux mains de parents éloignés, qui furent des tuteurs négligents. L'enfant, dès l'âge de six ans, eut à supporter bien des gênes et des taquineries de la part de ses jeunes cousins avec qui on le faisait élever; paresseux et joueurs, ils s'entendaient pour l'empêcher de satisfaire l'indomptable amour de la lecture et de l'étude qu'il avait apporté en naissant; car il eut, pour ainsi dire, cette passion dès la mamelle. Il ne savait pas encore ses lettres que, lorsqu'il entendait quelqu'un lire une histoire dans un livre, il se figurait le bonheur qu'il aurait s'il pouvait bientôt la lire lui-même. Quand il sut lire et pas encore écrire, s'il voyait quelqu'un décacheter une lettre et y jeter les yeux, il se figurait avec envie la joie qu'il aurait d'en pouvoir faire autant, et de correspondre par lettres avec quelque petit camarade. Ainsi, se donnant aiguillon sur aiguillon, il volait plus qu'il ne marchait dans la carrière des études. Il quitta à temps cette éducation domestique où il était à la gêne, et fut mis au collége des Jésuites de Caen; il y trouva des maîtres et des guides supérieurs qui surent distinguer aussitôt l'enfant précieux qui leur venait, et l'entourer de soins particuliers et de toute sorte de culture. Il leur en demeura à jamais reconnaissant; il garda avec eux de tout temps tous ses liens : et vieux, affaibli de corps, ce fut chez eux à Paris, dans leur maison de la rue Saint-Antoine, qu'il voulut achever de vieillir et qu'il vint mourir. Il leur légua son immense bibliothèque, ses plus chères délices, pour qu'elle ne fût pas dispersée après lui : illusion dernière qui montre que le savant, qui possédait si bien le passé, n'avait pas cette seconde vue qui devance les temps et qui lit dans l'avenir (1).

Enfant, Huet se livrait avec ardeur et avec verve à la poésie latine, qui ne semblait pas du tout alors une récréation futile ni même un simple exercice de transition; on y voyait un digne emploi définitif du talent. La belle poésie française du xviie siècle n'était pas encore venue éclipser ces derniers restes brillants, ces jeux prolongés de la Renaissance. On hésitait entre la langue des anciens et l'idiome des modernes, et bien des gens croyaient que le moyen le plus sûr de marcher sur les traces d'Horace et de Virgile était encore de tâcher de les répéter dans leur langue. Chapelain, le Chapelain tant moqué de Boileau, tant estimé de Huet, et qui était, somme toute, et sur bien des matières, un sensé et sa-

---

(1) On me fait remarquer qu'il ne fut pourtant pas sans une sorte de prévision qui dénote au moins sa prudence; une des clauses du testament portait que, dans le cas où la Société cesserait d'exister en France, ses héritiers à lui pourraient réclamer cette partie de la succession. L'intention de Huet était que sa bibliothèque ne fût point dispersée; c'était le but et la condition de son legs aux Jésuites. Après leur suppression, le legs fut déclaré nul juridiquement, et la bibliothèque fit retour aux héritiers du prélat par un arrêt du Conseil de juillet 1763. Elle a passé depuis en masse dans la Bibliothèque du roi.

vant homme (1), écrivait sérieusement à ce même Huet, à propos d'une ode et d'une épître latines de celui-ci : « C'est dommage que notre Cour ne soit aussi fine dans la bonne latinité que celle d'Auguste, vous y tiendriez la place d'Horace, non-seulement pour le génie lyrique, mais encore pour l'épistolaire ! » Chapelain écrivait cette énormité en mars 1660 ; c'était la date de la première Satire de Boileau.

Huet, enfant, et déjà poëte latin, avait terminé à treize ans le cours de ses humanités ; il trouvait un guide poétique encourageant et sûr dans l'aimable M. Halley, professeur de belles-lettres et d'éloquence ; il trouva un maître élevé et profond en philosophie dans le Père Mambrun, qui le poussa d'abord à l'étude des mathématiques, d'où il eut peine ensuite à le rappeler à la philosophie même. Chaque savant personnage que rencontrait le jeune homme sur son chemin (et l'Académie de Caen en réunissait alors un grand nombre) lui devenait ainsi un nouvel instigateur d'étude ; il absorbait avidement chaque source vive qui lui était offerte, et, toujours altéré, il en demandait encore. Le voisinage du savant Bochart, qui était ministre protestant à Caen, poussa le jeune Huet à s'enfoncer à sa suite dans la littérature grecque et hébraïque. Celui qui devait être évêque, apologiste et démonstrateur du Christianisme, et qui, dans le cours de sa vie, devait lire *vingt-quatre fois*, d'un bout à l'autre, le texte hébreu des Écritures, traduisit d'abord du grec en latin la jolie et très-libre pastorale de *Daphnis et Chloé*, sans trop se douter, dit-il, qu'il y eût là danger pour son innocence.

A cette époque, d'ailleurs, Huet n'était qu'un homme

---

(1) « Chapelain, *qui, enfin, avait de l'esprit*, » dit le cardinal de Retz.

du monde, le plus savant des jeunes gentilshommes normands, mais pas autre chose. Otons-lui ce titre d'évêque qu'il n'eut que bien plus tard, et qui offusque la vue pour le bien juger. Huet ne devint un personnage officiel, le sous-précepteur du Dauphin, qu'en 1670, c'est-à-dire à l'âge de quarante ans; il ne prit pas les Ordres sacrés avant quarante-six ans, et ne fut nommé évêque qu'à cinquante-cinq. Il passa donc toute sa jeunesse en savant dégagé et libre, se promenant avec une curiosité infatigable dans le champ du savoir et de l'esprit humain, véritable *amateur*, au sens antique, parcourant toutes les sciences sans s'attacher à aucune, n'excluant rien, ne méprisant rien, mais se gardant aussi de surfaire. Cet homme, je vous assure, n'avait rien de pédant. L'abbé d'Olivet a fait à son sujet un petit calcul, d'où il résulterait que, de tous les hommes qui ont existé jusqu'ici, c'est Huet qui a peut-être le plus lu. Écoutons le raisonnement :

> « Si l'on veut bien considérer, nous dit d'Olivet, qu'il a vécu quatre-vingt-onze ans moins quelques jours, qu'il se porta dès sa plus tendre enfance à l'étude, qu'il a toujours eu presque tout son temps à lui; qu'il a presque toujours joui d'une santé inaltérable; qu'à son lever, à son coucher, durant ses repas, il se faisait lire par ses valets; qu'en un mot, et pour me servir de ses termes, *ni le feu de la jeunesse, ni l'embarras des affaires, ni la diversité des emplois, ni la société de ses égaux, ni le tracas du monde, n'ont pu modérer cet amour indomptable de l'érudition qui l'a toujours possédé*, une conséquence qu'il me semble qu'on pourrait tirer de là, c'est que M. d'Avranches est peut-être, de tous les hommes qu'il y eut jamais, celui qui a le plus étudié. »

Eh bien! cet homme qui avait le plus lu, qui avait, comme particulier, la plus vaste bibliothèque qu'on pût voir et à laquelle il tenait tant, savez-vous ce qu'il pensait des livres? « Il prétendait que tout ce qui fut jamais écrit depuis que le monde est monde pourrait tenir dans *neuf ou dix in-folio,* si chaque chose n'avait été dite qu'une seule fois. Il en exceptait les détails de l'histoire, c'est une matière sans bornes; mais, à cela près, il y mettait absolument toutes les sciences, tous les beaux-arts. Un homme donc, à l'âge de trente ans, disait-il, pourrait, si ce recueil se faisait, savoir tout ce que les autres hommes ont jamais pensé. » Voilà ce que j'appelle un savant qui n'est pas entiché, et vraiment honnête homme, un savant qui ne se sent pas de son métier ni de son clocher. C'est lui encore qui, dans une comparaison aussi juste que spirituelle, a dit :

« Je compare l'ignorant et le savant à deux hommes placés au milieu d'une campagne unie, dont l'un est assis contre terre et l'autre est debout. Celui qui est assis ne voit que ce qui est autour de lui, jusqu'à une très-petite distance. Celui qui est debout voit un peu au delà. Mais ce peu qu'il voit au delà a si peu de proportion avec le reste de la vaste étendue de cette campagne, et bien moins encore avec le reste de la terre, qu'il ne peut entrer en aucune comparaison, et ne peut être compté que comme pour rien. »

Ainsi Huet ne se croyait pas en droit de mépriser les moins savants que lui; il était tout à fait sur ce point de l'avis de Fontenelle, « qu'on est ordinairement d'autant moins dédaigneux à l'égard des ignorants, que l'on sait davantage, car on en sait mieux combien on leur ressemble encore. »

L'étude ne rendait Huet ni mélancolique, ni rêveur; sa santé ne se ressentit jamais de son application. L'étude était si naturellement son fait et sa vocation, sa passion à la fois et son jeu, que, loin de le fatiguer, elle le laissait toujours plus libre, plus allègre et plus dispos après qu'auparavant. Un écrivain, qui était assez de l'école de Huet en philosophie, a dit : « La vie humaine réduite à elle-même et à son dernier mot serait trop simple et trop nue; il a fallu que la pensée civilisée se mît en quatre pour en déguiser et pour en décorer le fond. La galanterie, le bel-esprit, la philosophie, la théologie elle-même, ne sont que des manières de jeux savants et subtils que les hommes ont inventés pour remplir et pour animer ce temps si court et pourtant bien long de la vie; mais ils ne s'aperçoivent pas assez que ce sont des jeux. » Huet, tout en s'appliquant à ces diverses choses avec sa passion studieuse, semble pourtant s'être un peu douté que ce pouvaient être des jeux; il s'est surtout développé et comme amusé à l'entour, et il ne semble pas y avoir pris au vif plus qu'il ne fallait. Aussi le monde jouissait de lui sans qu'il eût rien d'opiniâtre ni d'absolu comme les hommes de cabinet. Voici un gracieux portrait qui lui rend témoignage, et qui nous le montre tel qu'il paraissait aux dames avant les grandeurs de l'épiscopat et dans sa jeunesse. C'est l'abbesse de Caen, depuis abbesse de Malnoue, la célèbre Marie-Éléonore de Rohan, qui parle et qui lui fait son portrait selon la mode du temps :

« Vous êtes plus grand et de belle taille que vous n'avez bon air. Vous êtes mieux fait que vous n'êtes agréable. Vous avez le teint trop blanc et même trop délicat pour un homme; les yeux bleus, plus grands que petits; les cheveux d'un blond châtain; le nez bien fait, la bouche grande, mais aussi propre qu'on la peut avoir, car vous avez les lèvres incarnates et les dents d'un blanc fort éclatant et qui saute aux yeux. Vous avez le front fort grand. La grandeur de vos traits et de votre visage fait que vous avez quelque chose de ces médailles qui représentent les hommes illustres (vous vous doutez bien que j'entends plutôt parler de ces grands philosophes que des conquérants). Je ne sais si ce n'est point la grande réputation de science où vous êtes qui me donne cette idée, ou si c'est qu'en effet ces hommes illustres étaient faits comme vous. Mais, si vous n'êtes fait comme ceux qui ont été devant vous, peut-être que ceux qui viendront après ne seront pas fâchés de vous ressembler, et d'être faits comme vous aurez été. Vous avez les mains fort blanches et la peau fort fine... Pour de l'esprit, vous en avez assurément autant qu'on en peut avoir, et votre esprit ressemble à votre visage; il a plus de beauté que d'agrément. »

Cette spirituelle abbesse revient assez souvent sur ce qui manque à ce beau jeune homme en bonne grâce et en air; on dirait qu'en tout bien tout honneur elle le voudrait former (1).

Suivent quelques autres traits que je relève comme tenant au ton de l'homme et au caractère :

« Vous avez l'âme bonne à l'égard de Dieu, et vous êtes pieux sans être fort dévot.

« La bonté de votre âme est pour les autres aussi bien que pour Dieu, car vous êtes commode, point critique, et si peu porté à juger mal, que je crois que votre bonté pourrait même quelquefois duper votre esprit. Vous estimez plus légèrement que vous ne méprisez.

« Vous êtes incapable de vous venger en rendant malice pour malice, et vous êtes si peu médisant que même le ressentiment ne vous arracherait pas une médisance de la bouche contre vos ennemis; je trouve que vous ne les ménagez que trop selon le monde; je n'entends pas dire pourtant que vous manquiez de sensibilité pour la gloire et pour l'honneur; au contraire, vous y êtes délicat jusqu'à l'excès.

« Vous êtes sage, fidèle et sûr autant qu'on le peut être.

« Vous avez beaucoup de modestie, et jusqu'à avoir honte et être déconcerté quand on vous loue... Mais votre modestie est plus dans les sentiments que vous avez de vous-même, que dans votre

---

(1) Huet rendit à l'abbesse portrait pour portrait. Dans celui qu'il fit de cette noble dame, je lis, au milieu de toutes sortes de choses galantes qu'il lui adresse, cette phrase qui semblerait bien étrange aujourd'hui : « N'ayant jamais vu votre gorge, je n'en puis parler; mais, si votre sévérité et votre modestie me voulaient permettre de dire le jugement que j'en fais sur les apparences, je jurerais qu'il n'y a rien de plus accompli. » Notez que l'honnête et pieuse abbesse à laquelle ce jeune homme parlait en ces termes était jeune elle-même et seulement d'un an plus âgée que lui.

10.

air, car vous êtes modeste sans être doux, et vous êtes docile quoique vous ayez l'air rude. Vous êtes si prompt, et vous soutenez vos opinions avec une impétuosité si grande, qu'il semble qu'elles vous deviennent une passion. »

Cette passion, qui n'était que dans le ton, tenait au feu de la jeunesse; cette première rudesse, que l'abbesse voudrait enlever, se polira vite dans le monde et à la Cour. Tout ce composé, convenons-en, même avec les légers défauts, ne laissait pas de former un savant très-cavalier et très-agréable. Huet, dans les jolis Mémoires trop peu connus qu'il a écrits en latin sur sa vie, confesse qu'à ce moment de sa jeunesse il donna dans les dissipations et les élégances, qu'il recherchait les cercles des gens du monde et surtout des femmes, et que, pour leur plaire, il ne négligeait ni la mise, ni les petits soins, ni les petits vers. La galanterie lui en fit faire même quelques-uns en français, quoique ce ne fût pas son fort. Dans des lettres familières de lui à Ménage, lettres inédites qu'un amateur éclairé a eu l'obligeance de me laisser connaître, je vois Huet, à la date de février 1663, très-fier d'une certaine *ballade* qui a réussi. Ménage, qui était galant comme un pur érudit et sans véritable monde, lui envoyait des épigrammes en toute langue, des madrigaux grecs, latins, italiens, sur toutes sortes de beautés plus ou moins métaphoriques et allégoriques; Huet lui répond, en lui rendant la monnaie de ses confidences :

« Je vous envoyai l'année passée ma première *élégie*, je vous enverrai bientôt mon premier *sonnet*, mais il est encore brut. Depuis que je ne vous ai écrit, j'ai fait un voyage à Lisieux : c'est comme qui dirait que j'aurais fait soixante lieues, car j'aimerais mieux les faire que d'aller à Lisieux par les chemins détestables qu'il faut traverser. Mais le sujet qui me menait me fit supporter aisément cette fatigue. Vous le saurez quand vous apprendrez l'argument du *sonnet* que je vous garde ; car je ne fais pas tant le renchéri sur le sujet de mes inclinations que vous. »

Cette lettre du 8 janvier 1662 nous décèle une petite velléité amoureuse, une première inclination du futur prélat.

En littérature ancienne, Huet était du meilleur goût, du plus sain et du plus fin, du plus délicat et du plus sévère : en français, il est sujet à se tromper, à confondre, à ne point marquer nettement les différences. Dans ses lettres à Ménage, il associe et mêle perpétuellement dans un même hommage et dans une commune admiration Mlle de Scudery et Mme de La Fayette, c'est-à-dire celle qui égara et noya le roman dans les fadeurs, et celle qui le réforma avec tant de justesse et de goût. Pourtant Huet devait apprécier, ce semble, Mme de La Fayette ; c'est pour lui complaire qu'il écrivit sa dissertation *De l'Origine des Romans*, qui parut d'abord en tête de l'histoire de *Zayde*, qu'elle avait composée. Elle lui disait agréablement à ce sujet : « Savez-vous que nous avons marié nos enfants ensemble ? » Et, malgré tout, le faible de Huet était encore pour Mlle de Scudery, pour *l'illustre Sapho*, comme il l'appelait. Les injures qu'elle reçut de Boileau et de ce jeune monde lui furent, à lui, très-sensibles ; il les ressentit en ami et en chevalier. Je ne sais trop à quelle première attaque il est fait allusion dans le passage de lettre que voici :

« Les vers que vous m'avez envoyés, écrivait Huet à Ménage (4 février 1660), m'ont charmé, et particulièrement la première épigramme, où vous vengez si ingénieusement l'injure faite à Mlle de Scudery. Si j'osais, je lui offrirais ma plume pour soutenir ses intérêts et pour vous servir de second, et je répandrais très-volontiers pour un si juste et si digne sujet jusqu'à la dernière goutte de mon encre et de mon sang. »

Nous saisissons ici Huet au plus vif instant de son premier état de cavalier.

Il n'en perdit jamais tout à fait l'habitude et le tour. Il était à la Cour, et déjà prélat et barbon, qu'il écrivait à Mme de Montespan de fort jolis vers français, *En réponse à une invitation à dîner*. Huet et Mme de Montespan! on peut voir ce petit chapitre imprévu au tome premier de l'ancienne *Revue rétrospective* de 1833.

Huet, en poésie française, tenait décidément pour la littérature d'avant Boileau, pour celle de Segrais, de Conrart, des premiers membres de l'Académie française; il ne s'en départit jamais. Les relations de Huet et de Boileau sont assez piquantes à étudier. Il faut entendre Huet parler de *la Pucelle* de Chapelain et des *petits poëtes jaloux* (*minutos quosdam et lividos poetas*), de ces roquets qui ne savent que mordre et qui se sont acharnés à la grave renommée de Chapelain. En toute occasion, Huet ne parle de Boileau et de sa *clique* que comme le plus vénérable des classiques d'aujourd'hui aurait parlé des insolents qui firent invasion à un certain jour dans le temple, et y entrèrent par effraction. Ces mots si vifs de Huet n'ont passé inaperçus que parce qu'ils sont en latin, et que peu de gens les vont chercher (1). Boileau attaqua, en effet, au début presque tous les amis de Huet, Ménage, Mlle de Scudery, Chapelain, ce monde de l'hôtel Rambouillet et de M. de Mon-

---

(1) De telles injustices de sentiments et de propos se renouvellent à chaque génération. Boileau, à son tour, dans sa vieillesse, dira de La Motte encore jeune : « Quel dommage qu'il se soit *encanaillé* de ce petit Fontenelle! » Un siècle après, parlant des discussions intérieures de la deuxième classe de l'Institut (Académie française), Morellet écrira à Suard : « Avez-vous vu un Colin plus Colin que ce Collin (*Collin d'Harleville*)? Et cette chenille d'Andrieux, peut-on avoir l'esprit plus tortu? Parbleu, nous sommes bien *en-*

tausier. Un jour, Huet, devenu prélat et l'oracle de l'érudition, eut affaire à Boileau lui-même. Il s'agissait du mot fameux de Moïse au commencement de la Genèse : *Dieu dit : Que la lumière soit ! et la lumière fut.* Longin, en l'isolant, avait trouvé ce mot sublime et Boileau également. Huet, que trop de savoir conduisait, comme il arrive souvent, à moins admirer, tout en reconnaissant dans ce passage le sublime de la chose racontée, se refusait à y voir, pour l'expression et même pour la pensée, rien de plus qu'une manière de dire, une tournure habituelle et presque nécessaire aux langues orientales, avec lesquelles il était si familier. Boileau se fâcha de l'air et du ton qu'il prenait quand le goût lui semblait en cause. Huet répondit par une lettre assez verte adressée à M. de Montausier, à ce juge austère que Boileau, par ses éloges, ne put jamais fléchir qu'à demi.

Un autre jour, comme Perrault lisait à l'Académie française son poëme du *Siècle de Louis-le-Grand*, où l'antiquité est sacrifiée au présent, et qui commença cette longue guerre des anciens et des modernes, Boileau, outré, ne se pouvait contenir pendant la lecture, et Huet le calmait de son mieux en lui disant, non sans un grain d'ironie : « Monsieur Despréaux, il me semble que cela nous regarde encore plus que vous. » Huet, en parlant ainsi, avait raison et tort. Sans doute il possédait l'antiquité incomparablement plus que Boileau,

---

canaillés. » Morellet se croit encanaillé de ce qu'il a pour confrères Andrieux et Collin d'Harleville, et Andrieux, vingt-cinq ans plus tard, se croirait *encanaillé* d'avoir pour confrère Lamartine : « Nous l'avons échappé belle aujourd'hui, Monsieur, » disait-il, parlant à M. Patin, qui le visitait, le soir d'un jour où Lamartine avait failli être élu membre de l'Académie française. — Est-ce assez de misères ?

qui pouvait sembler un ignorant à côté de lui. Mais ce sentiment littéraire plus vif, ce mouvement net et prompt, cette impétuosité de jugement qui ressemble presque à une ardeur de cœur, Huet ne l'avait pas. Son goût même était patient et tranquille comme son humeur ; le goût en lui avait de la longanimité, et, si j'ose dire, de la longévité.

Nous touchons ici à l'un des traits essentiels du caractère de Huet, et qui explique toute sa nature, nature forte, persistante et puissante, bien que trop indifférente et impassible. La curiosité, après tout, le plaisir de connaître et d'embrasser en tout sens, l'emportait chez lui sur le jugement même, sur la vivacité de l'impression et la netteté du choix. Il y a dans chaque siècle des temps marqués, des coups d'archet, ou, si l'on veut, des coups de tonnerre. Ces coups de tonnerre au xviie siècle, c'était Descartes, c'était Pascal ; ce coup d'archet qui remettait l'orchestre en mesure, c'était Despréaux. Eh bien ! Huet, héritier et continuateur du xvie siècle et de la Renaissance, se contentant d'y joindre la politesse du grand règne, ne participe d'ailleurs que le moins possible à ces impulsions propres à son moment ; il n'a pas du tout l'air, en vérité, de se ressentir de ces avénements signalés. Il continue d'être pour les Jésuites, de les priser et de les estimer, de croire à leur avenir, comme si Pascal n'avait pas tonné ; il continue d'être pour la philosophie des sages d'avant Descartes, pour la philosophie sceptique des Gabriel Naudé, des La Mothe Le Vayer, des Charron, comme si ce grand révolutionnaire et ce grand ennemi de la tradition, Descartes, n'avait point paru pour tout changer ; il continue enfin de goûter les fleurs un peu surannées de l'ancienne littérature, les beautés des d'Urfé, des Scudery et autres, comme si Boileau n'était pas venu brusquement mettre le *holà* et réformer le goût. Huet est de ces hommes qui continuent, qui achèvent et épuisent un mouvement, non pas de ceux qui le recommencent.

Huet, je le répète, représente et prolonge le xvi® siècle et le mouvement de la Renaissance, non-seulement dans le xvii® siècle, qu'il traverse tout entier, mais jusque dans le xviii®. Il ne lui manque, pour faire le lien des deux époques, de la Renaissance et des temps modernes, pour donner la main, d'une part à Politien, et de l'autre à Voltaire, que d'avoir en son humeur tempérée cette ouverture, cette disposition accueillante aux idées nouvelles qu'eut, pour sa part, le sage et discret Fontenelle. Huet, bien que si partisan des anciens, est assez de la littérature de Fontenelle en ce qui concerne le goût moderne; il est un peu de sa philosophie, mais avec un petit ressort de moins.

Quand on vient de lire le traité de Huet sur *la Faiblesse de l'Esprit humain*, il semble qu'on n'ait qu'à tourner le feuillet pour lire la pièce de Voltaire sur *les Systèmes*, ou son admirable lettre à M. Des Alleurs sur le doute (26 novembre 1738); mais on ne voit pas que Huet ait été homme à tourner ce feuillet. Mort dans le xviii® siècle, il en aurait le scepticisme, s'il avait en lui je ne sais quoi de l'étincelle des temps nouveaux; mais il n'a, à aucun degré, cette étincelle que Bayle avait, par exemple, tout en doutant. Huet est de ceux qui entretiennent et conservent, non pas de ceux qui transmettent, en courant, le flambeau.

Il n'y avait entre Huet et le xviii® siècle qu'une mince cloison, mais il ne l'a point percée.

Que faut-il pourtant penser, au fond, de la religion de Huet? Je la crois sincère, quoiqu'en la serrant un peu on puisse y trouver bien des contradictions. Voltaire a justement remarqué que ce traité posthume de Huet sur *la Faiblesse de l'Esprit humain* semble contredire et démentir sa *Démonstration évangélique;* mais Huet n'était point de ces esprits qui vont en tout à l'extrême, et qui poussent les choses à leurs dernières limites. Il n'est pas de ceux qui aiment à se singulariser ni à rien outrer; il se disait dans les petites choses, et peut-être dans les grandes, ce qu'il écrivait un jour à Ménage : « Vous voyez que tout le monde le fait; il fait bon suivre le torrent, et *ne se faire remarquer ni dans un sens ni dans l'autre.* » Quand il était à l'état profane et naturel, il se trouvait par inclination sceptique et pyrrhonien. Il pensait que, comme toutes ces disputes et ces questions touchant la nature de l'entendement ne peuvent être décidées que par l'entendement même, qui est d'une nature douteuse, il n'y a pas de solution possible : « Pour bien comprendre et entendre parfaitement, dit-il, la nature de l'entendement humain, il faudrait un autre entendement que le nôtre. » Tout cela n'est pas si déraisonnable. Il pensait encore que Descartes, ce soi-disant nouvel inventeur de la vérité, après avoir commencé avec prudence par le doute, cesse tout à coup de douter, et se fourvoie dès le second pas, en affirmant ce qui n'est pas du tout clair. C'est encore là l'impression que fait Descartes à bien des gens de bon sens, qui l'arrêtent et refusent de le suivre dès le second mot, sinon dès le premier. Mais, tout en pensant de la sorte dans la vie habituelle et dans les entretiens familiers, Huet s'en tenait là, et n'était sceptique que jusqu'aux autels. Il ne rattachait pas le scepticisme à la religion avec l'impétuosité de Pascal; il ne disait pas à l'homme avec tourment : « *Tout croire, ou ne rien croire.* Il n'y a pas de milieu; mortel, il faut choisir! » Ou s'il le disait, c'était en douceur et par voie d'accommodement. En ce qui était de ses propres idées et convictions, il a subi sensiblement les influences des milieux et des âges. Il avoue lui-même qu'il y a eu du plus et du moins dans sa foi. Quand il fut revêtu d'un caractère sacré, il s'attacha à disposer sa vie dans un parfait accord avec ses nouveaux devoirs. L'âge acheva de mettre le sceau à cette manière honorable de vivre et de sentir. Pourtant, il est certainement l'un de ces hommes à propos de qui il serait permis, à certains jours, de s'adresser cette question : « Qui peut dire et savoir ce qu'arrive à penser, sur toute matière religieuse et sociale, un homme de plus de quarante ans, prudent, et qui vit dans un siècle et dans une société où tout fait une loi de cette prudence? » Ajoutons que si Huet put avoir dans un temps cette pensée ou porte de derrière, il en usa si peu, qu'elle finit par se condamner d'elle-même et par être en lui comme si elle n'était pas.

Ceux qui aiment surtout les Lettres ne doivent jamais parler de Huet qu'avec un respect mêlé d'affection. Brunck, dans ses notes sur l'*Anthologie*, le rencontrant sur son passage, l'a salué avec bonheur *la fleur des Évêques* (*flos Episcoporum Huetius*). Huet sentait à merveille l'antique poésie; il y mêlait l'amour de la nature et de la campagne, et il en a plus d'une fois exprimé le sentiment avec charme. Pendant des années il ne laissa jamais passer un mois de mai, qui était son mois favori, sans le fêter et l'égayer d'une nouvelle lecture de Théocrite; il avait ainsi, même comme érudit, ses à-propos de saison. Retiré l'été dans son abbaye d'Aunay, il y trouvait son Tusculum. Huet, en goûtant la poésie, avait fait de bonne heure une réflexion sur ce que bien peu de gens sont nés, en effet, pour la sentir : « Il y a encore plus de poëtes que de vrais juges des poëtes et de la poésie. » Il revient souvent sur cette idée, qu'on retrouverait, je crois, également chez Montaigne. Il appréciait chez celui-ci le don des métaphores, cette fertilité vive qui est le signe particulier d'une heureuse et riche nature. Quand il écrit en français, il a le style bon, bien qu'un peu suranné, et il laisse volontiers aux mots leur acception toute latine. Il dira, par exemple, d'un éditeur qu'il est *licencieux*, pour signifier qu'il prend trop de licences avec son auteur; il dira une *diatribe* pour une dissertation; un manuscrit *dépravé*, c'est-à-dire fautif. Mais son expression a, en général, une grande propriété; elle est quelquefois ingénieuse et même poétique par l'image. Ainsi, comparant la santé ruineuse des vieillards à une tour sapée, ou à ces arbres qui ne tiennent plus que par la contexture extérieure et comme par l'écorce, il dira : « Je comparerais encore cette apparence de santé à ces larmes de verre qui paraissent parfaitement solides, et qui, étant tant soit peu entamées, s'en vont en poussière. » Cela est juste et joli, et sent le poëte latin.

Rien n'est plus propre à faire connaître Huet, et par les côtés agréables, que sa Correspondance avec Ménage, qui est en bonnes mains, et qui sera, j'espère, publiée un jour. Cette Correspondance, dont j'ai eu sous les yeux soixante-dix-sept lettres, toutes de la main de Huet, de cette petite écriture, nette, fine, serrée, minutieuse et distincte jusque dans les abréviations, et qui se retrouve aux marges de ses livres, s'étend depuis l'année 1660 jusqu'en 1691, avec une lacune toutefois pour les années du milieu (1665-1682). Elle roule sur les divers objets d'étude communs aux deux correspondants. Huet et Ménage étaient deux curieux en quête de toute érudition et de toute belle littérature. Huet, de dix-sept ans plus jeune que Ménage, était aussi plus sérieux, plus étendu d'esprit et d'horizon, et plus vraiment galant homme, c'est-à-dire sans rien de pédant. Il se présente ici par le côté poétique et gai. Tous deux se régalent à l'envi d'épigrammes et de vers. On y voit dès le début, à la date de février 1660, à quel point Huet, préoccupé des doctes hommes d'alors qu'il avait connus dans ses voyages de Suède et de Hollande, des Saumaise, des Vossius, Heinsius, Gronovius, ces *Princes des belles-lettres,* paraît peu se douter que la littérature française est à la veille d'éclater dans sa plus belle floraison avec les Racine, les La Fontaine et les Despréaux. A propos des poésies latines ou françaises qu'échangent entre eux Huet et Ménage, on se plairait à saisir quelques saillies de jeunesse du futur prélat, quelque filet de verve gauloise et rabelaisienne. Huet et Ménage s'étaient tous deux attelés à deux grosses besognes, Ménage à des observations sur Diogène Laërce, Huet à une traduction d'Origène, dont il avait retrouvé un manuscrit : ce sont de ces travaux qui font honneur à ceux qui les mènent à fin, mais qu'on maudit tout en les exécutant. Huet souhaitait à Ménage de sortir de son Laërce, et il souhaitait lui-même d'être quitte de son Origène : « C'est une étude ingrate, disait-il, qui me dérobe les plus belles heures de ma vie... Si je me trouve délivré de ce fardeau quand vous le serez de votre Laërce, nous pourrons ensuite goguenarder tout à notre aise, et faire des vers à ventre déboutonné. » Je ne donne pas le mot pour élégant, mais c'est ainsi que parlaient les plus polis de nos aïeux, quand ils étaient savants et qu'avril les mettait en pointe de belle humeur. Huet désire quelquefois visiter Paris et Ménage ; quel plaisir alors de chômer la fête avec son ami par quelque petit repas frugal, où l'esprit seul fasse la débauche ! il appelle cela des *Saturnales.* Il faudrait, pour donner idée de ces gaietés de Huet, citer plus de latin que je n'en puis mettre ici, car Huet achève souvent en latin une phrase

commencée en français (1), et il assaisonne le tout de
mots grecs. Et pourtant cela fait un ensemble naturel et
même élégant. Mais c'est à sa solitude d'Aunay que Huet
aimait surtout à revenir et à se retrouver ; c'est là qu'il
jouit véritablement de la vie, telle qu'il l'entend et qu'il
la rêve, une vie partagée entre son cabinet, la culture
de son jardin et la promenade. Toutes les fois qu'il parle
d'Aunay, il a des peintures vives et il trouve des accents ;
n'étant jamais poëte avec son expression propre, il l'est
quelquefois avec celle des anciens. C'est de cette retraite
d'Aunay que sortirent les plus graves, les plus doctes de
ses ouvrages, et aussi les plus légers, particulièrement
une Élégie latine qu'il fit sur *le thé* en 1687, et dont il
a l'air très-satisfait.

Huet, vieux, infirme, dégoûté de son évêché d'Avranches, dont il se démit, se retira à la maison des Jésuites
de Paris, rue Saint-Antoine (2). Il y trouva un nid pour
sa vieillesse, un nid exposé au soleil du midi. Il eût
mieux aimé pourtant l'exposition au nord, et il nous en
dit les raisons, non sans grâce :

« Tous les orages, les grands vents, les grêles et les pluies
violentes viennent du midi. Les fenêtres qui y sont tournées se
trouvent souvent brisées par la tempête. Les chambres sont des

---

(1) Par exemple : « Il ne faut pas laisser passer ces Saturnales
sans les chômer *minutis et rorantibus poculis*, et par quelque petit
repas frugal *non multi cibi, sed multi joci*, etc., etc. »

(2) Le *Journal* de l'abbé Le Dieu, à la date du vendredi 21 décembre 1703, nous montre Huet dans sa chambre une après-midi,
« en surtout et en cravate, un bonnet de cabinet sur la tête sans
perruque, n'étant pas en état de descendre à la salle pour voir
M. de Meaux (Bossuet, qui était venu visiter le Père de La Chaise),
ni M. de Meaux de monter quatre-vingts marches pour l'aller
chercher si haut. » Ainsi ils ne se sont plus revus. Bossuet mourut moins de quatre mois après; Huet survécut encore dix-sept
ans (1721).

fournaises pendant les chaleurs de l'été, et le soleil vous aveugle et vous brûle tout le long de la journée. Les objets du dehors qui se présentent aux yeux ne sont vus que du côté de l'ombre, qui en dérobe tout l'agrément. Aucun de ces défauts ne se trouve dans l'exposition au nord. Le calme y est toujours; la fraîcheur s'y trouve en été... Les objets n'y paraissent que de leur beau côté, et du côté qu'ils sont éclairés et dorés des rayons du soleil. L'exposition au levant a aussi ses agréments. Ce soleil naissant, et l'aurore sa fourrière, sont, à mon gré, des objets délicieux, la fraîcheur de la nuit tempérant l'ardeur de ses rayons. »

Ainsi, en toute chose, Huet aimait mieux l'égalité et la douceur de la lumière que le trop de rayons et d'ardeur. Ce goût-là le peint aussi au moral dans l'ensemble de son humeur comme de son génie.

Je n'ai pu que l'effleurer en passant, mais j'ai tâché de ne hasarder aucun trait qui ne fût exact et vrai sur un personnage si considérable en son temps et de loin si original. Une vie si calme et si pleine ressemble bien peu à celles d'aujourd'hui, et elle a droit d'être enviée. Pourtant, quand on sort de la compagnie de Huet, on est frappé d'un inconvénient. Cet homme décidément avait trop lu. Les hommes comme Huet savent trop. Si le monde se réglait sur eux, on n'aurait plus qu'à s'asseoir, à jouir des richesses acquises, à se ressouvenir, à exprimer ses pensées avec les expressions des anciens, car tout a été dit. Mais l'humanité aime mieux se débarrasser et jeter à l'eau de temps en temps une bonne partie de son bagage ; elle aime mieux oublier, sauf à se donner la peine ou plutôt le plaisir de réinventer, de refaire et de redire, dût-elle redire et refaire moins bien; mais elle veut, avant tout, avoir à exercer son activité. Chaque génération de jeunesse tient à y mettre du sien et à faire acte de présence à son tour. Ce sont, après tout, les ignorants comme Pascal, comme Descartes, comme Rousseau, ces hommes qui ont peu lu, mais qui pensent et qui osent, ce sont ceux-là qui remuent bien ou mal et qui font aller le monde (1).

(1) On cite quelquefois une phrase de Huet comme ayant un air de prophétie; elle est dans son *Histoire du Commerce et de la Navigation des Anciens,* qu'il écrivait sous le ministère de Colbert; il parle des Russes, qu'on appelait encore *Moscovites :* « Que s'il s'élevait parmi eux quelque jour, dit-il, un prince avisé qui, reconnaissant les défauts de cette basse et barbare politique de son État, prit soin d'y remédier en façonnant l'esprit féroce et les mœurs âpres et insociables des Moscovites, et qu'il se servit, aussi utilement qu'il le pourrait faire, de la multitude infinie de sujets qui sont dans la vaste étendue de cette Domination qui approche des frontières de la Chine, et dont il pourrait former des armées nombreuses; et des richesses qu'il pourrait amasser par le commerce, cette nation deviendrait formidable à tous ses voisins. » Je ne donne pas la phrase comme bien faite, mais elle est curieuse et prouve que Huet, avec un tour très-latin en français, est capable, plus qu'on ne croirait, d'un sens très-moderne.

Lundi 10 juin 1850.

MÉMOIRES ET CORRESPONDANCE

DE

MADAME D'ÉPINAY.

Il n'y a pas de livre qui nous peigne mieux le xviiie siècle, la société d'alors et les mœurs, que les *Mémoires* de Mme d'Épinay. Quand ces *Mémoires* se publièrent pour la première fois en 1818, le scandale fut grand. On était si voisin encore des principaux acteurs; ils avaient disparu à peine, et leur descendance n'en était qu'à la première génération. Dans le monde et dans les familles on se montra sensible à un tel éclat comme on devait l'être ; on rougit, on souffrit. Il y eut je ne sais quel fou qui, sous prétexte qu'il était à demi parent par alliance, se mit à faire feu en tous sens et adressa placet sur placet aux ministres du roi. La littérature, de son côté, ne resta pas indifférente. Les admirateurs aveugles de Jean-Jacques Rousseau prirent fait et cause pour lui contre les nouveaux témoins qui le chargeaient et le convainquaient de folie et peut-être de mensonge. Duclos lui-même eut ses défenseurs. Trente ans de distance ont suffi pour laisser tomber bien des bruits et pour apaiser bien des émotions. Les inconvénients attachés à une révélation si subite et si vive se sont évanouis; les légères erreurs ou les infidélités de pinceau, les inexactitudes de détail ont même perdu de leur importance. Ce qui reste, c'est l'ensemble des mœurs, c'est le fond du tableau, et rien ne paraît plus vrai ni plus vivant. Les *Mémoires* de Mme d'Épinay ne sont pas un ouvrage, ils sont une époque.

Mme d'Épinay n'avait pas songé précisément à donner des Mémoires; mais de bonne heure elle aima à écrire, à faire son journal, à retracer *l'histoire de son âme.* C'était la mode et la manie à cette date. Un journal qu'on fait de sa vie est encore une sorte de miroir. Jean-Jacques Rousseau usa fort de ce miroir-là, et le passa aux femmes de son temps. Chaque femme d'esprit et de sensibilité, à son exemple, tenait registre de ses impressions, de ses souvenirs, de ses rêves; elle écrivait en petit ses *Confessions,* fussent-elles les plus innocentes du monde. Et quand elle devenait mère, elle allaitait son enfant si elle pouvait; elle se mettait dans tous les cas à s'occuper de son éducation, à s'en occuper non pas seulement en détail et de la bonne manière, par les soins, les baisers et les sourires maternels, mais aussi en théorie; on raisonnait des méthodes, on en discourait à perte de vue. Ce fut l'époque des Genlis, de ces femmes galantes ou légères qui deviennent à point nommé des Mentor, des Minerve, et font des traités moraux sur l'éducation pendant les courts intervalles que leur laissent leurs amants.

Mme d'Épinay, qui a fait des traités d'éducation (et des traités couronnés par l'Académie), et qui a eu des amants, valait mieux que ces femmes dont je parle. Mais, n'étant qu'une personne très-aimable, très-spirituelle, et non supérieure, elle subit les influences de son moment. Dans les commencements de sa liaison avec

Grimm, s'ennuyant de lui pendant une campagne qu'il faisait en Westphalie à la suite du maréchal d'Estrées (1757), excitée par les lectures qu'elle entendait, vers le même temps, des Lettres de *la Nouvelle Héloïse*, elle eut l'idée d'écrire, elle aussi, une sorte de roman qui fût l'histoire de sa propre vie, et où elle ne ferait que déguiser les noms. C'était une manière d'apprendre à ses amis bien des choses qu'elle n'était pas fâchée qu'ils connussent, sans qu'elle eût à les dire en face. Elle en envoya à Grimm deux gros cahiers. Grimm en fut charmé, et, bien qu'amoureux, il ne l'était pas assez pour que son sens critique en fût troublé : « En vérité, disait-il de cet ouvrage, il est charmant. J'étais bien las lorsqu'on me l'a remis; j'y ai jeté les yeux, je n'ai jamais pu le quitter; à deux heures du matin je lisais encore : si vous continuez de même, vous ferez très-sûrement un ouvrage unique. » Grimm avait raison, et l'ouvrage de Mme d'Épinay est réellement *unique* en son genre. « Mais n'y travaillez, ajoutait l'excellent critique, que lorsque vous en aurez vraiment le désir, et, sur toutes choses, oubliez toujours que vous faites un livre; il sera aisé d'y mettre les liaisons; *c'est l'air de vérité qui ne se donne pas quand il n'y est pas du premier jet*, et l'imagination la plus heureuse ne le remplace point. » Mme d'Épinay suivit assez bien les conseils de son ami. Elle ne court pas après l'imagination, qui n'est guère en effet son lot. On ne remarque aucune prétention, aucune emphase dans ses récits. En quelques endroits seulement, quand elle veut faire du sentiment pur, quand elle veut hausser le ton, elle donne un peu dans l'invocation et l'exclamation, ce qui n'est permis qu'à Jean-Jacques; mais partout ailleurs ce sont des lettres familières, des conversations vives, naturelles, dramatiques, reproduites d'un air parfait de vérité. Grimm dut être content.

11.

Cependant le gros roman que lui avait laissé Mme d'Épinay ne fut jamais publié par lui, et ce roman courait risque de rester pour toujours inconnu, quand il tomba aux mains du savant libraire M. Brunet, qui sut distinguer sous le masque des personnages tout ce qu'il contenait de curieux et d'historique. On restitua avec certitude les principaux noms ; on supprima des hors-d'œuvre et des longueurs, et l'on en tira les trois volumes qui parurent en 1818, et dont le succès fut tel qu'il y eut trois éditions en moins de six mois (1).

Dans l'état actuel de l'ouvrage, la forme de roman est à peine sensible. Elle ne se marque guère qu'en un point : c'est un tuteur fictif, le tuteur de Mme d'Épinay, qui est censé raconter l'histoire de sa pupille, mais qui ne fait le plus souvent que lui céder la parole à elle-même, ainsi qu'aux autres personnages, dont il cite et insère au long les lettres, journaux ou conversations. Ce tuteur est la *machine* du roman, machine trop évidente et trop peu adroitement dissimulée pour compromettre la réalité de l'ensemble. Supprimez cette invention du tuteur, et tout le reste est vrai.

Mlle Louise-Florence-Pétronille Tardieu d'Esclavelles, qui, dans le roman, s'appelle du joli nom d'*Émilie*, fille d'un officier mort au service du roi, dut naître vers 1725. Agée de vingt ans, le 23 décembre 1745, elle épousa son cousin, M. d'Épinay, l'aîné des fils de M. de La Live de Bellegarde, fermier-général. Son mari et elle se croyaient d'abord fort épris l'un de l'autre, mais l'illusion dura peu : elle seule l'aimait, et encore d'un premier amour de pensionnaire. Pour lui, ce n'était qu'un homme de plaisir, un dissipateur extravagant, outrageusement indélicat dans tout son procédé à l'égard de cette jeune

---

(1) Voir la note à la fin de l'article.

femme, et qui se conduisit avec elle de telle sorte qu'il est impossible d'en rien rapporter ici, et qu'il faut renvoyer à ce qu'elle-même nous en raconte. On y verra à nu ce qu'était l'intérieur d'un riche mariage dans ce monde de condition et de haute finance au milieu du XVIII° siècle (1).

Mme d'Épinay était alors une jeune personne jolie, spirituelle, *sensible et intéressante,* comme on disait. La nature l'avait faite très-timide, et elle fut longtemps avant de se dégager de l'influence et de l'esprit des autres, avant d'être elle-même. On pourrait faire trois portraits de Mme d'Épinay, l'un à vingt ans, l'autre à trente (et elle nous a fait ce portrait-là vers le moment où elle commença de connaître Grimm); et il y aurait un troisième portrait d'elle à faire après quelques années de cette connaissance, lorsque, grâce à lui, elle avait pris plus de confiance en elle, et qu'en étant une personne très-agréable encore, elle devenait une femme de mérite, ce qu'elle fut tout à fait en avançant.

A vingt ans, elle est vive, mobile, confiante et un peu crédule, tendre, avec un front pur, décent, des cheveux bien plantés, une fraîcheur qui passa vite, et volontiers avec des larmes d'émotion dans ses beaux yeux.

A trente ans, elle nous dira :

« Je ne suis point jolie; je ne suis cependant pas laide. Je suis petite, maigre, très-bien faite. J'ai l'air jeune, sans fraîcheur, noble, doux, vif, spirituel et intéressant. Mon imagination est tranquille. Mon esprit est lent, juste, réfléchi et sans suite. J'ai dans l'âme de la vivacité, du courage, de la fermeté, de l'élévation et une excessive timidité. —

« Je suis vraie sans être franche. (*La remarque est de Rousseau,*

(1) On demandait à Diderot quel homme c'était que M. d'Épinay : « C'est un homme, dit-il, qui a mangé deux millions sans dire un bon mot et sans faire une bonne action. »

qui la lui avait faite à elle-même.) La timidité m'a souvent donné les apparences de la dissimulation et de la fausseté; mais j'ai toujours eu le courage d'avouer ma faiblesse pour détruire le soupçon d'un vice que je n'avais pas.

« J'ai de la finesse pour arriver à mon but et pour écarter les obstacles; mais je n'en ai aucune pour pénétrer les projets des autres.

« Je suis née tendre et sensible, constante et point coquette.

« J'aime la retraite, la vie simple et privée; cependant j'en ai presque toujours mené une contraire à mon goût...

« Une mauvaise santé, et des chagrins vifs et répétés, ont déterminé au sérieux mon caractère naturellement très-gai.

« Il n'y a guère qu'un an que je commence à me bien connaître. »

Rousseau a parlé d'elle dans ses *Confessions* avec peu de justice, même en ce qui concerne la beauté; il a insisté sur de certains agréments, essentiels selon lui, et qui auraient manqué à Mme d'Épinay; il a parlé d'elle, enfin, comme un amoureux qui n'aurait pas été écouté. Diderot est plus juste, et il nous peint à ravir Mme d'Épinay à cet âge de la seconde jeunesse, un jour qu'il était à la Chevrette, pendant qu'elle et lui faisaient faire leur portrait :

« On peint Mme d'Épinay en regard avec moi, écrit Diderot à Mlle Voland; elle est appuyée sur une table, les bras croisés mollement l'un sur l'autre, la tête un peu tournée, comme si elle regardait de côté; ses longs cheveux noirs relevés d'un ruban qui lui ceint le front. Quelques boucles se sont échappées de dessous ce ruban; les unes tombent sur sa gorge, les autres se répandent sur ses épaules, et en relèvent la blancheur. Son vêtement est simple et négligé. »

Et revenant quelques jours après sur le même portrait, il dit encore dans un tour charmant :

« Le portrait de Mme d'Épinay est achevé; elle est représentée la poitrine à demi nue; quelques boucles éparses sur sa gorge et sur ses épaules; les autres retenues avec un cordon bleu qui serre son front; la bouche entr'ouverte; elle respire, et ses yeux sont chargés de langueur. C'est l'image de la tendresse et de la volupté. »

J'ai cru devoir opposer ce portrait de Diderot, bon juge, à certaine page des *Confessions* où Rousseau refuse précisément à Mme d'Épinay quelques-unes de ces grâces et de ces mollesses voluptueuses.

La voilà donc à trente ans passés, un peu embellie si l'on veut, ou du moins vue par des yeux amis, un jour de beauté et de soleil. Ce qu'elle était encore en ces années de plénitude et de déclin, mais un jour d'altération et de souffrance, ce n'est plus Diderot, ce n'est pas Jean-Jacques, c'est Voltaire qui nous le dira. Elle l'alla voir durant un voyage qu'elle fit pour sa santé à Genève. Sa frêle machine était déjà fort en train de s'altérer et de se détruire. Voltaire pourtant, qui regardait surtout à l'esprit, à la physionomie, et qui, auprès des femmes, était moins matériel que Rousseau, la trouvait fort à son gré. Il était avec elle plus aimable, plus gai, plus extravagant qu'à quinze ans; il lui faisait toutes sortes de déclarations les plus plaisantes du monde. Un jour qu'elle écrivait de chez lui à son ami Grimm, il voulut rester dans la chambre pendant qu'elle faisait sa lettre :

« Il m'a témoigné le désir de rester pour voir ce que disent mes deux grands yeux noirs quand j'écris. Il est assis devant moi, il tisonne, il rit; il dit que je me moque de lui, et que j'ai l'air de faire sa critique. Je lui réponds que j'écris tout ce qu'il dit, parce que cela vaut bien tout ce que je pense. »

Voltaire disait d'elle encore au docteur Tronchin :

« Votre malade est vraiment philosophe; elle a trouvé le grand secret de tirer de sa manière d'être le meilleur parti possible; je voudrais être son disciple; mais le pli est pris... Qu'y faire? Ah!

ma philosophe! c'est un aigle dans une cage de gaze... Si je n'étais pas mourant, ajoutait-il en la regardant, je vous aurais dit tout cela en vers. »

Toute part faite à la galanterie et à la poésie, cet *aigle dans une cage de gaze* nous prouve au moins que Mme d'Épinay avait de bien beaux yeux et une âme bien vive dans son enveloppe transparente.

J'ai voulu la peindre tout d'abord avec la plume de ces hommes éminents dont le nom se rattache au sien; il est bon de connaître un peu les gens de vue avant d'écouter leur histoire et leur roman. Le roman de Mme d'Épinay est assez compliqué, quoiqu'il ressemble à celui de bien des femmes. Elle était donc en veine d'aimer son mari quand elle s'aperçut à des signes trop certains qu'il était peu aimable et même méprisable. Elle venait d'être mère ; mais cette tendresse, qu'elle éprouvait pourtant avec bien de la vivacité, ne lui suffisait pas. Elle cherchait à se faire une loi de ses devoirs; elle souffrait, elle rêvait, elle avait dans les yeux des larmes vagues, quand elle vit un jour entrer chez elle M. de Francueil, homme jeune, aimable, élégant, amateur de musique comme elle, poudré comme il le fallait, le type d'un premier amant d'alors. Elle fut touchée, elle s'en défendit, elle y revint. Les conseils des bonnes âmes ne lui manquèrent pas.

Parmi ces bonnes âmes qu'elle a auprès d'elle il en est une qui est bien la plus fine guêpe, la plus perfide et la plus rouée confidente qui se puisse voir : c'est une Mlle d'Ette, fille de plus de trente ans, « belle autrefois comme un ange, et à qui il ne restait plus que l'esprit d'un démon. » Mais quel démon ! Diderot, qui peint à la Rubens, a dit d'elle . « C'est une Flamande, et il y paraît à la peau et aux couleurs. Son visage est comme une grande jatte de lait sur laquelle on a jeté des feuilles de rose. » Je fais grâce du reste de la peinture de Diderot. Cette M`<sup>lle</sup>` d'Ette, qui était la maîtresse du chevalier de Valory, est présentée chez Mme d'Épinay, s'initie dans sa confidence, lui donne des conseils hardis, positifs, intéressés. Cette fine et rusée matrone s'est aperçue de l'amour de Francueil, et croit deviner celui qu'on lui rend; elle veut le pénétrer, l'aider, s'y entremettre, se rendre utile, nécessaire, et le tout à son profit. Elle prétend s'impatroniser dans cette riche maison, avoir la clef de tous les secrets, et en tirer double parti au besoin. Ce caractère de Mlle d'Ette est admirablement saisi et rendu; c'est par la peinture des caractères, par le développement et le naturel des conversations que les *Mémoires* de Mme d'Épinay sont un livre unique. L'amoureux Francueil, plus tard l'amoureux Grimm, ressembleront plus ou moins à tous les amoureux; l'un à celui de la première jeunesse, l'autre à celui de la seconde, moins beau, moins délicieux et moins charmant, mais souvent plus sûr et qui guérit les plaies qu'a laissées le premier. Ce côté des *Mémoires* de Mme d'Épinay est vrai, sans être autrement original. Leur originalité propre consiste dans l'expression naïve et nue des autres caractères; dans le caractère de Mlle d'Ette, cette peste domestique; dans celui de Duclos, son digne pendant, tel qu'il se révèle ici; dans les confidences de Mme de Jully, confessant crûment à sa belle-sœur son amour pour le chanteur Jelyotte, et lui demandant service pour service. Cette originalité éclate encore dans les scènes des deux dîners chez Mlle Quinault, dans les inimaginables orgies de conversation qui s'y passent entre beaux-esprits, et auxquelles Mme d'Épinay assiste en témoin qui dit son mot et qui surtout sait écouter. A ce titre, Mme d'Épinay, en ne voulant écrire qu'un roman, s'est trouvée être le chroniqueur authentique des mœurs de son siècle. Son livre se place entre celui de Duclos : *les Confessions du Comte de* ***, et le livre de Laclos : *les Liaisons dangereuses;* mais il est plus dans le milieu du siècle que l'un et que l'autre, et il nous en offre un tableau plus naturel, plus complet, et qui en exprime mieux, si je puis dire, la corruption moyenne.

On se rappelle peut-être dans le vieux poëte Mathurin Regnier une admirable satire (la XIIIe), dans laquelle le poëte se représente écoutant derrière une porte les odieux conseils que donne la vieille Macette à une jeune fille dont il est amoureux : Macette, qui se croit seule avec la jeune fille, lui parle ainsi, en des vers que le Tartufe de Molière ne surpassera pas :

> Ma fille, Dieu vous garde et vous veuille bénir!
> Si je vous veux du mal, qu'il me puisse advenir!...
> A propos, savez-vous, on dit qu'on vous marie.
> Je sais bien votre cas : un homme grand, adroit,
> Riche. . . . .
> Il vous aime si fort! Aussi pourquoi, ma fille,
> Ne vous aimerait-il? Vous êtes si gentille,
> Si mignonne et si belle, et d'un regard si doux,
> Que la beauté plus grande est laide auprès de vous.
> Mais tout ne répond pas au trait de ce visage
> Plus vermeil qu'une rose et plus beau qu'un rivage.
> Vous devriez, étant belle, avoir de beaux habits;
> Éclater de satin, de perles, de rubis...
> Ma foi! les beaux habits servent bien à la mine,
> On a beau s'agencer et faire les doux yeux,
> Quand on est bien parée, on en est toujours mieux.
> Mais, sans avoir du bien, que sert la renommée?

Et elle continue, sur ce ton, de prêcher l'usage *utile* de la beauté et de la jeunesse. On trouverait de semblables conseils dans un bien vieux poëme français, *le Roman de la Rose;* c'est une vieille aussi, qui développe à l'un des personnages allégoriques du roman les préceptes de cette exécrable morale tout intéressée. Ici, au xviiie siècle, ce n'est plus la vieille Macette, mais une Macette plus jeune et plus fine d'esprit, plus fraîche de joue, c'est Mlle d'Ette qui remplit exactement le même rôle auprès d'une jeune femme du monde. La corruption de tous les temps se ressemble fort, à la voir au fond, mais elle diffère de forme, de ton et de costume. Au xviiie siècle, le type de cette corruption féminine, décente d'apparence, vient s'offrir à nous dans Mlle d'Ette.

Toutes les scènes où elle figure sont excellentes et prises sur nature; mais la première, dans laquelle elle arrache le secret à la jeune femme et l'excite à aller plus avant, passe toutes les autres. La situation précise est celle-ci. La jeune Émilie, nouvellement relevée de couches, triste des infidélités de son mari, le méprisant déjà et en ayant le droit, ayant vu l'aimable Francueil et s'y intéressant vaguement, n'ose encore pourtant se déclarer, et ne voit son propre désir qu'à travers un nuage. C'est alors que l'accorte et insidieuse conseillère paraît :

« Mlle d'Ette est venue passer la journée avec moi, écrit Émilie. Après le dîner, je me suis mise sur ma chaise longue. Je me sentais de la pesanteur, de l'ennui ; je bâillais à tout instant, et, craignant qu'elle n'imaginât que sa présence me gênait ou m'était désagréable, je feignis d'avoir envie de dormir, espérant à la fin faire passer cette disposition. Mais point : elle ne fit qu'augmenter ; la tristesse s'empara de moi, et je me sentais le besoin de dire que j'étais triste. Les larmes me venaient aux yeux, je ne pouvais plus y tenir. »

Dans cet état de vague et de langueur, la jeune femme s'excuse auprès de son amie : « Je crois que ce sont des vapeurs, je me sens bien mal à mon aise. »

« Ne vous gênez pas, me dit-elle. Vraiment oui, vous avez des vapeurs, et ce n'est pas d'aujourd'hui ; mais je n'ai eu garde de vous en rien dire, car j'aurais redoublé votre mal. »

Et après une petite dissertation sur les vapeurs et leur effet :

« Venons, dit-elle, à la cause des vôtres. Tenez, soyez de bonne foi et ne me cachez rien, c'est l'ennui; ce n'est pas autre chose. »

Et comme la jeune femme voulait entrer dans quelques explications :

« Oui, interrompit Mlle d'Ette, tout cela me confirme dans ce que je vous dis; car c'est l'ennui du cœur que je soupçonne chez vous, et non celui de l'esprit. — Voyant que je ne répondais pas, elle ajouta : Oui, votre cœur est isolé; il ne tient plus à rien ; vous n'aimez plus votre mari, et vous ne sauriez l'aimer. — Je voulus faire un mouvement de désaveu; mais elle continua d'un ton qui m'imposa : Non, vous ne sauriez l'aimer, car vous ne l'estimez plus. — Je me sentis soulagée de ce qu'elle avait dit le mot que je n'osais prononcer. Je fondis en larmes. — Pleurez en liberté, me dit-elle en me serrant entre ses bras; dites-moi tout ce qui se passe dans cette jolie tête. Je suis votre amie, je le serai toute ma vie; ne me cachez rien de ce que vous avez dans l'âme; que je sois assez heureuse pour vous consoler. Mais, avant tout, que je sache ce que vous pensez et quelles sont vos idées sur votre situation. — Hélas! lui dis-je, j'ignore moi-même ce que je pense. »

Et la jeune femme expose les contradictions de son propre cœur; qu'il y a déjà longtemps qu'elle se croyait détachée de son mari et parfaitement indifférente, et pourtant qu'elle ne peut penser à lui sans verser des larmes, et qu'elle redoute par moments son retour, presque comme si elle le haïssait.

« Eh oui! me répondit Mlle d'Ette en riant, on ne hait qu'autant qu'on aime. Votre haine n'est autre chose que l'amour humilié et révolté : vous ne guérirez de cette funeste maladie qu'en aimant quelque autre objet plus digne de vous. — Ah! jamais! jamais! lui criai-je en me retirant d'entre ses bras, comme si je redoutais de voir se vérifier son opinion, je n'aimerai que M. d'Épinay. — Vous en aimerez d'autres, dit-elle en me retenant, et vous ferez bien; trouvez-en seulement d'assez aimables pour vous plaire, et... —

Premièrement, lui dis-je, voilà ce que je ne trouverai point. Je vous jure sincèrement que, depuis que je suis dans le monde, je n'ai pas vu un homme autre que mon mari qui me parût mériter d'être distingué. — Je le crois bien, reprit-elle, vous n'avez jamais connu que de vieux radoteurs ou des fats : il n'est pas bien étonnant qu'aucun n'ait pu vous plaire. Dans tout ce qui vient chez vous, je ne connais pas un être capable de faire le bonheur d'une femme sensée. C'est un homme de trente ans, raisonnable, que je voudrais ; un homme en état de vous conseiller, de vous conduire, et qui prît assez de tendresse pour vous pour n'être occupé qu'à vous rendre heureuse. — Oui, lui répondis-je, cela serait charmant ; mais où trouve-t-on un homme d'esprit, aimable, enfin tel que vous venez de le dépeindre, qui se sacrifie pour vous et se contente d'être votre ami, sans pousser ses prétentions jusqu'à vouloir être votre amant ? — Mais je ne dis pas cela non plus, reprit Mlle d'Ette ; je prétends bien pour lui qu'il sera votre amant.

« Mon premier mouvement fut d'être scandalisée, le second fut d'être bien aise qu'une fille de bonne réputation, telle que Mlle d'Ette, pût supposer qu'on pouvait avoir un amant sans crime ; non que je me sentisse aucune disposition à suivre ses conseils, *au contraire*, mais je pouvais au moins ne plus paraître devant elle si affligée de l'indifférence de mon mari. »

Et la scène continue sur ce ton, Mme d'Épinay se promettant de n'avoir jamais d'amant, flattée cependant qu'on lui en parle, et au fond en ayant un déjà, et Mlle d'Ette, pour la faire parler et se rendre maîtresse, s'attachant adroitement à piquer, à effaroucher, à rassurer et à enhardir cette jeune âme, à l'incliner vers les fins qu'elle se propose. La grande maxime de Mlle d'Ette, qui est aussi celle de tout le xviiie siècle, la voici : « Ce n'est que l'inconstance d'une femme dans ses goûts, ou un mauvais choix, ou l'affiche qu'elle en fait, qui peut flétrir sa réputation. *L'essentiel est dans le choix.* » Et quant aux propos du monde, qu'importe ? « On en parlera pendant huit jours, peut-être même n'en parlera-t-on point, et puis l'on n'y pensera plus, si ce n'est pour dire : Elle a raison. »

Le choix de Mme d'Épinay était fait dès lors plus qu'elle ne l'osait avouer à Mlle d'Ette, car un sentiment instinctif de délicatesse l'avertissait qu'il fallait cependant cacher quelque chose à cette prétendue amie, qui portait si hardiment la main à ces tendresses naissantes et timides.

La suite du roman est variée d'incidents dont je ne puis indiquer que quelques-uns. Francueil d'abord se montre sous un jour flatteur : cet amour entre Mme d'Épinay et lui est bien l'amour à la française, tel qu'il peut exister dans une société polie, raffinée, un amour sans violent orage et sans coup de tonnerre, sans fureur à la Phèdre et à la Lespinasse, mais avec charme, jeunesse et tendresse. Il entre de la bonne grâce, de la finesse et de l'esprit, il entre du goût des beaux-arts et de la musique dans cet amour. On joue éperdûment la comédie, et cette comédie n'est qu'un prétexte à se mêler, à s'isoler, à se retrouver sans cesse : « Ils sont là une troupe d'amoureux, écrit Mlle d'Ette à son chevalier. En vérité, cette société est comme un roman mouvant. Francueil et la petite femme sont ivres comme le premier jour. »

Mais l'ivresse a son terme. Francueil se refroidit, ou plutôt il se dérange ; il court les soupers, il s'enivre tout de bon, il n'est plus aussi exact ni attentif auprès de son amie : les mauvaises mœurs du temps l'ont gagné. C'est alors que Duclos essaie de le supplanter et de faire invasion en sa place. Il avait du mépris pour Francueil qu'il jugeait un homme de peu de cervelle, et qu'il n'appelait que le *hanneton :* « Vous n'êtes pas heureuse, pauvre femme, s'écriait-il, et c'est votre faute. Pourquoi vous attacher, mordieu, à la patte d'un hanneton ? On vous a dupée ; la d'Ette est une coquine, je vous l'ai toujours dit. » Plus âgé de vingt ans au moins que

Mme d'Épinay, Duclos, caustique, mordant, poussant la franchise jusqu'à la brutalité, et se servant de sa brutalité avec finesse, s'accommoderait très-volontiers de cette jeune femme enjouée, spirituelle et vive ; il passerait volontiers chez elle toutes ses soirées, et croirait lui faire honneur de la dominer et de la former. Il expose tout ce plan dans les *Mémoires* de Mme d'Épinay, et parlant à elle-même, avec une crudité brusque et pittoresque qu'elle a pu forcer quelquefois, mais qu'elle n'a certainement pas inventée : une femme douce et polie est incapable d'inventer de pareilles physionomies et de pareils propos, si elle ne les a pas rencontrés en effet. Duclos, avant la publication de ces Mémoires, jouissait d'une bonne réputation, de celle d'un homme original d'humeur et de caractère, ayant son franc-parler, *droit et adroit*. Il ne laissera plus désormais que l'idée d'un ami dangereux, d'un despote mordant, cynique et traîtreusement brusque. On aura beau faire et dire, le faux bonhomme en lui est démasqué, il ne s'en relèvera pas.

Au reste, s'il y perd comme caractère, il n'y perd pas comme esprit. Les conversations où il est représenté par Mme d'Épinay sont des plus amusantes et des plus comiques, assaisonnées d'un sel des plus piquants et colorées d'une verve bretonne qui ne se retrouve au même degré dans aucun de ses écrits. La plus jolie scène, et l'une des plus honnêtes où il figure, est celle où on le voit un jour aller au Collége de compagnie avec Mme d'Épinay, et où il fait subir un interrogatoire au précepteur du jeune d'Épinay, à ce pauvre et grotesque M. Linant, duquel il est dit à un endroit : « Ce pauvre homme est plus bête que jamais. » Tandis que Duclos envoie l'enfant faire un thème dans une chambre voisine, il prend à partie le précepteur et le met à la question de la manière la plus plaisante, et je dirais la plus sensée si elle n'était humiliante et par trop rude. Car n'oublions pas qu'au beau milieu de ces Mémoires, et à travers toutes les diversités galantes et amoureuses qui les remplissent et dans lesquelles la personne principale s'est peinte à nous plus qu'en buste, la préoccupation, j'allais dire la chimère d'une éducation morale systématique, y tient une grande place, et, dans l'entre-deux de ses tendres faiblesses, Émilie ne cesse d'y faire concurrence à l'auteur d'*Émile*.

Il y eut un moment critique dans la vie de la pauvre Mme d'Épinay, et où sa réputation eut à subir un terrible assaut. Ce fut à la mort de Mme de Jully, sa belle-sœur, charmante femme, qui, sous ses airs indolents, possédait elle-même la philosophie du siècle dans toute son essence, et la pratiquait dans toute sa hardiesse et dans sa grâce. Enlevée brusquement à la fleur de l'âge, elle n'eut que le temps, en expirant, de confier à Mme d'Épinay une clef ; cette clef était celle d'un secrétaire qui renfermait des lettres à détruire : ce que Mme d'Épinay, au fait de tout, comprit et exécuta à l'instant. Mais un papier important, qui se rapportait aux affaires d'intérêt de son mari et de M. de Jully, ne s'étant pas retrouvé d'abord, elle fut soupçonnée de l'avoir brûlé avec les autres papiers dont on avait retrouvé les traces dans le foyer, et des bruits odieux, autorisés par la famille même, circulèrent. Ces bruits acquirent une telle consistance dans la société, qu'un jour, à un souper chez le comte de Friesen, Grimm, qui ne connaissait Mme d'Épinay que depuis assez peu de temps, dut prendre hautement sa défense, et provoqua une affaire dans laquelle il fut légèrement blessé. C'était commencer en preux chevalier, et Mme d'Épinay, dans sa reconnaissance, le nomma de ce titre et l'accepta pour tel.

Il était temps: aux prises avec cette odieuse Mlle d'Ette, avec cet indigne Duclos, avec un mari plus extravagant que jamais, et qui entraînait Francueil dans ses propres dissipations et extravagances, Mme d'Épinay avait affaire à trop forte partie, et sa frêle organisation allait fléchir. Elle eut un moment l'idée de la dévotion, et de prendre Dieu comme pis-aller; mais un excellent ecclésiastique qu'elle introduit et qu'elle fait parler fort sagement, l'abbé Martin, n'eut pas de peine à lui démontrer qu'elle méconnaissait son cœur. Ce fut à Grimm que revint le soin de le remettre dans la voie et de le guérir. Disons, à son honneur, qu'il s'y appliqua tout entier et qu'il y réussit.

On ne parle jamais de Grimm sans en dire beaucoup de mal, je ne sais en vérité pourquoi. Comme écrivain, c'est un des critiques les plus distingués, les plus fermes à la fois et les plus fins qu'ait produits la littérature française. Byron, qui ne prodigue pas ses éloges et qui se plaisait à la lecture de Grimm, a dit dans son *Journal :* « Grimm est un excellent critique et un bon historien littéraire. Sa *Correspondance* forme les Annales de la littérature de cette époque en France avec un aperçu de la politique et surtout du train de vie de ce temps. Il est aussi estimable et beaucoup plus amusant que Muratori ou Tiraboschi. Somme toute, c'est un grand homme dans son genre. » Ce jugement de Byron me paraît le vrai. On sent, en lisant Grimm, un esprit supérieur à son objet, et qui ne sépare jamais la littérature de l'observation du monde et de la vie. Toute la littérature de son temps est dans Grimm comme la société d'alors est chez Mme d'Épinay. On a appelé Diderot la plus allemande de toutes les têtes françaises : on devrait appeler Grimm le plus français de tous les esprits allemands. Comme caractère et comme homme, il semble avoir eu plus de qualités réelles et positives qu'aimables; mais gardons-nous de le juger d'après Rousseau. Celui-ci ne lui pardonna jamais d'avoir été d'abord pénétré par lui, d'un coup d'œil juste, dans son incurable vanité. Grimm, tel qu'il ressort pour moi du témoignage de ses amis (les seuls qui soient en droit de l'apprécier, disait Mme d'Épinay, car il n'est lui qu'avec eux), Grimm est un homme judicieux, droit, sûr, ferme, formé de bonne heure au monde, estimant peu les hommes en général, les jugeant, n'ayant rien des fausses vues et des illusions philanthropiques du temps. « Peu d'hommes, disait le grand Frédéric, connaissent les hommes aussi bien que Grimm, et on en trouverait moins encore qui possèdent au même degré que lui le talent de vivre avec les grands et de s'en faire aimer, sans compromettre jamais ni la franchise ni l'indépendance de leur caractère. » Sa contenance au dehors était froide, polie, et pouvait sembler de la roideur ou de la morgue à ceux qui ne le connaissaient pas; mais dans la familiarité il était, dit-on, la gaieté même, franc jusqu'à l'abandon, et certainement fidèle et dévoué jusqu'à la fin pour ceux qu'il avait une fois choisis. Laissez un peu Rousseau à part : auquel donc de ses amis Grimm a-t-il jamais manqué? Il aima Mme d'Épinay et lui fut tout d'abord utile comme un guide. Elle eut le bon esprit aussitôt de l'apprécier par ce mérite essentiel, et de sentir l'ami sérieux qui lui venait. Dès les premiers temps de leur intimité elle écrit : « Nous avons causé jusqu'à minuit. Je suis pénétrée d'estime et de tendresse pour lui. Quelle justesse dans ses idées ! quelle impartialité dans ses conseils! » Voilà le critique qui se retrouve avec tous ses avantages jusque dans l'amant. Il lui fut souverainement bon et secourable; il lui donna le premier la confiance en elle-même, le sentiment de ce qu'elle valait, il l'émancipa : « Oh! que vous êtes heureusement née! lui écrivait-il. De grâce, ne manquez pas votre vocation : il ne tient qu'à vous d'être la plus heureuse et la plus adorable créature qu'il y ait sur la terre, pourvu que vous ne fassiez plus marcher l'opinion des autres avant la vôtre, et que vous sachiez vous suffire à vous-même. » Et quand ce n'est pas à elle qu'il parle, avec quelle justesse encore, redoublée et animée de tendresse ! « Bon Dieu ! écrit-il à Diderot, que cette femme est à plaindre ! Je ne serais pas en peine d'elle, si elle était aussi forte qu'elle est courageuse. Elle est douce et confiante ; elle est paisible et aime le repos par-dessus tout ; mais sa situation exige sans cesse une conduite forcée et hors de son caractère : rien n'use et ne détruit autant une machine naturellement frêle. » Ce n'est que depuis qu'elle eut connu Grimm, que Mme d'Épinay devint tout à fait elle-même. Cet esprit plein de grâce et de finesse acquit par lui toute sa trempe ; il démêla en elle et mit en valeur le trait qui la distinguait particulièrement, « une droiture de sens fine et profonde. » Mme d'Épinay, si compromise par les incidents de sa vie première, si calomniée par ses anciens amis, était en voie de devenir meilleure dans le temps même où on la noircissait le plus ; et elle put répondre un jour, d'une manière aussi spirituelle que touchante, à un homme venu de Paris qui l'allait voir à Genève, et qui s'étonnait un peu gauchement devant elle de la trouver si différente de l'idée qu'on lui en avait voulu donner : « Sachez, Monsieur, que je vaux moins que ma réputation de Genève, mais mieux que ma réputation de Paris. »

Grimm avait trente-trois ans quand il la connut, et, durant vingt-sept années que dura leur liaison, son attachement pour elle ne se démentit pas un seul jour. Toutefois, à partir d'une certaine heure, il se trouva insensiblement plus pris par la littérature, par les travaux et par les devoirs que lui imposaient des obligations honorables, et par l'ambition naturelle à l'âge mûr; cet homme judicieux sentait qu'il fallait se donner de nouveaux motifs de vivre à mesure qu'on perdait de la jeunesse. Il conseilla quelque chose de semblable à son amie. Quand il était obligé de quitter Paris, c'était elle qui tenait la plume à sa place, et qui, sous la direction de Diderot, continuait sa Correspondance littéraire avec les souverains du Nord. Elle fit des livres, ce qui ne l'empêchait pas de faire des nœuds, de la tapisserie et des chansons. « Continuez vos ouvrages, lui écrivait l'abbé Galiani; c'est une preuve d'attachement à la vie que de composer des livres. » Avec un corps détruit et une santé en ruine, elle eut l'art de vivre ainsi jusqu'à la fin, de disputer pied à pied les restes de sa pénible existence, et d'en tirer parti pour ce qui l'entourait, avec affection et avec grâce. Elle mourut le 17 avril 1783, à l'âge de 58 ans. Nous la trouvons peinte durant les quatorze dernières années de sa vie, elle et toute sa société, dans sa Correspondance avec l'abbé Galiani; cela vaudrait la peine d'un examen à part. Aujourd'hui je n'ai voulu qu'insister sur des Mémoires curieux et presque naïfs d'une époque raffinée, sur un monument singulier des mœurs d'un siècle, et aussi rappeler l'attention sur une femme dont on peut dire, à sa louange, que, dans tous ses défauts comme dans ses qualités, elle fut et resta toujours vraiment femme, ce qui devient rare.

On lit dans une *Notice* que M. Brunet a consacrée à son ami M. Parison après le décès de celui-ci, et quand on publia le Catalogue de sa bibliothèque, des détails nouveaux, et les plus précis, sur la publication et l'édition première des Mémoires de Mme d'Épinay :

« En 1817, l'auteur de la présente Notice, ayant fait l'acquisition du manuscrit qui renfermait les *Mémoires* de Mme d'Épinay, pria son ami de le revoir et de le mettre en état d'être imprimé. C'était là, sans nul doute, un travail fort délicat; mais M. Parison s'en est acquitté avec tant de bonheur, que, tout en conservant, sans les altérer, les récits de l'auteur, il a su extraire de l'*ébauche d'un long roman* (c'est ainsi que l'a qualifié Grimm dans sa *Correspondance*) des Mémoires fort curieux que tout le monde a lus avec le plus grand plaisir. Or, pour arriver à cet heureux résultat, il a suffi d'élaguer tout ce qui ne tenait pas nécessairement aux Mémoires, de substituer aux deux cents premières pages, dénuées d'intérêt dans le manuscrit, une courte introduction qui mît le lecteur au fait des événements antérieurs au mariage de Mlle d'Esclavelle avec M. d'Épinay; de supprimer entièrement un dénoûment tout à fait romanesque, en le remplaçant par une simple note; enfin d'ajouter çà et là, dans le courant du texte, quelques phrases servant à rapprocher les passages entre lesquels il avait été fait des coupures indispensables: en sorte que, nous pouvons l'affirmer, c'est bien le manuscrit copié sous les yeux de Mme d'Épinay, et apostillé de sa main, qui a été mis entre celles des imprimeurs, et qu'ils ont suivi exactement dans tout ce qui a été conservé. Toutefois, il faut bien en convenir, cet ouvrage, dans lequel la fiction est souvent mêlée à la réalité, n'a de véritable valeur historique que comme tableau, malheureusement trop fidèle, des mœurs d'une certaine classe de la société parisienne au milieu du xviiie siècle, et ne saurait être opposé avec confiance, en ce qui concerne J.-J. Rousseau, aux *Confessions* de ce philosophe. Jamais M. Parison n'a voulu avouer, si ce n'est peut-être à quelques amis, qu'il fût l'éditeur de ces singuliers Mémoires; mais, aujourd'hui qu'il n'est plus, nous devons le nommer, en ajoutant que c'est par notre conseil et d'après nos indications qu'il a fait subir au manuscrit les retranchements indiqués ci-dessus. »

M. Félix Bovet, de Neuchâtel, qui a beaucoup travaillé sur les précieux manuscrits de J.-J. Rousseau que possède la Bibliothèque de cette ville, m'assure qu'après vérification faite par lui sur les originaux des Lettres de Jean-Jacques, c'est le texte donné dans les *Confessions* qui est l'exact et le véritable.

Lundi 17 juin 1850.

LETTRES DE MADAME DE GRAFIGNY,

ou

VOLTAIRE A CIREY.

On peut être tranquille, je ne viens parler ici ni du drame de *Cénie*, ni même des *Lettres péruviennes*, de ces ouvrages plus ou moins agréables à leur moment, et aujourd'hui tout à fait passés. Je viens surtout parler de Voltaire, chez qui Mme de Grafigny nous introduit et qu'elle nous aide à surprendre sous un jour assez nouveau ou du moins très au naturel. C'est ainsi que Mme de La Tour-Franqueville nous a introduits auprès de Rousseau. La littérature française est bien riche, si on la suit dans ces genres un peu secondaires (Journaux, Correspondances, Mémoires), qui tiennent à la société et au train même de la vie; c'est le moyen, en y revenant souvent, de la pénétrer et de la traverser en bien des sens. Ne pouvant, d'une façon si courante, embrasser un grand écrivain au complet et dans toute son étendue, j'aimerais ainsi du moins à l'atteindre selon l'occasion, à le présenter par chapitres, par épisodes. Un jour, par exemple, grâce à Mme d'Épinay et à son témoignage combiné avec celui des *Confessions*, je ferais un chapitre intitulé *Rousseau à l'Ermitage;* un autre jour je pourrais faire, en compagnie de quelques visiteuses comme Mme Suard, *Voltaire à Ferney.* Aujourd'hui ce sera *Voltaire à Cirey.*

Il faut pourtant dire quelque chose de Mme de Grafigny, qui va être notre guide et notre introductrice. Françoise d'Issembourg d'Happoncourt (c'était son très-noble nom) était de Nancy, née le 13 février 1695, fille d'un des officiers du duc de Lorraine, et petite-nièce, par sa mère, du fameux Callot. Elle fut mariée à un officier et chambellan du duc de Lorraine, Huguet de Grafigny, homme dur et cruel, qui, par ses violences, mit plus d'une fois la vie de sa femme en danger, et qui finit ses jours dans une prison. Elle fut séparée de lui juridiquement, mais après des années de mauvais traitements et de martyre. Sa vie était un roman plus touchant sans doute que ceux qu'elle a écrits. Un soir, à Cirey, Mme du Châtelet lui ayant demandé par manière d'acquit si elle avait eu des enfants, Mme de Grafigny fut induite à entamer son histoire; elle la conta si bien, si naturellement, que toute la compagnie fut émue, et chacun le témoignait à sa manière. Mme du Châtelet, qui ne voulait point paraître trop tendre, riait pour s'empêcher de pleurer. Voltaire fondait bonnement en larmes, « car il n'a pas de honte, lui, de paraître sensible. » Celle qui racontait pleurait elle-même et tâchait de ne pas trop entrer dans les circonstances, de peur d'éclater. Ce soir-là, Mme du Châtelet ne fit point de géométrie; Voltaire ne ferma point l'œil de la nuit, et il parut presque aussi touché le lendemain matin qu'il l'avait été la veille. Mais nous n'en savons pas plus du détail de l'histoire, et il nous faut rester sur cette impression des hôtes de Cirey.

Mme de Grafigny, au moment où nous la trouvons, est

déjà une personne de plus de quarante ans, vouée décidément au malheur, croyant à son mauvais sort et à son guignon : « J'en suis toujours pour ce que j'ai dit : Quand on est malheureux, on l'est sans fin. » C'était son refrain trop justifié. « Je suis si convaincue, disait-elle encore, que le malheur me suivrait en Paradis, si j'y allais, que je me livre de bonne grâce à mon sort, et ne me plains que du peu. Croyez-en ma parole, le monde entier se renverserait plutôt, que la constance de mon étoile à me persécuter. » Ce sentiment habituel du malheur s'exprime quelquefois chez elle par des mots touchants, qui se font remarquer au milieu d'un langage dont le ton ordinaire n'était pas toujours très-distingué. S'étonnant de n'être pas sensible, comme elle devait l'être, à l'arrivée prochaine d'un ami, elle dira de ses malheurs : « Ils m'ont rendu l'âme si noire, que je ne sens plus le plaisir, *je ne fais que le penser.* » — Et plus loin : « Le croiriez-vous ? je pense le plaisir, je le sens presque, et je ne suis pas gaie ; je crois que je ne le serai jamais. »

C'est cette personne encore inconnue dans les Lettres, n'ayant rien écrit, rien publié, qui un jour, par suite de quelque circonstance tenant à ses persécutions domestiques, tombe brusquement au château de Cirey, aux portes de la Lorraine, et vient demander asile et hospitalité à Mme du Châtelet, à Voltaire. A peine arrivée en ce lieu, dont on racontait tant de merveilles et de mystères, la curiosité féminine et l'indiscrétion l'emportent d'abord chez Mme de Graligny sur les autres sentiments, et elle se met à écrire à ses amis de Lorraine tout ce qu'elle voit, tout ce qu'elle entend. Ces Lettres bavardes ne furent publiées, pour la première fois, qu'en 1820. En les lisant, et quelque idée qu'on y prenne de Mme de Graligny, nous sommes à Cirey avec elle, et nous en profitons. Mais, avant de l'écouter, sachons un peu comment et pourquoi Voltaire lui-même y est venu.

Voltaire, du premier jour qu'il débuta dans le monde et dans la vie, semble avoir été lui tout entier et n'avoir pas eu besoin d'école. Sa grâce, son brillant, sa pétulance, le sérieux et parfois le pathétique qui se cachaient sous ces dehors légers, du premier jour il eut tout cela. Pourtant il n'acquit toute sa vigueur de talent et son ressort de caractère que lorsqu'il eut connu l'injustice et le malheur. L'insulte sanglante qu'il reçut un soir du chevalier de Rohan, et la protection qui couvrit ce misérable, l'impuissance où se vit tout à coup l'homme de cœur outragé de laver son affront, ces iniquités sociales qu'on ne juge bien que quand on les a senties, l'avertirent que l'esprit pourtant n'était pas tout en France, et qu'il y avait un pouvoir despotique qui mettait quelques privilégiés au-dessus des lois, au-dessus même de l'opinion. Voltaire, malheureux pour la première fois, s'exila en Angleterre; il y étudia le gouvernement, les mœurs publiques, l'esprit philosophique, la littérature, et il revint de là tout entier formé et avec sa trempe dernière. La pétulance de son instinct ne se corrigea sans doute jamais, mais il y mêla dès lors une réflexion, un fond de prudence, auquel il revenait à travers et nonobstant toutes les infractions et les mésaventures. Il était de ceux à qui le plaisir de penser et d'écrire en liberté tient lieu de tout, et un moment il songea à se livrer sans réserve à cette passion dans un pays libre et en renonçant au sien. Cependant Voltaire n'était pas un pur Descartes; il avait besoin aussi de l'amitié, des arts, des excitations sympathiques de chaque jour. Haï des uns, et le leur rendant, il avait besoin d'être aimé et caressé des autres. Il voulait penser et dire, mais il était impatient aussi d'entendre à l'instant l'écho. Il écrivait naïvement à

Formont: « Que vous êtes sage, mon cher Formont! vous cultivez en paix vos connaissances. Accoutumé à vos richesses, vous ne vous embarrassez pas de les faire remarquer : et moi je suis comme un enfant qui va montrer à tout le monde les hochets qu'on lui a donnés. » Il rêvait donc, après ce premier grand orage de sa vie, une retraite où il pût, sans être isolé, vivre abrité, indépendant, et penser assez haut, sans être privé tout à fait de sentir : « Mon Dieu ! mon cher Cideville, écrivait-il à cet autre ami si cher, que ce serait une vie délicieuse de se trouver logés ensemble trois ou quatre gens de Lettres, avec des talents et point de jalousie, de s'aimer, de vivre doucement, de cultiver son art, d'en parler, de s'éclairer mutuellement! Je me figure que je vivrai un jour dans ce petit paradis. » Ce paradis terrestre, il le trouva, il se le créa, et c'est à Cirey, auprès de Mme du Châtelet, qu'il en avait choisi le lieu, non sans art, dans un pays de frontières, un pied en Lorraine et l'autre en France. Dans les premiers temps de ce séjour à Cirey, il écrivait à d'Argental, en revenant de faire un voyage de Hollande, et en nous découvrant toute sa pensée, ses affections, les parties les plus sérieuses de son âme :

> « Je vous avoue que si l'amitié, plus forte que tous les autres sentiments, ne m'avait pas rappelé, j'aurais bien volontiers passé le reste de mes jours dans un pays où du moins mes ennemis ne peuvent me nuire, et où le caprice, la superstition et l'autorité d'un ministre ne sont point à craindre. Un homme de Lettres doit vivre dans un pays libre, ou se résoudre à mener la vie d'un esclave craintif, que d'autres esclaves jaloux accusent sans cesse auprès du maître... Il n'y a pas d'apparence que je revienne jamais à Paris m'exposer aux fureurs de la superstition et de l'envie. Je vivrai à Cirey, ou dans un pays libre. Je vous l'ai toujours dit : si mon père, mon frère ou mon fils était premier ministre dans un État despotique, j'en sortirais demain; jugez ce que je dois éprouver de répugnance en m'y trouvant aujourd'hui. Mais enfin Mme du Châ-

...let est pour moi plus qu'un père, un frère et un fils. Je ne demande qu'à vivre enseveli dans les montagnes de Cirey. »

Quand Voltaire écrivait cela, en mars 1735, il venait d'avoir quarante-et-un ans, et les quatorze années qui suivirent, il les passa dans cette union intime qui remplit tout le milieu de sa vie. N'oublions pas qu'en parlant avec tant de reconnaissance de l'hospitalité de Mme du Châtelet, il y contribuait largement lui-même. Voltaire avait une très-grande fortune pour le temps (quelque chose comme 80,000 livres de rentes); cette fortune alla en s'accroissant avec les années par la bonne administration du maître, et partout où il passait il faisait couler avec lui une veine d'or, ce qui ne nuit jamais, même à des paradis terrestres.

Mme de Grafigny arrive donc une nuit à deux heures du matin, à Cirey, le 4 décembre 1738. La *nymphe* du lieu, Mme du Châtelet, la reçoit poliment et assez froidement; l'*idole*, c'est-à-dire Voltaire, entre un moment après dans la chambre, « un petit bougeoir à la main comme un moine, » et lui fait mille tendresses. Il demande des nouvelles de tous ses amis de Lorraine, y compris Saint-Lambert, qui depuis... qui, dix ans plus tard, devait le supplanter auprès de la dame du lieu; mais alors ce n'était qu'une simple étoile qui se levait à peine à l'horizon. Les jours suivants, Mme de Grafigny écrit toutes ses impressions à un ami d'enfance, un M. Devaux, lecteur du roi Stanislas; elle appelle ce M. Devaux de mille petits noms familiers (*Panpan, Panpichon*). En général, le ton de ces lettres de Mme de Grafigny est petit, assez commun; c'est proprement du cailletage : « Cailleter! oh! c'est une douce chose, » s'écrie-t-elle en un endroit, et elle prouve de reste qu'elle s'y complaît. On y sent partout un jargon de coterie et de province, le goût de cette petite Cour de Lorraine où l'on vivait entre soi comme dans une bonbonnière. Mais les révélations pour nous n'en sont pas moins intéressantes.

Pendant les deux mois que Mme de Grafigny fut à Cirey, elle passa par des impressions très-diverses. La première quinzaine fut véritablement la lune de miel; elle admire tout, elle aime tout. Elle s'extasie comme une personne qui a vu peu de choses jusqu'alors. Elle nous décrit en détail la petite aile qu'habitait Voltaire, les tableaux encadrés dans les lambris, les glaces; « des encoignures de laque admirables; des porcelaines, des marabouts, une pendule soutenue par des marabouts d'une forme singulière, des choses infinies dans ce goût-là, chères, recherchées, et surtout d'une propreté à baiser le parquet; une cassette ouverte où il y a une vaisselle d'argent; tout ce que le superflu, *chose si nécessaire*, a pu inventer : et quel argent ! quel travail ! Il y a jusqu'à un baguier où il y a douze bagues de pierres gravées, outre deux de diamants. » Puis vient la petite galerie avec les statues, les Vénus, les Cupidons, enfin tout ce que le goût Louis XV peut rassembler dans son luxe et sa perfection. L'auteur du *Mondain*, on le voit, était d'accord avec lui-même, et donnait raison à ses vers. On a ensuite la description de l'appartement de Mme du Châtelet, tout en *jaune et bleu*, et du boudoir qui est du dernier galant. C'est là que cette femme singulière, et supérieure bien plus qu'aimable, passait les nuits à l'étude, à approfondir la géométrie et à écrire sur la physique. On a aussi, un jour de faveur, la vue de la chambre des bains et du cabinet de toilette qui y tient, « dont le lambris est vernissé d'un vert céladon clair, gai, divin, sculpté et doré admirablement... Non, il n'y a rien de si joli, s'écrie Mme de Grafigny; tout ce séjour est délicieux et enchanté. Si j'avais un appartement comme celui-là, je me ferais réveiller la nuit pour le voir. »

Si l'on excepte l'appartement de la dame et celui de Voltaire, le reste de la maison est d'une malpropreté extrême, et parfaitement *inconfortable,* comme nous dirions. Voltaire s'inquiéterait encore de ses hôtes, mais Mme du Châtelet ne s'en inquiète nullement. La pauvre Mme de Grafigny habite une grande chambre ouverte à tous les vents et où l'on gèle. Elle n'a, durant la journée, après les livres et son écritoire, d'autre ressource que Mme de Champbonin. Celle-ci, excellente femme, bien connue par la Correspondance de Voltaire, est depuis trois ou quatre ans à Cirey; « elle évite d'être embarrassante ; elle est stylée à ne pas gêner. » On la fait se tenir tout le jour dans sa chambre. On lui fait lire tous les livres du logis, ce qu'il y a de mieux, et elle n'en est pas plus savante pour cela. Voltaire rit d'elle, il l'appelle *gros chat ;* Mme de Champbonin a pris le parti d'engraisser. J'allais oublier le seigneur nominal du lieu, le marquis du Châtelet, qui, lorsqu'il est là, a le plus souvent la goutte et ne gêne guère, si ce n'est qu'il est passablement ennuyeux. L'arrivée de l'abbé de Breteuil, frère de Mme du Châtelet, jette un peu de distraction dans ce régime de Cirey. Mais, dès qu'il est parti, rien n'est moins divertissant que cette vie de paradis. A quoi se passe-t-elle donc? Chacun de son côté travaille, et travaille opiniâtrément.

C'est, au fond, leur plus vif plaisir. Ces deux esprits puissants, actifs, Mme du Châtelet et Voltaire, sont chacun à son œuvre ; elle aux sciences et à la philosophie, pour lesquelles elle a vocation et qu'elle aime uniquement; lui aux sciences aussi, qu'il avait la faiblesse alors de vouloir également embrasser, mais en même temps aux vers, aux épîtres, à l'histoire, enfin à tout; car son activité ne veut renoncer à rien. Je me suis amusé à recueillir dans les Lettres de Voltaire quelques passages qui le peignent au vif dans cette universalité et cette avidité passionnée de goûts. Pour faire le plus charmant et le plus vrai portrait de Voltaire, il suffirait d'extraire avec choix quelques-unes de ses propres paroles; Voltaire n'est pas homme à se contraindre, même en ce qui le juge, ni à retenir longtemps ses pensées :

« Ne me dites point que je travaille trop, écrivait-il vers ces années de Cirey : ces travaux sont bien peu de chose pour un homme qui n'a point d'autre occupation. L'esprit plié depuis longtemps aux belles-lettres s'y livre sans peine et sans effort, comme on parle facilement une langue qu'on a longtemps apprise, et comme la main du musicien se promène sans fatigue sur un clavecin. Ce qui est seulement à craindre, c'est qu'on ne fasse avec faiblesse ce qu'on ferait avec force dans la santé. »

« Je tâche de mener une vie conforme à l'état où je me trouve, sans passion désagréable, sans ambition, sans envie, avec beaucoup de connaissances, peu d'amis et beaucoup de goûts. »

« Je voudrais que Newton eût fait des vaudevilles, je l'en estimerais davantage. Celui qui n'a qu'un talent peut être un grand génie ; celui qui en a plusieurs est plus aimable. »

« Il faut donner à son âme toutes les formes possibles. C'est un feu que Dieu nous a confié ; nous devons le nourrir de ce que nous trouvons de plus précieux. Il faut faire entrer dans notre être tous les modes imaginables, ouvrir toutes les portes de son âme à toutes les sciences et à tous les sentiments; pourvu que tout cela n'entre pas pêle-mêle, il y a place pour tout le monde. »

Parlant expressément de cette vie qu'il menait à Cirey, il disait encore :

« Nous sommes bien loin d'abandonner ici la poésie pour les mathématiques... Ce n'est pas dans cette heureuse solitude qu'on est assez barbare pour mépriser aucun art. C'est un étrange rétrécissement d'esprit que d'aimer une science pour haïr toutes les autres; il faut laisser ce fanatisme à ceux qui croient qu'on ne peut plaire à Dieu que dans leur secte. On peut donner des préférences, mais pourquoi des exclusions? La nature nous a donné si peu de portes par où le plaisir et l'instruction peuvent entrer dans nos âmes! Faudra-t-il n'en ouvrir qu'une? »

« Je regarde un homme qui a aimé la poésie, et qui n'en est plus touché, comme un malade qui a perdu un de ses sens. »

« Je vous avoue que je serais fort aise d'avoir courtisé avec succès, une fois en ma vie, la Muse de l'Opéra ; *je les aime toutes les neuf*, et il faut avoir le plus de bonnes fortunes qu'on peut, sans être pourtant trop coquet.

Voilà Voltaire pur esprit. Il avait pour principe qu'il faut dévorer les choses pour qu'elles ne nous dévorent pas, et pour ne pas se dévorer soi-même. Mme de Grafigny nous le montre bien tel en effet, avide de ce qui l'occupe, avare du temps, si acharné à son ouvrage qu'il faut, pour le faire souper, l'arracher à son secrétaire, où il est travaillant encore. Mais, dès qu'il s'est mis à table, il se pique et s'excite jusqu'à ce qu'il ait trouvé quelque conte à faire, bien facétieux, bien drôle, bien bouffon, qui n'est souvent bon à entendre que dans sa bouche, et qui nous le montre encore, comme il s'est peint à nous,

> Toujours un pied dans le cercueil,
> De l'autre faisant des gambades.

Cette bouffonnerie, qui ira en augmentant avec l'âge, ne plaît pas toujours, et elle dégénère vite en laideur. Pourtant, elle semble aussi des plus naturelles chez lui. A table, Mme de Grafigny nous le fait voir charmant, attentif, servi d'ailleurs en prince, avec ses laquais et son valet de chambre derrière son fauteuil :

« Son valet de chambre ne quitte point sa chaise à table, et ses laquais lui remettent (au valet de chambre) ce qui lui est nécessaire, comme les pages aux gentilshommes du roi; mais tout cela est fait sans aucun air de faste, tant il est vrai que les bons esprits savent en toute occasion conserver la dignité qui leur convient, sans avoir le ridicule d'y mettre jamais de l'affectation. Il a une façon plaisante d'ordonner qui tient aux bonnes grâces de ses manières; il ajoute toujours en riant : *Et qu'on ait bien soin de Madame!* »

Madame, c'est sans doute Mme du Châtelet dont il s'agit : mais il s'inquiète aussi des autres. Être à souper à côté de lui, que cette place est délicieuse ! Mme de Grafigny, qui voit bien tous les ridicules, apprécie en femme d'esprit ce bonheur-là.

Il y a des jours où l'on sort pourtant de ce train ordinaire de Cirey, et où il y a gala, représentation, fête à grand orchestre. Ces jours-là, on se lit les ouvrages nouveaux, on les joue, on joue la comédie, la tragédie, la farce, et jusqu'aux marionnettes; Voltaire donne la lanterne magique. Quand on s'y met une fois, ce n'est pas pour peu : « Nous avons compté hier au soir, écrit Mme de Grafigny, que, dans les *vingt-quatre heures,* nous avons répété et joué *trente-trois actes,* tant tragédies, opéras, que comédies. » C'étaient des excès après un carême : « C'est le diable, oui le diable, que la vie que nous menons. » Dans ces grands jours et durant ces semaines dramatiques et féeriques, Voltaire est à l'état de pur génie. Cet homme toujours mourant ressuscite : il est léger, brillant, infatigable. Toutes les muses qu'il courtise, tous les démons qui le possèdent revivent en lui. Ce sont surtout les jours où on lit des Chants inédits de *Jeanne,* de la trop fameuse *Jeanne* (et on les lit dans la chambre mystérieuse des bains), ce sont ces jours de demi-licence qui font les belles heures de Mme de Grafigny ; nous verrons dans un instant qu'elle les paiera cher : « On a fait du punch, écrit-elle à son ami Devaux après une de ces lectures; Mme du Châtelet a chanté de sa voix divine : on a beaucoup ri sans savoir pourquoi, on a chanté des canons; enfin le souper a été à peu près comme ceux que nous avons tant faits ensemble, où la gaieté ne sait ce qu'elle dit ni ce qu'elle fait, et rit sur la pointe d'une aiguille. »

Mais tous les jours ne sont pas si riants; la gaieté de Voltaire n'est pas, chaque soir, si désintéressée et si légère. « Il y a bien des moments où il est furieusement auteur. » Il y a bien des soupers qu'on n'égaie qu'en mettant sur le tapis l'abbé Des Fontaines ou Jean-Baptiste Rousseau : « Oh! dame! c'est là que l'homme reste et que le héros s'évanouit; il serait homme à ne point pardonner à quelqu'un qui louerait Rousseau. » Et pour les louanges, « on les aime à toutes sauces, surtout quand on dit des injures à cet abbé Des Fontaines. » Voilà le petit côté. Mme de Grafigny nous le fait toucher à nu, mais sans l'exagérer, et en reconnaissant d'ailleurs à Voltaire ses qualités vives, irrésistibles, et, malgré tout, aimables.

L'intimité de Mme Du Châtelet et de Voltaire est bien saisie et sans rien d'outré. Le fait est que la belle dame rend au poëte *la vie un peu dure.* Mais où serait l'amour sans un peu de querelle? Elle lui est utile cependant; elle le retient et lui sauve bien des folies. Quelquefois aussi elle abuse de son empire. Aimant peu l'histoire, et ne considérant Tacite que « comme une bégueule qui dit des n--- 'les de son quartier, » elle fait la guerre à l'historien d--- Voltaire; elle lui garde sous clef, par exemple, son histoire du *Siècle de Louis XIV,* et l'empêche de la terminer. Elle fait pis, elle le tracasse sur ses vers. Ici Voltaire se révolte : c'est une querelle de ménage entre la géométrie et la poésie. « Ma foi! laissez là Newton, s'écrie Voltaire : ce sont des rêveries. Vivent les vers! » — « Il aime à en faire avec passion, ajoute Mme de Grafigny, et la belle dame le persécute toujours pour n'en plus faire. La grosse dame (Mme de Champbonin) et moi, nous la contrarions tant que nous pouvons.

C'est affreux d'empêcher Voltaire de faire des vers ! »

Mais le grand événement du séjour de Mme de Grafigny à Cirey est la scène qui lui fut faite un soir pour un simple soupçon au sujet de la fameuse *Jeanne*, de *la Pucelle* en un mot, dont elle avait entendu et trop bien goûté certains Chants. J'ai dit que Mme de Grafigny, en vraie curieuse et caillette, écrivait tout ce qu'elle voyait et entendait à son ami Devaux, autre caillette, qui en parlait, de son côté, aux gens de Lorraine. Le secret des lettres n'était pas très-religieusement observé à Cirey. Les lettres qui en partaient et qui y arrivaient passaient toutes par les mains de Mme du Châtelet, qui avait établi dans sa chambre une sorte de petit *cabinet noir*, c'est-à-dire qui ne se faisait pas faute de décacheter ce qui lui semblait suspect. Un jour donc, elle eut vent qu'on avait parlé dans le monde de Nancy ou de Lunéville de ces lectures de *la Pucelle* qu'on faisait à Cirey, et, décachetant là-dessus une lettre de M. Devaux adressée à Mme de Grafigny, elle y lut ces mots : « *Le Chant de* JEANNE *est charmant.* » Notez que l'honnête correspondant ne voulait dire autre chose sinon : « Le Chant de *Jeanne*, tel que vous me le racontez en abrégé dans votre analyse, doit être charmant. » Mais la colère et le soupçon n'y regardent pas de si près. Le souper terminé, au moment où Mme de Grafigny, retirée dans sa chambre, se croyait en parfaite sécurité et solitude, elle est bien surprise de voir entrer Voltaire, qui lui dit brusquement « qu'il est perdu et que sa vie est entre ses mains. » Il se figurait qu'une copie de *la Pucelle* avait été envoyée à M. Devaux par Mme de Grafigny, que d'autres copies couraient, et, avec sa promptitude de poëte, il se voyait compromis, perdu, obligé de fuir : « Allons, vite ! s'écriait-il, allons, Madame, écrivez qu'on vous renvoie l'original et les copies. » La pauvre femme ne comprenait pas bien et ne savait que répondre. — « Eh! fi! Madame, criait-il de plus belle, il faut de la bonne foi, quand il y va de la vie d'un pauvre malheureux comme moi! » — « Sur cela, continue Mme de Grafigny, ses cris redoublent; il dit qu'il est perdu, que je ne veux pas réparer le mal que je lui ai fait. Plus je parlais, moins je le persuadais; je pris le parti de me taire. » Mais, nouvel orage! survient alors Mme du Châtelet, furieuse, répétant à tue-tête les mêmes reproches, et tirant finalement de sa poche la lettre fatale en disant : « Voilà la preuve de votre infamie. » Il faut lire chez Mme de Grafigny tout le récit de cette scène, à la fois terrible et burlesque. Voltaire pourtant, saisi de quelque compassion pour la pauvre femme qui était là chez eux, à leur merci, anéantie et en silence, prit à travers le corps Mme du Châtelet qui menaçait de se porter aux derniers excès, et il sembla, en voulant la modérer, se modérer un peu lui-même. Quand Mme de Grafigny eut assez de force pour parler, elle expliqua les simples mots de cette lettre qu'on avait si mal interprétée et décachetée si indignement: « Je le dis à sa louange, ajoute-t-elle, dès le premier moment Voltaire me crut et me demanda aussitôt pardon. » Mais il n'en fut pas ainsi de l'altière châtelaine, qui ne lui pardonna jamais le tort qu'elle-même s'était donné. Cette étrange scène dura toute la nuit jusqu'à cinq heures du matin.

Le jour venu, Mme de Grafigny était malade, au désespoir; elle n'avait pas un sou vaillant (la pauvre femme!) pour se faire conduire au premier village et pour sortir sur l'heure de cette maison inhospitalière; il lui fallait demeurer après cet affront. « Enfin le bon Voltaire, dit-elle, vint à midi; il parut fâché jusqu'aux larmes de l'état où il me vit; il me fit de vives excuses; il me demanda beaucoup de pardons, et j'eus l'occasion de voir toute la sensibilité de son âme. » Depuis cet instant, Voltaire fit tout pour qu'elle oubliât la triste scène dont il était bien honteux. On trouve dans sa Correspondance de cette époque, dans une lettre au duc de Richelieu, qui est juste de cette date, une vive recommandation pour Mme de Grafigny, qui avait été fort liée avec Mlle de Guise, devenue duchesse de Richelieu. Mais, à partir de ce jour, le charme de Cirey fut tout à fait rompu et détruit pour la triste voyageuse : elle ne s'y considéra plus que comme en prison et dans une véritable geôle, jusqu'à l'heure où elle put en sortir. Des accents vrais se font jour à cet endroit dans ses lettres, et rachètent ce que les premières avaient de trop petit et de trop indiscret. Elle a deux qualités du moins : elle aime ses amis avec sincérité et effusion, et elle a cette sensibilité qui comprend le malheur pour l'avoir tant éprouvé. Il en résulte chez elle deux ou trois élans de vérité, auxquels cet état de contrainte morale donne toute leur force.

Les dernières pages de ces Lettres de Cirey sont tristes, et démentent bien les premières. Oh! que la lune de miel de cette première quinzaine est déjà loin! Mme de Grafigny finit par juger Voltaire *le plus malheureux homme du monde :*

> « Il sait tout ce qu'il vaut, dit-elle, et l'approbation lui est presque indifférente ; mais, par la même raison, un mot de ses adversaires le met ce qui s'appelle au désespoir : c'est la seule chose qui l'occupe et qui le noie dans l'amertume. Je ne puis vous donner l'idée de cette sottise, qu'en vous disant qu'elle est plus forte et plus misérable que son esprit n'est grand et étendu.... Jugez du bonheur de ces gens que nous croyions avoir atteint à la félicité suprême! Les querelles que je vous ai mandées dans le commencement vont leur train, jugez encore! Cela me fait mal, parce que je sens le prix de toutes ses bonnes qualités, et que réellement il mérite d'être heureux. Je voudrais bien pouvoir lui dire tout ce que j'en pense; mais entre l'arbre et l'écorce il ne faut pas mettre le doigt. »

Il y a du vrai dans ce jugement final ; mais il est exagéré et rembruni par l'impression même du narrateur. Après avoir vu, en entrant, le seul côté lumineux, Mme de Grafigny ne voit plus, en sortant, que le côté sombre.

Je n'aurai qu'un mot à dire de Mme de Grafigny, du moment qu'elle a quitté Cirey pour Paris et qu'on n'a plus affaire qu'à elle seule. Elle trouva plus de secours et d'appui qu'elle n'avait espéré d'abord. Deux succès surtout la mirent, quelques années après, en évidence : les *Lettres d'une Péruvienne*, publiées en 1747, et le drame de *Cénie*, représenté en juin 1750. Les *Lettres d'une Péruvienne* ont aujourd'hui pour moi le mérite d'avoir inspiré à Turgot des réflexions pleines de force, de bon sens, de philosophie politique et pratique. Mme de Grafigny, en présentant une jeune Péruvienne, Zilia, brusquement transplantée en France, et en lui faisant faire, au milieu d'un cadre romanesque, la critique de nos mœurs et de nos institutions, comme cela a lieu dans les *Lettres Persanes*, avait trop oublié de tenir compte des raisons de ces mêmes institutions et des causes naturelles de ces inégalités sociales, qui semblent choquer si vivement sa jeune étrangère. C'est ce point de vue tout nouveau, non pas du tout la justification complète, mais les explications et les raisons de notre état social, que Turgot aborde et expose dans des considérations critiques de l'ordre le plus élevé, et qui dépassaient de beaucoup, on ne craint pas de le dire, l'horizon de Mme de Grafigny. Il voudrait « qu'on nous montrât Zilia *française*, après nous l'avoir fait voir *péruvienne;* qu'on la montrât non plus jugeant selon ses préjugés, mais comparant les siens et les nôtres ; qu'on lui fît remarquer combien elle avait tort d'être d'abord étonnée de la plupart des choses; qu'on lui fît suivre en détail les causes de ces mesures tirées de l'antique Constitution du gouvernement, et tenant à la distribution primitive ou graduelle des conditions, ainsi qu'aux progrès des connaissances. » Et là-dessus, au sujet de cette distribution des conditions dans la société, et en faveur d'une certaine inégalité nécessaire, qu'il oppose à je ne sais quelle égalité idéale et chimérique, Turgot dit des choses qui sembleraient en vérité s'adresser bien moins à Mme de Grafigny qu'à nos écrivains socialistes du jour : « Liberté! je le dis en soupirant, les hommes ne sont peut-être pas dignes de toi! — Égalité! ils te désireraient, mais ils ne peuvent t'atteindre. »

En ce qui est du roman même, Turgot regrette que l'auteur ait mieux aimé faire une héroïne à la Marmontel, et qui renonce au mariage par un sentiment exagéré de délicatesse, que d'avoir conduit la passion à une conclusion plus légitime et plus naturelle : «Il y a longtemps que je pense, dit-il, que notre nation a besoin qu'on lui prêche le mariage et le bon mariage. » Il voudrait que l'auteur n'eût pas manqué ce sujet-là en terminant, et il lui conseille d'y revenir dans une suite dont il trace le plan lui-même. Toutes ces pages de Turgot sont excellentes, et je conseille de les lire, autant que je conseille peu de rouvrir les *Lettres d'une Péruvienne*.

Si l'on se souciait de savoir comment Turgot connaissait si intimement Mme de Grafigny, l'abbé Morellet nous apprend que Turgot, du temps qu'il était en Sorbonne et abbé, s'était fait présenter chez elle, car elle réunissait beaucoup de gens de lettres. Souvent même il quittait le cercle pour aller jouer au volant en soutane avec *Minette*, grande et belle fille de vingt-deux à vingt-trois ans, la petite-nièce de Mme de Grafigny, et qui devint Mme Helvétius.

Mme de Grafigny vivait donc à Paris, avec un certain état de maison, moyennant de petites pensions des Cours de Lorraine et de Vienne et d'assez grosses dettes, quand la chute de *la Fille d'Aristide*, comédie en cinq actes sur laquelle elle comptait fort, vint lui porter un coup fâcheux : « Elle me la lut, dit Voisenon ; je la trouvai mauvaise ; elle me trouva méchant. Elle fut jouée : le public mourut d'ennui, et l'auteur de chagrin. » Voilà bien de l'esprit hors de propos. Collé, qui passe pour caustique, parle mieux de Mme de Grafigny mourante : «Sa mort m'a été très-sensible, écrit-il dans son *Journal*; elle était du petit nombre des personnes que je m'étais réservé de voir depuis que je ne vais plus dans le monde.» Il paraît que, dans le monde et dans les salons, Mme de Grafigny ne portait qu'un esprit assez ordinaire et même commun ; elle n'avait toute sa valeur et son mérite que dans l'intimité. Elle mourut donc le 12 décembre 1758, en partie victime de sa sensibilité d'auteur. Lorsqu'elle passait à Cirey vingt ans auparavant, elle ne se doutait pas, en jugeant l'excès de susceptibilité de Voltaire, qu'elle serait un jour elle-même auteur à ce point.

Lundi 24 juin 1850.

LETTRES
DE
LORD CHESTERFIELD
A SON FILS.

Édition revue par M. Amédée Renée.

(1842.)

A toutes les époques il y a eu des traités destinés à former *l'Honnête Homme*, *l'Homme comme il faut*, *le Courtisan* quand on ne vivait que pour les Cours, *le Cavalier* accompli. Dans ces divers traités de savoir-vivre et de politesse, si on les rouvre dans les âges suivants, on découvre à première vue des parties qui sont aussi passées que les modes et les coupes d'habit de nos pères; le patron évidemment a changé. En y regardant bien toutefois, si le livre a été écrit par un homme sensé et qui ait connu l'homme véritable, on trouvera encore à profiter dans l'étude de ces modèles qui ont été proposés aux générations précédentes. Les Lettres que lord Chesterfield adressait à son fils, et qui contiennent toute une école de savoir-vivre et de science du monde, ont cela de particulièrement intéressant qu'il n'a point pensé du tout à proposer un modèle, mais qu'il n'a voulu que former un excellent élève dans l'intimité. Ce sont des lettres confidentielles qui se sont trouvées produites tout à coup en lumière, et qui ont trahi tous les secrets et les artifices ingénieux de la sollicitude paternelle. Si, en les lisant aujourd'hui, on est frappé de l'excessive importance accordée à des particularités accidentelles et passagères, à de purs détails de costume, on n'est pas moins frappé de la partie durable, de celle qui tient à l'observation humaine de tous les temps ; et cette dernière partie est beaucoup plus considérable qu'on ne le croirait d'après un premier coup-d'œil superficiel. En s'occupant avec le fils qu'il voulait former de ce qui convient à l'honnête homme dans la société, lord Chesterfield n'a pas fait un traité *des Devoirs* comme Cicéron ; mais il a laissé des Lettres qui, par leur mélange de justesse et de légèreté, par de certains airs frivoles qui se rejoignent insensiblement aux grâces sérieuses, tiennent assez bien le milieu entre les *Mémoires du Chevalier de Grammont* et le *Télémaque*.

Avant d'en parler avec quelque développement, il nous faut savoir un peu ce qu'était lord Chesterfield, l'un des plus brillants esprits de l'Angleterre en son temps, et l'un des plus liés avec la France. Philippe Dormer Stanhope, comte de Chesterfield, naquit à Londres le 22 septembre 1694, la même année que Voltaire. Issu d'une race illustre, il en savait le prix, il voulait en soutenir l'honneur ; mais il lui était difficile pourtant de ne pas rire des prétentions généalogiques poussées trop loin. Pour s'en garder une bonne fois, il avait placé parmi les portraits de ses ancêtres deux vieilles figures d'homme et de femme ; au bas de l'une était écrit : *Adam* de Stanhope ; et au bas de l'autre : *Ève* de Stanhope. C'est ainsi qu'en tenant bon pour l'honneur il coupait court aux velléités chimériques.

Son père ne s'occupa en rien de son éducation; il fut remis aux soins de sa grand'mère, lady Halifax. De bonne heure il ressentit le désir d'exceller et de primer en tout, ce désir qu'il aurait voulu plus tard exciter dans le cœur de son fils, et qui, en bien et en mal, est le principe de toute grande chose. Comme lui-même, dans sa première jeunesse, il n'était pas dirigé, il se trompa plus d'une fois sur les objets de son émulation, et se prit au faux honneur. Il confesse qu'à une époque d'inexpérience, il donna dans l'excès du vin et dans d'autres excès auxquels il n'était pas d'ailleurs naturellement porté, mais il tirait vanité de s'entendre appeler un homme de plaisir. C'est ainsi que pour le jeu, qu'il croyait un ingrédient nécessaire dans la composition d'un jeune homme de bel air, il s'y plongea sans passion d'abord, mais ne put s'en retirer ensuite, et compromit par là pour longtemps sa fortune. « Prenez avis de ma conduite, disait-il à son fils; faites vous-même le choix de vos plaisirs, et ne vous les laissez pas imposer. »

Ce désir d'exceller et de se distinguer ne s'égarait pas toujours de la sorte, et il l'appliqua souvent avec justesse; ses premières études furent des meilleures. Placé à l'université de Cambridge, il apprit tout ce qu'on y enseignait, le droit civil, la philosophie; il suivit les leçons de mathématiques du savant aveugle Saunderson. Il lisait couramment le grec et rendait compte en français de ses progrès à son ancien précepteur, un pasteur français réfugié, M. Jouneau. Lord Chesterfield avait appris notre langue dans son enfance d'une femme de chambre normande qu'il avait eue près de lui. Quand il vint la dernière fois à Paris en 1741, M. de Fontenelle ayant remarqué dans sa prononciation quelque chose de l'accent de Normandie, lui en fit l'observation, et lui demanda s'il n'avait pas d'abord appris notre langue d'une personne de cette province ; ce qui était vrai en effet.

Après deux années d'université, il fit son tour du continent, selon l'usage des jeunes seigneurs de son pays. Il visita la Hollande, l'Italie, la France. Il écrivait de Paris à ce même M. Jouneau, le 7 décembre 1714 :

« Je ne vous dirai pas mes sentiments des Français, parce que je suis fort souvent pris pour un d'eux, et plus d'un Français m'a fait le plus grand compliment qu'ils croient pouvoir faire à personne, qui est : *Monsieur, vous êtes tout comme nous.* Je vous dirai seulement que je suis insolent, que je parle beaucoup, bien haut et d'un ton de maître; que je chante et que je danse en marchant, et enfin que je fais une dépense furieuse en poudre, plumets, gants blancs, etc. »

On sent là l'esprit moqueur, satirique et un peu *insolent*, qui fait sa pointe une première fois à nos dépens; il rendra justice plus tard à nos qualités sérieuses.

Dans les Lettres à son fils, il s'est montré, le premier jour qu'il fit son entrée dans la bonne compagnie, encore tout couvert de sa rouille de Cambridge, honteux, embarrassé, silencieux, et prenant à la fin son courage à deux mains pour dire à une belle dame près de qui il était : « Madame, ne trouvez-vous pas qu'il fait bien chaud aujourd'hui ? » Mais lord Chesterfield disait cela à son fils pour ne pas le décourager et pour lui montrer qu'on revenait de loin. Il fait les honneurs de sa propre personne pour l'enhardir et pour mieux l'attirer jusqu'à lui. Je me garderai bien de le prendre au mot sur cette anecdote. S'il fut un moment embarrassé dans le monde, ce moment-là dut être bien court, et il n'y parut pas longtemps.

La reine Anne venait de mourir; Chesterfield salua l'avénement de la maison de Hanovre dont il allait être un des champions déclarés. Il eut d'abord un siége à la Chambre des Communes, et y débuta sur un bon pied. Pourtant une circonstance, en apparence frivole, le tint, dit-on, en échec, et paralysa quelque peu son éloquence. Un des membres de la Chambre, qui ne se distinguait par aucun autre talent supérieur, avait celui d'imiter et de contrefaire en perfection les orateurs auxquels il répondait. Chesterfield craignait le ridicule, c'était un faible, et il garda le silence plus qu'il n'aurait voulu en certaines occasions, de peur de prêter à la parodie de son collègue et contradicteur. Il hérita bientôt de la pairie à la mort de son père et passa à la Chambre des Lords, dont le cadre convenait mieux peut-être à la bonne grâce, à la finesse et à l'urbanité de son éloquence. Il ne comparait point toutefois les deux scènes, quant à l'importance des débats et à l'influence politique qu'on y pouvait acquérir :

« Il est inouï, disait-il plus tard de Pitt, au moment où ce grand orateur consentit à entrer dans la Chambre haute sous le titre de lord Chatham, il est inouï qu'un homme, dans la plénitude de sa puissance, au moment même où son ambition venait d'obtenir le triomphe le plus complet, ait quitté la Chambre qui lui avait procuré cette puissance, et qui seule pouvait lui en assurer le maintien, pour se retirer dans l'hôpital des incurables, la Chambre des Pairs. »

Je n'ai point à apprécier ici la carrière politique de lord Chesterfield. Si j'osais pourtant hasarder un jugement d'ensemble, je dirais que son ambition n'y eut jamais satisfaction entière, et que les distinctions brillantes dont son existence publique fut remplie couvraient, au fond, bien des vœux trompés et le déchet de bien des espérances. Deux fois, dans les deux circonstances décisives de sa vie politique, il échoua. Jeune et dans son premier feu d'ambition, il avait de bonne heure mis tout son enjeu du côté de l'héritier présomptif du trône, qui devint Georges II ; il était de ceux qui, à l'avénement de ce prince (1727), devaient le plus compter sur sa faveur et sur une part de pouvoir. Mais cet homme habile, en voulant se tourner du côté du soleil levant, ne sut pas s'orienter avec une parfaite justesse : il avait fait de longue main sa cour à la maîtresse du prince, la croyant destinée à l'influence, et il avait négligé la femme légitime, la future reine, qui pourtant eut seule le crédit réel. La reine Caroline ne lui pardonna jamais ; ce fut le premier échec de la fortune politique de lord Chesterfield, pour lors âgé de trente-trois ans et dans la pleine vogue des espérances. Il fut trop pressé et fit fausse route. Robert Walpole, moins leste et moins vif d'apparence, avait mieux pris ses mesures et mieux calculé.

Jeté avec éclat dans l'opposition, surtout depuis 1732, époque où il eut à se démettre de ses charges de Cour, lord Chesterfield travailla de tous ses efforts pendant dix ans à la chute de ce ministère Walpole, qui ne tomba qu'en 1742. Mais alors même il n'hérita point du pouvoir, et il resta en dehors des combinaisons nouvelles. Lorsque, deux ans après, en 1744, il entra pourtant dans l'administration, d'abord comme ambassadeur à La Haye et vice-roi d'Irlande, puis même comme secrétaire d'État et membre du Cabinet (1746-1748), ce ne fut qu'à titre plus spécieux que réel. En un mot, lord Chesterfield, de tout temps homme politique considérable dans son pays, soit comme l'un des chefs de l'opposition, soit comme diplomate habile, ne fut jamais ministre dirigeant, ni même ministre très-influent.

En politique, il avait certainement ce coup-d'œil lointain et ces vues d'avenir qui tiennent à l'étendue de l'esprit, mais il possédait bien plus ces qualités sans doute que la patience persévérante et la fermeté pratique de chaque jour, qui sont si nécessaires aux hommes de gouvernement. Pour lui comme pour La Rochefoucauld, il serait vrai de dire que la politique servit surtout à faire de l'homme d'action incomplet un moraliste accompli.

En 1744, âgé de cinquante ans seulement, son ambition politique semblait déjà en partie usée; sa santé était assez atteinte pour qu'il eût de préférence en vue la retraite. Et puis, l'objet de son idéal secret et de son ambition réelle, nous le savons à présent. Avant son mariage, il avait eu vers 1732, d'une dame française (Mme du Bouchet) qu'il avait rencontrée en Hollande, un fils naturel auquel il s'était attaché avec une extrême tendresse. Il écrivait à ce fils en toute sincérité : « Du premier jour de votre vie, l'objet le plus cher de la mienne a été de vous rendre aussi parfait que la faiblesse de la nature humaine le comporte. » C'est vers l'éducation de ce fils que s'étaient tournés tous ses vœux, toutes ses prédilections affectueuses et mondaines, et, vice-roi d'Irlande ou secrétaire d'État à Londres, il trouvait le temps de lui écrire de longues lettres détaillées pour le diriger dans les moindres démarches, pour le perfectionner dans le sérieux et dans le poli.

Le Chesterfield que nous aimons surtout à étudier est donc l'homme d'esprit et d'expérience qui n'a passé par les affaires et n'a essayé tous les rôles de la vie politique et publique que pour en savoir les moindres ressorts, et nous en dire le dernier mot; c'est celui qui, dès sa jeunesse, fut l'ami de Pope et de Bolingbroke, l'introducteur en Angleterre de Montesquieu et de Voltaire, le correspondant de Fontenelle et de Mme de Tencin, celui que l'Académie des Inscriptions adopta parmi ses membres, qui unissait l'esprit des deux nations, et qui, dans plus d'un Essai spirituel, mais particulièrement dans ses Lettres à son fils, se montre à nous moraliste aimable autant que consommé, et l'un des maîtres de la vie. C'est le La Rochefoucauld de l'Angleterre que nous étudions.

Montesquieu, après la publication de *l'Esprit des Lois*, écrivait à l'abbé de Guasco, qui était alors en Angleterre : « Dites à milord Chesterfield que rien ne me flatte tant que son approbation, mais que, puisqu'il me lit pour la troisième fois, il ne sera que plus en état de me dire ce qu'il y a à corriger et à rectifier dans mon ouvrage : rien ne m'instruirait mieux que ses observations et sa critique. » C'est Chesterfield qui, parlant un jour à Montesquieu de la promptitude des Français pour les révolutions et de leur impatience pour les lentes réformes, disait ce mot qui résume toute notre histoire : « Vous autres Français, vous savez faire des barricades, mais vous n'élèverez jamais de barrières. »

Lord Chesterfield goûtait certes Voltaire; il disait à propos du *Siècle de Louis XIV :* « Lord Bolingbroke m'avait appris comment on doit lire l'histoire, Voltaire m'apprend comment il faut l'écrire. » Mais en même temps, avec ce sens pratique qui n'abandonne guère les gens d'esprit de l'autre côté du détroit, il sentait les imprudences de Voltaire et les désapprouvait. Déjà vieux et tout à fait retiré du monde, il écrivait à une dame française :

« Vos bons auteurs sont ma principale ressource; Voltaire surtout me charme, à son impiété près, dont il ne peut s'empêcher de larder tout ce qu'il écrit, et qu'il ferait mieux de supprimer sagement, puisqu'au bout du compte on ne doit pas troubler l'ordre établi. Que chacun pense comme il veut, ou plutôt comme il peut, mais qu'il ne communique pas ses idées dès qu'elles sont de nature à pouvoir troubler le repos de la société. »

Ce qu'il disait là en 1768, Chesterfield l'avait déjà dit plus de vingt-cinq ans auparavant, écrivant à Crébillon fils, singulier correspondant et singulier confident en fait de morale. Il s'agissait encore de Voltaire, au sujet de sa tragédie de *Mahomet* et des hardiesses qu'elle renferme :

« Ce que je ne lui pardonne pas, et qui n'est pas pardonnable, écrivait Chesterfield à Crébillon, c'est tous les mouvements qu'il se donne pour la propagation d'une doctrine aussi pernicieuse à la société civile que contraire à la religion générale de tous les pays. Je doute fort s'il est permis à un homme d'écrire contre le culte et la croyance de son pays, quand même il serait de bonne foi persuadé qu'il y eût des erreurs, à cause du trouble et du désordre qu'il y pourrait causer; mais je suis bien sûr qu'il n'est nullement permis d'attaquer les fondements de la morale, et de rompre des liens si nécessaires et déjà trop faibles pour retenir les hommes dans le devoir. »

Chesterfield, en parlant ainsi, ne se méprenait pas sur la grande inconséquence de Voltaire. Cette inconséquence, en deux mots, la voici : c'est que lui, Voltaire, qui considérait volontiers les hommes comme des fous ou comme des enfants, et qui n'avait pas assez de rire pour les railler, il leur mettait en même temps dans les mains des armes toutes chargées, sans s'inquiéter de l'usage qu'ils en pourraient faire.

Lord Chesterfield lui-même, aux yeux des puritains de son pays, a été accusé, je dois le dire, d'avoir fait brèche à la morale dans les Lettres adressées à son fils. Le sévère Johnson, qui d'ailleurs n'était pas impartial à l'égard de Chesterfield, et qui croyait avoir à se plaindre de lui, disait, au moment de la publication de ces Lettres, « qu'elles enseignaient la morale d'une courtisane et les manières d'un maître à danser. »

Un tel jugement est souverainement injuste, et si

Chesterfield, dans le cas particulier, insiste tant sur les grâces des manières et sur l'agrément à tout prix, c'est qu'il a déjà pourvu aux parties plus solides de l'éducation, et que son élève n'est pas en danger du tout de pécher par le côté qui rend l'homme *respectable*, mais bien par celui qui le rend *aimable*. Quoique plus d'un passage de ces Lettres puisse sembler fort étrange venant d'un père à son fils, l'ensemble est animé d'un véritable esprit de tendresse et de sagesse. Si Horace avait un fils, je me figure qu'il ne lui parlerait guère autrement.

Les Lettres commencent par l'*a b c* de l'éducation et de l'instruction. Chesterfield enseigne et résume en français à son fils les premiers éléments de la mythologie, de l'histoire. Je ne regrette point qu'on ait publié ces premières lettres; il s'y glisse de bonne heure d'excellents conseils. Le petit Stanhope n'a pas encore huit ans, que son père lui dresse une petite rhétorique à sa portée, et essaie de lui insinuer le bon langage, la distinction dans la manière de s'exprimer. Il lui recommande surtout l'*attention* dans tout ce qu'il fait, et il donne à ce mot toute sa valeur. C'est l'attention seule, lui dit-il, qui grave les objets dans la mémoire : « Il n'y a pas au monde de marque plus sûre d'un petit et pauvre esprit que l'inattention. Tout ce qui vaut la peine d'être fait mérite et exige d'être bien fait, et rien ne peut être bien fait sans attention. » Ce précepte, il le répète sans cesse, et il en varie les applications à mesure que son élève grandit et est plus en état d'en comprendre toute l'étendue. Plaisir ou étude, il veut que chaque chose qu'on fait, on la fasse bien, on la fasse tout entière et en son temps, sans se laisser distraire par une autre : « Quand vous lisez Horace, faites attention à la justesse de ses pensées, à l'élégance de sa diction et à la beauté de sa poésie, et ne songez pas au *De Homine et Cive* de

Puffendorf, et, pendant que vous lisez Puffendorf, ne pensez point à Mme de Saint-Germain ; ni à Puffendorf quand vous parlez à Mme de Saint-Germain. » Mais cette libre et forte disposition de la pensée aux ordres de la volonté, n'est le propre que des grands ou des très-bons esprits.

M. Royer-Collard avait coutume de dire « que ce qui manquait le plus de nos jours, c'était le *respect* dans l'ordre moral, et l'*attention* dans l'ordre intellectuel. » Lord Chesterfield, sous son air moins grave, eût été capable de dire ce mot-là. Il n'avait pas été long à sentir ce qui manquait à cet enfant qu'il voulait former, et dont il avait fait l'occupation et le but de sa vie : « En scrutant à fond votre personne, lui disait-il, je n'ai, Dieu merci, découvert jusqu'ici aucun vice du cœur ni aucune faiblesse de la tête ; mais j'ai découvert de la paresse, de l'inattention et de l'indifférence, défauts qui ne sont pardonnables que dans les personnes âgées, qui, sur le déclin de leur vie, quand la santé et la vivacité tombent, ont une espèce de droit à cette sorte de tranquillité. Mais un jeune homme doit être ambitieux de briller et d'exceller. » Or, c'est précisément ce feu sacré, cette étincelle qui fait les Achille, les Alexandre et les César, *être le premier en tout ce qu'on entreprend*, c'est cette devise des grands cœurs et qui est celle des hommes éminents en tout genre, que la nature avait tout d'abord négligé de mettre dans l'âme honnête, mais foncièrement médiocre, du petit Stanhope : « Vous paraissez manquer, lui disait son père, de ce *vivida vis animi* qui anime, qui excite la plupart des jeunes gens à plaire, à briller, à effacer les autres. » — « Quand j'étais à votre âge, lui dit-il encore, j'aurais été honteux qu'un autre eût mieux appris sa leçon, l'eût emporté sur moi à aucun jeu, et je n'aurais trouvé de repos que je n'eusse repris l'avantage. » Tout ce petit Cours d'éducation par lettres offre une sorte d'intérêt dramatique continu : on y suit l'effort d'une nature fine, distinguée, énergique, telle que l'était celle de lord Chesterfield, aux prises avec un naturel honnête, mais indolent, avec une pâte molle et lente, dont elle veut à tout prix tirer un chef-d'œuvre accompli, aimable, original, et avec laquelle elle ne réussit à faire, en définitive, qu'une manière de copie suffisante et estimable. Ce qui soutient et presque ce qui touche le lecteur, dans cette lutte où tant d'art est dépensé et où l'éternel conseil revient toujours le même au fond sous tant de métamorphoses, c'est l'affection vraie, paternelle, qui anime et qui inspire le délicat et l'excellent maître, patient cette fois autant que vif, prodigieux de ressources et d'adresse, jamais découragé, inépuisable à semer sur ce sol ingrat les élégances et les grâces. Non pas que ce fils, objet de tant de culture et de zèle, ait été en rien indigne de son père. On a prétendu qu'il n'y avait rien de plus lourd, de plus maussade que lui, et on cite de Johnson un mot dur dans ce sens-là. Ce sont des caricatures qui outre-passent le vrai. Il paraît, d'après des témoignages plus justes, que M. Stanhope, sans être un modèle de grâce, avait tout l'air, en réalité, d'un homme bien élevé, poli et convenable. Mais ne sentez-vous pas que c'est là ce qu'il y avait de désespérant? Il aurait mieux valu presque avoir échoué totalement et n'avoir réussi à faire qu'un original en sens inverse, tandis qu'avec tant de soins et à tant de frais, n'en être venu qu'à produire un homme du monde insignifiant et ordinaire, un de ceux desquels pour tout jugement, on dit qu'on n'a rien à en dire, il y avait de quoi se désespérer vraiment, et prendre en pitié son ouvrage, si l'on n'était pas un père.

Lord Chesterfield avait tout d'abord pensé à la France

pour *dégourdir* son fils et pour lui donner ce liant qui plus tard ne s'acquiert pas. Dans des lettres intimes écrites à une dame de Paris, que je crois être Mme de Monconseil (1), on voit qu'il avait pensé à l'y envoyer dès l'enfance :

« J'ai un garçon, écrivait-il à cette amie, qui à cette heure a treize ans. Je vous avouerai naturellement qu'il n'est pas légitime ; mais sa mère est une personne bien née, et qui a eu des bontés pour moi que je ne méritais pas. Pour le garçon, peut-être est-ce prévention, mais je le trouve aimable ; c'est une jolie figure, il a beaucoup de vivacité et, je crois, de l'esprit pour son âge. Il parle français parfaitement, il sait beaucoup de latin et de grec, et il a l'histoire ancienne et moderne au bout des doigts. Il est à présent à l'école ; mais comme ici on ne songe pas à former les mœurs ou les manières des jeunes gens, et qu'ils sont presque tous nigauds, gauches et impolis, enfin tels que vous les voyez quand ils viennent à Paris à l'âge de vingt ou vingt-et-un ans, je ne veux pas que mon garçon reste assez ici pour prendre ce mauvais pli ; c'est pourquoi, quand il aura quatorze ans, je compte de l'envoyer à Paris... Comme j'aime infiniment cet enfant, et que je me pique d'en faire quelque chose de bon, puisque je crois que l'étoffe y est, mon idée est de réunir en sa personne ce que jusqu'ici je n'ai jamais trouvé en la même personne, je veux dire ce qu'il y a de meilleur dans les deux nations. »

Et il entre dans le détail de ses projets et des moyens qu'il compte employer : un pédant anglais tous les matins, un précepteur français pour les après-dînées, avec l'aide surtout du beau monde et de la bonne compagnie. La guerre qui survint entre la France et l'Angleterre ajourna ce projet d'éducation parisienne, et le jeune homme ne fit son début à Paris qu'en 1751, à l'âge de

---

(1) Ce n'est plus une conjecture, mais une certitude, d'après ce que je lis dans l'édition de *Lord Chesterfield's Letters*, donnée à Londres par lord Mahon en 1847 (4 vol.). Voir au tome III, page 159. Je ne connaissais pas cette édition au moment où j'écrivais mon article.

dix-neuf ans, après avoir achevé ses tournées de Suisse, d'Allemagne et d'Italie.

Tout a été disposé par le plus attentif des pères pour son succès et sa bienvenue sur cette scène nouvelle. Le jeune homme est logé à l'Académie, chez M. de La Guérinière ; le matin il y fait ses exercices, et le reste du temps il doit le consacrer au monde. « Le plaisir est aujourd'hui la dernière branche de votre éducation, lui écrit ce père indulgent ; il adoucira et polira vos manières, il vous poussera à chercher et enfin à acquérir les *grâces.* » Mais, sur ce dernier point, il se montre exigeant et sans quartier. Les *grâces,* c'est à elles qu'il revient toujours, car sans elles tout effort est vain : « Si elles ne viennent pas à vous, enlevez-les, » s'écrie-t-il. Il en parlait bien à son aise, comme si pour savoir les enlever, il ne fallait pas déjà les avoir.

Trois dames des amies de son père sont particulièrement chargées de surveiller et de guider le jeune homme au début : ce sont ses *gouvernantes* en titre, Mme de Monconseil, milady Hervey, et Mme Du Bocage. Mais ces introductrices ne paraissent essentielles que pour les premiers temps : il faut que le jeune homme aille ensuite de lui-même et qu'il se choisisse quelque guide charmant plus familier. Sur cet article délicat des femmes, lord Chesterfield brise la glace : « Je ne vous parlerai pas sur ce sujet en théologien, en moraliste, ni en père, dit-il ; je mets de côté mon âge, pour ne considérer que le vôtre. Je veux vous parler comme ferait un homme de plaisir à un autre, s'il a du goût et de l'esprit. » Et il s'exprime en conséquence, stimulant le plus qu'il peut le jeune homme vers les *arrangements honnêtes* et les plaisirs délicats, pour le détourner des habitudes faciles et grossières. Il a pour principe « qu'un arrangement honnête sied bien à un galant homme. » Toute sa morale, à cet égard, se résumerait dans ce vers de Voltaire :

> Il n'est jamais de mal en bonne compagnie.

C'est à ces endroits surtout que la pudeur du grave Johnson s'est voilée; la nôtre se contente d'y sourire.

Le sérieux et le léger s'entremêlent à chaque instant dans ces lettres. Marcel, le maître à danser, est fort souvent recommandé; Montesquieu ne l'est pas moins. L'abbé de Guasco, espèce de complaisant de Montesquieu, est un personnage utile pour servir d'introducteur çà et là : « Entre vous et moi, écrit Chesterfield, il a plus de savoir que de génie; mais *un habile homme sait tirer parti de tout*, et tout homme est bon à quelque chose. Quant au Président de Montesquieu, c'est, à tous égards, une connaissance précieuse. *Il a du génie avec la plus vaste lecture du monde. Puisez dans cette source tant que vous pourrez.* »

Parmi les auteurs, ceux que Chesterfield recommande surtout à cette époque, et qui reviennent le plus habituellement dans ses conseils, sont La Rochefoucauld et La Bruyère : « Si vous lisez le matin quelques maximes de La Rochefoucauld, considérez-les, examinez-les bien, et comparez-les avec les originaux que vous trouvez les soirs. Lisez La Bruyère le matin, et voyez le soir si ses portraits sont ressemblants. » Mais ces excellents guides ne doivent eux-mêmes avoir d'autre utilité que celle d'une carte de géographie. Sans l'observation directe et l'expérience, ils seraient inutiles et même induiraient en erreur autant qu'une carte géographique pourrait le faire, si l'on voulait y chercher une connaissance complète des villes et des provinces. Mieux vaut lire un homme que dix livres : « Le monde est un pays que jamais personne n'a connu au moyen des descriptions;

chacun de nous doit le parcourir en personne, pour y être initié. »

Voici quelques préceptes ou remarques, qui sont dignes de ces maîtres de la morale humaine :

« La connaissance la plus essentielle de toutes, je veux dire la connaissance du monde, ne s'acquiert jamais sans une grande attention, et je connais bon nombre de personnes âgées qui, après avoir été fort répandues, ne sont encore que des enfants dans la connaissance du monde. »

« La nature humaine est la même dans le monde entier; mais ses opérations sont tellement variées par l'éducation et par l'habitude, que nous devons la voir sous tous ses costumes pour lier connaissance avec elle jusqu'à l'intimité. »

« Presque tous les hommes sont nés avec toutes les passions à un certain degré; mais il n'y a presque point d'homme qui n'en ait une dominante, à laquelle les autres sont subordonnées. Faites sur chaque individu la découverte de cette passion gouvernante; fouillez dans les replis de son cœur, et observez les divers effets de la même passion dans différentes personnes. Et quand vous aurez trouvé la passion dominante d'un homme, souvenez-vous de ne jamais vous fier à lui là où cette passion est intéressée. »

« Si vous voulez gagner en particulier les bonnes grâces et l'affection de certaines gens, hommes ou femmes, tâchez de découvrir leur mérite le plus saillant, s'ils en ont, et leur faiblesse dominante, car chacun a la sienne ; puis rendez justice à l'un, et *un peu plus que justice à l'autre.* »

« Les femmes, en général, n'ont guère qu'un objet, qui est leur beauté, sur lequel il est à peine une flatterie qui, pour elles, soit trop grosse à avaler. »

« La flatterie qui touche le plus les femmes réellement belles, ou d'une laideur décidée, est celle qui s'adresse à l'esprit. »

A propos des femmes encore, s'il semble bien dédaigneux parfois, il leur fait ailleurs réparation, et surtout, quoi qu'il en pense, il ne permet pas à son fils d'en trop médire :

« Vous paraissez croire que, depuis *Ève* jusqu'à nos jours, elles ont fait beaucoup de mal; pour ce qui est de cette *dame-là*, je vous l'abandonne; mais, depuis son temps, l'histoire vous apprend que les hommes ont fait dans le monde beaucoup plus de mal que les femmes ; et, à vrai dire, je vous conseillerais de ne vous fier ni aux uns ni aux autres qu'autant que cela est absolument nécessaire. Mais ce que je vous conseille de faire, c'est de ne jamais attaquer des corps entiers, quels qu'ils soient.

« Les individus pardonnent quelquefois, mais les corps et les sociétés ne pardonnent jamais. »

En général, Chesterfield conseille la circonspection à son fils et une sorte de neutralité prudente, même à l'égard des fourbes ou des sots dont le monde fourmille : « Après leur amitié, il n'y a rien de plus dangereux que de les avoir pour ennemis. » Ce n'est pas la morale de Caton ni de Zénon, c'est celle d'Alcibiade, d'Aristippe ou d'Atticus.

Sur la religion, il dira, en répondant à quelques opinions tranchantes qu'avait exprimées son fils : « La raison de chaque homme est et doit être son guide ; et j'aurais autant de droit d'exiger que tous les hommes fussent de ma taille et de mon tempérament, que de vouloir qu'ils raisonnassent absolument comme moi. »

En toutes choses, il est d'avis de connaître et d'aimer le bien et le mieux, mais de ne pas s'en faire le champion envers et contre tous. Il faut savoir, même en littérature, tolérer les faiblesses des autres : « Laissez-les jouir tranquillement de leurs erreurs dans le goût comme dans la religion. » Oh! qu'il y a loin d'une telle sagesse à cet âpre métier de critique, comme nous le faisons !

Il ne conseille pourtant pas le mensonge; il est formel à cet égard. Son précepte est celui-ci : Ne pas tout dire, mais ne mentir jamais. « J'ai toujours observé, répète-t-il souvent, que les plus grands sots sont les plus grands menteurs. Pour moi, je juge de la véracité d'un homme par la portée de son esprit. »

On voit que le sérieux se mêle aisément chez lui à l'agréable. Il demande perpétuellement à l'esprit quelque chose de ferme et de délié, la douceur dans la manière, l'énergie au fond. Lord Chesterfield a bien senti le sérieux de la France et tout ce que le xviii⁰ siècle portait en lui de fécond et de redoutable. Selon lui, « Duclos, dans ses Réflexions, a raison d'observer qu'*il y a un germe de raison qui commence à se développer en France.* Ce que je pourrais bien prédire, ajoute Chesterfield, c'est qu'avant la fin de ce siècle le métier de roi et de prêtre déchoira de plus de la moitié. » Notre Révolution, chez lui, est nettement prédite dès 1750.

Il prémunit tout d'abord son fils contre cette idée que les Français sont purement frivoles : « Les froids habitants du Nord considèrent les Français comme un peuple frivole, qui siffle, chante et danse toujours : il s'en faut de beaucoup que cette idée soit vraie, quoique force *petits-maîtres* semblent la justifier. Mais ces *petits-maîtres*, mûris par l'âge et par l'expérience, se métamorphosent souvent en gens fort capables. » L'idéal, selon lui, serait d'unir les mérites des deux nations; mais il semble, dans ce mélange, pencher encore du côté de la France : « J'ai dit plusieurs fois, et je le pense réellement, qu'un Français, qui joint à un fonds de vertu, d'érudition et de bon sens, les manières et la politesse de son pays, a atteint la perfection de la nature humaine. »

Il unit assez bien lui-même les avantages des deux nations, avec un trait pourtant qui est bien de sa race. Il a de l'imagination jusque dans l'esprit. Hamilton lui-même a ce trait distinctif et le porte dans l'esprit français. Bacon, le grand moraliste, est presque un poëte par l'expression. On n'en dira pas autant de lord Chesterfield, et cependant il a plus d'imagination dans les saillies et dans l'expression de son esprit qu'on n'en rencontre chez Saint-Évremond et chez nos fins moralistes en général. Il tient, à cet égard, de son ami Montesquieu.

Si, dans les Lettres à son fils, on peut, sans être rigoureux, relever quelques points d'une morale légèrement gâtée, on aurait à indiquer, par compensation, de bien sérieux et tout à fait admirables passages, où il parle du cardinal de Retz, de Mazarin, de Bolingbroke, de Marlborough et de bien d'autres. C'est un livre riche. On n'en peut lire une page sans avoir à en retenir quelque observation heureuse.

Lord Chesterfield destinait ce fils si cher à la diplomatie; il trouva d'abord quelques difficultés à ses vues dans les raisons tirées de l'illégitimité de naissance. Pour couper court aux objections, il fit entrer son fils au Parlement : c'était le moyen le plus sûr de vaincre les scrupules de la Cour. M. Stanhope, à son discours de début, eut un moment d'hésitation, et fut obligé de recourir à ses notes. Il ne recommença pas l'épreuve du discours public une seconde fois. Il paraît qu'il réussit mieux en diplomatie, dans ces rôles secondaires où suffit un mérite solide. Il remplit le poste d'Envoyé extraordinaire à la Cour de Dresde. Mais sa santé, de tout temps délicate, s'était altérée avant l'âge, et son père eut la douleur de le voir mourir avant lui, à peine âgé de trente-six ans (1768).

Lord Chesterfield, à cette époque, vivait tout à fait séquestré du monde par ses infirmités, dont la plus pénible pour lui était une surdité complète. Montesquieu, dont la vue baissait, lui avait dit autrefois : « *Je sais être aveugle.* » Mais lui, il convenait n'en pouvoir dire autant; il ne savait pas être sourd. Il en écrivait davantage à ses amis, même à ceux de France. « Le commerce des lettres, remarquait-il, est la conversation des sourds et l'unique lien de leur société. » Il trouvait ses dernières consolations dans sa jolie maison de campagne de Blackheath, qu'il avait aussi baptisée à la française du nom de *Babiole*. Il s'y occupait de jardinage et de la culture de ses melons et de ses ananas; il se plaisait à végéter *de compagnie avec eux* :

« J'ai végété toute cette année ici, écrivait-il à une amie de France (septembre 1753), sans plaisirs et sans peines : mon âge et ma surdité me défendent les premiers; ma philosophie, ou peut-être mon tempérament (car on s'y trompe souvent), me garantit des dernières. Je tire toujours le meilleur parti que je puis des amusements tranquilles du jardinage, de la promenade et de la lecture, moyennant quoi *j'attends la mort, sans la désirer ou la craindre.* »

Il n'entreprit point de longs ouvrages, pour lesquels il se sentait trop fatigué, mais il envoyait quelquefois d'agréables *Essais* à une publication périodique, *le Monde*. Ces *Essais* répondent bien à sa réputation de finesse et d'urbanité. Pourtant rien n'approche de l'ouvrage qui, pour lui, n'en était pas un, de ces Lettres, qu'il comptait bien que personne ne lirait, et qui sont aujourd'hui le fonds de sa richesse littéraire.

Sa vieillesse, un peu précoce, traîna longtemps. Son esprit se jouait en cent façons sur ce triste thème ; parlant de lui et de l'un de ses amis, lord Tyrawley, également vieux et infirme : « Tyrawley et moi, disait-il, voilà deux ans que nous sommes morts, mais nous n'avons pas voulu qu'on le sût. »

Voltaire qui, avec la prétention d'être toujours mourant, était resté bien plus jeune, lui écrivait, le 24 octobre 1771, cette jolie lettre, signée *Le vieux Malade de Ferney* :

« .... Jouissez d'une vieillesse honorable et heureuse, après avoir passé par les épreuves de la vie. Jouissez de votre esprit et conservez la santé de votre corps. Des cinq sens que nous avons en partage, vous n'en avez qu'un seul qui soit affaibli, et milord Huntingdon assure que vous avez un bon estomac, ce qui vaut bien une paire d'oreilles. Ce serait peut-être à moi à décider lequel est le plus triste d'être sourd ou aveugle, ou de ne point digérer : je puis juger de ces trois états avec connaissance de cause ; mais il y a longtemps que je n'ose décider sur les bagatelles, à plus forte raison sur des choses si importantes. Je me borne à croire que, si vous avez du soleil dans la belle maison que vous avez bâtie, vous aurez des moments tolérables ; c'est tout ce qu'on peut espérer à l'âge où nous sommes. Cicéron écrivit un beau traité sur la vieillesse, mais il ne prouva point son livre par les faits ; ses dernières années furent très-malheureuses. Vous avez vécu plus longtemps et plus heureusement que lui. Vous n'avez eu affaire ni à des dictateurs perpétuels ni à des triumvirs. Votre lot a été et est encore un des plus désirables dans cette grande loterie où les bons billets sont si rares, et où le gros lot d'un bonheur continuel n'a été encore gagné par personne. Votre philosophie n'a jamais été dérangée par des chimères qui ont brouillé quelquefois des cervelles assez bonnes. *Vous n'avez jamais été, dans aucun genre, ni charlatan, ni dupe de charlatans,* et c'est ce que je compte pour un mérite très-peu commun, qui contribue à l'ombre de félicité qu'on peut goûter dans cette courte vie. »

Lord Chesterfield mourut le 24 mars 1773. En indiquant son charmant Cours d'éducation mondaine, nous n'avons pas cru qu'il fût hors de propos de prendre des leçons de savoir-vivre et de politesse, même dans une démocratie, et de les recevoir d'un homme dont le nom se rattache de si près aux noms de Montesquieu et de Voltaire ; qui, plus qu'aucun de ses compatriotes en son temps, a témoigné pour notre nation des prédilections singulières ; qui a goûté, plus que de raison peut-être, nos qualités aimables ; qui a senti nos qualités sérieuses, et duquel on pourrait dire, pour tout éloge, que c'est un esprit français, s'il n'avait porté, jusque dans sa verve et sa vivacité de saillie, ce je ne sais quoi d'imaginatif et de coloré qui lui laisse le sceau de sa race.

Lundi 1er juillet 1850.

LE PALAIS MAZARIN,

PAR

M. LE COMTE DE LABORDE,

de l'Institut.

Dans une série de Lettres où il traitait de l'organisation des Bibliothèques publiques à Paris, M. de Laborde en a consacré une au *Palais Mazarin*, c'est-à-dire au palais bâti par le cardinal Mazarin, rue Richelieu, et dans lequel se trouve logée, depuis cent vingt-cinq ans déjà, la Bibliothèque du roi, aujourd'hui Bibliothèque nationale. Cette Lettre, publiée il y a cinq ans, a été très-remarquée par la quantité de vues et de documents qu'elle renferme. L'auteur y avait joint un appendice qui en était peut-être la partie la plus intéressante; cet appendice se compose de *sept cents notes*, la plupart extraites des Mémoires, des Recueils historiques ou satiriques du temps, et contenant des anecdotes sans nombre, quelques-unes tout à fait drôles et scabreuses, sur les mœurs et les habitudes de nos pères. Cette dernière partie de l'ouvrage, tirée seulement à cent cinquante ou deux cents exemplaires, a été très-recherchée et est dès longtemps épuisée, à ce point que les deux derniers exemplaires qui ont passé en vente publique ont été adjugés, l'un à 48 francs et l'autre à 52. M. de Laborde se propose de faire réimprimer l'ouvrage, et de tirer de cet appendice, d'abord destiné aux seuls bibliophiles et dont ils se montrent si friands, tout ce qui est réellement significatif, à la fois piquant et convenable, pour l'offrir à cette portion plus considérable du public à laquelle il faut toujours penser. C'est un dessein dans lequel nous l'encourageons fort; en attendant, nous dirons quelque chose de son livre et de ses idées.

L'idée positive et la conclusion pratique de M. de Laborde est celle-ci : « Que le Palais Mazarin est en lui-même un monument historique très-digne d'être conservé, que la Bibliothèque y est bien placée, mieux qu'elle ne le serait ailleurs, et qu'il faut l'y laisser, sauf à réparer, à améliorer l'édifice au dedans, et à le restaurer, à l'orner au dehors, pour qu'il n'attriste pas le brillant quartier qui le possède. » Cette conclusion de M. de Laborde est aussi celle qu'exprimait M. Vitet dans un Rapport à l'Assemblée législative du 8 août 1849. Ce n'est pas ce côté pratique de la question qui m'occupera ici, d'autant qu'il me semble que c'est cause gagnée pour le moment.

Je ne veux insister que sur quelques-unes des vues de M. de Laborde, ou, pour mieux dire, sur sa vue principale en ce qui touche à l'histoire de ces temps qu'il a étudiés de si près. Cette Lettre sur le Palais Mazarin pourrait aussi bien s'appeler un jugement, une apologie ou un éloge du cardinal Mazarin, une réfutation du cardinal de Retz et de tous les adversaires du premier ministre. Depuis que Gabriel Naudé avait pris la plume pour le défendre, le cardinal Mazarin n'avait jamais été si bien ni si complétement défendu. Cela vaut la peine qu'on s'y arrête, pour examiner la valeur d'un tel jugement, surtout lorsque des pièces positives et neuves sont produites à l'appui.

Il est arrivé au cardinal Mazarin, si heureux en toutes choses, un très-grand malheur après sa mort : cet homme, sans amitiés et sans haines, n'a eu qu'un seul ennemi avec qui il ne se soit pas réconcilié et à qui il n'ait jamais pardonné, le cardinal de Retz; et celui-ci, en écrivant ses immortels Mémoires, a laissé de son ennemi, de celui en qui il voyait un rival heureux, un portrait si gai, si vif, si amusant, si flétrissant, que les meilleures raisons historiques ont peine à tenir contre l'impression qui en résulte, et qu'elles ne parviendront jamais à en triompher.

En revanche, il est arrivé au cardinal Mazarin, après sa mort, plusieurs bonnes fortunes, et c'est de nos jours particulièrement que sa réputation de grand politique a trouvé des appréciateurs attentifs, compétents, et des vengeurs. M. Mignet le premier, dans l'Introduction qu'il a mise en tête des *Négociations relatives à la succession d'Espagne* (1835), rencontrant tout d'abord Mazarin, lui a rendu une éclatante justice, et a tracé de lui un grand portrait historique en pied qui restera. Vers le même temps (1836), M. Ravenel publiait, pour la Société de l'Histoire de France, des *Lettres de Mazarin*, écrites, pendant sa retraite hors de France, à la Reine, à la Princesse Palatine, à d'autres personnes de sa confidence, et qui prouvent du moins que, dans un temps où il se rencontrait si peu de cœurs français parmi tant de factieux, il était encore le plus Français de tous dans les vues de sa politique et de son ambition toute sensée. Plus tard (1842), M. Bazin, dans les deux volumes qu'il a consacrés à l'*Histoire de France sous le Ministère du Cardinal Mazarin*, s'est attaché à dégager le récit historique des séductions qu'y avaient jetées les peintures du cardinal de Retz, et il l'a fait, même au risque d'y éteindre quelque peu la vivacité et l'intérêt. Enfin, M. de Laborde vient en dernier lieu, il met comme la dernière main à cette œuvre de réhabilitation; bien loin de se laisser arrêter un seul instant à ce charme contraire du cardinal de Retz, il n'en tient nul compte, et il semble avoir passé lui-même, avec entrain et verve, sous le charme de Mazarin.

C'est qu'en effet Mazarin bien vu, et regardé de près comme si nous étions ses contemporains, avait de ces dons qui, dès qu'ils entraient en jeu, permettaient difficilement de lui échapper. «Il était insinuant, dit Mme de Motteville; il savait se servir de sa bonté apparente à son avantage; il avait *l'art d'enchanter les hommes*, et de se faire aimer par ceux à qui la Fortune le soumettait.» Il est vrai que c'était surtout dans les difficultés et quand il avait le dessous, qu'il usait de ces dons flatteurs et de ces paroles *de miel* dont la nature a pourvu cette race prudente et si aisément perfide des Ulysses. Nous ne nous figurons guère Mazarin que vieux, goutteux, moribond sous la pourpre; sachons le voir tel qu'il était dans les temps où il éleva et fonda sa fortune. Il était beau, d'une magnifique prestance, d'une physionomie heureuse. Né en 1602, il n'avait que vingt-neuf ans quand il donnait la mesure de sa capacité, de sa hardiesse et de son bonheur dans la guerre d'Italie. En 1631, homme d'épée encore et le bras droit du Nonce, le *Signor Giulio Mazarini* (comme on l'appelait alors) arrêta devant Casal les deux armées espagnole et française prêtes à combattre. Sorti du camp espagnol avec les conditions qu'il venait enfin d'arracher, il cria aux Français déjà en marche : *Halte! halte! la paix!* poussant son cheval à toute bride, et faisant signe du chapeau d'arrêter. L'armée française, qui s'ébranlait et était sur le point de donner, répondait : « *Point de paix! point de Mazarin!* » Mais lui redoublait toujours son geste pacifique, et il essuya même en passant quelques mousquetades. Les chefs l'écoutèrent et suspendirent l'attaque. Un traité s'ensuivit. Ce seul coup de *chapeau*, par lequel il arrêta et *charma* ainsi les deux armées, lui aurait bien mérité, disait-on, le chapeau de cardinal.

Richelieu l'avait apprécié dès ce temps et le conquit au service de la France. Il paraît avoir goûté du premier jour ce génie habile, facile et laborieux, ouvert et insinuant, d'une autre nature que le sien, et d'un ordre à quelques égards inférieur, mais qui par cela même ne lui était pas désagréable, et en qui, même à cause des différences, il n'était pas fâché de se désigner un successeur. La première fois qu'il le présenta à la reine après cette affaire de Casal : « Madame, lui dit-il, vous l'aimerez bien, il a l'air de Buckingham. » S'il se permit, en effet, une telle parole, il ne savait pas prédire si juste. Tant que vécut Richelieu, la capacité de Mazarin fut en quelque sorte ensevelie dans le secret du cabinet; il y était intimement lié avec Chavigny, qui avait le cœur et les entrailles de Richelieu dont il passait tout bas pour le fils. A la mort du grand ministre et du roi, il y eut un moment bien critique pour Mazarin : désigné au premier rang par eux pour le Conseil, il put se croire plutôt à la veille d'une disgrâce, et il faisait déjà, disait-on, ses préparatifs pour retourner en Italie, lorsque son adresse et son étoile le portèrent tout d'un coup au faîte.

Bien qu'il eût quelque chose de Buckingham, il ne paraît pas qu'il ait entretenu aucune liaison particulière avec la reine avant l'année 1643. Si l'on en croit La Rochefoucauld, ce fut dans le court intervalle qui s'écoula entre la mort de Richelieu et celle de Louis XIII, que Mazarin commença à s'ouvrir les avenues vers l'esprit et le cœur de cette princesse, à se justifier auprès d'elle par ses amis, et à se ménager peut-être quelque conversation secrète, dont elle-même faisait mystère à ses anciens serviteurs. Anne d'Autriche allait être régente : mais le serait-elle seule et toute-puissante comme elle le voulait, ou ne le serait-elle que moyennant un Conseil comme le voulait le roi? Mazarin, qui devait être l'âme de ce Conseil, s'attacha à faire entendre à la reine qu'il importait assez peu à quelles conditions elle recevrait la régence, pourvu qu'elle l'eût du consentement du roi, et qu'ensuite, ce point obtenu, il ne lui manquerait pas de moyens pour dégager son autorité et gouverner seule. C'était lui faire pressentir dès lors qu'elle n'aurait point en lui un ennemi. Il est permis de croire que, dans ces premiers rapprochements, Mazarin, assez jeune encore, âgé seulement de quarante ans, ne négligea point d'user de ses avantages et de mettre en avant ces délicatesses de démonstrations dont il se trouvait si capable quand il en était besoin, et qui sont souveraines auprès de toute femme, surtout auprès d'une reine qui était aussi femme qu'Anne d'Autriche.

Brienne nous a très-bien raconté le moment décisif où, grâce à elle, Mazarin fixa de nouveau et plus solidement que jamais le nœud de sa fortune. Ce moment doit répondre aux premiers instants de la régence ou peut-être aux derniers jours de la maladie de Louis XIII. L'évêque de Beauvais, Potier, principal ministre alors, était incapable : la reine avait besoin d'un premier ministre; mais qui prendrait-elle? Elle consulta deux hommes qui avaient sa confiance, le président de Bailleul et le vieux secrétaire d'État Brienne. Celui-ci, qui raconta ensuite les détails de la conversation à son fils, ne parla que le second. M. de Bailleul, qui avait opiné en premier, avait commencé par donner l'exclusion à Mazarin, comme créature du cardinal de Richelieu : « Mais moi, dit le vieux Brienne, qui m'étais aperçu déjà plus d'une fois de la pensée secrète qu'avait la reine pour Son Éminence, je crus devoir parler avec plus de réserve. » Le fait est que la reine en était venue à ce point où l'on ne consulte que pour entendre l'avis qu'on désire tout bas et pour se faire pousser dans le sens où incline le cœur. Cette consultation finie, la reine avait fait son choix; il ne s'agissait plus que de s'assurer du cardinal. Elle appela son premier valet de chambre, Beringhen, et lui rapporta ce qui venait de se dire : « Allez sur l'heure, ajouta-t-elle, en rendre compte au cardinal. Feignez d'avoir entendu par hasard tous ces détails. Épargnez ce pauvre président de Bailleul, qui est un bon serviteur; vantez au cardinal le bon office que lui a rendu Brienne ; mais découvrez avant tout quels sont les sentiments du cardinal pour moi, et qu'il ne sache rien que vous ne sachiez, vous d'abord, quelle reconnaissance il témoignera de mes bontés. » Beringhen s'acquitta de sa commission; il alla trouver le cardinal chez le commandeur de Souvré qui lui avait donné à dîner ce jour-là. Le cardinal y était à jouer avec Chavigny et quelques autres. Dès qu'il vit entrer Beringhen, devinant quelque message, il laissa les cartes à tenir à Bautru et passa dans une chambre voisine. La conversation y fut longue. Beringhen ne s'ouvrit d'abord qu'avec d'extrêmes précautions sur les bonnes intentions de la reine. Le cardinal ne témoigna ni joie ni surprise, fidèle à son habitude de dissimuler. Mais quand Beringhen, poussé par la réserve même qu'il rencontrait, eut dit positivement qu'il venait de la part de la reine, ce fut comme une baguette magique qui opéra :

« A ce mot, le fin Italien changea de conduite et de langage, et passant tout à coup d'une extrême retenue à un grand épanouissement de cœur : Monsieur, dit-il à Beringhen, je remets sans condition ma fortune entre les mains de la reine. Tous les avantages que le roi m'avait donnés par sa Déclaration, je les abandonne dès ce moment. J'ai peine à le faire sans avertir M. de Chavigny, nos intérêts étant communs ; mais j'ose espérer que Sa Majesté daignera me garder le secret, comme je le garderai de mon côté religieusement. »

Ces paroles étaient formelles ; mais Beringhen marqua qu'il désirait quelque gage plus précis et qui fît foi du succès de son message. Le cardinal, prenant aussitôt un porte-crayon, écrivit sur les tablettes de Beringhen :

« Je n'aurai jamais de volonté que celle de la reine. Je me désiste dès maintenant de tout mon cœur des avantages que me promet la Déclaration, que j'abandonne sans réserve, avec tous mes autres intérêts, à la bonté sans exemple de Sa Majesté. Écrit et signé de ma main. » — Et plus bas : « De Sa Majesté, le très-humble, très-obéissant et très-fidèle sujet, et la très-reconnaissante créature, JULES, cardinal MAZARINI. »

L'habileté de Mazarin consista à saisir ce moment unique, à deviner que, dans cette instabilité des choses et des alliances de Cour, il n'y avait point pour lui de planche plus solide et plus sûre où il pût s'embarquer que le cœur de cette princesse espagnole, romanesque et fidèle, et que ce vaisseau-là, réputé le plus fragile par les sages, résisterait cette fois à toutes les tempêtes.

A partir de ce jour il fut maître, et aurait pu prendre pour devise : *Qui a le cœur, a tout*. Chavigny, à qui il devait tant, et avec qui il avait eu partie liée jusque-là, fut sacrifié sans regret et sans honte. Les politiques ne s'arrêtent pas, ou, si l'on veut, ne s'arrêtaient pas alors à ces bagatelles qui gênent les hommes d'honneur dans le train ordinaire de la vie. Au reste, les premières influences de cet avénement suprême de Mazarin sont admirablement rendues et dépeintes par son ennemi même, par Retz, qui, dans une page incomparable, nous fait sentir l'adresse, le bonheur, et, pour ainsi dire, le prestige caché de cette nouvelle grandeur insinuante. Quand Mazarin, pour remettre à la raison les anciens amis de la reine devenus trop importuns et trop importants, et qui revendiquaient le pouvoir comme une dépouille qui leur était due, eut fait arrêter le duc de Beaufort, tout le monde admira, chacun s'inclina. La modération que le cardinal fit paraître le lendemain de cet acte de vigueur, sembla à tous de la clémence. La comparaison qu'on faisait de ce pouvoir tout à coup si ferme, mais non pas terrible, et qui continuait d'être si doux ou même si riant dans l'habitude, avec celui du cardinal de Richelieu, charma pour un temps les esprits et fascina les imaginations. Le cardinal, qui avait encore à gagner, mit toute son habileté à seconder son bonheur. « Enfin, il fit si bien, dit Retz, qu'il se trouva sur la tête de tout le monde, dans le temps que tout le monde croyait l'avoir encore à ses côtés. »

On ne dira pas que je suis insensible aux grâces persuasives de Mazarin; mais là où je me sépare un peu de M. de Laborde et de ses ingénieuses apologies, c'est dans l'admiration générale du personnage et du caractère. Pourquoi donc se mettre si fort à admirer ces hommes qui ont tant méprisé les autres hommes, et qui ont cru que le plus grand art de les gouverner était uniquement de les duper? Ne suffit-il pas qu'on reconnaisse leurs mérites et qu'on soit juste envers leur mémoire? Mazarin fut certainement un grand ministre ; mais je crois que ce fut surtout comme négociateur au dehors, comme celui qui ménagea le traité de Munster et qui conclut la Paix des Pyrénées ; c'est à titre de beau joueur diplomatique uq'il a sa place assurée et véritablement hors d'atteinte. Quant à l'intérieur de la France, à l'administration et aux finances, il ne paraît y avoir porté aucune vue d'amélioration générale, aucune pensée de bien public; loin de là, il ne cessa vilainement d'y poursuivre son propre gain et son profit. Lui qui connaissait si bien les hommes, il est un point du génie français qui lui a toujours échappé, un point sur lequel il ne fut Français ni d'accent, ni de sentiment, ni d'intelligence. Je lui passe d'avoir été *ignorantissime* dans les choses d'antique magistrature et de Parlement, mais il ne sentit pas ce ressort si énergique de notre monarchie au dedans, l'*honneur*, et le parti qu'on en pouvait tirer. Il laissait insensiblement le pouvoir s'avilir entre ses mains. Il en laissait avilir la plus belle prérogative, c'est-à-dire les grâces et les bienfaits; il savait être illibéral en promettant et quelquefois même en donnant; il accordait trop visiblement à ceux dont il avait peur, et retenait tout dès qu'il pouvait tout. La félicité suprême de ses dernières années montra le fond de son cœur, et ce cœur n'était rien moins que haut et désintéressé. Il n'avait pas l'âme royale, ce seul mot en dit assez. Il mêlait de petites vues, et presque sordides, même à de grands projets. Sans doute il fut heureux, il réussit finalement en tout; « il est mort, comme on l'a dit, entre les bras de la Fortune. » Respectons jusqu'à un certain point cette fortune, à demi fille de l'habileté, mais ne l'adorons pas. Sachons apercevoir le mépris public qui se glissait à travers et qui croissait chaque jour, ce mépris qui, comme une fièvre lente, mine les pouvoirs et les États. Entre Richelieu et Louis XIV, peut-être fallait-il un tel homme pour donner quelque répit et détendre les courages ; mais un seul jour de plus eût été trop, et il ne fallut pas moins ensuite qu'un roi qui sut être si roi, pour relever la royauté de cette sujétion à un ministre si absolu et si peu royal.

Telle est, après avoir lu M. de Laborde et la plupart

des Mémoires qu'il cite, mon impression finale et invincible. Mazarin est de la race des ministres comme Robert Walpole, plutôt que de celle des Richelieu; il est de ceux (et nous en avons connu) qui ne haïssent pas un certain abaissement dans le génie de la nation qu'ils gouvernent, et qui, alors même qu'ils rendent les plus vrais services, n'élèvent pas. Ce qui leur est dû après eux, c'est la justice, non l'enthousiasme. Le fils de Robert Walpole, Horace, prenant en main la défense de son père contre les ennemis qui l'avaient tant insulté, s'écriait un jour : « Chesterfield, Pulteney et Bolingbroke, voilà les *saints* qui ont vilipendé mon père... voilà les *patriotes* qui ont combattu cet excellent homme, reconnu par tous les partis comme incapable de vengeance autant que ministre l'a jamais été, mais à qui son expérience de l'espèce humaine arracha un jour cette mémorable parole : « Que très-peu d'hommes doivent devenir premiers ministres, car il ne convient pas qu'un trop grand nombre sachent combien les hommes sont méchants. » On pourrait appliquer cette parole à Mazarin lui-même, sauf le mot d'*excellent homme* qui suppose une sorte de cordialité, et qu'il ne méritait pas ; mais il est vrai de dire que c'étaient de singuliers juges d'honneur que les Montrésor, les Saint-Ibar, les Retz et tant d'autres, pour venir faire la leçon à Mazarin. Dans ses Lettres à la reine, il se moque d'eux tous, des prétentions et des ridicules de chacun, très-agréablement.

Quant au cardinal de Retz pourtant, il faut bien s'entendre ; c'est un trop grand écrivain, un trop incomparable auteur de Mémoires, pour qu'on l'abandonne ainsi sans faire ses réserves et, en quelque sorte, ses conditions. Dans un chapitre du *Génie du Christianisme*, où il examine pourquoi les Français ont tant de bons Mémoires et si peu de bonnes histoires, M. de Chateaubriand, touchant à un défaut qu'il sentait mieux que personne, a dit :

« Le Français a été dans tous les temps, même lorsqu'il était barbare, vain, léger et sociable. Il réfléchit peu sur l'ensemble des objets ; mais il observe curieusement les détails, et son coup d'œil est prompt, sûr et délié. Il faut toujours qu'il soit en scène, et il ne peut consentir, même comme historien, à disparaître tout à fait. Les Mémoires lui laissent la liberté de se livrer à son génie. Là, sans quitter le théâtre, il rapporte ses observations, toujours fines et quelquefois profondes. Il aime à dire : *J'étais là, le Roi me dit... J'appris du Prince... Je conseillai, je prévis le bien, le mal.* Son amour-propre se satisfait ainsi ; il étale son esprit devant le lecteur ; et le désir qu'il a de se montrer penseur ingénieux le conduit souvent à bien penser. De plus, dans ce genre d'histoire, il n'est pas obligé de renoncer à ses passions, dont il se détache avec peine. Il s'enthousiasme pour telle ou telle cause, tel ou tel personnage ; et, tantôt insultant le parti opposé, tantôt se raillant du sien, il exerce à la fois sa vengeance et sa malice. »

Le Français étant ainsi défini, Retz en paraît, de son temps, le plus brillant modèle, et dès lors il est aussi le plus excellent auteur de Mémoires.

Retz est un homme d'imagination. Nourri dès l'enfance dans l'idéal des conjurations et des guerres civiles, il n'était pas fâché de s'essayer à les réaliser pour avoir ensuite à les raconter comme Salluste, et à les écrire. Il y a de la littérature dans son fait. Il est homme à entreprendre, non pas pour réussir, mais pour se donner l'émotion et l'orgueil de l'entreprise, le plaisir du jeu plutôt que le profit et le gain, qui pour lui ne viendront jamais. Il est dans son élément au milieu des cabales ; il s'y retrouve et il y nage encore en idée par les vives descriptions qu'il en fait. Ces hommes qui ont le génie d'écrivain ont toujours, sans bien s'en rendre compte, une arrière-pensée secrète et une ressource dernière, qui est d'écrire leur histoire et de se dédommager par là de tout ce qu'ils ont perdu du côté du réel. Ceux qui ont entendu Retz dans les années de sa retraite ont remarqué qu'il aimait à raconter les aventures de sa jeunesse, qu'il les exagérait et les ornait un peu de merveilleux : « Et dans le vrai, dit l'abbé de Choisy, le cardinal de Retz avait un petit grain dans la tête.» Ce *petit grain*, c'est précisément ce qui fait l'homme d'imagination, l'écrivain et le peintre de génie, l'homme de pratique incomplet, celui qui échouera devant le bon sens et la froide patience de Mazarin, mais qui lui revaudra cela et prendra sa revanche de lui, plume en main, devant la postérité.

Je ne réponds pas, et aucun lecteur circonspect ne saurait répondre de la vérité et de l'exactitude historique de la plupart des récits que nous offrent les Mémoires de Retz; mais ce qui est évident et qui saute aux yeux, c'est quelque chose de supérieur pour nous à cette exactitude de détail, je veux dire la vérité morale, la fidélité humaine et vivante de l'ensemble. Et, par exemple, voyez cette première scène de la Fronde, lorsqu'après l'emprisonnement du conseiller Broussel, le coadjuteur, c'est-à-dire Retz, prend le parti de se rendre au Palais-Royal pour représenter à la reine l'émotion de Paris et le danger imminent d'une sédition. Il rencontre en chemin le maréchal de La Meilleraie, brave militaire, qui se fait fort d'être son second et d'appuyer son témoignage à la Cour. Quelle scène de comédie plus admirablement décrite que celle à laquelle Retz nous fait assister? La reine, incrédule et colère, le cardinal, qui n'a point peur encore, et qui sourit malignement, les complaisants, les flatteurs du lieu, Bautru et Nogent, qui bouffonnent, et chacun des assistants dans son rôle : M. de Longueville qui témoigne de la tristesse, « et il était dans une joie le mieux le commencement de toutes affaires; » M. le duc d'Orléans qui fait l'empressé et le passionné en parlant à la reine, « et je ne l'ai jamais vu siffler avec plus d'indolence qu'il siffla une demi-heure en entretenant Guerchi dans la petite chambre grise; » le maréchal de Villeroi qui fait le gai pour faire sa cour au ministre, « et il m'avouait en particulier, les larmes aux yeux, que l'État était sur le bord du précipice. » La scène décrite par Retz dure ainsi avec toutes sortes de variations, jusqu'à ce que le chancelier Séguier entre dans le cabinet : « Il était si faible de son naturel, qu'il n'avait jamais dit jusqu'à cette occasion aucune parole de vérité; mais, en celle-ci, la complaisance céda à la peur. Il parla, et il parla selon ce que lui dictait ce qu'il avait vu dans les rues. J'observai que le cardinal parut fort touché de la liberté d'un homme en qui il n'en avait jamais vu. » Mais quand, après le chancelier, on voit entrer le lieutenant civil, plus pâle à son tour qu'un acteur de la Comédie Italienne, oh! alors tout se décide, et la peur, à laquelle on avait tant résisté, se fait jour dans toutes les âmes. Il faut lire chez Retz la comédie entière. Cette scène est vraie, elle doit l'être, car elle ressemble à la nature humaine, à la nature des rois, des ministres et courtisans en ces extrémités. C'est la scène de Versailles pendant qu'on prend la Bastille, ou à la veille du 5 octobre; c'est la scène, tant de fois répétée, de Saint-Cloud ou des Tuileries, le matin des émeutes qui balaient les dynasties.

Voilà les côtés que Retz a merveilleusement saisis et connus, le caractère des hommes, le masque et le jeu des personnages, la situation générale et l'esprit mouvant des choses; par toutes ces parties, il est supérieur et hors d'atteinte dans l'ordre de la pensée et de la peinture morale, autant que Mazarin peut l'être lui-même dans l'histoire comme signataire de la Paix des Pyrénées.

Qu'ai-je a dire de Mazarin qui n'ait pas déjà été dit? Si on me demande comment l'aima la reine et de quelle nature fut son affection, je répondrai qu'il reste quelque doute à cet égard; non pas sur la question de l'amour, ce fut bien de l'amour assurément, amour réel de sa part à elle, amour plus ou moins simulé de la part de Mazarin, et tant qu'il eut besoin d'un appui. Les Lettres qu'on a de lui à la reine ne laissent aucun doute sur la vivacité des démonstrations passionnées qu'il se permettait ou peut-être qu'il se commandait en lui écrivant; mais il paraîtrait, si l'on s'en rapportait au témoignage de Brienne et de sa vertueuse mère, que cet amour se contint d'ailleurs en des termes assez platoniques, que l'esprit de la reine s'avouait surtout charmé de la *beauté de l'esprit* du cardinal, et que c'était un amour enfin dont on pouvait parler à une confidente jusque dans l'oratoire et sur les reliques des saints, sans trop avoir à en rougir et à s'en accuser.

Tel paraît avoir été, du moins, l'état vrai de la reine à un certain jour. Que si plus tard Mazarin (comme cela n'est pas impossible) passa outre et triompha des scrupules jusqu'à l'entière possession, c'est qu'il y vit pour lui un moyen plus sûr de gouvernement.

Le même Brienne, qui nous initie à ces secrets du cabinet et de l'oratoire, a raconté les dernières années et la fin de Mazarin de manière à rappeler les pages de Commynes, dans lesquelles le fidèle historien retrace la fin de Louis XI. Mazarin mourut à cinquante-neuf ans. Il était temps qu'il finît, pour le roi comme pour la reine. Il avait, dans les dernières années, froissé celle-ci par ses duretés et ses négligences, depuis qu'il se voyait à l'abri de toute atteinte; car, selon le témoignage de sa nièce Hortense, « jamais personne n'eut les manières si douces en public, et si rudes dans le domestique. » Mais Louis XIV surtout, qui, enfant, aimait peu Mazarin et se sentait froissé par lui comme roi et comme fils (les fils instinctivement aiment peu les amis trop tendres de leur mère), qui plus tard l'avait apprécié et comprenait l'étendue de ses services, était toutefois impatient que l'heure sonnât où il pût enfin régner. Mazarin, qui, avec son coup d'œil sagace, avait deviné Louis XIV enfant, était plutôt attentif à le retarder comme roi qu'à le pousser; mais le moment était venu où il n'y avait guère plus de retard possible. La mort servit donc l'heureux Mazarin à souhait en l'enlevant au comble de la prospérité et dans la maturité de la puissance humaine. Après une consultation de médecins, le célèbre Guénaud lui ayant nettement déclaré qu'il était atteint à mort et qu'il n'avait guère que pour deux mois à vivre, il se mit à penser sérieusement à sa fin, et il le fit avec un singulier mélange de fermeté, de parade et de petitesse. Il tenait à la vie, il y tenait par des attaches plus fortes que celles des grands cœurs, je veux dire par les mille liens du possesseur vulgaire qui s'attache aux choses en raison des biens qu'il a amassés :

« Un jour, dit Brienne, je me promenais dans les appartements neufs de son palais (c'est la grande galerie qui longe la rue de Richelieu et qui conduisait à sa bibliothèque); j'étais dans la petite galerie où l'on voyait une tapisserie toute en laine qui représentait Scipion, exécutée sur les dessins de Jules Romain; le cardinal n'en avait pas de plus belle. Je l'entendis venir, au bruit que faisaient ses pantoufles, qu'il trainait comme un homme fort languissant et qui sort d'une grande maladie. Je me cachai derrière la tapisserie, et je l'entendis qui disait : *Il faut quitter tout cela!* Il s'arrêtait à chaque pas, car il était fort faible et se tenait tantôt d'un côté, tantôt de l'autre; et, jetant les yeux sur l'objet qui lui frappait la vue, il disait du profond du cœur : *Il faut quitter tout cela!* Et se tournant, il ajoutait : *Et encore cela ! Que j'ai eu de peine à acquérir ces choses ! puis-je les abandonner sans regret?... Je ne les verrai plus où je vais!* J'entendis ces paroles très-distinctement; elles me touchèrent peut-être plus qu'il n'en était touché lui-même. Je fis un grand soupir que je ne pus retenir, et il m'entendit. « Qui est là? dit-il, qui est là? — C'est moi, Monseigneur, qui attendais le moment de parler à Votre Éminence... — Approchez, approchez, » me dit-il d'un ton fort dolent. Il était nu dans sa robe de chambre de camelot fourrée de petit-gris, et avait son bonnet de nuit sur la tête; il me dit : « Donnez-moi la main : je suis bien faible; je n'en puis plus. — Votre Éminence ferait bien de s'asseoir. » Et je voulus lui porter une chaise. « Non, dit-il, non; je suis bien aise de me promener, et j'ai affaire dans ma bibliothèque. » Je lui présentai le bras, et il s'appuya dessus. Il ne voulut point que je lui parlasse d'affaires : « Je ne suis plus, me dit-il, en état de les entendre; parlez-en au roi, et faites ce qu'il vous dira : j'ai bien d'autres choses maintenant dans la tête. » Et revenant à sa pensée : « Voyez-vous, mon ami, ce beau tableau du Corrége, et encore cette Vénus du Titien, et cet incomparable Déluge d'Antoine Carrache, car je sais que vous aimez les tableaux et que vous vous y connaissez très-bien ; *ah! mon pauvre ami, il faut quitter tout cela!* Adieu, chers tableaux que j'ai tant aimés, *et qui m'ont tant coûté!* »

En entendant ces paroles, en voyant cette mise en scène si dramatique et si imprévue de l'ode d'Horace : *Linquenda tellus, et domus,* on est touché comme Brienne; mais prenez garde! s'il y a, dans ce regret de quitter de si belles choses et de si beaux tableaux, un semblant de la passion de l'Italien et du noble amateur, il y a un autre sentiment encore : si le premier mot semble d'un artiste, le second est d'un avare.

M. de Laborde sait aussi bien et mieux que nous toutes ces choses, et c'est chez lui que nous aimons à les apprendre ou à les retrouver. Mais il a un faible pour Mazarin. En citant ce passage, par exemple, il s'arrête à ces mots : *Adieu, chers tableaux que j'ai tant aimés!* et il omet le trait final : *et qui m'ont tant coûté!* qui est le trait caractéristique, et par où le vice secret du moribond se trahit.

Est-ce en artiste, est-ce parce qu'il aime ces tableaux en eux-mêmes que le maître les regrette? Non, c'est parce qu'ils lui ont coûté cher, c'est en raison surtout de leur prix qu'il les aime et qu'il s'y rattache : voilà le fond de l'âme de Mazarin.

Un autre trait que l'on doit également à Brienne, et que Shakspeare n'aurait pas omis dans une *Mort de Mazarin*, est d'une grande énergie et d'une effrayante vérité. Un jour, Brienne, entrant à petits pas dans la chambre du cardinal, au Louvre, le trouva sommeillant au coin de son feu, dans son fauteuil : sa tête allait en avant et en arrière par une sorte de balancement machinal, et il murmurait, tout en dormant, des paroles inintelligibles. Brienne eut peur qu'il ne tombât dans le feu, et appela le valet de chambre Bernouin, qui le secoua assez vivement. « Qu'y a-t-il, Bernouin? dit-il en s'éveillant, qu'y a-t-il? *Guénaud l'a dit!* » — « Au diable soit Guénaud et son dire! reprit son valet de chambre; direz-vous toujours cela? » — « Oui, Bernouin, oui, *Guénaud l'a dit!* et il n'a dit que trop vrai; il faut mourir! je ne saurais en réchapper! *Guénaud l'a dit! Guénaud l'a dit!* » C'étaient les mêmes paroles qu'il prononçait machinalement en dormant, et que Brienne n'avait pas d'abord distinctement entendues.

Une vie complète et anecdotique de Mazarin serait très-curieuse à faire : on en possède à peu près tous les éléments. M. de Laborde en a réuni un grand nombre dans les Notes de son intéressant travail. Il y cite souvent les *Carnets* de Mazarin et quelques-unes des notes écrites par lui, tant en italien qu'en français, sur les objets qui le préoccupaient et dont il voulait parler à la reine. On trouverait dans ces *Carnets* de Mazarin des maximes d'État, d'excellents jugements des hommes, les menus propos du jour, tout enfin, j'imagine, excepté de la grandeur. M. de Laborde a réussi dans son apologie de Mazarin, en ce sens qu'après l'avoir lu on emporte de l'esprit du ministre, de ses qualités aimables et puissantes, une idée fort présente et fort vive, égale à tout ce qu'on en pouvait penser déjà. Je désirerais pourtant que, dans le nouveau choix qu'il doit faire en réimprimant, l'auteur réduisît ses citations et ses notes à ne jamais signifier plus qu'elles ne prouvent en effet, et qu'il n'avançât rien que ne pût avouer une critique impartiale et précise. Je désirerais qu'il traitât moins légèrement Retz, Saint-Évremond, et en général tous les adversaires, qu'il ne méprisât pas si fort même les *sots Mémoires* de La Porte. La Porte est un valet de chambre qui a laissé des Mémoires, non pas du tout d'un homme d'esprit, mais d'un honnête homme, et il n'y a pas de sots Mémoires de valet de chambre pour la postérité. C'est à ces conditions, selon moi, c'est moyennant ces précautions légères, qu'aura gain de cause, auprès même des plus exigeants, ce travail agréable et déjà si goûté, dont je n'ai pu signaler qu'un point essentiel, et qu'anime dans toutes ses parties un heureux sentiment des arts.

Lundi 8 juillet 1850.

MADAME DU CHÂTELET.

SUITE DE

VOLTAIRE A CIREY.

Je dois, en commençant, un petit mot d'explication en réponse à plus d'une question qui m'a été faite en des sens divers. Quelle est mon intention et mon but en revenant volontiers ici sur ces sujets du xviie et du xviiie siècle? Ai-je en vue de proposer des modèles? Non pas précisément; mais je voudrais aider avant tout à maintenir, à renouer la tradition, sans laquelle rien n'est possible en bonne littérature; et, dès lors, quoi de plus simple que de tâcher de renouer cette tradition au dernier anneau? Si bien des choses étaient déjà gâtées à la fin du xviie siècle et pendant tout le xviiie, le langage du moins y était encore bon, la prose surtout s'y retrouvait excellente quand c'étaient Voltaire et ses proches voisins qui causaient ou qui écrivaient. Je voudrais donc nous remettre, me remettre moi-même tout le premier, au régime de ce langage clair, net et courant. Je voudrais que, dans le commerce de ces hommes ou de ces femmes d'esprit d'il y a un siècle, nous nous reprissions à causer comme on causait autrefois, avec légèreté, politesse s'il se peut, et sans trop d'emphase. Un des défauts des générations nouvelles (lesquelles ont leurs qualités d'ailleurs, que je ne conteste pas), c'est de vouloir dater de soi seul, c'est d'être en général dédaigneux du passé, systématique, et, par suite, roide et rude, ou même un peu farouche. J'aimerais à voir la jeunesse s'apprivoiser et s'adoucir petit à petit à ce style plus simple, à ces manières de dire vives et faciles, qui étaient réputées autrefois les seules françaises.

Quant à la morale du xviiie siècle, il y a maint cas où je la réprouve. S'il est quelques lecteurs (comme j'en crois connaître) qui voudraient me voir la réprouver plus souvent et plus vertement, je leur ferai remarquer que je réussis bien mieux si je les provoque à la condamner eux-mêmes, que si je prenais les devants et paraissais vouloir leur imposer un jugement en toute rencontre, ce qui, à la longue, fatigue et choque toujours chez un critique. Le lecteur aime assez à se croire plus sévère que le critique; je lui laisse ce plaisir-là. Il me suffit, à moi, de raconter et d'exposer fidèlement, de manière que chacun puisse profiter des choses de l'esprit et du bon langage, et soit à même de faire justice des autres parties toutes morales que je n'ai garde de dissimuler.

Aujourd'hui, je continuerai de parler de Voltaire et de son amie Mme Du Châtelet, qui s'offre à nous comme inséparable de lui durant quinze ans. Je n'ai pu que la montrer en passant dans le récit de Mme de Grafigny, et par les côtés les moins avantageux. Mme Du Châtelet n'était pas une personne vulgaire; elle occupe dans la haute littérature et dans la philosophie un rang dont il était plus aisé aux femmes de son temps de sourire que de le lui disputer. L'amour, l'amitié que Voltaire eut pour elle était fondé sur l'admiration même, sur une admiration qui ne s'est démentie à aucune époque; et un homme comme Voltaire n'était jamais assez amoureux pour que l'esprit chez lui pût être longtemps la dupe du cœur. Il fallait donc que Mme Du Châtelet eût de vrais titres à cette admiration d'un juge excellent, et c'est un premier titre déjà que de l'avoir su à ce point retenir et charmer.

Elle était de son nom Mlle de Breteuil, née en 1706, de douze ans plus jeune que Voltaire. Elle eut une éducation forte, et apprit le latin dès l'enfance. Mariée au marquis Du Châtelet, elle vécut d'abord de la vie de son temps, de la vie de Régence, et le duc de Richelieu put l'inscrire sur la liste de ses brillantes conquêtes. Voltaire, qui l'avait rencontrée de tout temps, ne se lia étroitement avec elle qu'après son retour d'Angleterre, vers 1733. Il avait trente-neuf ans, et Mme Du Châtelet vingt-sept. Leurs esprits se convinrent et s'éprirent. La mission de Voltaire, à ce moment, était de naturaliser en France les idées anglaises, les principes philosophiques qu'il avait puisés dans la lecture de Locke, dans la société de Bolingbroke ; mais surtout, ayant apprécié la solidité et l'immensité de la découverte de Newton, et rougissant de voir la France encore amusée à de vains systèmes, tandis que la pleine lumière régnait ailleurs, il s'attacha à propager la vraie doctrine de la connaissance du monde, à laquelle il mêlait des idées de déisme philosophique. Mme Du Châtelet était femme à le seconder, que dis-je? à le précéder dans cette voie.

Elle aimait les sciences exactes et s'y sentait poussée par une véritable vocation. S'étant mise à étudier les mathématiques, d'abord avec Maupertuis, et ensuite plus à fond avec Clairaut, elle y fit des progrès remarquables et dépassa bientôt Voltaire, qui se contentait de l'admirer sans pouvoir la suivre. Mme Du Châtelet publia des *Institutions de Physique*, où elle s'est plu à exposer les idées particulières de Leibniz ; mais son grand titre est d'avoir traduit en français le livre immortel des *Principes* de Newton; elle y a joint un Commentaire algébrique, auquel Clairaut a mis la main. Ainsi, en inscrivant son nom au bas de l'œuvre de Newton, elle semblait appeler déjà la méthode d'exposition de M. de Laplace. Quel honneur pour une femme de pouvoir glisser son nom entre de tels noms!

Cet honneur-là, Mme Du Châtelet, de son vivant, l'aurait payé un peu cher, si elle avait été sensible aux railleries et aux épigrammes. Autrefois, la belle Hypatie, célèbre mathématicienne et astronome, avait été lapidée à Alexandrie par le peuple. Mme Du Châtelet, qui était moins belle, à ce qu'il semble, et qui n'avait pas non plus toutes les vertus d'Hypatie, ne fut point lapidée comme elle, mais elle essuya les fines moqueries de ce monde où elle vivait, le plus spirituel des mondes et le plus méchant. Je ne crois pas qu'il existe en français de page plus sanglante, plus amèrement et plus cruellement satirique, que le Portrait de Mme Du Châtelet, de *la divine Émilie*, tracé par Mme Du Deffand (une amie intime), et qui commence par ces mots : « Représentez-vous une femme grande et sèche, sans etc., etc. » C'est chez Grimm qu'il faut lire ce Portrait, qui a été mutilé et *adouci* ailleurs; on n'ose en rien transcrire, de peur de brûler le papier. Il semble avoir été tracé par une Furie à froid, qui sait écrire, et qui grave chaque trait en trempant sa plume dans du fiel ou dans du vitriol. Le mot impitoyable, à chaque ligne, est trouvé. On refuse à la pauvre victime, non-seulement le naturel de ses qualités, mais même celui de ses défauts. Le trait final est aussi le plus perfide et le plus humiliant; on l'y montre comme s'attachant à tout prix à la célébrité de M. de Voltaire : « C'est lui qui la rend l'objet de l'attention du public et le sujet des conversations particulières; c'est à lui qu'elle devra de vivre dans les siècles à venir, et, en attendant, elle lui doit *ce qui fait vivre* dans le siècle présent. »

Pour compléter la satire, il faut joindre à ce Portrait de Mme Du Châtelet, par Mme Du Deffand, les Lettres de Mme de Staal (De Launay) à la même Mme Du Deffand, où nous est représentée si au naturel, mais si en laid, l'arrivée de Mme Du Châtelet et de Voltaire, un soir chez la duchesse du Maine, au château d'Anet : « Ils apparaissent sur le minuit comme deux spectres, avec une odeur de corps embaumés. » Ils défraient la société par leurs airs et leurs ridicules, ils l'irritent par leurs singularités; travaillant tout le jour, lui à l'histoire, elle à Newton, ils ne veulent ni jouer, ni se promener : « Ce sont bien des *non-valeurs* dans une société où leurs doctes écrits ne sont d'aucun rapport. » Mme Du Châtelet surtout ne peut trouver un lieu assez recueilli, une chambre assez silencieuse pour ses méditations :

> « Mme Du Châtelet est d'hier à son troisième logement, écrit Mme de Staal; elle ne pouvait plus supporter celui qu'elle avait choisi; il y avait du bruit, *de la fumée sans feu*, il me semble que c'est son emblème. Le bruit, ce n'est pas la nuit qu'il l'incommode, à ce qu'elle m'a dit, mais le jour, au fort de son travail; cela dérange ses idées. Elle fait actuellement la revue de ses *Principes*. c'est un exercice qu'elle réitère chaque année, sans quoi ils pourraient s'échapper, et peut-être s'en aller si loin, qu'elle n'en retrouverait pas un seul. Je crois bien que sa tête est pour eux une maison de force, et non pas le lieu de leur naissance; c'est le cas de veiller soigneusement à leur garde. Elle préfère le bon air de cette occupation à tout amusement, et persiste à ne se montrer qu'à la nuit close. Voltaire a fait des vers galants qui réparent un peu le mauvais effet de leur conduite inusitée. »

On a le ton de cette satire sous la plus fine et la plus spirituelle des plumes féminines. En lisant ces Lettres de Mme de Staal à Mme Du Deffand, on ne peut s'empêcher pourtant de remarquer, au milieu de cette société la plus civilisée et la plus douce en apparence, de quelle nature triste est cette gaieté dénigrante de deux femmes qui s'ennuient, quel vide intellectuel et moral suppose une telle médisance plus désœuvrée encore que méchante, quelle sécheresse amère et stérile! Il était temps, à la fin, que le feu du ciel tombât et prît à toute cette paille sèche pour renouveler la terre.

Mme Du Châtelet échappait du moins à ces misères du dehors, et ses nobles études, ses hautes distractions mêmes, la mettaient à l'abri des petites vues où se consumaient autour d'elle des esprits si distingués. Voltaire se trompait peut-être et avait le bandeau sur les yeux quand il écrivait : « Jamais personne ne fut si savante qu'elle, et jamais personne ne mérita moins qu'on dit d'elle : *C'est une femme savante...* Les dames qui jouaient avec elle chez la reine étaient bien loin de se douter qu'elles fussent à côté du Commentateur de Newton : on la prenait pour une personne ordinaire. » Mais il a raison quand il ajoute : « Tout ce qui occupe la société était de son ressort, *hors la médisance*. Jamais on ne l'entendit relever un ridicule. Elle n'avait ni le temps ni la volonté de s'en apercevoir; et quand on lui disait que quelques personnes ne lui avaient pas rendu justice, elle répondait qu'elle voulait l'ignorer. » Quand les mathématiques de Mme Du Châtelet n'auraient servi qu'à lui donner cette supériorité morale, c'était quelque chose.

Nous pouvons la juger directement par des lettres d'elle, par des écrits de morale où elle se peint. Laissons donc les anecdotes, renvoyons-y les curieux, et écoutons ses paroles. Dès les premiers temps de l'étroite liaison de Mme Du Châtelet et de Voltaire (1734), celui-ci, ayant pris l'alarme sur un avis qui lui était venu, avait cru devoir partir de Cirey en plein hiver, et était passé pour plus de sûreté en Hollande. Mme Du Châtelet, dans l'ardeur de son inquiétude, écrit au tendre ami de son ami, à M. d'Argental, pour qu'il éclaircisse l'affaire et qu'il ménage le retour de celui sans qui elle ne peut vivre. Ces Lettres, publiées en 1806 par M. Hochet, sont touchantes et parfois admirables de ton et de passion ; on y sent, dès les premiers mots, la femme qui aime :

« Je suis à cent cinquante lieues de votre ami, et il y a douze jours que je n'ai eu de ses nouvelles. Pardon, pardon ; mais mon état est horrible...

« Il y a quinze jours que je ne passais point sans peine deux heures loin de lui ; je lui écrivais alors de ma chambre à la sienne ; et il y a quinze jours que j'ignore où il est, ce qu'il fait ; je ne puis pas même jouir de la triste consolation de partager ses malheurs. Pardonnez-moi de vous étourdir de mes plaintes ; mais je suis trop malheureuse. »

On craint un danger, mais on ne sait pas bien lequel. Mme Du Châtelet soupçonne que cette menace pourrait bien avoir été un coup monté contre elle, pour effrayer Voltaire, pour l'éloigner et déconcerter leur bonheur. On voit dans chacune de ses lettres combien elle se méfie de la sagesse du poëte quand il est loin d'elle, abandonné sans conseil à toutes ses irritations, à ses premiers mouvements et à ses pétulances : « Croyez-moi, dit-elle à d'Argental, ne le laissez pas longtemps en Hollande ; il sera sage les premiers temps, mais souvenez-vous

Qu'il est peu de vertus qui résistent sans cesse. »

Si elle avait lu La Fontaine autant que Newton, elle citerait, pour le coup, ces vers charmants du bonhomme, qui vont si bien à Voltaire et à toute la race :

Puis fiez-vous à rimeur qui répond
D'un seul moment ! Dieu ne fit la sagesse
Pour les cerveaux qui hantent les neuf Sœurs ;

Trop bien ont-ils quelque art qui vous peut plaire,
Quelque jargon plein d'assez de douceurs,
Mais d'être sûrs ce n'est là leur affaire.

Elle ne cesse de lui faire recommander, par d'Argental, la sagesse et l'*incognito*. L'*incognito* à Voltaire, cet homme, cet enfant amoureux de la célébrité! On voit combien elle tient à la vie et au bonheur avec lui, à un bonheur *pour toujours*. Elle craint qu'il ne s'accoutume là-bas à se passer d'elle; la liberté a de grands charmes, et les libraires hollandais aussi, ces libraires qui vous tentent de tout imprimer et de tout dire. Elle a l'idée fixe qu'il soit sage là-bas, et ne se permette rien de trop dans ses Éditions de Hollande, afin de pouvoir revenir ensuite et de jouir ensemble de la félicité à Cirey : « Surtout qu'il n'y mette pas le *Mondain!* » (Charmant *Mondain!* c'était une affaire d'État alors, et l'avenir d'un homme en dépendait.) — « Il faut à tout moment, s'écrie-t-elle, le sauver de lui-même, et j'emploie plus de politique pour le conduire que tout le Vatican n'en emploie pour retenir la Chrétienté dans ses fers. » Ce dernier trait est au moins solennel et peut sembler disproportionné, mais c'est ainsi que raisonne la passion. Tout à côté, Mme Du Châtelet parlera de lui comme d'un enfant, avec sollicitude, avec tendresse : « Nous sommes quelquefois *bien entêté*, dit-elle en souriant, et ce démon d'une réputation que je trouve mal entendue ne nous quitte point. » Dans ces lettres à d'Argental, nous retrouvons la Mme Du Châtelet passionnée et tendre, celle que Voltaire nous a si bien peinte en deux mots, *un peu philosophe et bergère.*

Elle a des accents vrais, et dont l'excès même ne déplaît pas. Dans un moment elle s'exagère les périls; son imagination va jusqu'à se représenter Voltaire peu en sûreté même en Hollande : « Je ne sais, écrit-elle à d'Argental, si vous daignerez me rassurer sur cette crainte, vous penserez que je deviens folle. *Je suis un avare à qui l'on a arraché tout son bien, et qui craint à tout moment qu'on ne le jette dans la mer.* »

Voltaire continue en Hollande de faire des imprudences et d'obéir à sa nature; il envoie au Prince royal de Prusse (qui va être le grand Frédéric) un manuscrit sur la *Métaphysique*, et cette *Métaphysique*, si elle s'imprime, est de telle sorte qu'elle peut perdre à jamais son homme. Mme Du Châtelet sent la faute; elle s'en plaint à d'Argental avec tristesse, avec éloquence :

> « Si un ami de vingt ans lui demandait ce manuscrit, il devrait le lui refuser; et il l'envoie à un inconnu et *prince !* Pourquoi, d'ailleurs, faire dépendre sa tranquillité d'un autre, et cela sans nécessité, par la sotte vanité (car je ne puis falsifier le mot propre) de montrer, à quelqu'un qui n'en est pas juge, un ouvrage où il ne verra que de l'imprudence? Qui confie si légèrement son secret, mérite qu'on le trahisse; *mais moi, que lui ai-je fait pour qu'il fasse dépendre le bonheur de ma vie du Prince royal?* Je vous avoue que je suis outrée... »

C'est là une plainte d'amante qui est dans son droit; mais, au même moment, elle l'aime; elle l'appelle «*une créature si aimable de tout point;*» elle ne voit que lui dans l'univers, et le proclame sans trop de prévention « le plus bel ornement de la France. » Il lui échappe quelque part ce mot heureux : « Pour moi, je crois que les gens qui le persécutent ne l'ont jamais lu. » Elle est évidemment séduite et sous le charme : l'amour, pour entrer là, a pris le chemin de l'esprit.

Une réflexion pourtant se présente, et elle-même n'était pas sans se la faire : quelle témérité d'aller confier son bonheur, sa destinée, tout son avenir comme femme, à un homme de lettres, aussi homme de lettres que Voltaire, à un poëte aussi poëte, et à la merci, chaque matin, de son tempérament irritable! Le sort des deux êtres unis se trouvait ainsi toujours remis au hasard d'une vanité ou d'une pétulance.

A propos de ces perpétuels dérangements que les incartades de Voltaire apportaient dans l'existence de Mme Du Châtelet, les bonnes âmes d'alors ne tarissaient pas; on la plaignait hautement; le président Hénault, un des meilleurs amis, écrivait un jour à Mme Du Deffand : « La pauvre Du Châtelet devrait faire mettre, dans le bail de toutes les maisons qu'elle loue, la clause de toutes les folies de Voltaire. Véritablement, il est incroyable que l'on soit si inconsidéré. »

Elle était plus à plaindre que lui en effet, même dans leurs infortunes à tous deux; elle avait moins de quoi se consoler. Il y a un joli mot de Saint-Lambert, autre homme de lettres s'il en fut, et qui s'y connaissait. On plaignait devant lui Jean-Jacques Rousseau, qui avait été forcé de fuir : « Ne le plaignez pas trop, dit-il, il voyage avec sa maîtresse *la Réputation.* » Cette maîtresse-là est toujours la rivale, plus ou moins secrète, de l'autre maîtresse qui croit régner.

Si vous êtes femme, si vous êtes sage, et si votre cœur, tout en prenant feu, se donne encore le temps de choisir, écoutez un conseil : n'aimez ni Voltaire, ni Jean-Jacques, ni Goëthe, ni Chateaubriand, si par hasard il vous arrive de rencontrer de tels grands hommes sur votre chemin. Aimez... qui donc? Aimez qui bonnement et pleinement vous le rende, aimez qui ait à vous offrir tout un cœur, n'eût-il aucun nom célèbre et ne s'appelât-il que le chevalier Des Grieux. Un Des Grieux honnête et une Manon sage, voilà l'idéal de ceux qui savent être heureux en silence : la gloire en tiers dans le tête-à-tête ne fait que tout gâter.

Mais, nous autres moralistes, nous en parlons bien à notre aise, et les choses de la vie ne se règlent pas en si parfaite mesure. Mme Du Châtelet aime Voltaire, et, en se rendant compte de tout à elle-même, elle passe outre, elle est entraînée. Au fond, il aime mieux (et elle le sait bien) donner jour à sa *Métaphysique* et la produire en lumière, que de la sacrifier sans bruit à l'amour et au bon sens : c'est bien là l'homme de lettres dans sa vérité de nature. Et elle-même qui se plaint, ne l'aime-t-elle pas un peu pour tout cela, pour « ces lauriers qui le suivent partout? » Elle a beau ajouter : « Mais à quoi lui sert tant de gloire? un bonheur obscur vaudrait bien mieux. » S'il avait choisi et embrassé cette obscurité qu'elle lui désire, elle ne l'aurait peut-être pas choisi lui-même, et sans doute elle l'en aimerait moins.

Laissons donc aller les choses, et contentons-nous de les voir comme elles sont. Ce fut pourtant là le point par où manqua finalement cette liaison de Mme Du Châtelet et de Voltaire : celui-ci fut plus homme de lettres qu'amant. Au fond, Voltaire n'était pas et ne pouvait être un véritable amant. Il n'avait que des admirations d'esprit, et était surtout capable d'amitié. Presque dès le début de sa liaison avec Mme Du Châtelet, il put lui dire et lui redire ces vers charmants :

> Si vous voulez que j'aime encore,
> Rendez-moi l'âge des amours...

Elle acceptait toutefois cette situation inégale, et jusqu'à un certain point pénible; durant des années elle s'y montra constante et fidèle. Ce furent les torts de Voltaire, et, si je puis dire, ses infidélités littéraires, qui la dégagèrent insensiblement. Dès le mois de février 1735, durant ce séjour qu'il fait en Hollande, elle a à se plaindre de lui; il a bien plus à cœur de publier ses livres et sa philosophie, coûte que coûte, que de revenir vers l'amie qui l'appelle et qui l'implore :

> « Il est affreux d'avoir à me plaindre de lui, écrit Mme du Châtelet à d'Argental; c'est un supplice que j'ignorais. S'il vous reste encore quelque pitié pour moi, écrivez-lui; il ne voudra point rougir à vos yeux : je vous le demande à genoux... Si vous aviez vu sa dernière lettre, vous ne me condamneriez pas; elle est signée, et il m'appelle *Madame!* C'est une disparate si singulière, que la tête m'en a tourné de douleur. »

Ses torts en ce genre se renouvelèrent quelques années après. En 1738, par exemple, au moment où Mme de Grafigny tomba à Cirey, Voltaire était dans une de ces crises et de ces quintes littéraires qui « altéraient tout à fait *la douceur charmante de ses mœurs.* » Un libelle de l'abbé Des Fontaines l'avait tellement mis hors de lui, qu'il voulait, à chaque poste où il recevait des lettres, partir pour Paris, voir les ministres, le lieutenant-criminel, présenter requête, porter plainte, que sais-je? poursuivre à extinction sa vengeance. Mme Du Châtelet ne pouvait réussir à lui rendre le calme et à lui persuader que le bonheur de deux êtres choisis, qui cultivent ensemble la philosophie et les lettres, ne saurait dépendre de misérables insultes parties de si bas. Le paradis terrestre de Cirey était devenu un enfer de tracasseries et d'inquiétudes : « En vérité il est bien dur, disait-elle, de passer sa vie à batailler dans le sein de la retraite et du bonheur. Mon Dieu, s'il nous croyait tous deux (*d'Argental et elle*), qu'il serait heureux! »

Ce fut bien pis quand, trois ou quatre années plus tard, pendant le séjour qu'ils font à Bruxelles à l'occasion du procès de Mme Du Châtelet, Voltaire lui échappe complétement pour la politique. Il s'était avisé de se faire donner une mission secrète de la part du ministère français auprès du roi de Prusse. Je ne sais quelle ambition diplomatique, la tentation d'une autre carrière, peut-être le simple attrait de la nouveauté, le tiennent à ce moment; il part, il court les petites principautés; il va de Berlin à Brunswick, à Baireuth (octobre 1743) : « Il est *ivre* absolument, il est *fou* des Cours et d'Allemagne. » Le roi de Prusse est évidemment le grand rival de Mme Du Châtelet à cette heure; singulier rival, ajoute-t-elle amèrement. Elle reste des semaines entières sans nouvelles de son ami; elle n'apprend plus ses marches et démarches que par les Gazettes; son cœur est froissé :

« Que de choses à lui reprocher! et que son cœur est loin du mien !... Avoir à me plaindre de lui est une sorte de supplice que je ne connaissais pas... Tout ce que j'ai éprouvé depuis un mois détacherait peut-être toute autre que moi ; mais, s'il peut me rendre malheureuse, il ne peut diminuer ma sensibilité... Son cœur a bien à réparer avec moi, s'il est encore digne du mien. »

Évidemment, et quoi qu'elle en dise, elle se détache. Ces pénibles impressions purent s'adoucir et se recouvrir durant les années suivantes, quand Voltaire, son premier caprice épuisé, parut être rentré dans le cercle magique de Cirey; mais il en demeura une conviction triste et acquise au fond du cœur de Mme Du Châtelet. Nous en retrouvons la trace et le témoignage dans un petit Traité qu'elle écrivit vers ce temps *sur le Bonheur*.

Ce petit Traité, qui renferme des réflexions fermes et hautes, des remarques fines, et rendues dans un style net et vif, avec un vrai talent d'expression, a un défaut : il est sec et positif; il a ce cachet de crudité qui déplaît tant au milieu des meilleures pages du xviiie siècle, et qui fait que la sagesse qu'on y prêche n'est pas la véritable sagesse. Oh! que le souffle de Platon semble donc loin, et que sa grâce divine est envolée! Pour être heureux, dit Mme du Châtelet, il faut « *s'être défait des préjugés, être vertueux, se bien porter; avoir des goûts et des passions, être susceptible d'illusion.* » Elle commence par poser en principe « que nous n'avons rien à faire en ce monde *qu'à nous y procurer des sensations et des sentiments agréables.* » Cela peut être vrai philosophiquement ; mais, présentée de cette manière et avec cette crudité, une telle proposition, sous forme de théorème, a un air peu moral et tout physique qui déplaît, et presque qui offense. Mme Du Châtelet distingue fort entre les *préjugés* et les *illusions;* elle veut supprimer les uns et conserver les autres. L'illusion lui semble *nécessaire;* elle veut qu'on se la donne; que, loin de la dissiper, « on *épaississe le vernis* qu'elle met sur la plupart des objets. » Mais le propre de l'illusion, c'est qu'elle est et qu'elle ne se donne pas. L'arc-en-ciel léger qu'elle jette sur les choses ressembla-t-il donc jamais à une couche plus ou moins *épaisse* de *vernis* qu'on y met à volonté ? Mme Du Châtelet croit les passions nécessaires au bonheur ; à défaut de passions, elle demande au moins des goûts. Parmi ces passions et ces goûts, dont elle raisonne très-bien et en parfaite connaissance de cause, il en est qu'elle introduit à côté des autres presque sur un pied d'égalité, et qui déplaisent, tels que la gourmandise, le jeu. Elle parle de l'amour avec vérité, avec justesse, mais sans ce tact délicat qui le respecte. Elle insiste fort sur la direction positive qu'il faut se tracer et suivre, sans regret, sans repentir, sans plus regarder en arrière une fois qu'on s'est dit d'aller ; il faut *partir d'où l'on est* et vouloir ce qu'on veut : « Décidons-nous, dit-elle en concluant, sur la route que nous voulons prendre pour passer notre vie, et tâchons de la semer de fleurs. » *Tâchons*, en effet ; mais cet effort se marque trop, et ce propos si déterminé de semer des fleurs est tout fait pour les empêcher d'éclore. En général, ce qui manque dans tout ce morceau *sur le Bonheur*, c'est quelques-unes de ces fleurs mêmes dont parle l'Hippolyte d'Euripide, fleurs encore tout humides de rosée, et qui ont été cueillies dans *la prairie qu'arrose la Pudeur* (1).

Mme Du Châtelet met au premier rang des conditions du bonheur, de *se bien porter;* c'est juste, mais elle le dit en physicienne et sans charme. Simonide le disait mieux dans des vers dont voici le sens : « La santé est le premier des biens pour l'homme mortel; le second, c'est d'être beau de nature; le troisième, c'est d'être riche sans fraude; et le quatrième, c'est d'être dans la fleur de jeunesse entre amis. » Ces traités où la théorie s'évertue à démontrer les *machines* et les *industries* de détail du bonheur, et à inventer à grand'peine ce qui naît de soi-même dans la saison, me rappellent encore un joli mot de d'Alembert, et qui ne sent pas trop le géomètre : « La philosophie s'est donné bien de la peine, dit-il, pour faire des Traités de la *vieillesse* et de l'*amitié,* parce que la nature fait toute seule les traités de la *jeunesse* et de l'*amour.* »

Il est pourtant des endroits bien sentis dans le Traité de Mme Du Châtelet : elle y parle dignement de l'étude, qui, « de toutes les passions, est celle qui contribue le plus à notre bonheur; car c'est celle de toutes qui le fait le moins dépendre des autres. » Elle indique avec élévation, et comme dans un lointain où elle aspire, le noble but de la gloire. Elle y parle très-bien aussi, nudité à part, et d'une manière vive et sentie, de l'amour; elle le proclame le premier des biens s'il est donné de l'atteindre, le seul qui mérite qu'on lui sacrifie l'étude elle-même. Elle dirait presque ici comme le poëte :

(1) Sur l'absence complète de pudeur chez Mme Du Châtelet, il faut voir les *Mémoires* de Longchamp, lorsqu'elle se fait servir par lui étant nue au bain et sans prendre garde qu'il est un homme.

Il est, il serait tout, s'il ne devait finir!

Elle se trace l'idéal de deux personnes « qui seraient faites à tel point l'une pour l'autre, qu'elles ne connussent jamais la satiété ni le refroidissement. » Mais un tel accord de deux êtres si à l'unisson lui semble trop beau : « Un cœur capable d'un tel amour, dit-elle, une âme si tendre et si ferme, semble avoir épuisé le pouvoir de la Divinité; il en naît une en un siècle; il semble que d'en produire deux soit au-dessus de ses forces, ou que, si elle les avait produites, elle serait jalouse de leurs plaisirs si elles se rencontraient. » Et, se rabattant alors à une liaison moins égale et moins haute, elle estime que l'amour peut encore nous rendre heureux à moins de frais; « qu'une âme sensible et tendre est heureuse par le seul plaisir qu'elle trouve à aimer. » Ici, elle pense évidemment à elle-même; elle se flatte d'avoir reçu du Ciel une de ces âmes tendres et *immuables* (voilà le coin d'illusion), qui savent se contenter d'une seule passion, même quand elle n'est plus partagée, et qui restent à jamais fidèles à un souvenir :

« J'ai été heureuse pendant dix ans, avoue-t-elle, par l'amour de celui qui avait subjugué mon âme, et ces dix ans, je les ai passés tête à tête avec lui, sans aucun moment de dégoût et de langueur. Quand l'âge et les maladies ont diminué son goût, j'ai été longtemps sans m'en apercevoir : *j'aimais pour deux;* je passais ma vie entière avec lui, et mon cœur, exempt de soupçons, jouissait du plaisir d'aimer et de l'illusion de se croire aimé. Il est vrai que j'ai perdu cet état si heureux, et que ce n'a pas été sans qu'il m'en ait coûté bien des larmes. »

En écrivant ces pages, elle se flattait encore qu'elle tiendrait bon dans ce qu'elle appelait l'*immutabilité* de son cœur, et que le sentiment paisible de l'amitié, joint à la passion de l'étude, suffirait à la rendre heureuse. Elle avait quarante ans sonnés, et, stoïcienne, géomètre comme elle l'était, elle pouvait se croire au port, lorsqu'étant allée passer avec Voltaire une partie des années 1747 et 1748 à Commercy et à Lunéville à la petite Cour de Lorraine, voici en deux mots ce qui arriva.

Elle y rencontra, dans la société de la marquise de Bouflers, un homme de trente ans, fin, agréable, spirituel, bien que d'un esprit assez sec et aride, connu seulement alors par une *Épître à Chloé*, assez jolie pièce dans le genre sensuel; c'était M. de Saint-Lambert. Il fut galant près d'elle; elle oublia pour lui ses réflexions philosophiques, ou plutôt elle s'en ressouvint : sentant renaître en elle la passion, elle la prit au mot, et, mettant ses principes en action, elle s'y livra. Les conséquences de cette liaison nouvelle sont assez connues; il s'ensuivit l'aventure à demi grotesque, indécente et funeste, qui occupa tant la société d'alors, et qui amena la mort de Mme Du Châtelet, à Lunéville, six jours après son accouchement, le 10 septembre 1749.

Dans un remarquable travail sur Mme Du Châtelet, Mme Louise Colet a publié quelques lettres d'elle à Saint-Lambert, ainsi que des réponses de celui-ci. Ces lettres de Mme Du Châtelet, il faut l'avouer, sont charmantes et vraiment tendres; il semble que, sous l'empire d'un sentiment vrai, il se soit fait en elle une sorte de renouvellement de pensée et de rajeunissement. Ce n'est pas qu'elle ne voie au fond à qui elle a affaire en Saint-Lambert; il est jeune, il est léger, elle se méfie :

« Vous connaissez les goûts vifs, lui écrit-elle un jour en partant, mais vous ne connaissez point encore l'amour. Je suis sûre que vous serez aujourd'hui plus gai et plus spirituel que jamais à Lunéville, et cette idée m'afflige indépendamment de toute inquiétude. Si vous ne devez m'aimer que faiblement, si votre cœur n'est pas capable de se donner sans réserve, de s'occuper de moi uniquement, de m'aimer enfin sans bornes et sans mesure, *que ferez-vous donc du mien?...* Vous m'écrirez sans doute, mais vous prendrez sur vous pour m'écrire... J'ai bien peur que votre esprit ne fasse bien plus de cas d'une plaisanterie fine, que votre cœur d'un sentiment tendre ; enfin, j'ai bien peur d'avoir tort de vous trop aimer. Je sens bien que je me contredis, et que c'est là me reprocher mon goût pour vous. Mais mes réflexions, mes combats, tout ce que je sens, tout ce que je pense, me prouve que je vous aime plus que je ne dois. »

Ces lettres à Saint-Lambert sont évidemment d'un cœur plus jeune que celles que nous avons vues, et où elle s'inquiétait si activement de Voltaire. Au souffle d'une passion imprévue, on dirait que cette âme, longtemps contrainte, renaît tout à coup et se réjouit; elle recommence. Il y a des sentiments exprimés avec une extrême délicatesse : « Ma lettre qui est à Nancy vous plaira plus que celle-ci; je ne vous aimais pas mieux, mais j'avais plus de force pour vous le dire : *il y avait moins de temps que je vous avais quitté!* » La mémoire de Mme Du Châtelet avait besoin de la publication de ces Lettres pour se réhabiliter un peu du tort célèbre de cette infidélité dernière.

Quant aux lettres de Saint-Lambert, elles sont plutôt propres à faire valoir celles de la femme passionnée, mais non pas à justifier son goût pour lui. Il est sec et leste en lui parlant, et sans vraie tendresse; c'est partout un ton pimpant et fringant, un ton de dragon ou de garde française bel-esprit. Il l'appelle *mon cher Cœur*, il la tutoie perpétuellement; il parle de sa propre *mélancolie* avec prétention. Enfin c'est la femme, ici, qui se trouve supérieure, comme il arrive si souvent, et elle ne marque son infériorité qu'en se méprenant dans l'objet de son choix.

L'éclat de l'accident de Mme Du Châtelet commença la réputation de Saint-Lambert et le lança brillamment dans le monde. L'impression de cette mort sur Voltaire fut vive et fait honneur à sa sensibilité. Son secrétaire Longchamp nous a raconté dans le plus grand détail la manière dont il prit dès l'origine toute cette aventure, sa colère dès l'abord et sa fureur de se voir trompé, puis sa résignation à demi risible, à demi touchante. La perte de Mme Du Châtelet lui arracha de vraies larmes, interrompues bientôt par quelques-uns de ces mots vifs, pétulants et sensés, comme il ne pouvait s'empêcher d'en dire, et qui donneraient envie de lui appliquer, en le parodiant, un mot d'Homère : *Il pleurait tout en éclatant de rire.* Ainsi, deux ou trois jours après cette mort, comme il s'inquiétait fort d'une bague que portait la marquise, et où devait se trouver son portrait sous le chaton, Longchamp lui dit qu'il avait eu la précaution, en effet, de retirer cette bague, mais que le portrait qu'elle renfermait était celui de M. de Saint-Lambert : « O ciel! s'écrie Voltaire en levant et joignant les deux mains, voilà bien les femmes! J'en avais ôté Richelieu, Saint-Lambert m'en a chassé; cela est dans l'ordre; un clou chasse l'autre : ainsi vont les choses de ce monde. »

Mme Du Châtelet avait à peine fermé les yeux, que Voltaire écrivait à Mme Du Deffand, avant toute autre personne, pour lui annoncer cette mort : « C'est à la sensibilité de votre cœur que j'ai recours dans le désespoir où je suis. » Rappelons-nous le portrait satirique; en vérité, l'ami au désespoir s'adressait bien!

La mort de Mme Du Châtelet brisa l'existence de Voltaire et la remit en question. Privé de l'amie qui le fixait et qui tenait pour lui le gouvernail, il ne savait plus que devenir ni à quoi se rattacher. Il fut près de faire un coup de tête. Sa première idée était de se retirer à l'abbaye de Sénones, auprès de dom Calmet, pour s'enfoncer dans l'étude; sa seconde idée fut d'aller en Angleterre auprès de lord Bolingbroke, pour se livrer à la philosophie. Il prit d'abord un parti plus sage, qui était de venir à Paris causer de Mme Du Châtelet avec d'Argental et le duc de Richelieu, et de se distraire en faisant jouer devant lui ses tragédies dans sa propre maison. Mais les cajoleries du roi de Prusse, que Mme Du Châtelet avait conjurées de son mieux tant qu'elle avait vécu, revinrent le tenter; il n'y résista plus, et il alla faire, à l'âge de cinquante-six ans, cette triste et dernière *école* de Prusse, après laquelle seulement il reparut moins agité et, en apparence, un peu plus sage.

Lundi 15 juillet 1850.

CHANSONS
DE
BÉRANGER.

(Édition nouvelle.)

Je parlais l'autre jour de Voltaire, parlons un peu de Béranger; rien de plus naturel. Mais pourquoi ne traiterions-nous pas aussi en tout Béranger comme Voltaire, c'est-à-dire sans le surfaire cette fois, sans le flatter, et en le voyant tel qu'il est, tel que nous croyons le connaître? La part encore lui restera bien assez belle. Nous avons tous, presque tous, autrefois professé pour Béranger plus que de l'admiration, c'était un culte; ce culte, il nous le rendait en quelque sorte, puisque lui-même il était idolâtre de l'opinion et de la popularité. Le temps n'est-il pas venu de dégager un peu toutes ces tendresses, toutes ces complaisances, de payer à l'homme, à l'honnête homme qui a, comme tous, plus ou moins, ses faibles et ses faiblesses, au poëte qui, si parfait qu'on le suppose, a aussi ses défauts, de lui payer, dis-je, une large part, mais une part mesurée au même poids et dans la même balance dont nous nous servons pour d'autres? Encore une fois, le lot qui lui revient à juste titre entre les contemporains se trouvera, réduction faite, un des plus enviables et des plus beaux.

Pour couper court avec ceux qui se souviendraient que j'ai autrefois, il y a plus de quinze ans, fait un Portrait de Béranger tout en lumière et sans y mettre d'ombre, je répondrai que c'est précisément pour cela que je veux le refaire. Quinze ans, c'est assez pour que le modèle change, ou du moins se marque mieux; c'est assez surtout pour que celui qui a la prétention de peindre se corrige, se forme, se modifie en un mot lui-même profondément. Jeune, je mêlais aux Portraits que je faisais des poëtes beaucoup d'affection et de l'enthousiasme, je ne m'en repens pas; j'y mettais même un peu de connivence. Aujourd'hui je n'y mets rien, je l'avoue, qu'un sincère désir de voir et de montrer les choses et les personnes telles qu'elles sont, telles du moins qu'en ce moment elles me paraissent.

On pourrait diviser les Chansons de Béranger en quatre ou cinq branches : 1° L'ancienne chanson, telle qu'on la trouve avant lui chez les Collé, les Panard, les Désaugiers, la chanson gaie, bachique, épicurienne, le genre grivois, gaillard, égrillard, *le Roi d'Yvetot, la Gaudriole, Frétillon, Madame Grégoire :* ce fut par où il débuta. 2° La chanson sentimentale, la romance, *le Bon Vieillard, le Voyageur,* surtout *les Hirondelles;* il a cette veine très-fine et très-pure par moments. 3° La chanson libérale et patriotique, qui fut et restera sa grande innovation, cette espèce de petite ode dans laquelle il eut l'art de combiner un filet de sa veine sensible avec les sentiments publics dont il se faisait l'organe; ce genre, qui constitue la pleine originalité de Béranger et comme le milieu de son talent, renferme *le Dieu des Bonnes Gens, Mon Ame, la Bonne Vieille,* où l'inspiration sensible donne le ton ; *le Vieux Sergent, le Vieux Drapeau, la Sainte-Alliance des Peuples*, etc., où c'est l'accent libéral qui domine. 4° Il y faudrait joindre une branche purement satirique, dans laquelle la veine de sensibilité n'a plus de part, et où il attaque sans réserve, avec malice, avec âcreté et amertume, ses adversaires d'alors, les ministériels, les ventrus, la race de Loyola, le pape en personne et le Vatican ; cette branche comprendrait depuis *le Ventru* jusqu'aux *Clefs du Paradis*. 5° Enfin une branche supérieure que Béranger n'a produite que dans les dernières années, et qui a été un dernier effort et comme une dernière greffe de ce talent savant, délicat et laborieux, c'est la chanson-ballade, purement poétique et philosophique, comme *les Bohémiens*, ou ayant déjà une légère teinte de socialisme, comme *les Contrebandiers, le Vieux Vagabond*.

Voilà bien des genres, et il semble que tout soit épuisé : on assure pourtant que Béranger garde encore en portefeuille une dernière forme de chanson plus élevée, presque épique : ce sont des pièces en octave sur Napoléon, sur les diverses époques de l'Empire. Ceux de ses amis qui les connaissent n'en parlent qu'avec admiration. J'entendais un jour, il y a quatre ou cinq ans, M. de La Mennais qui en disait : « Cela me paraît plus beau que tout ce qu'il a fait jusqu'ici, mais il ne veut rien en publier. Moi (ajoutait-il en souriant et en faisant allusion à sa propre impatience de publicité), si j'avais fait une seule de ces octaves-là, je l'aurais déjà mise partout ; mais lui, il ne veut pas être remis en question c'est plus prudent peut-être et plus sage. »

En nous tenant à ce que nous avons, il est certain que Béranger a fait de la chanson tout ce qu'on en peut faire ; il en a tiré tout ce qu'elle renferme, et on pourrait croire qu'il est bien difficile désormais d'aborder ce genre après lui sans l'imiter. Entre ses mains, l'ancienne chanson française, légère, moqueuse, satirique, non contente de se revêtir d'un rhythme plus sévère, s'est transformée en esprit et s'est élevée; ceux qui en aimaient avant tout la gaieté franche, malicieuse en même temps et inoffensive, ont pu trouver qu'elle perdait chez lui de ce caractère. Par ce côté d'une gaieté naïve, d'une ronde et franche bonhomie, l'aimable Désaugiers lui reste supérieur. Béranger, même comme chansonnier, a trop d'art, trop de ruse et de calcul, il pense à trop de choses à la fois, pour être parfaitement et innocemment gai. Il a poussé la chanson jusqu'au point où elle peut aller et où elle cesse d'être elle-même. C'est là sa gloire; elle implique un léger défaut.

Béranger a fait des chansons, et mieux que des chansons : a-t-il fait pour cela des odes parfaites? Il y a ici une question littéraire qui n'a jamais été touchée qu'à peine, tant il a été convenu d'emblée et d'acclamation que Béranger était classique comme Horace, et le seul classique des poëtes vivants.

Je viens de relire presque tout entier (de relire, il est vrai, et non pas de chanter) le Recueil de Béranger, et j'ai acquis la conviction que, chez lui, l'idée première, la conception de la pièce, est presque toujours charmante et poétique, mais que l'exécution, par suite des difficultés du rhythme et du refrain, par suite aussi de quelques habitudes littéraires qui tiennent à sa date ou à sa manière, laisse souvent à désirer. Pour rendre évidentes ces observations de détail, je n'ai rien de mieux à faire qu'à prendre une à une quelques-unes de ses plus belles et de ses plus célèbres pièces, et qu'à expliquer ma pensée.

Le Roi d'Yvetot, par où il débuta en mai 1813, me

semble parfait; pas un mot qui ne vienne à point, qui ne rentre dans le rhythme et dans le ton ; c'est poétique c'est naturel et gai; la rime si heureuse ne fait, en badinant, que tomber d'accord avec la raison.

La Bacchante, pièce célèbre dans cette première manière, et qui vise déjà à l'ode, offre des défauts de style qui ne tiennent pas du tout au désordre de l'égarement ni à la flamme. Je passe les *atours*, reste de vieux style:

> ..... Pourquoi ces *atours*
> Entre tes baisers et mes charmes ?

Mais le dernier couplet est très-obscur, il l'est par le raisonnement, ce qui n'est pas naturel dans la situation où se trouve la Bacchante. Elle engage son amant à moins boire, à ménager ce nectar qui l'énerve, et elle ajoute:

> De mes désirs mal apaises,
> Ingrat, si tu pouvais te plaindre,
> J'aurais du moins, pour es éteindre,
> Le vin où je les ai puisés.

Comme cela est contourné ! Le sujet étant un peu délicat, je ne m'appesantirai pas sur cette obscurité qui a pu entrer à demi dans l'intention de l'auteur, mais qui, j'en réponds, ne se développe qu'avec peine à l'esprit de plus d'un lecteur. Cependant, pour ne laisser aucun doute dès l'abord sur ce reproche d'obscurité qui reviendrait souvent, je citerai tout de suite, dans un genre opposé, ce couplet de *l'Épée de Damoclès*, où le poëte s'attaque à Louis XVIII dans la personne de Denys-le-Tyran :

> Tu crois du Pinde avoir conquis la gloire,
> Quand *ses lauriers, de ta foudre encor chaude,*
> *Vont à prix d'or te cacher à l'histoire,*
> *Ou balayer la fange des cachots...*

Ce couplet reste à l'état de pur logogriphe. — Je reprends la série des premières chansons.

La Gaudriole, qu'il a si bien chantée, anime la plupart des pièces d'alors. Cette gaudriole qui, au fond et malgré les pensées sérieuses, lui est si naturelle, joue et circule dans toute sa première manière ; elle traverse la seconde ; elle se retrouve jusque dans sa dernière. Au milieu de ce Recueil plus grave de 1833, il y a une chanson, *Ma Nourrice*, qui fait penser à celle de *Ma Grand'Mère;* qui a fait l'une devait faire l'autre. Au point de vue de la morale populaire, je me contenterai de faire remarquer qu'il n'est pas très-bien peut-être de compromettre à ce degré, dans un type grivois, ces deux personnes si respectables, sa *nourrice* et sa *grand'-mère*.

Mais Béranger, ne l'oublions pas, est de la race gauloise, et la race gauloise, même à ses instants les plus poétiques, manque de réserve et de chasteté : voyez Voltaire, Molière, La Fontaine, et Rabelais et Villon, les aïeux. Ils ont tous le coin par où l'on nargue le sublime, et d'où l'on fait niche au sacré tant qu'on le peut. En ce qui est du poëte qui nous occupe, je me bornerai à une simple remarque générale et que je crois conforme à l'expérience.

Quand on a une fois, en âge déjà mûr, chanté et célébré à ce point la gaudriole et la goguette, et qu'on s'y est délecté avec un art si exquis et une si délicieuse malice, on a ensuite beau faire et beau dire, on peut la recouvrir sous les plus graves semblants et la combiner avec des sentiments très-élevés, très-sincères ; mais elle est et restera toujours au fond de l'âme une chose considérable, le lutin caché qui rit sous cape, qui joue et déjoue.

Frétillon nous rend la perfection de la verve purement égrillarde ; c'est la chose légère, le *rien* mutin et libertin dans toute sa grâce. *Le Petit Homme gris*, de même, est très-joli, très-léger et très-gai. On ne sait trop ce que cela signifie en soi ; c'est un souffle, un rire, une fantaisie. On frise à tout moment le mot vif, le mot *propre*, et on s'arrête à temps. Les refrains et les motifs de ces petites pièces sont à ravir : on y sent le *musa ales*, l'aile du lutin, un lutin gaulois qui n'est pas Ariel, mais plus libertin et déjà gamin, le lutin de la gaudriole.

Madame Grégoire est une chanson large et franche de la première manière. Béranger n'a rien fait de mieux, comme pure chanson, que *le Roi d'Yvetot* et *Madame Grégoire*.

Les Gueux, si vantés, me plaisent moins. Si ce n'est qu'une boutade, à la bonne heure :

> Les Gueux, les Gueux,
> Sont les gens heureux,
> Ils s'aiment entre eux...

Les gueux, en effet, s'aiment-ils mieux que d'autres, et de ce qu'on n'a rien que sa guenille, est-on moins tenté de se la disputer ? Je vois un peu de déclamation dans cette petite pièce et de la faiblesse de pensée :

> D'un faste qui vous étonne
> L'exil punit plus d'un grand...
> D'un palais l'éclat vous frappe,
> Mais l'ennui vient y gémir....

L'ennui bâille plutôt qu'il ne *gémit*. Mais tout est vite racheté et regagné par la gaieté du refrain, et par des couplets comme celui-ci :

> Quel Dieu se plaît et s'agite
> Sur ce grabat qu'il fleurit ?
> C'est l'Amour qui rend visite
> A la Pauvreté qui rit.

Béranger a de ces vers heureux qui sont d'un vrai poëte et d'un peintre, de ces coins de tableaux frais et riants, à condition qu'ils ne se prolongent pas. Ainsi dans *les Hirondelles* :

> Au détour d'une eau qui chemine
> A flots purs sous de frais lilas,
> Vous avez vu notre chaumine...

Ainsi, dans *Maudit Printemps*, quand il regrette l'hiver, et qu'il voudrait qu'on entendît

> Tinter sur la vitre sonore
> Le grésil léger qui bondit.

Ainsi encore, dans *le Voyage imaginaire*, ce vers tout matinal :

> J'ai sur l'Hymette éveillé les abeilles.

C'est tout un ciel, tout un paysage en un vers, et un tel vers rachète bien des choses. Je dis *rachète*, car, du moment que nous ne chantons plus et que nous lisons, le faible, le commun, le recherché et l'obscur nous apparaissent même dans ces petites trames si bien ourdies. Le mouvement du refrain enlevait et sauvait tout; mais, dès que le ballon n'est plus lancé et qu'il ne nage plus dans la lumière, on saisit de l'œil les défauts, les fissures et les *coutures*.

Les *coutures*, en effet, et en voulez-vous? Dans *le Vieux Célibataire*, par exemple, qu'est-ce que ces vers :

> A mon coucher ton aimable présence
> *Pour ton bonheur ne sera pas sans fruit?*

Est-il rien de plus impropre et de plus prosaïque à la fois? Et plus loin :

> Auprès de moi coule des jours paisibles;

> Que mille *atours* relèvent tes *attraits*.
> L'Amour *par eux* m'a rendu sa puissance...

Par eux, c'est-à-dire par tes attraits : on n'a jamais fait plus difficilement un vers moins facile. Ce qu'il y a de joli dans *le Vieux Célibataire*, et de tout à fait engageant, c'est le refrain : *Allons, Babet...*, qui s'attache à la mémoire et qui continue longtemps de chanter en nous.

Cette remarque serait perpétuelle; elle se renouvelle et se vérifie pour moi presque à chacune des chansons de Béranger. La conception, d'ordinaire, la composition de ces petits cadres, le *motif* est délicieux, poétique; c'est l'expression, le style souvent qui s'étrangle ou qui fléchit. L'étincelle sous laquelle son idée lui arrive, il la développe, il l'étend, il la divise, mais c'est ce qui reste de mieux après tout dans sa chanson. Elle se résume dans le refrain : c'est par là qu'elle lui est venue, et c'est par là qu'elle demeure aussi dans notre souvenir, bien supérieure souvent à ce qu'elle est par l'exécution.

Mon Habit est une des chansons qu'on aime le plus à citer. On en a retenu le refrain et des vers charmants :

> La fleur des champs brille à ta boutonnière...
> Ces jours mêlés de pluie et de soleil...

C'est très-joli de motif, très-spirituel d'idées, quelquefois très-heureux d'expression. Et pourtant je ne puis m'empêcher de noter quelques mauvais vers, des expressions vagues et communes. Ainsi dans le premier couplet :

> Quand le *Sort* à ta mince étoffe
> *Livrerait de nouveaux combats.*

Et dans le second couplet, où il parle de ses amis :

> Ton indigence qui m'honore
> *Ne m'a point banni de leurs bras.*

Banni des bras de ses amis, n'est-ce pas une expression bien académique pour quelqu'un qui ne veut pas être académicien? On pourrait continuer cette manière de critique sur la plupart des pièces, et je ne fais qu'indiquer la voie. Dans *la Bonne Vieille*, le troisième couplet est d'un geste bien déclamatoire encore et bien académique :

> D'un trait méchant se montra-t-il capable?
> Avec orgueil vous répondrez : *Jamais!*

S'il avait dit aussi bien *d'un trait malin*, il aurait fallu répondre : *Toujours*. Cette *Bonne Vieille* rappelle, sans du tout l'effacer, certain sonnet admirable de Ronsard à sa maîtresse, ce qui n'empêche pas Béranger de donner, dans sa Préface de 1833, un petit coup de patte à Ronsard, qui était peu en faveur alors. Et j'ajouterai, en passant, qu'il ne cesse à la rencontre de donner aussi des chiquenaudes à André Chénier, ce jeune maître si hors d'atteinte par le souffle et la largeur de l'inspiration et par le tissu du style.

Dans *le Dieu des Bonnes Gens* il y a une idée élevée, morale même dans un certain sens, dans le sens de l'abbaye de Thélème; mais l'exécution, de tout point, y répond-elle? La troisième strophe semble atteindre un moment au sublime :

> Un conquérant, dans sa fortune *altière*,
> Se fit un jeu des sceptres et des lois;
> Et de ses pieds on peut voir la poussière
> Empreinte encor sur le bandeau des rois.
> Vous rampiez tous, ô Rois qu'on *déifie!*
> Moi, pour braver des maîtres *exigeants*,
> Le verre en main gaiement je me confie
>   Au Dieu des bonnes gens.

Hélas! c'est dommage : ces rois qu'on *déifie*, ces maîtres

exigeants ne viennent là qu'à toute force et par la nécessité du refrain. La strophe si haute et si fière en est un peu déparée. Et à la quatrième strophe, c'est bien pis :

> Sur nos débris *Albion nous défie.*

A la cinquième, le poëte a épuisé ses rimes et ses ressources; la langue française, en poésie, n'en a pas plus. Il se voit obligé de détoner et de grimacer :

> O Chérubins *à la face bouffie,*
> Réveillez donc les morts *peu diligents!*

Aussi, toute part faite à l'intention du *Dieu des Bonnes Gens*, j'aime mieux, comme petit exemple de perfection, la pièce : *Un jour le bon Dieu s'éveillant.* Béranger a beau vouloir élever le génie de la chanson, il n'y parvient que jusqu'à un certain point; on ne force pas la nature des choses, ni ce qu'il y a d'inhérent dans les genres. C'est encore, après tout, dans le genre semi-sérieux, semi-badin, qu'il s'en tire le mieux et qu'il réussit plus complétement qu'ailleurs. Là, du moins, si le mot grimace, la chanson s'en accommode. Il est plus à son aise avec l'esprit qu'avec la grandeur, bien qu'il y atteigne par jets. Je crois littérairement ce point très-essentiel à rappeler. Rabattons-nous à voir son originalité et sa perfection où elle est véritablement, tout en lui sachant gré des autres tentatives. Il n'excelle que là où il faut surtout de l'esprit : ailleurs, là où il faudrait de l'élévation continue, il a des élans, de l'effort, même des traits sublimes, mais aussi des entorses et des faux pas.

On a tant dit et redit que Béranger a fait plus et mieux que des chansons, qu'il est sans doute arrivé lui-même à croire qu'il ne s'est resserré dans ce genre que parce qu'il l'a bien voulu, et qu'il n'eût tenu qu'à lui de tenter une plus vaste carrière, de remplir indifféremment, par exemple, le cadre de l'Idylle, de la Méditation poétique, ou qui sait? de l'Épopée. A bien étudier pourtant sa manière à froid et sans plus de prévention politique, sans rien apporter à cette lecture d'étranger à l'œuvre même, j'en suis venu à croire qu'il est plutôt heureux pour lui d'avoir rencontré sur son chemin tous ces petits canaux et jets d'eau et *ricochets* de chanson, qui ont l'air de l'arrêter et qui font croire à plus d'abondance et de courant naturel dans sa veine qu'elle n'en aurait peut-être, en effet, livrée à elle seule. Il y a quelques années déjà que, l'étudiant à part moi, et sans songer à venir reparler de lui au public, j'écrivais cette page que je demande la permission de transcrire, comme l'expression la plus sincère et la plus nette de mon dernier sentiment littéraire à son égard :

« Béranger a obtenu de gloire tout ce qu'il en mérite, et un peu au delà ; sa réputation est au comble. On a beau dire, le genre fait quelque chose, et une *chanson* n'est pas une *épopée;* ce n'est pas même une *ode* (j'entends une ode comme celles de Pindare). L'habileté, l'art, la ruse du talent de Béranger a été de faire croire à sa grandeur ; il a fait des choses charmantes, et il semble que, pour la grandeur, il n'y ait que l'espace qui lui ait manqué. Mais s'il avait eu cet espace, il eût été bien embarrassé de le remplir. Il nous a fait croire qu'il était *gêné* dans la chanson, quand il n'y était qu'*aidé*.

« Et puis cette gêne même, quand elle se fait sentir, est un véritable défaut. Or, on la sent à tout moment dans les chansons à *refrain*, dès que le poëte veut s'élever ; il y a, tous les six ou huit vers, un *hoquet* qui lui coupe l'haleine. Je vais prendre une comparaison qui n'est pas noble, mais elle est parfaitement exacte. Supposez une lecture touchante ou sublime faite à haute voix dans la loge du portier, un peu comme dans la scène d'Henri Monnier. Au moment où le lecteur commence à s'échauffer et à user de tout son organe, un mot brusque venu du dehors : *Le cordon, s'il vous plaît!* l'interrompt et lui coupe la voix. Ce *Cordon, s'il vous plaît*, c'est le refrain obligé. Si haut que soit le poëte, et fût-il monté pendant la durée du couplet jusqu'au premier étage ou jusqu'au belvédère, il faut qu'il redescende tout d'un coup brusquement, quatre à quatre, pour tirer à temps ce malheureux *cordon* du refrain. Dans quelques cas, cela fait merveille à force de dextérité; dans beaucoup d'autres cas, on s'y casse bras et jambes.

« Ce que j'appelle le *coup de cordon* est très-sensible dans les derniers couplets du *Dieu des Bonnes Gens.*

« Pour ne pas abuser des termes, Byron, Milton, Pindare restent seuls les vraiment grands poëtes, et Béranger est un poëte charmant. »

Telle est ma conviction, que je viens de me confirmer à moi-même par une entière lecture, et j'ose la dire parce que je crois que le moment est venu de dire, au moins en littérature, tout ce qu'on croit vrai.

Ce n'est pas une guerre de détail que je viens faire à un poëte que j'admire; mais cette guerre, cet examen de détail, veuillez le remarquer, on n'en a fait grâce pourtant jusqu'ici à aucun des poëtes modernes, excepté Béranger. Pour lui seul, entraîné qu'on était par la modestie apparente du genre, par le bonheur du refrain, par la vogue des sentiments, on a fermé l'œil, on s'est mis de la partie, et, tout en chantant en chœur, on lui a su gré de tout sans réserve. Son art, son adresse et son triomphe, ç'a été de toucher si bien les cordes chères au grand nombre, qu'il a ainsi enlevé son monde (le malin qu'il est), et qu'il n'y a plus eu de public distinct en face de lui, mais un seul chorus à la ronde.

Il n'a pas obtenu ce succès non plus sans faire quelques sacrifices à l'opinion, et des sacrifices qui ont coûté au bon goût; mais ce ne sont pas les seuls que je tienne à relever ici, et il y en a eu de sa part de plus graves. Homme d'un patriotisme sincère, il est évident aujourd'hui qu'en poussant trop au triomphe des passions et à l'explosion des ressentiments populaires, il n'avait pas assez songé au lendemain. Plus hostile qu'aucun sous la Restauration, ne voulant des Bourbons à aucun prix, il s'est trouvé ne pas vouloir beaucoup plus des d'Orléans. Il voulait donc de la République; cela n'est pas douteux. Et pourtant, quand la République nous est tombée à l'improviste, et que Chateaubriand, déjà bien naissé, se réveillait pour dire à Béranger : « Eh bien ! votre République, vous l'avez ! » — « Oui, je l'ai, répondait l'homme d'esprit, mais j'aimerais mieux la rêver que la voir. » Ce mot-là, il l'a bien dit. J'y verrais le texte de tout un commentaire moral à l'adresse de ceux qui se font une idole de la popularité, et qui s'en montrent les grands prêtres obéissants, fussent-ils d'ailleurs les plus honnêtes gens du monde, et s'appelassent-ils Béranger ou La Fayette : « Ainsi, leur dirait-on, vous poussez sans cesse à ce dont vous ne voulez pas en définitive, ou à ce que vous ne voulez que très-peu. »

« Le peuple, c'est ma muse, » a dit Béranger. Mais il a pris trop souvent, ce me semble, le mot *peuple* dans un sens étroit, il l'a pris dans un sens qui est celui de l'opposition et du combat des classes; il s'est vanté d'être du peuple quand il suffisait de ne pas se vanter du contraire. Et pourquoi, je vous prie, cette vanité de naissance ainsi affichée au rebours, mais toujours affichée? Y a-t-il de quoi se vanter d'être sorti de terre ici plutôt que là? Et ne serait-il pas plus simple et plus humble de se redire, avec un antique poëte : « Un même Chaos a engendré tous les mortels? »

En relisant les anciennes pièces de Béranger, cette préoccupation constante du poëte déplaît. Il dira de son ami Manuel, dans un vers compacte et un peu dur :

Bras, tête et cœur, tout était *peuple* en lui.

Un homme d'un autre parti dirait aussi bien d'un de ses chefs : « Tout était *royal* en lui. » On dirait d'un Bayard : « Tout était *chevaleresque* en lui. » Et ce ne serait ni plus faux ni plus juste. Soyons hommes avant toute chose, et sachons ce que valent les hommes. Vous savez bien, ô Poëte, aujourd'hui à demi dégoûté, mais non encore revenu du rôle, vous savez bien, et vous l'avez dit, qu'il y a dans le monde *plus de fous que de méchants;* mais il y a beaucoup de fous, vous le savez aussi : ne faisons donc pas d'une classe, si nombreuse qu'elle soit, l'origine et la souche de toutes les vertus.

Croirait-on que dans une chanson sur *les Rossignols,* dont le refrain est : « *Doux Rossignols, chantez pour moi,* » le poëte ait pu dire :

> Vous qui redoutez l'esclavage,
> Ah ! refusez vos tendres airs
> A ces *nobles* qui, d'âge en âge,
> Pour en donner portent des fers.

Ainsi, parce qu'on est né *noble*, on sera exclu et privé du chant du rossignol ! C'est ainsi encore que, dans les *Adieux à la Campagne*, qui ont un accent si vrai de mélancolie, le rossignol est pris pour un emblème politique :

> Sur ma prison vienne au moins Philomèle !
> Jadis un roi causa tous ses malheurs.

Il faut connaître sa mythologie pour comprendre cela ; il faut se rappeler qu'autrefois, en Thrace, un scélérat de roi appelé *Térée* fit un mauvais parti à la pauvre Philomèle. De Térée à Louis XVIII ou à Charles X, il n'y a que la main, comme on sait. C'est là un côté petit des Chansons de Béranger, et que l'avenir même, fût-il le plus démocratique du monde, ne relèvera pas.

D'autres côtés grandiront et survivront : ce sont ceux qu'a touchés le souffle pur et frais de la poésie. *Les Bohémiens* sont une de ces ballades ou fantaisies philosophiques, d'un rhythme vif, svelte, allègre, enivrant ; c'est la meilleure peut-être, la plus belle et la plus parfaite de ses chansons que j'appelle désintéressées, et qui ne doivent rien aux circonstances. D'autres chants très-élevés du Recueil de 1833, tels que *les Contrebandiers, le Vieux Vagabond, Jacques, Jeanne la Rousse*, ont une forte teinte de ce socialisme qui a succédé, dans l'opinion du dehors, au libéralisme de la Restauration : Béranger est fort sensible et fort attentif à ces courants de l'atmosphère. Des esprits sévères et conséquents ont eu le droit de remarquer que le sentiment qui a inspiré ces petites pièces mènerait très-loin, et ils ont pu regretter que l'illustre poëte ne soit pas demeuré à l'Assemblée constituante pour défendre, expliquer, commenter et appliquer, s'il y avait lieu, la moralité de ces chansons, poétiquement très-belles. Ici, l'homme d'esprit chez Béranger, l'homme prudent, celui qu'on peut appeler (sauf respect) une *grande coquette*, l'a emporté, on ne craint pas de le dire, sur le citoyen et même sur le poëte. Un poëte tout à fait généreux, un André Chénier n'eût pas hésité. Mais Béranger vieilli, et voyant d'ailleurs à l'œuvre des poëtes de conversion nouvelle, aura pensé qu'il était de trop dans l'arène ; il a eu la migraine et s'est dégoûté.

Des quelques chansons composées et publiées par lui depuis Février 1848, il n'y a rien à dire, sinon qu'elles n'offrent qu'un petit nombre de traits heureux, et qu'elles sont en général pénibles, rocailleuses et dures.

J'ai prononcé tout à l'heure le mot de *coquette*, et j'y tiens. C'est là un faible essentiel chez l'homme excellent dont nous parlons, un trait par lequel le Béranger véritable et réel diffère du Béranger de convention et de légende qui court les rues et qu'on voit sur les vignettes. Ceux qui ont eu le mieux occasion de le juger pensent que son rare bon sens est quelquefois gâté par un esprit de contradiction et par un grain de caprice, et aussi par une habitude de calcul trop continuel et trop raffiné. Il a de bonne heure conçu son rôle, et il s'y est dévoué, au point de ne rien se permettre jamais qui ne s'y rapporte. En veut-on un petit exemple tout littéraire? Béranger n'est pas de l'Académie française; il s'est dit qu'il ne fallait pas en être. C'est une singularité dont il se flatte, et dont il se vanterait presque si tout le monde ne savait qu'il ne tient qu'à lui d'être un des premiers des Quarante. Mais il ne veut pas qu'on puisse « accoler jamais d'autre titre à son nom que celui de *Chansonnier*. » Il ne fut *rien, pas même Académicien*, c'est une épitaphe qu'il s'est appliquée à l'avance. Oh! si j'avais l'honneur, pour mon compte, d'être non pas un membre, mais la majorité entière de l'Académie un seul moment, oh! quel tour je saurais jouer à l'illustre et malin chansonnier! Béranger serait nommé sans faire de visites. Il refuserait; eh bien! il resterait nommé. Il protesterait dans les journaux par quelque lettre bien spirituelle, bien fine; on n'en tiendrait compte. Son fauteuil resterait bel et bien marqué à son nom. Le malin y serait pris. Il n'est pas fâché au fond de donner, par son absence, un petit tort à l'Académie; l'Académie le lui laisserait.

Les relations de Béranger dans les dix dernières années avec Chateaubriand, avec La Mennais, et même avec Lamartine, ont été célèbres; elles sont piquantes quand on songe au point d'où sont partis tous ces hommes. Quand je me les représente en idée tous réunis sous la tonnelle autour de l'auteur de tant de couplets narquois, j'appelle cela *le Carnaval de Venise* de notre haute littérature. Il faut rendre à Béranger cette justice qu'il n'a pas, le premier, recherché ces hommes réputés d'abord plus sérieux que lui, qui ne le sont pas, et à aucun desquels il ne le cède par l'esprit. Ils sont venus à lui; oui, tous, un peu plus tôt, un peu plus tard, ils sont venus reconnaître en sa personne l'esprit du temps, lui rendre foi et hommage, lui donner des gages éclatants.

Béranger a été pour eux une tentation, et tous, l'un après l'autre, ils y ont succombé.

Chateaubriand a été le plus pressé des trois. Cette sympathie, qui avait couvé si longtemps, et qui s'était si bien dissimulée à elle-même, a su choisir son heure pour éclater. Le champion brillant du trône et de l'autel voyait le monde se porter ailleurs, et plus d'une moitié de la jeunesse lui échapper; son calcul alors a été prompt et direct. Lui si amer pour tous, et si en garde avec les hommes de son bord, il ne s'est dit qu'il fallait être en avances avec Béranger et avec Carrel que parce que tous deux lui apportaient pour sa gloire un appoint de popularité : l'un et l'autre représentaient un grand parti; en le joignant à ce qu'il avait déjà, il augmentait et complétait son armée d'admirateurs.

M. de La Mennais, malgré des passions que ses amis regrettent, a été bien plus naïf, plus simple et plus entraîné. De lui on peut dire tout ce qu'on voudra, mais non pas qu'il est un homme calculé. Au moment de sa transformation démocratique, après les *Paroles d'un Croyant*, il est allé à Béranger comme un auxiliaire, comme un enfant plein de ferveur, pour le voir et pour causer, et Béranger, par son charme, l'a séduit. J'entends encore ce dernier nous dire, en se frottant les mains avec malice : « Eh bien! votre La Mennais, il est arien; je lui ai fait dire qu'il ne croyait pas à … Je fais, moi, mon métier de diable. » Il le faisait assurément ce jour-là.

Lamartine, que Béranger a longtemps regardé comme un aristocrate et un *gentilhomme,* et qu'il n'a commencé à louer comme poëte qu'après *Jocelyn* (à dater de la décadence), n'est entré dans le cercle de cette amitié que bien plus tard, et jamais aussi intimement.

Tous ces hommes éminents, Béranger les égale par la richesse de la conversation, par la fertilité des idées, et les surpasse par l'insinuation et l'adresse du détail. Il s'était créé entre eux tous un rôle singulier ; il s'était fait insensiblement leur conseiller privé. Il a dit quelque part : « Consulter est un moyen de parler de soi qu'on néglige rarement. » On pourrait dire la même chose du rôle de conseiller quand on sait s'y prendre ; sous prétexte de s'occuper des autres, on se met doucement en avant, on se cite en exemple. Béranger n'y résiste pas ; il conseille *quand même.* J'ai vu un jour Carrel revenir outré de Passy, pour avoir reçu de Béranger force conseils qu'il ne lui demandait pas.

Je trouve dans une lettre familière le récit d'une visite chez Béranger, qui exprimera ce que j'ai à dire de lui, plus au vif que je ne le pourrais en termes généraux, et qui ne renferme rien d'ailleurs que d'honorable et d'adouci :

« Mai 1846. — J'ai revu Béranger, que je n'avais pas rencontré depuis des années, écrivait le visiteur ; c'est La Mennais qui m'avait fort engagé à l'aller revoir. J'ai trouvé Béranger dans son avenue *Sainte-Marie,* près la barrière de l'Étoile, après dîner, seul, se promenant dans un petit carré de jardin grand comme la main, sans lunettes, bourgeonné, âgé de soixante-six ans, mais jeune d'esprit, vif, aimable et charmant autant que jamais. Il m'a reçu très-bonnement, et a comme pris garde (j'ai cru m'en apercevoir) de ne me rien dire de ces malices qu'il aime à dire, et qui ne sont pas toujours agréables à entendre. Il n'a pu éviter pourtant de se faire *centre,* comme ç'a toujours été son habitude et comme c'est un peu son droit. Il m'a parlé en très-peu de minutes de Chateaubriand, de La Mennais, pelotant à plaisir ces noms ; il m'a fait entendre qu'il était le conseiller de La Mennais. Béranger aime ce rôle de conseiller; il le prend même quand on ne le lui offre pas. Parlant de la littérature du temps, dont il a passé en revue tous les noms (George Sand, Hugo, Dumas), il m'a dit que « notre malheur à tous avait été de débuter trop tôt, et que cela nous avait exposés aux palinodies. » Il aurait voulu apparemment que tout le monde attendît comme lui pour débuter vers trente-huit ou quarante ans. Je lui ai répondu qu'on débutait dès qu'on le pouvait et qu'on y voyait jour, et qu'on ne choisissait pas son heure. Mais en somme, dans toute cette conversation de deux heures, il a été charmant, bonhomme, piquant et fertile en idées, en jolies et fines observations.

« Deux jours après, le dimanche (24 mai), je l'ai rencontré par hasard, vers quatre heures, proche Saint-Sulpice. Il avait vu le matin Lamartine, qu'il avait su malade, et à qui il avait conseillé, m'a-t-il dit, le quinquina : « Mais Lamartine se croit médecin, ajouta-t-il; il croit tout savoir parce qu'il est poëte, et il ne veut pas entendre parler de quinquina. » Je souriais tout bas de penser que Béranger, lui aussi, se croyait médecin, et qu'il ne s'apercevait pas que sa remarque s'appliquait à lui-même; il venait de conseiller Lamartine sur le quinquina, comme, la veille au soir, il avait conseillé La Mennais sur je ne sais quelle succession qu'il n'aurait pas voulu lui voir accepter. Pourtant, cela m'a paru significatif et honorable que ce rapprochement final d'hommes si éminents, si divers, et partis de points si opposés de l'horizon. Au lieu de se dire des injures, comme du temps de Voltaire et de Rousseau, on se visite, on se consulte, on est aux petits soins l'un pour l'autre. Cela marque aussi combien les convictions premières se sont usées. Avec Béranger resté fidèle à son rôle, c'est l'esprit du siècle qui triomphe, et qui a bon marché, à la longue, des récalcitrants. Béranger sent bien qu'il représente en personne ce malin esprit, et il soigne ses ouailles. — La Mennais! Chateaubriand! Lamartine! — Béranger, ce dimanche-là, venait de faire ce que j'appelle sa tournée pastorale.

« Béranger serait parfait s'il n'avait pas une petite prétention : laquelle? Celle de passer pour le seul vraiment sage de son temps. »

Résumé. Béranger, comme poëte, est un des plus grands, non le plus grand de notre âge. Les rangs ne me paraissent pas si tranchés que ses admirateurs exclusifs le croient. Dans cette perfection tant célébrée, il entre aussi bien du mélange. Comparé aux poëtes d'autrefois, il est du groupe second et encore si rare des Burns, des Horace, des La Fontaine. Mais ces derniers, qui n'ont jamais été des poëtes de parti, restent par là même plus élevés et d'un ordre plus universellement humain. Lisez Horace dans ses Épîtres, La Fontaine dans ses Fables : ils n'ont cajolé aucune passion, ni dorloté aucune sottise humaine. Si Béranger en a fustigé plus d'une, ç'a trop été pour en caresser d'autres. Béranger est arrivé, en définitive, je le crois, à la même conclusion que Voltaire, que Rabelais, que Cervantes, qu'il y a dans le monde plus de fous que de sages, plus de fous, dit-il, que de méchants. Mais cette observation se marque-t-elle assez dans ses œuvres, et ne semble-t-il pas souvent, à le lire, que toute la sagesse, toute la raison soit d'un côté, le tort et la déraison de l'autre? Cette préoccupation de la sagesse et de la vertu infaillible des *masses* le diminue beaucoup, à mon sens. Mais, à une époque d'effort, de lutte et de calcul, il a su trouver sa veine, il a fait jaillir sa poésie, une poésie savante et vive, sensible, élevée, malicieuse, originale, et il a excellé assez pour être sûr de vivre, lors même que quelques-unes des passions qu'il a servies, et qui ne sont pas immortelles, seront expirées.

Cet article sur Béranger a servi de prétexte et de point de départ à un article de M. de Pontmartin, qui a fait du bruit et qui commence ainsi :

« Je viens de relire les *Causeries du Lundi...* Il y a dans le second volume un chapitre fait, selon moi, pour racheter bien des peccadilles, bien des *Chateaubriand romanesque et amoureux*, bien des *Regrets*, bien des versets de la litanie Lespinasse, Geoffrin et Du Deffand. C'est le chapitre où M. Sainte-Beuve a rendu un immense service à la littérature et à la morale en *attachant le grelot* à la gloire de M. Béranger. »

Et M. de Pontmartin s'empare de ce qu'il appelle mes commencements d'idées pour pousser plus avant sa pointe. J'ai ouvert la tranchée, c'est à lui de monter à l'assaut.

J'ai besoin de m'expliquer ici sur cette manière de se servir du nom et de l'idée d'autrui en s'en faisant un instrument continu et une arme, c'est commode, mais ce n'est pas juste ni très-bienséant : « Je vais dire ce que vous n'avez pas eu le courage de dire. Je n'ai pas d'antécédents qui m'engagent, et vous en avez beaucoup. Je vais oser exprimer ce que vous pensez. »

J'ai connu autrefois M. de Pontmartin, et je n'ai pas attendu ses succès pour rendre justice à toutes ses qualités d'homme agréable et de causeur fort spirituel. M. de Pontmartin s'est quelquefois souvenu de ces anciennes relations; j'ai été étonné pourtant que l'écrivain homme du monde et de bonne compagnie se fût permis, à d'autres fois, de juger si lestement et si souverainement de mes pensées et de mes sentiments intérieurs, comme lorsqu'il a écrit que « je n'avais jamais rien aimé et jamais cru à rien. » Je suis trop poli pour dire ce que je pense de cette manière d'interpréter les écrits, d'user et d'abuser de quelques paroles plaintives, et après tout senties, de poëte et d'artiste; je croyais que M. de Pontmartin laissait ce procédé trop facile et trop *simple* à M. Nettement. Parce que M. de Pontmartin a gardé un reste de cocarde blanche et que moi je n'en ai pas de cocarde (car je n'en ai pas), il se croit un singulier droit, et il abuse étrangement de son symbole.

Sur Béranger, je déclare donc en toute sincérité que j'ai dit et très-nettement ce que je pense, tout ce que je pense, et qu'ajouter un mot de plus, défavorable à l'illustre poëte, c'est aller non-seulement au delà de ma pensée, mais contre ma pensée.

Il y a en littérature des nuances et des limites comme en politique. On va jusque-là, on ne va pas plus loin. On est de 89, on n'est pas pour cela de 93, et c'est même pour cela qu'on n'en est pas. On est du *Centre droit* et l'on n'est pas pour cela de la *Chambre introuvable* de 1815. Je parle à M. de Pontmartin le langage qui lui est familier et qu'il aime.

J'aime la sincérité en tout, et je n'aime pas les rôles. C'est parce qu'il y a eu un peu de rôle dans la conduite de Béranger que je me suis permis de relever quelques contradictions piquantes; rien de plus.

M. de Pontmartin, qui se croit des principes, est dans le rôle et dans la coterie jusqu'au cou; il est légitimiste par état, comme d'autres sont orléanistes; il est homme de ce beau monde qui se pique d'être moral sans pratiquer les mœurs, et de professer la religion sans aller toujours à confesse. Moi aussi, j'ai jugé pour mon plaisir M. de Pontmartin comme j'avais jugé autrefois Béranger, et voici la note, depuis longtemps écrite, que je tire du même cahier familier d'où j'ai extrait quelques-unes de mes impressions de fond sur le poëte national. A chacun son tour :

« Je viens de lire les *Nouvelles Causeries* de M. de Pontmartin. C'est facile, coulant ; l'auteur a une fluidité nuancée et spirituelle de détail, mais aucune résistance ni solidité de jugement, aucune proportion dans sa mesure des talents et dans la comparaison des ouvrages, aucune fermeté, aucun fond. Il croit avoir des principes, il n'a que des indications fugitives, des complaisances ou des répugnances de société, et il s'y abandonne tout entier.

« Souvent de la grâce, mais le jugement frêle. — Il n'a que peu d'invention et d'initiative ; mais qu'on lui donne un commencement d'idée ou les trois quarts d'une idée, il excelle à la pousser et à l'achever.

« Son filet de voix est continu, intarissable et agréable autant qu'une voix aussi fluette et aussi fêlée peut l'être ; et, comme le dit de lui le poëte Barbier, « il a de la *parlotte* en critique. »

M. de Pontmartin peut croire que j'aime quelquefois à monter à l'assaut, et il se pourrait bien que, sous mon air de prudence en critique, j'y fusse monté plus souvent que lui.

Il me reste cependant à déclarer que, si quelqu'un s'emparait de ce précédent jugement sur M. de Pontmartin pour m'en faire penser sur son compte plus que je n'en ai dit, je protesterais de même, et que, ces réserves une fois posées, je n'ai plus que des compliments à lui faire. Toutes les fois qu'il n'y a rien de bien solide à dire, et quand il est surtout dans des eaux toutes contemporaines, c'est un très-agréable causeur.

Lundi 22 juillet 1850.

MADAME GEOFFRIN.

Après tout ce que j'ai dit des femmes du xviii⁰ siècle, il y aurait une trop grande lacune si je ne parlais de Mme Geoffrin, l'une des plus célèbres et dont l'influence a été le plus grande. Mme Geoffrin n'a rien écrit que quatre ou cinq lettres qu'on a publiées ; on cite d'elle quantité de mots justes et piquants ; mais ce ne serait pas assez pour la faire vivre : ce qui la caractérise en propre et lui mérite le souvenir de la postérité, c'est d'avoir eu le salon le plus complet, le mieux organisé et, si je puis dire, le mieux *administré* de son temps, le salon le mieux établi qu'il y ait eu en France depuis la fondation des salons, c'est-à-dire depuis l'hôtel Rambouillet. Le salon de Mme Geoffrin a été l'une des institutions du xviii⁰ siècle.

Il y a des personnes peut-être qui s'imaginent qu'il suffit d'être riche, d'avoir un bon cuisinier, une maison confortable et située dans un bon quartier, une grande envie de voir du monde, et de l'affabilité à le recevoir, pour se former un salon : on ne parvient de la sorte qu'à ramasser du monde pêle-mêle, à remplir son salon, non à le créer ; et si l'on est très-riche, très-actif, très-animé de ce genre d'ambition qui veut briller, et à la fois bien renseigné sur la liste des invitations à faire, déterminé à tout prix à amener à soi les rois ou reines de la saison, on peut arriver à la gloire qu'obtiennent quelques Américains chaque hiver à Paris : ils ont des *raouls* brillants, on y passe, on s'y précipite, et, l'hiver d'après, on ne s'en souvient plus. Qu'il y a loin de ce procédé d'invasion à l'art d'un établissement véritable! Cet art ne fut jamais mieux connu ni pratiqué que dans le xviii° siècle, au sein de cette société régulière et pacifique, et personne ne le poussa plus avant, ne le conçut plus en grand, et ne l'appliqua avec plus de perfection et de fini dans le détail que Mme Geoffrin. Un cardinal romain n'y aurait pas mis plus de politique, plus d'habileté fine et douce, qu'elle n'en dépensa durant trente ans. C'est surtout en l'étudiant de près qu'on se convainc qu'une grande influence sociale a toujours sa raison, et que, sous ces fortunes célèbres qui se résument de loin en un simple nom qu'on répète, il y a eu bien du travail, de l'étude et du talent; dans le cas présent de Mme Geoffrin, il faut ajouter, bien du bon sens.

Mme Geoffrin ne nous apparaît que déjà vieille, et sa jeunesse se dérobe à nous dans un lointain que nous n'essaierons pas de pénétrer. Bourgeoise et très-bourgeoise de naissance, née à Paris dans la dernière année du xvii° siècle, Marie-Thérèse Rodet avait été mariée le 19 juillet 1713 à Pierre-François Geoffrin, gros bourgeois, un des lieutenants-colonels de la garde nationale d'alors, et l'un des fondateurs de la Manufacture des glaces. Une lettre de Montesquieu, du mois de mars 1748, nous montre Mme Geoffrin, à cette date, réunissant très-bonne compagnie chez elle, et centre déjà de ce cercle qui devait, durant vingt-cinq ans, se continuer et s'agrandir. D'où sortait donc cette personne si distinguée et si habile, qui ne semblait point destinée à un tel rôle par sa naissance ni par sa position dans le monde? Quelle avait été son éducation première? L'impératrice de Russie, Catherine, avait adressé un jour cette question à Mᵐᵉ Geoffrin, qui lui répondit par une lettre qu'il faudrait joindre à tout ce qu'a dit Montaigne sur l'éducation :

« J'ai perdu, disait-elle, mon père et ma mère au berceau. J'ai été élevée par une vieille grand'mère qui avait beaucoup d'esprit et une tête bien faite. Elle avait très-peu d'instruction; mais son esprit était si éclairé, si *adroit*, si actif, qu'il ne l'abandonnait jamais; il était toujours à la place du savoir. Elle parlait si agréablement des choses qu'elle ne savait pas, que personne ne désirait qu'elle les sût mieux; et quand son ignorance était trop visible, elle s'en tirait par des plaisanteries qui déconcertaient les pédants qui avaient voulu l'humilier. Elle était si contente de son lot, qu'elle regardait le savoir comme une chose très-inutile pour une femme. Elle disait : « Je m'en suis si bien passée, que je n'en ai jamais senti le besoin. Si ma petite-fille est une bête, le savoir la rendrait confiante et insupportable; si elle a de l'esprit et de la sensibilité, elle fera comme moi, elle suppléera *par adresse et avec du sentiment* à ce qu'elle ne saura pas; et quand elle sera plus raisonnable, elle apprendra ce à quoi elle aura plus d'aptitude, et elle l'apprendra bien vite. » Elle ne m'a donc fait apprendre, dans mon enfance, simplement qu'à lire; mais elle me faisait beaucoup lire; elle m'apprenait à penser en me faisant raisonner; elle m'apprenait à connaître les hommes en me faisant dire ce que j'en pensais, et en me disant aussi le jugement qu'elle en portait. Elle m'obligeait à lui rendre compte de tous mes mouvements et de tous mes sentiments, et elle les rectifiait avec tant de douceur et de grâce, que je ne lui ai jamais rien caché de ce que je pensais et sentais : mon intérieur lui était aussi visible que mon extérieur. Mon éducation était continuelle... »

J'ai dit que Mᵐᵉ Geoffrin était née à Paris : elle n'en sortit jamais que pour faire en 1766, à l'âge de soixante-sept ans, son fameux voyage de Varsovie. D'ailleurs elle n'avait pas quitté la banlieue; et, même quand elle allait faire visite à la campagne chez quelque ami, elle revenait habituellement le soir et ne découchait pas. Elle était d'avis « qu'il n'y a pas de meilleur air que celui de Paris, » et, en quelque lieu qu'elle eût pu être, elle aurait préféré son ruisseau de la rue Saint-Honoré, comme Mme de Staël regrettait celui de la rue du Bac. Mme Geoffrin ajoute un nom de plus à cette liste des génies parisiens qui ont été doués à un si haut degré de la vertu affable et sociale, et qui sont aisément civilisateurs.

Son mari paraît avoir peu compté dans sa vie, sinon pour lui assurer la fortune qui fut le point de départ et le premier instrument de la considération qu'elle sut acquérir. On nous représente M. Geoffrin vieux, assistant silencieusement aux dîners qui se donnaient chez lui aux gens de Lettres et aux savants. On essayait, raconte-t-on, de lui faire lire quelque ouvrage d'histoire ou de voyages, et, comme on lui donnait toujours un premier tome sans qu'il s'en aperçût, il se contentait de trouver « que l'ouvrage était intéressant, mais que l'auteur se répétait un peu. » On ajoute que, lisant un volume de l'*Encyclopédie* ou de Bayle qui était imprimé sur deux colonnes, il continuait dans sa lecture la ligne de la première colonne avec la ligne correspondante de la seconde, ce qui lui faisait dire « que l'ouvrage lui paraissait bien, mais un peu abstrait. » Ce sont là des contes tels qu'on en dut faire sur le mari effacé d'une femme célèbre. Un jour, un étranger demanda à Mme Geoffrin ce qu'était devenu ce vieux Monsieur qui assistait autrefois régulièrement aux dîners et qu'on ne voyait plus? — « C'était mon mari, il est mort. »

Mme Geoffrin eut une fille, qui devint la marquise de La Ferté-Imbault, femme excellente, dit-on, mais qui n'avait pas la modération de sens et la parfaite mesure de sa mère, et de qui celle-ci disait en la montrant : « Quand je la considère, je suis comme une poule qui a couvé un œuf de cane. »

Mme Geoffrin tenait donc de sa grand'mère, et elle nous apparaît d'ailleurs seule de sa race. Son talent, comme tous les talents, était tout personnel. Mme Suard nous le représente imposant le respect avec douceur, « par sa taille élevée, par ses cheveux d'argent couverts d'une coiffe nouée sous le menton, par sa mise si noble et si décente, et son air de raison mêlé à la bonté. » Diderot, qui venait de faire une partie de piquet avec elle au Grandval, chez le baron d'Holbach, où elle était allée dîner (octobre 1760), écrivait à une amie : « Mme Geoffrin fut fort bien. Je remarque toujours le goût noble et simple dont cette femme s'habille : c'était, ce jour-là, une étoffe simple, d'une couleur austère, des manches larges, le linge le plus uni et le plus fin, et puis la netteté la plus recherchée de tout côté. » Mme Geoffrin avait alors soixante-et-un ans. Cette mise de vieille, si exquise en modestie et en simplicité, lui était particulière, et rappelle l'art tout pareil de Mme de Maintenon. Mais Mme Geoffrin n'avait pas à ménager ni à soutenir les restes d'une beauté qui brillait encore par éclairs dans le demi-jour; elle fut franchement vieille de bonne heure, et elle supprima l'arrière-saison. Tandis que la plupart des femmes sont occupées à faire retraite en bon ordre et à prolonger leur âge de la veille, elle prit d'elle-même les devants, et elle s'installa sans marchander dans son âge du lendemain. « Toutes les femmes, disait-on d'elle, se mettent comme la veille, il n'y a que Mme Geoffrin qui se soit toujours mise comme le lendemain. »

Mme Geoffrin passe pour avoir pris ses leçons de grand monde chez Mme de Tencin, et pour s'être formée à cette école. On cite ce mot de Mme de Tencin, qui, la voyant sur la fin fort assidue à la visiter, disait à ses habitués : « Savez-vous ce que la Geoffrin vient faire ici? elle vient

voir ce qu'elle pourra recueillir de mon inventaire. »
Cet inventaire en valait la peine, puisqu'il se composait
tout d'abord de Fontenelle, de Montesquieu, de Mairan.
M⁽ᵐᵉ⁾ de Tencin est bien moins remarquable comme auteur d'histoires sentimentales et romanesques, où elle
eut peut-être ses neveux pour collaborateurs, que par
son esprit d'intrigue, son manége adroit, et par la hardiesse et la portée de ses jugements. Femme peu estimable, et dont quelques actions même sont voisines du
crime, on se trouvait pris à son air de douceur et presque de bonté, si on l'approchait. Quand ses intérêts
n'étaient point en cause, elle vous donnait des conseils
sûrs et pratiques, dont on avait à profiter dans la vie.
Elle savait le fin du jeu en toute chose. Plus d'un grand
politique se serait bien trouvé, même de nos jours, d'avoir présente cette maxime, qu'elle avait coutume de
répéter : « Les gens d'esprit font beaucoup de fautes en
conduite, parce qu'ils ne croient jamais le monde aussi
bête qu'il est. » Les neuf Lettres d'elle qu'on a publiées,
et qui sont adressées au duc de Richelieu pendant la
campagne de 1743, nous la montrent en plein manége
d'ambition, travaillant à se saisir du pouvoir pour elle
et pour son frère le cardinal, dans ce court moment où
le roi, émancipé par la mort du cardinal de Fleury, n'a
pas encore de maîtresse en titre. Jamais Louis XV n'a
été jugé plus à fond et avec des sentiments de mépris
plus clairvoyants et mieux motivés que dans ces neuf
Lettres de M⁽ᵐᵉ⁾ de Tencin. Dès l'année 1743, cette femme
l'intrigue a des éclairs de coup-d'œil qui percent l'horizon : « A moins que Dieu n'y mette visiblement la main,
écrit-elle, il est physiquement impossible que l'État ne
culbute. » C'est cette maîtresse habile que M⁽ᵐᵉ⁾ Geoffrin
consulta et de qui elle reçut de bons conseils, notamment celui de ne refuser jamais aucune relation, aucune

avance d'amitié; car si neuf sur dix ne rapportent rien, une seule peut tout compenser; et puis, comme cette femme de ressource disait encore, « tout sert en ménage, quand on a en soi de quoi mettre les outils en œuvre. »

Mme Geoffrin hérita donc en partie du salon et du procédé de Mme de Tencin ; mais, en contenant son habileté dans la sphère privée, elle l'étendit singulièrement et dans une voie tout honorable. Mme de Tencin remuait ciel et terre pour faire de son frère un premier ministre : Mme Geoffrin laissa de côté la politique, ne s'immisça jamais dans les choses de religion, et, par son art infini, par son esprit de suite et de conduite, elle devint elle-même une sorte d'habile administrateur et presque un grand *ministre de la société,* un de ces ministres d'autant plus influents qu'ils sont moins en titre et plus permanents.

Elle conçut d'abord cette machine qu'on appelle un salon dans toute son étendue, et sut l'organiser au complet avec des rouages doux, insensibles, mais savants et entretenus par un soin continuel. Elle n'embrassa pas seulement dans sa sollicitude les gens de Lettres proprement dits, mais elle s'occupa des artistes, sculpteurs et peintres, pour les mettre tous en rapport entre eux et avec les gens du monde; en un mot, elle conçut l'Encyclopédie du siècle en action et en conversation autour d'elle. Elle eut chaque semaine deux dîners de fondation, le lundi pour les artistes : on y voyait les Vanloo, Vernet, Boucher, La Tour, Vien, Lagrenée, Soufflot, Lemoine, quelques amateurs de distinction et protecteurs des arts, quelques littérateurs comme Marmontel pour soutenir la conversation et faire la liaison des uns aux autres. Le mercredi, c'était le dîner des gens de Lettres : on y voyait d'Alembert, Mairan, Marivaux, Marmontel, le chevalier de Chastellux, Morellet, Saint-

Lambert, Helvétius, Raynal, Thomas, Grimm, d'Holbach, Burigny de l'Académie des Inscriptions. Une seule femme y était admise avec la maîtresse de la maison : c'était Mlle de Léspinasse. Mme Geoffrin avait remarqué que plusieurs femmes dans un dîner distraient les convives, dispersent et éparpillent la conversation : elle aimait l'unité et à rester centre. Le soir, la maison de Mme Geoffrin continuait d'être ouverte, et la soirée se terminait par un petit souper très-simple et très-recherché, composé de cinq ou six amis intimes au plus, et cette fois de quelques femmes, la fleur du grand monde. Pas un étranger de distinction ne vivait ou ne passait à Paris sans aspirer à être admis chez Mme Geoffrin. Les princes y venaient en simples particuliers; les ambassadeurs n'en bougeaient dès qu'ils y avaient pied. L'Europe y était représentée dans la personne des Caraccioli, des Creutz, des Galiani, des Gatti, des Hume et des Gibbon.

On le voit déjà, de tous les salons du xviiie siècle, c'est celui de Mme Geoffrin qui est le plus complet. Il l'est plus que celui de Mme Du Deffand, qui, depuis la défection de d'Alembert et des autres à la suite de Mlle de Lespinasse, avait perdu presque tous les gens de Lettres. Le salon de Mlle de Lespinasse, à part cinq ou six amis de fond, n'était lui-même formé que de gens assez peu liés entre eux, pris çà et là, et que cette spirituelle personne assortissait avec un art infini. Le salon de Mme Geoffrin nous représente, au contraire, le grand centre et le rendez-vous du xviiie siècle. Il fait contre-poids, dans son action décente et dans sa régularité animée, aux petits dîners et soupers licencieux de Mlle Quinault, de Mlle Guimard, et des gens de finances, les Pelletier, les La Popelinière. Vers la fin ce salon voit se former, en émulation et un peu en rivalité avec lui, les salons du baron d'Holbach, de Mme Helvétius, en partie composés de la fleur des convives de Mme Geoffrin, et en partie de quelques têtes que Mme Geoffrin avait trouvées trop vives pour les admettre à ses dîners. Le siècle s'ennuyait à la fin d'être contenu par elle et conduit à la lisière, il voulait parler de tout à haute voix et à cœur joie.

L'esprit que Mme Geoffrin apportait dans le ménagement et l'économie de ce petit empire qu'elle avait si largement conçu, était un esprit de naturel, de justesse et de finesse, qui descendait aux moindres détails, un esprit adroit, actif et doux. Elle avait fait passer le rabot sur les sculptures de son appartement : c'était ainsi chez elle au moral, et *Rien en relief* semblait sa devise. « Mon esprit, disait-elle, est comme mes jambes; j'aime à me promener dans un terrain uni, mais je ne veux point monter une montagne pour avoir le plaisir de dire lorsque j'y suis arrivée : *J'ai monté cette montagne.* » Elle aimait la simplicité, et, au besoin, elle l'aurait affectée un peu. Son activité était de celles qui se font remarquer principalement par le bon ordre, une de ces activités discrètes qui agissent sur tous les points presque en silence et insensiblement. Maîtresse de maison, elle a l'œil à tout; elle préside, elle gronde pourtant, mais d'une gronderie qui n'est qu'à elle; elle veut qu'on se taise à temps, elle fait la police de son salon. D'un seul mot : *Voilà qui est bien*, elle arrête à point les conversations qui s'égarent sur des sujets hasardeux et les esprits qui s'échauffent : ils la craignent, et vont *faire leur sabbat* ailleurs. Elle a pour principe de ne causer elle-même que quand il le faut, et de n'intervenir qu'à de certains moments, sans tenir trop longtemps le dé. C'est alors qu'elle place des maximes sages, des contes piquants, de la morale anecdotique et en action, ordinairement aiguisée par quelque expression ou quelque image bien familière. Tout cela ne sied bien que dans sa bouche, elle le sait : aussi dit-elle « qu'elle ne veut pas que l'on prêche ses sermons, que l'on conte ses contes, ni qu'on touche à ses pincettes. »

S'étant de bonne heure posée en vieille femme et en *maman* des gens qu'elle reçoit, elle a un moyen de gouvernement, un petit artifice qui est à la longue devenu un *tic* et une manie : c'est de gronder; mais c'est à faire à elle de gronder. N'est pas grondé par elle qui veut; c'est la plus grande marque de sa faveur et de sa direction. Celui qu'elle aime le mieux est aussi le mieux grondé. Horace Walpole, avant d'avoir passé, enseignes déployées, dans le camp de Mme Du Deffand, écrivait de Paris à son ami Gray :

« (25 janvier 1766.) Mme Geoffrin, dont vous avez beaucoup entendu parler, est une femme extraordinaire, avec plus de sens commun que je n'en ai presque jamais rencontré. Une grande promptitude de coup d'œil à découvrir les caractères, de la pénétration à aller au fond de chacun, et un crayon qui ne manque jamais la ressemblance; et elle est rarement en beau. Elle exige pour elle et sait se conserver, en dépit de sa naissance et de leurs absurdes préjugés d'ici sur la noblesse, une grande cour et des égards soutenus. Elle y réussit par mille petits artifices et bons offices d'amitié, et par une liberté et une sévérité qui semble être sa seule fin en tirant le monde à elle; car elle ne cesse de gronder ceux qu'elle a une fois enjôlés. Elle a peu de goût et encore moins de savoir, mais elle protége les artistes et les auteurs, et elle fait la cour à un petit nombre de gens pour avoir le crédit d'être utile à ses protégés. Elle a fait son éducation sous la fameuse Mme de Tencin, qui lui a donné pour règle de ne jamais rebuter aucun homme; car, disait l'habile matrone, « quand même neuf sur dix ne se donneraient pas un liard de peine pour vous, le dixième peut vous devenir un ami utile. » Elle n'a pas adopté ni rejeté en entier ce plan, mais elle a tout à fait gardé l'esprit de la maxime. En un mot, elle nous offre un abrégé d'empire qui subsiste au moyen de récompenses et de peines. »

L'office de majordome de son salon était en général confié à Burigny, l'un de ses plus anciens amis, et l'un des mieux grondés de tous. Quand il y avait quelque infraction au règlement et qu'il éclatait quelque imprudence de parole, c'était à lui qu'elle s'en prenait volontiers pour n'y avoir pas mis bon ordre.

On en riait, on en plaisantait avec elle-même, et l'on se soumettait à ce régime qui ne laissait pas d'être assez étroit et exigeant, mais qui était tempéré de tant de bonté et de bienfaisance. Ce droit de correction, elle se l'assurait à sa manière en plaçant de temps en temps sur votre tête quelque bonne petite rente viagère, sans oublier le cadeau annuel de la culotte de velours.

Fontenelle n'avait pas institué Mme Geoffrin son exécutrice testamentaire sans raison. Mme Geoffrin, bien observée, me paraît avoir été, par la nature de son esprit, par la méthode de son procédé, et par son genre d'influence, le Fontenelle des femmes, un Fontenelle plus actif en bienfaisance (nous reviendrons tout à l'heure sur ce trait-là), mais un vrai Fontenelle par la prudence, par la manière de concevoir et de composer son bonheur, par cette manière de dire, à plaisir familière, épigrammatique et ironique sans amertume. C'est un Fontenelle qui, par cela même qu'il est femme, a plus de vivacité et un mouvement plus affectueux, plus sensible. Mais, comme lui, elle aime avant tout le repos, ou la marche sur un terrain uni. Tout ce qui est ardent autour d'elle l'inquiète, et elle croit que la raison elle-même a tort quand elle est passionnée. Elle comparait un jour son esprit à « un *rouleau plié* qui se développe et se déroule par degrés. » Elle n'était pas pressée de tout dérouler d'un coup : « Peut-être à ma mort, disait-elle, le rouleau ne sera-t-il pas déployé tout entier. » Cette sage lenteur est un trait distinctif de son esprit et de son influence. Elle craignait les mouvements trop brusques et les changements trop prompts : « Il ne faut pas, disait-elle, abattre la vieille maison avant de s'en être bâti une nouvelle. » Elle tempérait tant qu'elle pouvait l'époque, déjà ardente, et tâchait de la discipliner. C'était une mauvaise note auprès d'elle, quand on était de ses dîners, de se faire mettre à la Bastille ; Marmontel s'aperçut qu'il avait fort baissé dans sa faveur après son affaire de *Bélisaire*. En un mot, elle continue de représenter l'esprit déjà philosophique, mais encore modérateur, de la première partie du siècle, tant qu'il n'avait pas cessé de reconnaître de certaines bornes. Je me peins assez bien cette application constante de Mme Geoffrin par une image : elle avait fait ajouter après coup une perruque (une perruque en marbre, s'il vous plaît) au buste de Diderot par Falconet.

Sa bienfaisance était grande autant qu'ingénieuse, et chez elle un vrai don de nature : elle avait *l'humeur donnante*, comme elle disait. *Donner et pardonner*, c'était sa devise. Le bienfait de sa part était perpétuel. Elle ne pouvait s'empêcher de faire des cadeaux à tous, au plus pauvre homme de Lettres comme à l'impératrice d'Allemagne, et elle les faisait avec cet art et ce fini de délicatesse qui ne permet pas de refuser sans une sorte de grossièreté. Sa sensibilité s'était perfectionnée par la pratique du bien et par un tact social exquis. Sa bienfaisance avait, comme toutes ses autres qualités, quelque chose de singulier et d'original qui ne se voyait qu'en elle. On en a cité mille traits charmants, imprévus, dont Sterne eût fait son profit ; je n'en rappellerai qu'un. On lui faisait remarquer un jour que tout était chez elle en perfection, tout, excepté la *crème*, qui n'était point bonne. — « Que voulez-vous ? dit-elle, je ne puis changer ma laitière. » — « Eh ! qu'a donc fait cette laitière, pour qu'on ne la puisse changer ? » — « C'est que je lui ai donné deux vaches. » — « La belle raison ! » s'écriat-on de toutes parts. Et en effet, un jour que cette laitière pleurait de désespoir d'avoir perdu sa vache, Mme Geoffrin lui en avait donné deux, une de plus pour la consoler d'avoir tant pleuré, et, depuis ce jour aussi, elle ne comprenait pas qu'elle pût jamais changer cette laitière. Voilà le rare et le délicat. Bien des gens eussent été capables de donner une vache ou même deux ; mais de garder la laitière ingrate ou négligente, malgré sa mauvaise crème, c'est ce qu'on n'eût pas fait. Mme Geoffrin le faisait pour elle-même, pour ne pas se gâter le souvenir d'une action charmante. Elle voulait faire du bien à sa manière, c'était sa qualité distinctive. De même qu'elle grondait non pour corriger, mais pour son plaisir, de même elle donnait, non pour faire des heureux ou des reconnaissants, mais, avant tout, pour se rendre contente elle-même. Son bienfait était comme marqué à un coin de brusquerie et d'*humeur;* elle avait les remercîments en aversion : « Les remercîments, a-t-on dit, lui causaient une colère aimable et presque sérieuse. » Elle avait là-dessus toute une théorie poussée au paradoxe, et elle allait jusqu'à faire en toute forme l'éloge de l'ingratitude. Ce qu'il y a de plus clair, c'est que, même en donnant, elle voulait *se payer par ses mains,* et qu'elle savait goûter *toute seule* la satisfaction d'obliger. Le dirai-je ? je crois retrouver là, même au sein d'une nature excellente, ce coin d'égoïsme et de sécheresse inhérente au xviiie siècle. L'élève de Mme de Tencin, l'amie de Fontenelle, reparaît jusque dans l'instant où elle se livre à son penchant de cœur ; elle s'y livre, mais sans abandon encore et en concertant toute chose. On sait de Montesquieu aussi une très-belle action de bienfaisance, après laquelle il se déroba avec brusquerie et presque avec dureté aux remercîments et aux larmes de l'obligé. Le mépris des hommes perce trop ici jusque dans le bienfaiteur. Est-ce donc bien prendre son temps pour les mépriser que de choisir précisément l'instant où on les élève, où on les attendrit et où on les rend meilleurs? Dans l'admirable chapitre de saint Paul sur la Charité, on lit, entre autres caractères de cette vertu divine : « *Charitas non quærit quæ sua sunt... Non cogitat malum...* La Charité ne recherche point ce qui lui est propre. Elle ne soupçonne pas le mal. » Ici, au contraire, cette bienfaisance mondaine et sociale cherche son plaisir, son goût particulier et sa satisfaction propre, et il s'y mêle de plus un peu de malice et d'ironie. Je sais tout ce qu'on peut dire en faveur de cette vertu respectable et charmante, alors même qu'elle songe à soi. Mme Geoffrin, quand on la prenait là-dessus, avait mille bonnes réponses, et fines comme elle : « Ceux, disait-elle, qui obligent rarement, n'ont pas besoin de maximes usuelles; mais ceux qui obligent souvent doivent obliger de la manière la plus agréable pour eux-mêmes, *parce qu'il faut faire commodément ce qu'on veut faire tous les jours.* » Il y a du Franklin dans cette maxime-là, du Franklin corrigeant et épaississant un peu le sens trop spirituel de la Charité selon saint Paul. Respectons, honorons donc la libéralité naturelle et raisonnée de Mme Geoffrin ; mais reconnaissons toutefois qu'il manque à toute cette bonté et à cette bienfaisance une certaine flamme céleste, comme il manque à tout cet esprit et à cet art social du xviiie siècle une fleur d'imagination et de poésie, un fond de lumière également céleste. Jamais on ne voit dans le lointain le bleu du ciel ni la clarté des étoiles.

Nous avons pu déjà nous faire une idée de la forme et de la qualité de l'esprit de Mme Geoffrin. La qualité dominante chez elle était la justesse et le bon sens. Horace Walpole que j'aime à citer, bon juge et peu suspect, avait beaucoup vu Mme Geoffrin avant d'être à Mme Du Deffand; il la goûtait extrêmement et n'en parle jamais que comme d'une des meilleures têtes, un des meilleurs *entendements* qu'il ait rencontrés, et comme de la personne qui possède la plus grande connaissance du monde. Écrivant à lady Hervey après une attaque de goutte qu'il venait d'avoir, il disait :

« (Paris, 13 octobre 1765). Mme Geoffrin est venue l'autre soir, et s'est assise deux heures durant à mon chevet; j'aurais juré que c'était milady Hervey, tant elle fut pleine de bonté pour moi. Et c'était avec tant de bon sens, de bonne information, de bon conseil et d'à-propos! Elle a surtout une manière de vous reprendre qui me charme. Je n'ai jamais vu, depuis que j'existe, personne qui atteigne si au vif les défauts, les vanités, les faux airs d'un chacun, qui vous les développe avec tant de netteté, et qui vous en convainque si aisément. Je n'avais jamais aimé à être redressé auparavant; maintenant vous ne pouvez vous imaginer combien j'y ai pris goût. Je la fais à la fois mon Confesseur et mon Directeur, et je commence à croire que je serai à la fin une créature raisonnable, ce à quoi je n'avais jamais visé jusqu'ici. La prochaine fois que je la verrai, je compte bien lui dire : « O *Sens-Commun*, assieds-toi là : j'ai été jusqu'ici pensant de telle et telle sorte; dis, n'est-ce pas bien absurde? » Quant à toute autre espèce de sens et de sagesse, je ne les ai jamais aimés, et maintenant je vais les haïr à cause d'elle. Si cela valait la peine qu'elle s'en mêlât, je puis vous assurer, Madame, qu'elle pourrait me gouverner comme un enfant. »

En toute rencontre, il parle d'elle comme de la raison même :

On commence à se faire une idée de l'espèce de charme singulier et grondeur qu'exerçait autour d'elle le bon sens de Mme Geoffrin. Elle aimait à morigéner son monde, et elle faisait le plus souvent goûter la leçon. Il est vrai que si l'on ne s'y prêtait pas, si l'on se dérobait à son envie de conseiller et de redresser, elle n'était pas contente, et un petit accent plus sec vous avertissait qu'elle était piquée dans son faible, dans sa prétention de mentor et de directeur.

On a dernièrement imprimé ce petit billet d'elle à David Hume, comme échantillon de sa façon de *bourrer* les gens quand elle en était contente ; je n'y supprime que les fautes d'orthographe, car Mme Geoffrin ne savait pas l'orthographe, et ne s'en cachait pas :

« Il ne vous manquait, mon gros drôle, pour être un parfait petit-maître, que de jouer le beau rigoureux, en ne faisant pas de réponse à un billet doux que je vous ai écrit par Gatti. Et pour avoir tous les airs (*aires*) possibles, vous voulez vous donner celui d'être modeste. »

Mme de Tencin appelait les gens d'esprit de son monde ses *bêtes ;* Mme Geoffrin continuait un peu de les traiter sur le même pied et à la baguette. Elle était grondeuse par état, par bonne grâce de vieille, par contenance.

Elle jugeait ses amis, ses habitués, en toute rectitude, et on a retenu d'elle des mots terribles qui lui échappaient, non plus en badinant. C'est elle qui a dit de l'abbé Trublet, qu'on appelait devant elle un homme d'esprit : « Lui, un homme d'esprit ! c'est *un sot frotté d'esprit.* » Elle disait du duc de Nivernais : « Il est *manqué* de partout, guerrier *manqué,* ambassadeur *manqué,* auteur *manqué,* etc. » Rulhière lisait dans les salons ses Anecdotes manuscrites sur la Russie ; elle aurait voulu qu'il les jetât au feu, et elle lui offrait de l'en dédommager par une somme d'argent. Rulhière s'indignait, et mettait en avant tous les grands sentiments d'honneur, de désintéressement, d'amour de la vérité ; elle ne lui répondit que par ces mots : « En voulez-vous davantage ? » On voit que Mme Geoffrin n'était douce que quand elle le voulait, et que cette bénignité d'humeur et de bienfaisance recouvrait une expérience amère.

J'ai déjà cité Franklin à son sujet. Elle avait de ces maximes qui semblent provenir d'un même bon sens calculateur et ingénieux, tout pratique. Elle avait fait graver sur ses jetons cette maxime : « L'économie est la source de l'indépendance et de la liberté. » Et cette autre : « Il ne faut pas laisser croître l'herbe sur le chemin de l'amitié. »

Son esprit était de ces esprits fins dont Pascal a parlé, qui sont accoutumés à juger au premier abord et *tout d'une vue*, et qui ne reviennent guère à ce qu'ils ont une fois manqué. Ce sont des esprits qui redoutent un peu la fatigue et l'ennui, et dont le jugement sain et quelquefois perçant n'est pas continu. Mme Geoffrin, douée au plus haut degré de cette sorte d'esprit, différait tout à fait en cela de Mme Du Châtelet par exemple, laquelle aimait à suivre et à épuiser un raisonnement. Ces esprits délicats et rapides sont surtout propres à la connaissance du monde et des hommes; ils aiment à promener leur vue plutôt qu'à l'arrêter. Mme Geoffrin avait besoin, pour ne pas se lasser, d'une grande variété de personnes et de choses. Les empressements la suffoquaient; le trop de durée, même d'un plaisir, le lui rendait insupportable; « de la société la plus aimable, elle ne voulait que ce qu'elle en pouvait prendre à ses heures et à son aise. » Une visite qui menaçait de se prolonger et de s'éterniser la faisait pâlir et tourner à la mort. Un jour qu'elle vit le bon abbé de Saint-Pierre s'installer chez elle pour toute une soirée d'hiver, elle eut un moment d'effroi, et, s'inspirant de la situation désespérée, elle fit si bien qu'elle tira parti du digne abbé, et le rendit amusant. Il en fut tout étonné lui-même, et, comme elle lui faisait compliment de sa bonne conversation en sortant, il répondit : « Madame, je ne suis qu'un instrument dont vous avez bien joué. » Mme Geoffrin était une habile *virtuose*.

Je ne fais dans tout ceci qu'extraire et résumer les Mémoires du temps. C'est un plaisir plus grand qu'on ne suppose, de relire ces auteurs du xviii° siècle qu'on répute secondaires, et qui sont tout simplement excellents dans la prose modérée. Il n'y a rien d'agréable, de délicat et de distingué comme les pages que Marmontel a consacrées dans ses Mémoires à Mme Geoffrin et à la peinture de cette société. Morellet lui-même, quand il parle d'elle, est non pas un excellent peintre, mais un parfait analyste; la main qui écrit est bien un peu lourde, mais la plume est nette et fine. Il n'est pas jusqu'à Thomas, qu'on donne pour emphatique, qui ne soit très-agréable et très-heureux d'expression au sujet de Mme Geoffrin. On répète toujours que Thomas est enflé; mais nous-mêmes nous sommes devenus, dans notre habitude d'écrire, si enflés, si métaphoriques, que Thomas relu me paraît simple.

Le grand événement de la vie de Mme Geoffrin fut le voyage qu'elle fit en Pologne (1766), pour aller voir le roi Stanislas Poniatowski. Elle l'avait connu tout jeune homme à Paris, et l'avait rencontré comme tant d'autres dans ses bienfaits. A peine monté sur le trône de Pologne, il lui écrivit : *Maman, votre fils est roi;* et il la pria avec instance de le venir visiter. Elle n'y résista point, malgré son âge déjà avancé; elle passa par Vienne, et y fut l'objet marqué des attentions des souverains. On a cru qu'une petite commission diplomatique se glissa au fond de ce voyage. On a les lettres de Mme Geoffrin écrites de Varsovie, elles sont charmantes; elles coururent Paris, et ce n'était pas avoir bon air dans ce temps-là que de les ignorer. Voltaire choisit ce moment pour lui écrire comme à une puissance; il la priait d'intéresser le roi de Pologne à la famille Sirven. Mme Geoffrin avait bonne tête, et ce voyage ne la lui tourna point. Marmontel, en lui écrivant, avait paru croire que ces attentions dont une simple particulière était l'objet de la part des monarques, allaient faire une révolution dans les idées; Mme Geoffrin le remet au vrai point de vue :

« Non, mon voisin, lui répond-elle (*voisin*, parce que Marmontel logeait dans sa maison), non, pas un mot de tout cela : il n'arrivera rien de tout ce que vous pensez. Toutes choses resteront dans l'état où je les ai trouvées, et vous retrouverez aussi mon cœur tel que vous le connaissez, très-sensible à l'amitié. »

Écrivant à d'Alembert, de Varsovie également, elle disait, en se félicitant de son lot, et sans ivresse :

« Ce voyage fait, je sens que j'aurai vu assez d'hommes et de choses pour être convaincue qu'ils sont partout à peu près les mêmes. J'ai mon magasin de réflexions et de comparaisons bien garni pour le reste de ma vie. »

Et elle ajoute dans un sentiment aussi touchant qu'élevé, sur son royal pupille :

« C'est une terrible condition que d'être roi de Pologne. Je n'ose lui dire à quel point je le trouve malheureux; hélas! il ne le sent que trop souvent. Tout ce que j'ai vu depuis que j'ai quitté mes pénates me fera remercier Dieu d'être née *Française* et *particulière*. »

Au retour de ce voyage où elle avait été comblée d'honneurs et de considération, elle redoubla de modestie habile. On peut croire que cette modestie, chez elle, n'était qu'une manière plus douce, et pleine de goût, de porter son amour-propre et sa gloire. Mais elle excellait à cette manière discrète et proportionnée. Comme Mme de Maintenon, elle était de cette race des *glorieuses modestes*. Quand on la complimentait et qu'on l'interrogeait sur ce voyage, qu'elle répondît ou qu'elle ne répondît pas, elle ne mettait d'affectation ni dans ses paroles ni même dans son silence. Personne ne connaissait mieux qu'elle, mieux que cette bourgeoise de Paris, l'art d'en user avec les grands, d'en tirer ce qu'il fallait sans s'effacer ni se prévaloir, et de se tenir en tout et avec tous d'un air aisé sur la limite des bienséances.

Comme toutes les puissances, elle eut l'honneur d'être attaquée. Palissot essaya de la traduire deux fois sur la scène à titre de patronne des Encyclopédistes. Mais, de toutes les attaques, la plus sensible à Mme Geoffrin dut être la publication des Lettres familières de Montesquieu, que l'abbé de Guasco fit imprimer en 1767 pour lui être désagréable. Quelques mots de Montesquieu contre Mme Geoffrin indiquent assez ce qu'on pourrait d'ailleurs deviner, qu'il entre toujours un peu d'intrigue et de manége partout où il y a des hommes à gouverner, même quand ce sont les femmes qui s'en chargent. Mme Geoffrin, d'ailleurs, eut le crédit de faire arrêter l'édition, et on mit des cartons aux endroits où il était question d'elle.

La dernière maladie de Mme Geoffrin présenta des circonstances singulières. Tout en soutenant de ses libéralités l'*Encyclopédie*, elle avait toujours gardé un fond ou un coin de religion. La Harpe raconte qu'elle avait à sa dévotion un confesseur capucin, confesseur à très-large manche, pour la commodité de ses amis qui en auraient eu besoin ; car si elle n'aimait pas, quand on était de ses amis, qu'on se fît mettre à la Bastille, elle n'aimait pas non plus qu'on mourût sans confession. Pour elle, tout en vivant avec les philosophes, elle allait à la messe, comme on va en bonne fortune, et elle avait sa tribune à l'église des Capucins, comme d'autres auraient eu leur petite maison. L'âge augmenta cette disposition sérieuse ou bienséante. A la suite d'un Jubilé qu'elle suivit trop exactement dans l'été de 1776, elle tomba en paralysie, et sa fille, profitant de cet état, ferma la porte aux philosophes, dont elle craignait l'influence sur sa mère. D'Alembert, Marmontel, Morellet, furent brusquement exclus ; on juge de la rumeur.

Turgot écrivait à Condorcet : « Je plains cette pauvre Mme Geoffrin de sentir cet esclavage, et d'avoir ses derniers moments empoisonnés par sa vilaine fille. » Mme Geoffrin ne s'appartenait plus; même en revenant à elle, elle sentit qu'il lui fallait choisir entre sa fille et ses amis, et le sang l'emporta : « Ma fille, disait-elle en souriant, est comme Godefroy de Bouillon, elle a voulu défendre mon tombeau contre les Infidèles. » Elle faisait passer sous main à ces mêmes Infidèles ses amitiés et ses regrets; elle leur envoyait des cadeaux. Sa raison était affaiblie, mais sa forme d'esprit subsistait toujours, et elle se réveillait pour dire de ces mots qui la montraient encore semblable à elle-même. On s'entretenait autour de son lit des moyens que les Gouvernements pourraient employer pour rendre les peuples heureux, et chacun d'inventer de grandes choses : « Ajoutez-y, dit-elle, le soin de *procurer des plaisirs*, chose dont on ne s'occupe pas assez. »

Elle mourut sur la paroisse de Saint-Roch, le 6 octobre 1777. — Le nom de Mme Geoffrin et son genre d'influence nous ont naturellement rappelé un autre nom aimable, qu'il est trop tard ici pour venir balancer avec le sien. La Mme Geoffrin de nos jours, Mme Récamier, eut de plus que l'autre la jeunesse, la beauté, la poésie, les grâces, l'étoile au front, ajoutons, une bonté non pas plus ingénieuse, mais plus angélique. Ce que Mme Geoffrin eut de plus dans son gouvernement de salon bien autrement étendu et considérable, ce fut une raison plus ferme et plus à domicile en quelque sorte, qui faisait moins de frais et d'avances, moins de sacrifices au goût des autres; ce fut ce bon sens unique dont Walpole nous a si bien rendu l'idée, un esprit non-seulement délicat et fin, mais **juste** et *perçant*.

Lundi 29 juillet 1850.

LETTRES

DE

GOETHE ET DE BETTINA,

Traduites de l'allemand

PAR SÉBASTIEN ALBIN.

(2 vol. in-8°. — 1843.)

Nous avons vu une fois, si l'on s'en souvient, Jean-Jacques Rousseau en correspondance avec une de ses admiratrices qui s'était éprise de lui jusqu'à oser l'aimer. Mme de La Tour-Franqueville, après la lecture de *la Nouvelle Héloïse,* se monte la tête, se croit une Julie d'Étange, et elle écrit des lettres très-vives au grand écrivain, qui la traite assez mal et en misanthrope qu'il est. Il est curieux de voir comment, dans un cas analogue, le grand poëte de l'Allemagne, Goethe, traita différemment l'une de ses jeunes admiratrices, qui lui déclarait avec exaltation son amour. Mais dans ce cas, non plus que dans l'autre, il ne faut pas s'attendre à un amour vrai, naturel, partagé, à l'amour de deux êtres qui échangent et confondent les sentiments les plus chers. Ce n'est pas de l'amour proprement dit, c'est un culte; il y a une prêtresse et un dieu. Seulement,

Rousseau était un dieu malade, quinteux, atteint de gravelle, et qui avait moins de bons que de mauvais jours : Goethe est un dieu supérieur, calme, serein, égal, bien portant et bienveillant, le Jupiter Olympien qui regarde et sourit.

Au printemps de 1807, il y avait à Francfort une charmante jeune fille, âgée de dix-neuf ans, et si petite qu'elle n'en paraissait que douze ou treize. Bettina Brentano, fille d'un père italien établi et marié à Francfort, appartenait à une famille très-originale et dont tous les membres avaient un cachet de singularité et de fantaisie. C'était un propos qui avait cours dans la ville, que, « là où la folie finit chez les autres, elle ne faisait que commencer chez les Brentano. » La petite Bettina n'aurait pas pris ce mot pour une injure : « Ce que d'autres appellent extravagance est compréhensible pour moi, disait-elle, et fait partie d'un savoir intérieur que je ne puis exprimer. » Elle avait en elle le démon, le lutin, la fée, ce qu'il y a au monde de plus opposé à l'esprit bourgeois et formaliste, avec qui elle était en guerre déclarée. Restée Italienne par son imagination, qui était colorée, pittoresque et lumineuse, elle y combinait la rêverie et l'exaltation allemande, qu'elle semblait pousser par moments jusqu'à l'hallucination et l'illuminisme : « Il y a en moi, disait-elle, un démon qui s'oppose à tout ce qui veut faire de la réalité. » La poésie était son monde naturel. Elle sentait l'art et la nature comme on ne les sent qu'en Italie ; mais ce sentiment, commencé à l'italienne, se traduisait, se terminait trop souvent en vapeurs et en brouillards, non sans avoir passé par toutes les couleurs de l'arc-en-ciel. Bref, au milieu de tant de qualités rares qui décoraient la petite Bettina et qui en faisaient une merveille, il ne lui manquait que ce qu'on appellerait tout net *le bon sens français*, lequel n'est peut-être pas compatible avec tous ces autres dons. Il semblait que la famille de Bettina, en venant d'Italie en Allemagne, fût passée, non par la France, mais par le Tyrol, en compagnie de quelque troupe de gais Bohêmes. Au reste, ces défauts que j'indique peuvent se marquer en avançant dans la vie; mais, à dix-neuf ans, ce n'est qu'un piquant de plus et qu'une grâce.

En parlant si librement de Bettina, j'ai presque besoin de m'en excuser, car Bettina Brentano, devenue Mme d'Arnim, veuve aujourd'hui d'Achim d'Arnim, l'un des poëtes distingués de l'Allemagne, vit à Berlin, entourée des hommes les plus remarquables, jouissant d'une considération qui n'est pas due seulement aux facultés élevées de l'esprit, mais qui tient aussi aux vertus excellentes de l'âme et du caractère. Cette fée, si longtemps lutine, se trouve être, assure-t-on, l'un des plus dévoués des cœurs de femme. Mais c'est elle-même qui, en 1835, deux ans après la mort de Goethe, a publié cette Correspondance qui nous la fait connaître tout entière, et qui nous permet, qui nous oblige d'en parler si à notre aise et si hardiment. Ce livre, traduit en français par une femme de mérite qui s'est dérobée sous le pseudonyme de *Sébastien Albin*, est un des plus curieux et des plus propres à nous faire pénétrer dans les différences qui séparent le génie allemand du nôtre. La préface de l'auteur commence par ces mots : « *Ce livre est pour les bons et non pour les méchants.* » C'est comme qui dirait : *Honni soit qui mal y pense !*

Ce fut donc cette jeune fille de dix-neuf ans, Bettina, qui se mit un jour brusquement à aimer le grand poëte Goethe d'un amour idéal, et sans l'avoir encore vu. Un matin qu'assise dans le jardin parfumé et silencieux, elle rêvait à son isolement, l'idée de Goethe se présenta à son esprit; elle ne le connaissait que par sa renommée, par ses livres, par le mal même qu'elle entendait quelquefois dire autour d'elle de son caractère indifférent et froid. Son imagination se prit à l'instant, et l'objet de son culte fut trouvé.

Goethe avait alors cinquante-huit ans; il avait un peu aimé dans sa jeunesse la mère de Bettina. Il vivait depuis longues années à Weimar, à la petite Cour de Charles-Auguste, dans la faveur, ou, pour mieux dire, dans l'amitié et l'intimité du prince, dans une étude calme, variée, universelle, dans une fécondité de production incessante et facile, en tout au comble de la félicité, du génie et de la gloire. La mère de Goethe habitait Francfort; Bettina se lia avec elle, et se mit à aimer, à étudier et à deviner le fils dans la personne de cette mère si remarquable, et si digne de celui qu'elle avait mis au monde.

Cette vieille mère de Goethe, *madame la Conseillère de Goethe*, comme on l'appelait, d'un caractère si élevé, si noble, j'allais dire si auguste, toute pleine de grandes paroles et de conversations mémorables, n'aime rien tant que d'entendre parler de son fils; elle a, quand on lui parle de lui, *de grands yeux d'enfant* qui se fixent sur vous et dans lesquels brille le plus parfait contentement. Elle a fait de Bettina sa favorite; celle-ci, en entrant, s'assied sur un petit tabouret à ses pieds, entame la conversation à tort et à travers, dérange la gravité des alentours et se permet toute licence, sûre d'être toujours pardonnée. La digne Mme de Goethe, qui a en elle le sentiment du réel et le bon sens, a compris tout d'abord que cet amour de la jeune fille pour son fils ne tirait pas à conséquence, que cette flamme, ce feu de *fusée*, ne brûlerait personne. Elle se raille du rêve de la jeune fille, qui le lui rend de reste en lutineries, et, tout en la raillant de ce rêve, elle en profite, car il n'est pas de

19.

jour où, dans sa solitude, cette mère heureuse ne pense à son fils, « et ces pensées, dit-elle, sont de l'or pour moi. » Mais à qui en parlerait-elle? devant qui compterait-elle son or, cet or qui n'est pas fait pour les profanes, sinon devant Bettina? Aussi, quand cette folâtre est absente, quand elle court les bords du Rhin, comme cela lui arrive souvent, et qu'elle va faire l'école buissonnière à chaque vieille tour et à chaque rocher, elle manque bien à sa chère Mme la Conseillère :

« Dépêche-toi de revenir à la maison, lui écrit celle-ci. Cette année, je ne me sens pas aussi bien que l'année dernière ; quelquefois je te désire avec une certaine frayeur, et je reste des heures entières à penser à Wolfgang (prénom de Goethe), quand il était enfant et qu'il se roulait à mes pieds ; puis, comme il savait si bien jouer avec son frère Jacques, et lui raconter des histoires! Il me faut absolument quelqu'un à qui je puisse dire tout cela, *et personne ne m'écoute aussi bien que toi.* Je voudrais vraiment que tu fusses là, près de moi. »

Bettina revient donc près de la mère de celui qu'elle vénère et qu'elle adore ; et ce sont des conversations sans fin sur cette enfance de Goethe, sur ce qu'il annonçait de bonne heure, sur les circonstances de sa naissance, sur le poirier que planta son grand-père pour marquer ce beau jour, et qui prospéra si bien, sur la *chaise verte* où s'asseyait sa mère quand elle lui contait les histoires sans fin qui l'émerveillaient, sur les présages et les premiers indices de son génie en éveil. Jamais enfance d'un dieu n'a été épiée et recueillie dans ses moindres événements avec plus de curiosité pieuse. Une fois qu'il traversait la rue avec plusieurs autres enfants, sa mère, et une personne qui était avec elle à la fenêtre, remarquèrent qu'il marchait *avec beaucoup de majesté*, et lui dirent que cette manière de se tenir droit le distinguait des autres enfants de son âge. « C'est par là que je veux commencer, répondit-il ; plus tard je me distinguerai par toutes sortes de choses. » — Et cela s'est réalisé, » ajoutait la mère.—Bettina sait toutes ces choses des commencements mieux que Goethe lui-même ; c'est à elle qu'il aura recours dans la suite, quand il voudra les retrouver pour les enregistrer dans ses Mémoires, et elle aura raison de lui dire : « Quant à moi, qu'est-ce que ma vie, sinon un profond miroir de ta vie ? »

Un jour, Goethe était déjà un beau jeune homme, le plus beau de ceux de son âge ; il aimait fort l'exercice du patin, et il engagea sa mère à venir voir comment il y réussissait. Il faisait un beau soleil d'hiver. La mère de Goethe, qui aimait la magnificence, mit « une pelisse fourrée de velours cramoisi, qui avait une longue queue et des agrafes d'or, » et elle monta en voiture avec des amis :

« Arrivés au Mein, raconte-t-elle, nous y trouvâmes mon fils qui patinait. Il volait comme une flèche à travers la foule des patineurs ; ses joues étaient rougies par l'air vif, et ses cheveux châtains tout à fait dépoudrés. Dès qu'il aperçut ma pelisse cramoisie, il s'approcha de la voiture et me regarda en souriant très-gracieusement : — Eh bien ! que veux-tu ? lui dis-je. — Mère, vous n'avez pas froid dans la voiture, donnez-moi votre manteau de velours. — Mais tu ne veux pas le mettre, au moins ? — Certainement que je veux le mettre. — Allons, me voilà ôtant ma bonne pelisse chaude ; il la met, jette la queue sur son bras, et s'élance sur la glace *comme un fils des dieux*. Ah ! Bettine, si tu l'avais vu ! il n'y a plus rien d'aussi beau ; j'en applaudis de bonheur ! Je le verrai toute ma vie, sortant par une arche du pont et rentrant par l'autre : le vent soulevait derrière lui la queue de la pelisse, qu'il avait laissée tomber. »

Et elle ajoute que la mère de Bettina était sur le rivage et que c'était à elle que son fils, ce jour-là, voulait plaire. Mais n'avez-vous pas senti dans ce simple récit de la mère tout l'orgueil de Latone : *C'est un fils des dieux?* Ne croirait-on pas vraiment entendre, non la femme d'un bourgeois de Francfort, mais l'épouse d'un sénateur romain, une impératrice romaine ou Cornélie?

Ce que sentait cette mère alors, toute l'Allemagne depuis l'a senti pour Goethe : Goethe, c'est la *patrie allemande*.

En lisant ces Lettres de Bettina, on fait comme elle, on se surprend à étudier Goethe dans sa mère, et on l'y retrouve plus grand, plus simple du moins et plus naturel, avant l'étiquette, et dans la haute sincérité de sa race. On voudrait qu'il se fût un peu plus ressouvenu dans son génie de ce mot de sa mère : « Il n'y a rien de plus grand que quand l'homme se fait sentir dans l'homme. »—On a dit que Goethe aimait peu sa mère, qu'il l'aimait froidement, que, pendant de longues années, séparé d'elle seulement par une quarantaine de lieues, il ne la visita point; on l'a taxé à ce sujet d'égoïsme et de sécheresse. Je crois qu'ici on a exagéré. Avant de refuser une qualité à Goethe, il faut y regarder à deux fois, car le premier aspect chez lui est celui d'une certaine froideur, mais cette froideur recouvre souvent la qualité première subsistante. Une mère ne continue pas d'aimer et de révérer à ce point un fils jusqu'à la dernière heure, quand il a envers elle un tort grave. La mère de Goethe n'en trouvait aucun à son fils, et il ne nous appartient pas d'être plus sévère qu'elle. Ce fils aimait sa mère à sa manière, à la manière de tous deux, et, quoique cette façon filiale ne soit pas peut-être de celles qui doivent se proposer en modèle, il n'était point ingrat : « *Tiens chaud de cœur à ma mère*, écrivait-il à Bettina... Je voudrais cordialement être à même de te récompenser de tes soins pour ma mère. Il me venait un *courant d'air* de son côté. Maintenant que je te sais près d'elle, je suis rassuré, j'ai chaud. » Ce *courant d'air* pourtant ne laisse pas de faire sourire; Fontenelle n'eût pas mieux dit. J'ai pensé quelquefois qu'on pourrait définir Goethe à notre usage, un *Fontenelle revêtu de poésie*. Au moment où il perdit sa mère, Bettina lui écrivait, en faisant allusion à cette disposition froide et ennemie de la douleur, qu'on lui attribue : « On prétend que tu te détournes de ce qui est triste et irréparable : ne te détourne pas de l'image de ta mère mourante ; sache combien elle fut aimante et sage à son dernier moment, et combien *l'élément poétique* prédominait en elle. » Par ce dernier trait, elle montre bien qu'elle sait l'endroit par où il faut le pénétrer. Goethe lui répond avec des paroles senties de reconnaissance pour tout ce que sa mère lui a dû de soins dans sa vieillesse et de *reverdissement*. Mais, à dater de ce jour, celle qui faisait leur principal lien leur manqua, et la liaison bientôt s'en ressentit.

Cependant j'ai dit que Bettina s'était éprise d'amour pour Goethe, et on pourrait demander à quels signes cet amour se reconnaissait. Oh! ce n'était point un amour vulgaire; ce n'était pas même un amour naturel, comme ceux de Didon, ou de Juliette, ou de Virginie, un de ces amours qui brûlent et consument jusqu'à ce qu'il y ait eu satisfaction du désir : c'était un amour idéal, mieux qu'un amour de tête, et pas tout à fait un amour de cœur. Je ne sais trop comment l'expliquer, et Bettina y était bien embarrassée elle-même. Le fait est que, douée d'une vive imagination, d'un sens poétique exquis, d'un sentiment passionné de la nature, elle personnifiait tous ses goûts et toutes ses inspirations de jeunesse dans la figure de Goethe, et qu'elle l'aimait avec transport comme le type vivant de tout ce qu'elle rêvait. Aussi cet amour ne faisait nullement son tourment à elle, mais plutôt son bonheur: « Je sais un secret, disait-elle : quand deux êtres sont réunis et que le génie divin est avec eux, c'est là le plus grand bonheur possible. » Et il lui suffisait le plus souvent que cette réunion fût en idée et en esprit. Lui qui connaissait la vie et les sens non moins que l'idéal, il avait tout d'abord classé cet amour, et il ne s'en défiait pas, à condition de ne pas trop le laisser approcher de lui. Le privilége des dieux est, comme on sait, une éternelle jeunesse: même à cinquante-huit ans, Goethe n'eût pas sans doute été un vieillard assez aguerri pour supporter tous les jours, sans danger, le voisinage et les familiarités, les agaceries innocentes de Bettina. Mais Bettina vivait loin de lui; elle lui écrivait des lettres pleines de vie, brillantes de sensations, de couleurs, de sons et d'arabesques de tout genre, qui l'intéressaient et le rajeunissaient agréablement. C'était un être nouveau et plein de grâce, qui venait s'offrir à son observation de poëte et de naturaliste. Elle lui rouvrait tout *un livre imprévu d'admirables images et de charmantes représentations*. Pour lui, il valait autant lire ce livre-là qu'un autre, d'autant plus que son nom s'y trouvait encadré dans l'auréole à chaque page. Il appelait ces pages de Bettina *les Évangiles de la nature :* « Continue de prêcher, lui disait-il, tes Évangiles de la nature. » Il se sentait le dieu *fait homme* de cet Évangile-là. Elle lui rendait surtout, et *utilement* pour son talent d'artiste, les impressions et la fraîcheur du passé qu'il avait perdues dans sa vie un peu factice : « Mes souvenirs de jeunesse connaissent tout ce que tu me dis, lui écrivait-il; cela me fait l'effet du lointain qu'on se rappelle tout à coup distinctement, quoiqu'on l'ait pendant longtemps oublié. » Il ne se prodigue pas pour elle, mais jamais il ne la rebute; il lui donne la réplique tout juste assez pour qu'elle ne se décourage pas et qu'elle continue.

La première fois qu'elle le vit, ce fut une singulière scène, et, à la manière dont elle la raconte, on voit bien qu'elle n'est pas en France et qu'elle n'a pas affaire à des rieurs malins. C'était à la fin d'avril 1807 ; elle accompagnait sa sœur et son beau-frère qui avaient à aller à Berlin, et qui lui avaient promis de revenir par Weimar. Il fallait traverser les armées qui occupaient le pays. Elle fit le voyage en habit d'homme, montée sur le siége de la voiture pour voir de plus loin, aidant à chaque poste à dételer et à atteler les chevaux, tirant le pistolet au matin dans les forêts, grimpant aux arbres comme un écureuil. Car, disons-le en passant, c'est une des qualités de Bettina d'être agile comme un écureuil, comme un lézard (Goethe l'appelait *petite souris*). Partout où elle peut grimper, aux arbres, aux rochers, aux arcades des églises gothiques, elle grimpe et s'y pose en se jouant. Un jour que, dans une de ses lutineries, elle était montée, au couchant du soleil, jusque dans les sculptures gothiques de la cathédrale de Cologne, elle se donnait le plaisir d'écrire à la mère de Goethe : « Madame la Conseillère, que cela vous eût fait peur de me voir, du milieu du Rhin, *assise dans une rose gothique!* »
— « J'aime mieux danser que marcher, dit-elle encore quelque part, et j'aime mieux voler que danser. »

Bettina, courant, jouant, s'ébattant, est donc en route cette fois pour Weimar. Elle n'y arrive qu'après avoir passé plusieurs nuits sans dormir sur le siége de la voiture. Elle court, en arrivant, chez Wieland qui connaissait sa famille, et se munit d'un billet de lui pour Goethe. Elle entre, on l'introduit. Après quelques instants d'attente, la porte s'ouvre et Goethe paraît :

« Il était là, sérieux, solennel, et il me regardait fixement. Je crois que j'étendis les mains vers lui ; je me sentais défaillir. Goethe me reçut sur son cœur : *Pauvre enfant! vous ai-je fait peur ?* Ce furent les premières paroles qu'il prononça et qui pénétrèrent dans mon âme. Il me conduisit dans sa chambre et me fit asseoir sur le canapé en face de lui. Nous nous taisions tous deux. Il rompit enfin le silence : « Vous aurez lu dans le journal, dit-il, que nous avons fait, il y a quelques jours, une grande perte en la personne de la duchesse Amélie (la duchesse douairière de Saxe-Weimar). — Ah! lui répondis-je, je ne lis pas le journal. — Vraiment! je croyais que tout ce qui arrivait à Weimar vous intéressait? — Non, rien ne m'intéresse que vous, et je suis beaucoup trop impatiente pour feuilleter un journal. — Vous êtes une aimable enfant. » Longue pause. J'étais toujours exilée sur ce fatal canapé, tremblante et craintive. Vous savez qu'il m'est impossible de rester assise, en personne bien élevée. Hélas! mère (c'est à la mère de Goethe qu'elle adresse ce récit), peut-on se conduire comme je l'ai fait! Je m'écriai : « Je ne puis rester sur ce canapé! » Et je me levai précipitamment. « Eh bien! faites ce qu'il vous plaira, » me dit-il. Je me jetai à son cou, et lui m'attira sur ses genoux et me serra contre son cœur. »

Nous avons besoin de nous rappeler que nous sommes en Allemagne pour nous rassurer. La voilà donc sur son cœur, c'est bon pour un instant; mais le singulier, c'est qu'elle y resta assez de temps pour s'y endormir, car elle venait de passer plusieurs nuits en voyage, et elle mourait de fatigue. Ce n'est qu'au réveil qu'elle commença un peu à causer. Goethe cueillit une feuille de la vigne qui grimpait à sa fenêtre, et lui dit : « Cette feuille et ta joue ont la même fraîcheur, le même duvet. » Vous croyez peut-être que cette scène est tout enfantine et puérile, mais peu après Goethe lui parle des choses les plus sérieuses et du profond de son âme; il lui parle de Schiller, mort depuis deux printemps; et, comme Bettina l'interrompait pour lui dire qu'elle aimait peu Schiller, il se mit à lui expliquer cette nature de poëte si différente de la sienne, et pourtant si grande, si généreuse, et qu'il avait eu, lui aussi, la générosité d'embrasser si pleinement et de comprendre. Ces paroles de Goethe sur Schiller allèrent jusqu'à l'attendrissement. Le soir de ce jour-là ou le lendemain, Bettina revit Goethe chez Wieland, et, comme elle faisait la jalouse d'un bouquet de violettes qu'il tenait à la main et qu'elle supposait qu'une femme lui avait donné, il le lui jeta en disant : « Ne peux-tu te contenter que je te les donne? » C'est un mélange singulier que ces premières scènes de Weimar, à demi enfantines, à demi mystiques, et dès l'abord si vives; il n'aurait pas fallu pourtant les recommencer tous les jours. A la seconde rencontre qui eut lieu à Wartbourg, à quelques mois d'intervalle, comme la voix manquait à Bettina pour s'exprimer, Goethe lui posa la main sur la bouche et lui dit : « Parle des yeux, je comprends tout. » Et quand il s'aperçut que les yeux de la charmante enfant, de *l'enfant brune et téméraire*, étaient remplis de larmes, il les lui ferma, en ajoutant avec grande raison : « Du calme! du calme! c'est ce qui nous convient à tous deux. » Mais n'êtes-vous pas tenté de vous demander en lisant ces scènes : *Qu'en dirait Voltaire?*

Sortons un peu des habitudes françaises pour nous faire une idée juste de Goethe. Personne n'a mieux parlé que lui de Voltaire même, ne l'a mieux défini et compris comme le type excellent et complet du génie français; tâchons à notre tour de lui rendre la pareille en le comprenant, lui le type accompli du génie allemand. Goethe est, avec Cuvier, le dernier grand homme qu'ait vu mourir le siècle. Le propre de Goethe était l'étendue, l'universalité même. Grand naturaliste et poëte, il étudie chaque objet et le voit à la fois dans la réalité et dans l'idéal; il l'étudie en tant qu'individu, et il l'élève, il le place à son rang dans l'ordre général de la nature; et cependant il en respire le parfum de poésie que toute chose recèle en soi. Goethe tirait de la poésie de tout; il était curieux de tout. Il n'était pas un homme, pas une branche d'étude dont il ne s'enquît avec une curiosité, une précision qui voulait tout en savoir, tout en saisir, jusqu'au moindre repli. On aurait dit d'une passion exclusive ; puis, quand c'était fini et connu, il tournait la tête et passait à un autre objet. Dans sa noble maison, qui avait au frontispice ce mot : *Salve,* il exerçait l'hospitalité envers les étrangers, les recevant indistinctement, causant avec eux dans leur langue, faisant servir chacun de sujet à son étude, à sa connaissance, n'ayant d'autre but en toute chose que *l'agrandissement de son goût :* serein, calme, sans fiel, sans envie. Quand une chose ou un homme lui déplaisait, ou ne valait pas la peine qu'il s'y arrêtât plus longtemps, il se détournait et portait son regard ailleurs dans ce vaste univers où il n'avait qu'à choisir ; non pas indifférent, mais non pas attaché ; curieux avec insistance, avec sollicitude, mais sans se prendre au fond ; bienveillant comme on se figure que le serait un dieu ; véritablement *olympien :* ce mot-là, de l'autre côté du Rhin, ne fait pas sourire. Paraissait-il un poëte nouveau, un talent marqué d'originalité, un Byron, un Manzoni, Goethe l'étudiait aussitôt avec un intérêt extrême et sans y apporter aucun sentiment personnel étranger ; il avait *l'amour du génie.* Pour Manzoni, par exemple, qu'il ne connaissait nullement, quand *le Comte de Carmagnola* lui tomba entre les mains, le voilà qui s'éprend, qui s'enfonce dans l'étude de cette pièce, y découvrant mille intentions, mille beautés, et un jour, dans son recueil périodique (*Sur l'Art et l'Antiquité*), où il déversait le trop-plein de ses pensées, il annonce Manzoni à l'Europe. Quand une Revue anglaise l'attaqua, il le défendit et par toutes sortes de raisons auxquelles Manzoni n'avait certes pas songé. Puis, quand il vit M. Cousin et qu'il sut que c'était un ami de Manzoni, il se mit à l'interroger avec détail, avec une insatiable curiosité, sur les moindres particularités physiques et morales du personnage, jusqu'à ce qu'il se fût bien représenté cet objet, cet *être*, cette production nouvelle de la nature qui avait nom *Manzoni*, absolument comme lui, botaniste, il aurait fait d'une plante. Ainsi de tout. Pour Schiller il fut admirable de sollicitude, de conseil. Il vit ce jeune homme ardent, enthousiaste, qui était emporté par son génie sans savoir le conduire. Mille différences, qui semblaient des antipathies, les séparaient. Goethe n'usa pas moins de son crédit pour faire nommer Schiller professeur d'histoire à Iéna. Puis, un incident heureux les ayant rapprochés, la fusion se fit, il prit insensiblement en main ce génie qui cherchait encore sa vraie voie. La Correspondance, publiée depuis, a montré Goethe le conseillant, influant salutairement sur lui sans se faire valoir, le menant à bien comme eût fait un père ou un frère. Il appelait Schiller *un Être magnifique*. Goethe comprenait tout dans l'univers, — tout, excepté deux choses peut-être, le *chrétien* et le *héros*. Il y eut là chez lui un faible qui tenait un peu au cœur. Léonidas et Pascal, surtout le dernier, il n'est pas bien sûr qu'il ne les ait pas considérés comme deux énormités et deux *monstruosités* dans l'ordre de la nature.

Goethe n'aimait ni le sacrifice ni le tourment. Quand il voyait quelqu'un malade, triste et préoccupé, il rappelait de quelle manière il avait écrit *Werther* pour se défaire d'une importune idée de suicide : « Faites comme moi, ajoutait-il, mettez au monde cet enfant qui vous tourmente, et il ne vous fera plus mal aux entrailles. » Sa mère savait également la recette ; elle écrivait un jour à Bettina, qui avait perdu par un suicide une jeune amie, la chanoinesse Gunderode, et qui en était devenue toute mélancolique : « Mon fils a dit : *Il faut user par le travail ce qui nous oppresse*. Et quand il avait un chagrin, il en faisait un poëme. Je te l'ai répété mainte fois, écris l'histoire de Gunderode, et envoie-la à Weimar; mon fils la désire; il la conservera, et au moins elle ne te pèsera plus sur le cœur. »

Tel était, autant qu'un rapide aperçu peut l'embrasser, l'homme que Bettina s'était mise à aimer, mais qu'elle aimait comme il leur seyait à tous deux, c'est-à-dire d'une flamme qui caresse et qui ne brûle pas.

A partir de ce jour de l'entrevue, et après être retournée à Francfort, elle lui écrivit sur toutes choses, lui envoya toutes ses pensées, tantôt sur le ton de l'hymne et de l'adoration, tantôt sur celui de la gaieté et du badinage. Quelquefois cette effusion à laquelle elle se livre est bien étrange et touche de près au ridicule : « Quand je suis au milieu de la nature, dont votre esprit, lui écrit-elle, m'a fait comprendre la vie intime, souvent je confonds et votre esprit et cette vie. Je me couche sur le gazon vert en l'embrassant... » Elle lui répète trop souvent : « Tu es beau, tu es grand et admirable, et meilleur que tout ce que j'ai connu... Comme le soleil, tu traverses la nuit... » Elle lui parle dans ces moments comme on parlerait à Jéhovah. Mais, tout à côté, il y a des légèretés et des fraîcheurs de pensée et d'expression ravissantes. La lettre qu'on peut appeler *Sous le tilleul*, à cause d'un tilleul creux qui y est décrit, est toute pleine de vie, de gazouillements d'oiseaux, de bourdonnements d'abeilles dans le rayon. Elle-même, en ces moments, s'adressant au poëte et se plaignant de n'être pas aimée comme elle aime, a raison de s'écrier : « Ne suis-je pas l'abeille qui s'en va volant et qui te rapporte le nectar de chaque fleur ? » Mais Goethe est comme Jean-Jacques, comme tout poëte : il est amoureux, mais *amoureux de l'héroïne de son roman et de son rêve*. Rousseau n'aurait pas donné la Julie de sa création pour

Mme d'Houdetot elle-même. Bettina a des moments de bon sens et des éclairs de passion vraie où elle s'aperçoit et se plaint de cette inégalité d'échange : « Oh ! ne pèche pas contre moi, dit-elle à Goethe, ne te fais pas d'*idole sculptée* pour ensuite l'adorer, tandis que tu as la possibilité de créer entre nous un lien merveilleux et spirituel. » Mais ce lien tout spirituel et métaphysique qu'elle rêve, cet amour *en l'air*, pourrait-on lui dire, est-ce là le vrai lien ?

Goethe, à la différence de Rousseau, est charmant pour celle même qu'il tient à distance; il répare à l'instant, par un mot gracieux et poétique, ses froideurs apparentes ou réelles, il les recouvre d'un sourire. Cette aimable et joueuse enfant lui remet en pensée le temps où il était meilleur, plus vraiment heureux, où il n'avait pas encore détourné et en partie sacrifié à la contemplation et à la réflexion du dehors son âme primitive, intérieure et plus délicate. Il reconnaît qu'il lui doit un rajeunissement d'esprit et un retour à la vie spirituelle. Il lui renvoie souvent ses propres pensées à elle, revêtues du rhythme; il les fixe en sonnet : « Adieu, ma charmante enfant, lui dit-il; écris-moi bientôt, afin que j'aie bientôt quelque chose à *traduire*. » Elle lui fournit des *thèmes* de poésie : il les brode, il les exécute. Oserons-nous dire qu'il nous semble souvent que la fleur naturelle est devenue par là une fleur artificielle plus brillante, plus polie, mais aussi plus glacée, et qu'elle a perdu de son parfum ? Il paraît, au reste, reconnaître lui-même cette supériorité d'une nature riche et capricieuse, qui se produit chaque fois sous une forme toujours surprenante, toujours nouvelle : « Tu es ravissante, ma jeune danseuse, lui dit-il; à chaque mouvement, tu nous jettes à l'improviste une couronne. »

C'est qu'aussi elle le comprend si bien, elle sait si

bien l'admirer ! On extrairait de ces Lettres de Bettina non-seulement un Goethe idéal, mais un Goethe réel, vivant, beau encore et superbe sous les traits de la première vieillesse, souriant sous son front paisible, « avec ses grands yeux noirs un peu ouverts, et tout remplis d'amabilité quand ils la regardent. » Elle sent si bien en lui *la dignité qui vient de la grandeur de l'esprit :* « Quand je te vis pour la première fois, ce qui me parut remarquable en toi et m'inspira tout à la fois une vénération profonde et un amour décidé, c'est que toute ta personne exprime ce que le roi David dit de l'homme : *Chacun doit être le roi de soi-même.* » Et cette dignité chez Goethe, dans le talent comme dans la personne, se marie très-bien avec les grâces, non pas avec les grâces tendres ou naïves, mais avec les grâces sévères et un peu réfléchies : « Ami, lui dit-elle encore avec passion, je pourrais être jalouse des Grâces; elles sont femmes, et elles te précèdent sans cesse ; où tu parais, paraît avec toi la sainte Harmonie. » Elle le comprend sous les différentes formes qu'a revêtues son talent, sous la forme passagère et orageuse de Werther, comme sous la figure plus calme et supérieure qui a triomphé : « Torrent superbe, oh ! comme alors tu traversais bruyamment les régions de la jeunesse, et comme tu coules maintenant, fleuve tranquille, à travers les prairies ! » Avec quel dédain un peu jaloux elle s'en prend à Mme de Staël, qui s'attendait d'abord à trouver dans Goethe un second Werther, et qui était toute désappointée et au regret de l'avoir trouvé si différent, comme si elle l'en avait jugé moindre ! « Mme de Staël s'est trompée deux fois, disait Bettina, la première dans son attente, la seconde dans son jugement. »

Cependant cette jeune fille si vive, ce lutin mobile qui a en lui je ne sais quoi de l'esprit éthéré de Mab ou de

Titania, a aussi, comme *Mignon* de *Wilhelm Meister*, du sang italien dans les veines. Bettina a beau se faire Allemande autant que possible, elle ne peut se contenter tout à fait de cette vénération *esthétique* et idéale qui ne suffit pas à la nature. Il y a des moments où, sans bien s'en rendre compte, elle désire plus; elle voudrait passer tout un printemps avec son auguste ami. Elle voudrait se donner tout entière en esprit, mais qu'on se donnât aussi en retour : « Peut-on recevoir un présent sans se donner, soi aussi, en présent? remarque-t-elle très-bien. Ce qui ne se donne pas tout entier et pour toujours, peut-on l'appeler un don ? » Or Goethe se montre, mais il ne se donne pas. Il lui écrit des lettres courtes, et quelquefois par un secrétaire; elle s'irrite alors, elle boude. Elle demande peu, mais que ce peu soit au moins tout entier de lui : « Tu m'as dans mes lettres, dit-elle ; mais moi, t'ai-je dans les tiennes? » Depuis la mort de la mère de Goethe, Bettina a plus de sujet de se plaindre ; car cette bonne mère connaissait son fils et expliquait à la jeune fille comme quoi l'émotion du poëte se retrouvait dans ces quelques lignes légèrement tracées, et qui eussent paru peu de chose venant d'un autre : « Moi, je connais bien Wolfgang (Goethe), disait-elle; il a écrit ceci le cœur plein d'émotion. » Mais, depuis que Bettina n'a plus cette clairvoyante interprète pour la rassurer, il lui arrive de douter quelquefois. Au reste, la douleur n'a pas le temps de se glisser à travers toutes ces explosions de fantaisie et ces fusées brillantes, et l'on se prend, en la lisant, à répéter avec Goethe lui-même que ce sont là d'aimables illusions : « Car qui pourrait raisonnablement croire à tant d'amour? Il vaut mieux accepter tout cela comme un *rêve.* »

Si Goethe était réellement amoureux, remarquez bien

qu'il aurait souvent de quoi être jaloux de Bettina; car elle se prend en courant à bien des choses et à bien des gens. Je laisse là les beaux hussards français, les jeunes artistes de Munich, à qui elle prêche l'art, l'art sensible, italien, et non vaporeux; mais les grands rivaux de Goethe dans cette jeune âme enthousiaste, c'est le héros tyrolien Hofer, c'est le grand compositeur Beethoven. Hofer, le héros de l'insurrection du Tyrol, est la première infidélité de Bettina. Au printemps de 1809, lorsque la guerre de toutes parts se renflamme, et que les combats de géants vont se livrer, Bettina ne saurait être indifférente; le son du clairon ne la laisse plus dormir. De Munich où elle est alors, elle suit du regard, avec une anxiété sans pareille, toutes les phases de cette sainte et patriotique levée des Tyroliens, se sacrifiant à leur empereur qui les abandonne, et qui finit par les livrer. Au lieu de ces fantaisies habituelles où elle se jouait comme l'abeille ou le papillon, Goethe est tout étonné de recevoir d'elle des lettres ardentes où elle lui dit : « O Goethe! que ne puis-je aller en Tyrol, et y arriver à temps pour mourir de la mort des héros! » La prise et la mort d'Hofer, qu'on laisse fusiller, lui arrachent des paroles de douleur et de haute éloquence morale. Les réponses de Goethe à ces accents héroïques sont curieuses. Il composait durant ce temps-là, durant les jours de Wagram, son froid roman des *Affinités électives*, afin de détourner sa pensée des malheurs du temps. Le cri ardent de Bettina tire de lui cette réflexion paisible : « En mettant ta dernière lettre avec les autres, je trouve qu'*elle clôt une intéressante époque* (1807-1810). Tu m'as conduit, à travers *un charmant labyrinthe* d'opinions philosophiques, historiques et musicales, au *temple de Mars*, et dans tout et toujours tu conserves ta saine énergie... » Voilà bien le naturaliste-contemplateur qui apprécie et réfléchit les impressions d'alentour, mais ne les partage pas. Il la félicite de son *énergie*, il y applaudit, mais il s'en passe. Du point de vue où il s'est placé, il ne voit dans ces scènes, où des masses d'hommes se sont sacrifiées pour de grandes causes, que des *transformations capricieuses de la vie*. Dans le sang répandu des héros tyroliens, il n'a vu encore qu'un parfum de poésie : « Tu as raison, écrivait-il à Bettina, de dire que le sang des héros répandu sur la terre renaît dans chaque fleur. » Encore un coup, l'héroïsme n'est pas le côté supérieur de Goethe.

On a dit de Goethe que c'était un dieu olympien, mais ce n'était certes pas un dieu de l'Olympe d'Homère : quand de telles batailles se livrent sous Ilion, Homère y fait descendre tous ses dieux.

Après Hofer, comme seconde infidélité de Bettina, il faut compter Beethoven. Du premier jour qu'elle le vit à Vienne, en mai 1810, Bettina ressentit ce qu'elle avait senti pour Goethe : elle oublia l'univers. Le grand compositeur, sourd, misanthrope, amer pour tous, fut pour elle, dès la première visite, ouvert, confiant, abondant en bonnes et magnifiques paroles : il se mit aussitôt au piano, et joua et chanta, à son intention, ses chants les plus divins. Ravi de sa façon d'écouter et de son approbation franche et naïve, il la reconduisit jusque chez elle, et il lui disait mille choses de l'art en chemin :

« Il parlait si haut et s'arrêtait si souvent, raconte-t-elle, qu'il fallait du courage pour rester à l'écouter; mais ce qu'il disait était si inattendu, si passionné, que j'oubliais que nous étions dans la rue. On fut fort étonné chez nous de le voir arriver avec moi. Après le dîner, il se mit de son plein gré au piano, et joua longtemps et merveilleusement bien; *son génie et son orgueil fermentaient ensemble.* »

C'est un don rare et une preuve de génie aussi, il faut

le reconnaître, que de savoir, à ce degré, apprivoiser les génies. Beethoven était informé de la liaison de Bettina avec Goethe; il lui parla beaucoup de celui-ci, il désira que ses pensées sur l'art lui fussent redites par elle. Ces conversations de Beethoven sont admirablement rendues par Bettina : la naïveté d'un génie qui a le sentiment de sa force, qui dédaigne son temps et a foi en l'avenir, une nature grave, énergique et passionnée, s'y peignent en paroles mémorables. Ce Beethoven me fait tout l'effet d'un Milton. Nous sommes ici, remarquez-le bien, avec les plus grands des hommes, avec les très-grands; et l'honneur de Bettina, c'est d'avoir su être de Beethoven à Goethe un digne interprète. Goethe est touché et répond avec émotion, avec complaisance. Ce sont deux rois, deux rois *mages* qui se saluent de loin par ce petit page lutin qui fait si bien les messages, et qui les fait cette fois avec grandeur. Ici encore Goethe garde bien son caractère de curieux qui étudie et qui cherche à s'expliquer naturellement les êtres et les choses. Il est enchanté et ravi de voir un si grand *individu* que Beethoven venir augmenter sa collection et sa connaissance : « J'ai eu bien du plaisir, dit-il, à voir se refléter en moi cette image d'un génie original. » Ce grand miroir de l'intelligence de Goethe tressaille involontairement, quand un nouvel objet digne de lui s'y réfléchit. Goethe et Beethoven se virent deux ans après, à Tœplitz. Dans cette rencontre de deux génies égaux et frères à tant d'égards, et dont l'un juge l'autre, Beethoven conserve manifestement la supériorité morale.

On a deux lettres de lui à Bettina. Il est évident que Beethoven fut touché au cœur par cette jeune personne qui savait si bien l'écouter et lui répondre avec ses beaux regards expressifs. On se dit en lisant ces deux admirables lettres : Que n'a-t-elle aimé Beethoven au lieu de

Goethe! elle aurait trouvé qui lui aurait rendu don pour don. Beethoven était certes aussi amoureux de l'art que Goethe pouvait l'être, et l'art serait toujours resté sa passion première; mais il souffrait, il vivait superbe et mélancolique dans son génie, séparé du reste des hommes, et il aurait voulu s'en séquestrer davantage encore; il s'écriait avec douleur et sympathie : « Chère, très-chère Bettine, qui comprend l'art? Avec qui s'entretenir de cette grande divinité ? » C'est avec elle qu'il en aurait pu causer avec épanchement; car, « chère enfant, lui disait-il, il y a bien longtemps que nous professons la même opinion sur toute chose. »

Il faut bien que tout finisse. Bettina se maria en 1811 à M. d'Arnim, et sa liaison avec Goethe, sans jamais cesser, en reçut une atteinte. Avec toute la complaisance possible d'imagination, il n'y avait plus moyen de continuer comme auparavant le rêve. Cette liaison passa graduellement à l'état de culte immuable et de souvenir. Bettina fit peu à peu des reliques de tout ce qui avait été le parfum et l'encens de sa jeunesse.

J'aurais voulu pouvoir donner une plus complète et plus juste idée d'un livre qui est si loin de nous, de notre manière de sentir et de sourire, si loin en tout de la race gauloise, d'un livre où il entre tant de fantaisie, de grâce, d'aperçus élevés, de folie, et où le bon sens ne sort que déguisé en espièglerie et en caprice. Goethe, un jour qu'il s'était longtemps promené avec Bettina dans le parc de Weimar, la comparait à la femme grecque de Mantinée, qui donnait des leçons d'amour à Socrate, et il ajoutait : « Tu ne prononces pas une seule parole sensée, mais ta folie instruit plus que la sagesse de la Grecque. » Que pourrions-nous ajouter à un tel jugement?

Mais, le lendemain du jour où l'on a lu ce livre, pour rentrer en plein dans le vrai de la nature et de la passion humaine, pour purger son cerveau de toutes velléités chimériques et de tous brouillards, je conseille fort de relire la *Didon* de *l'Énéide*, quelques scènes de *Roméo et Juliette*, ou encore l'épisode de *Françoise de Rimini* chez Dante, ou tout simplement *Manon Lescaut.*

Lundi 5 août 1850.

GIL BLAS,

PAR

LE SAGE.

(Collection Lefèvre.)

Gil Blas, malgré le costume espagnol et toutes les imitations qu'on a pu y relever, est un des livres les plus français que nous ayons. Il importe assez peu pour la qualité de l'ouvrage que l'auteur en ait pris ici ou là le canevas, qu'il y ait inséré tel ou tel épisode d'emprunt : le mérite n'est pas dans l'invention générale, mais dans la conduite, dans le ménagement de chaque scène et de chaque tableau, dans le détail du propos et du récit, dans l'air aisé et le tour d'enjouement qui unit tout cela. En prose et sous forme de roman, c'est un mérite, une originalité du même genre que celle de La Fontaine. La touche de Le Sage est toute française, et si notre littérature possède un livre qu'il soit bon de relire après chaque invasion, après chaque trouble dans l'ordre de la morale, de la politique et du goût, pour se calmer l'humeur, se remettre l'esprit au point de vue et se rafraîchir le langage, c'est *Gil Blas*.

Le Sage est né, s'est formé et a commencé à se produire sous Louis XIV. Moins âgé de vingt-quatre ans que La Bruyère et de dix-sept ans que Fénelon, de six ans plus âgé que Saint-Simon, il appartient à cette génération d'écrivains qui étaient faits pour honorer l'époque suivante, et dont les débuts consolèrent le grand règne au déclin. Ses plus exacts biographes le font naître en 1668, dans la presqu'île de Rhuys, en basse Bretagne, non loin de Saint-Gildas, où Abailard fut abbé. Du fond de cette province énergique et rude, d'où nous sont venus de grands écrivains, des novateurs plus ou moins révolutionnaires, les La Mennais, les Broussais, et un autre René, Alain-René Le Sage nous arriva, mûr, fin, enjoué, guéri de tout à l'avance, et le moins opiniâtre des esprits : on ne trouverait quelque chose du coin breton en lui que dans sa fierté d'âme et son indépendance de caractère. Comment et par quelles épreuves, par quelles traverses arriva-t-il de bonne heure à cette connaissance de la vie, à cette entière et parfaite maturité à laquelle l'avait destiné la nature? On ne sait de sa vie que bien peu d'événements. Il fit ses études au Collège de Vannes, où il trouva, dit-on, un maître excellent. Il perdit sa mère à neuf ans, son père à quatorze; ce père était notaire et greffier comme celui de Boileau. Il eut pour tuteur un oncle négligent. Venu à Paris à vingt-deux ans pour y faire son Cours de philosophie et de droit, il y mena la vie de jeune homme et y eut sans doute quelques-unes de ces aventures de bachelier qu'il a si bien racontées et diversifiées depuis. On s'accorde à dire qu'il était d'une physionomie agréable, d'une taille avantageuse, et qu'il avait été fort bel homme dans sa jeunesse. On parle d'une première liaison galante qu'il aurait eue avec une femme de qualité. Dans tous les cas, cette vie purement mondaine de Le Sage fut courte, puisqu'on le trouve à vingt-six ans épousant la fille d'un bourgeois de Paris, qui n'en avait elle-même que vingt-deux. A partir de ce temps, il mène la vie de ménage et de labeur, une existence assujettie; et c'est de la rue du Cœur-Volant, faubourg Saint-Germain, et ensuite de la rue Montmartre où il demeure, ou de quelque autre logis obscur, que vont sortir ces écrits charmants qui semblent le miroir du monde (1).

Pourtant il paraît qu'aussitôt après son mariage il essaya de vivre d'un emploi régulier, et qu'il fut quelque temps dans la finance en province, commis chez quelque fermier général : il n'y resta que peu et en rapporta l'horreur et le mépris des traitants, qu'il a depuis stigmatisés en toute rencontre. Le caractère habituel de la satire de Le Sage est d'être enjouée, légère, et piquante sans amertume; mais, toutes les fois qu'il s'agit des traitants, des Turcarets, il aiguise le trait et l'enfonce sans pitié, comme s'il avait à exercer quelques représailles. Je fais la même remarque en ce qui touche les comédiens, dont il avait eu souvent à se plaindre. Ce sont les deux seules classes auxquelles le satirique aimable se prenne avec tant de vivacité et s'acharne presque, lui dont la raillerie, en général, se tempère de bonne humeur et de bonhomie.

Devenu homme de Lettres, Le Sage rencontra un protecteur et un conseiller utile dans l'abbé de Lyonne, l'un des fils de l'habile ministre. L'abbé de Lyonne connaissait la langue et la littérature espagnoles, et il y introduisit Le Sage. Celui-ci sut l'espagnol à une époque où l'on commençait à ne plus le savoir en France, et il y puisa d'autant plus librement comme à une mine encore riche qui redevenait ignorée. Faisons-nous une idée juste

(1) En dernier lieu, et pendant un grand nombre d'années, Le Sage habita une petite maison au haut du faubourg Saint-Jacques. (Voyez la note à la fin de l'article.)

de Le Sage, et, pour mieux apprécier son charmant génie, n'exagérons rien. Le Sage procédait un peu comme les auteurs de ce temps-ci, comme les auteurs de presque tous les temps. Il écrivait au jour le jour, volume par volume; il prenait ses sujets où il pouvait, et partout où il s'en offrait à sa convenance ; il faisait du *métier*. Mais il le faisait avec naturel, avec facilité, avec un don de récit et de mise en scène qui était son talent propre, avec une veine de raillerie et de comique qui se répandait sur tout, avec une morale vive, enjouée, courante, qui était sa manière même de sentir et de penser. Après quelques essais assez malheureux de traductions et d'imitations, il eut ses deux premiers succès en l'année 1707 : la jolie comédie de *Crispin rival de son maître*, et *le Diable boiteux*.

Le Diable boiteux, pour le titre, le cadre et les personnages, est pris de l'espagnol; mais Le Sage ramena le tout au point de vue de Paris ; il savait notre mesure; il mania son original à son gré, avec aisance, avec à-propos; il y sema les allusions à notre usage ; il fondit ce qu'il gardait et ce qu'il ajoutait dans un amusant tableau de mœurs, qui parut à la fois neuf et facile, imprévu et reconnaissable. Ce livre est celui que Le Sage refera et recommencera dans la suite en cent façons sous une forme ou sous une autre, le tableau d'ensemble de la vie humaine, une revue animée de toutes les conditions, avec les intrigues, les vices, les ridicules propres à chacune. Qu'on se représente l'état des esprits au moment où parut *le Diable boiteux*, cette vieillesse chagrine, ennuyée, calamiteuse de Louis XIV, cette dévotion de commande qui pesait sur tous, le décorum devenu une gêne et une contrainte. Tout à coup Asmodée va se percher avec son écolier au haut d'une tour, comme qui dirait au haut des tours de Notre-Dame; de là il enlève d'un revers de main tous les toits de la ville, et l'on voit à nu toutes les hypocrisies, les faux-semblants, le dessous de cartes universel. On avait en plein midi le panorama. Cet Asmodée eut un succès fou; on ne lui donnait pas seulement le temps de s'habiller, disent les critiques d'alors; on venait en poste l'enlever en brochure. Il s'en fit deux éditions en un an : « On travaille à une troisième, annonçait le Journal de Verdun (décembre 1707); deux seigneurs de la Cour mirent l'épée à la main dans la boutique de la Barbin, pour avoir le dernier exemplaire de la seconde édition. »

Boileau, un jour que Jean-Baptiste Rousseau était chez lui, ayant surpris *le Diable boiteux* entre les mains de son petit laquais, le menaça de le chasser si le livre couchait dans la maison. Voilà un succès qui se consacre et s'égaie encore de cette colère de Boileau.

Pour un petit laquais le livre n'était peut-être pas très-moral; ce n'est pas assurément la morale du Catéchisme qu'il prêche, c'est celle de la vie pratique : n'être dupe de rien ni de personne. On en peut dire comme on l'a dit si bien de *Gil Blas :* Ce livre est moral comme l'expérience. Dès son premier ouvrage, le caractère de Le Sage se dessine à merveille; c'est du La Bruyère en scène et en action, sans trace d'effort. *Le Diable boiteux* précède très-bien les *Lettres Persanes*, mais il les précède d'un pas léger, sans aucune prétention au trait et sans fatigue; il n'y a pas l'ombre de *manière* dans Le Sage. Les traits de Le Sage, ce sont de ces mots piquants et vifs qui échappent en courant. Ainsi Asmodée, parlant d'un autre démon de ses confrères avec qui il avait eu querelle : « On nous réconcilia, dit-il, nous nous embrassâmes, et depuis ce temps-là nous sommes ennemis mortels. »

Rien de plus gai et de plus plaisant que la petite comédie de *Crispin rival de son maître*. Une des premières scènes entre les deux valets, Crispin et La Branche, offre un exemple de cette légèreté dans le comique, qui est le propre de Le Sage, soit à la scène soit dans le roman. Les deux valets, en se revoyant, se font part l'un à l'autre de leurs aventures; ils ont tous deux été autrefois de francs coquins, et ils croient s'être corrigés en se remettant au service. La Branche surtout se flatte d'être rentré dans la bonne voie; il sert un jeune homme appelé Damis : « C'est un aimable garçon, dit-il : il aime le jeu, le vin, les femmes, c'est un homme universel. Nous faisons ensemble toutes sortes de débauches. Cela m'amuse; *cela me détourne de mal faire.* » — *L'innocente vie!* reprend Crispin. Et moi je dirai : L'excellent et innocent comique que celui-là, et qui nous livre si naïvement le vice! Dès cette pièce de Crispin commence l'attaque aux gens de finance : on voit poindre *Turcaret.* Crispin se dit à lui-même qu'il est las d'être valet : « Ah! Crispin, c'est ta faute! Tu as toujours donné dans la bagatelle; tu devrais présentement briller dans la finance... Avec l'esprit que j'ai, morbleu! j'aurais déjà fait plus d'une banqueroute. » Et le trait final va servir comme de transition à la prochaine comédie de Le Sage, lorsque Oronte dit aux deux valets : « Vous avez de l'esprit, mais il en faut faire un meilleur usage, et, pour vous rendre honnêtes gens, je veux vous mettre tous deux dans les affaires. »

Le Sage eut son à-propos heureux; il devina et devança de peu le moment où, à la mort de Louis XIV, allait se faire l'orgie des parvenus et des traitants. *Turcaret* fut joué en 1709; les ridicules et les turpitudes qui signalèrent le triomphe du système de Law y sont d'avance flétris. Ici la comédie dénonça et précéda l'explosion du vice et du ridicule; elle eût été préventive si elle pouvait jamais l'être. *Turcaret* est à la fois une comédie de caractère et une page de l'histoire des mœurs, comme *Tartufe*. Molière avait fait *Tartufe* quelques années avant que le vrai Tartufe triomphât sous Louis XIV : Le Sage fit *Turcaret* quelques années avant que Turcaret fût au pinacle sous la Régence. Mais, comme tant de vices de la Régence, le vrai Turcaret sortait de dessous les dernières années de Louis XIV. Il y eut toutes sortes de difficultés pour la représentation; il fallut que Monseigneur, fils du roi, les levât. *Turcaret* fut joué *par ordre de Monseigneur*, à qui il faut savoir gré de cette marque de littérature, la seule qu'il ait jamais donnée (1).

Bien qu'il eût grand besoin de protecteurs pour triompher de la cabale des commis offensés et des auteurs jaloux, Le Sage tint ferme, et ne se laissa aller à aucune basse complaisance. C'est ici que le Breton se retrouve en lui. Avant que la pièce fût représentée, il avait promis à la duchesse de Bouillon d'aller la lui lire. On comptait que la lecture se ferait avant le dîner; quelques affaires le retinrent, et il arriva tard. Quand il parut, la duchesse lui dit sèchement qu'il lui avait fait perdre plus d'une heure à l'attendre : « Eh bien! Madame, reprit froidement Le Sage, je vais vous en faire gagner deux. » Et tirant sa révérence, il sortit sans qu'on pût le retenir. Collé, qui raconte l'histoire, la savait de bonne source, et il y applaudit en homme qui est un peu de cette race.

A part cette comédie de *Turcaret*, qui fut comme un bataille livrée, et dans laquelle Le Sage, piqué au jeu, s'attacha à rendre le vice haïssable, la satire chez lui, dans

(1) Cette veine de *Turcaret* était neuve au théâtre et encore intacte même après Molière : « C'est une chose remarquable, dit Chamfort, que Molière, qui n'épargnait rien, n'a pas lancé un seul trait contre les gens de finance. On dit que Molière et les auteurs comiques du temps eurent là-dessus les ordres de Colbert. »

tous ses autres écrits, garde un caractère aimable autant qu'amusant, et c'est ce qui en fait le charme et l'originalité même. Tel est surtout le caractère qu'elle offre dans son roman de *Gil Blas*, ce facile et délicieux chef-d'œuvre, auquel son nom est à jamais attaché.

Gil Blas se publia successivement en quatre volumes dont les derniers suivirent à des époques assez éloignées. Les deux premiers volumes parurent en 1715, l'année même de la mort de Louis XIV. Il s'y sentait comme une fraîcheur de jeunesse et une liberté d'allure qui convenait au début d'une époque émancipée. Que dire de *Gil Blas* qui n'ait pas déjà été dit, que n'aient pas senti et exprimé tant de panégyristes ingénieux, de critiques délicats et fins, et que tout lecteur judicieux n'ait pas pensé de lui-même? Aussi me contenterai-je humblement de redire et de répéter (1). L'auteur, dans ce récit étendu, développé et facile, a voulu représenter la vie humaine telle qu'elle est, avec ses diversités et ses aventures, avec les bizarreries qui proviennent des jeux du sort et de la fortune, et surtout avec celles qu'y introduit la variété de nos humeurs, de nos goûts et de nos défauts. Gil Blas est un homme de naissance très-humble et commune, de toute petite bourgeoisie; il se montre de bonne heure éveillé, gentil garçon, spirituel; il a une éducation telle quelle, et il sort à dix-sept ans de chez lui pour faire son chemin dans le monde. Il

---

(1) Sur *Gil Blas* et sur Le Sage, il faut lire la *Notice* de Walter Scott, les pages de M. Villemain dans le tome premier du *Tableau de la Littérature au XVIIIe siècle*, et les *Éloges* si distingués et si bien sentis de M. Patin et de M. Malitourne, qui ont partagé le prix de l'Académie française en 1822. Tous les vrais jugements littéraires s'y trouvent exprimés. Quant à la question des imitations et emprunts, les sources où Le Sage a puisé tant pour *Gil Blas* que pour ses autres romans, un travail impartial et complet là-dessus est encore à faire.

passe tour à tour par toutes les conditions, par les plus vulgaires et les plus basses : il ne se déplaît trop dans aucune, bien qu'il cherche toujours à se pousser et à s'avancer. Gil Blas est au fond candide et assez honnête, crédule, vain, prenant aisément à l'hameçon, trompé d'abord sous toutes les formes, par un parasite de rencontre qui le loue, par un valet qui fait le dévot, par les femmes ; il est la dupe de ses défauts et quelquefois de ses qualités. Il fait ses *écoles* en tous sens, et nous faisons notre apprentissage avec lui. Excellent sujet de morale pratique, on peut dire de Gil Blas qu'il *se laisse faire* par les choses ; il ne devance pas l'expérience, il la reçoit. Ce n'est pas un homme de génie, ni d'un grand talent, ni qui ait en lui rien de bien particulier : c'est un esprit sain et fin, facile, actif, essentiellement éducable, ayant en lui toutes les aptitudes. Il ne s'agit que de les bien appliquer ; ce qu'il finit par faire : il devient propre à tout, et il mérite en définitive cet éloge que lui donne son ami Fabrice : *Vous avez l'outil universel.* Mais il ne mérite cet éloge que tout à la fin, et cela nous encourage ; nous sentons, en le lisant, que nous pouvons, sans trop d'effort et de présomption, arriver un jour comme lui.

Quand on vient de lire *René* pour la première fois, on est saisi d'une impression profonde et sombre. On croit se reconnaître dans cette nature d'élite et d'exception, si élevée, mais si isolée, et que rien ne rapproche du commun des hommes. On cherche dans son imagination quelque malheur unique, pour s'y vouer et s'y envelopper dans la solitude. On se dit « qu'une grande âme doit contenir plus de douleurs qu'une petite : » et on ajoute tout bas qu'on pourrait bien être cette grande âme. Enfin, on sort de cette noble et troublante lecture plus orgueilleux qu'auparavant et plus désolé.

Il n'y a rien de plus opposé à *René* que *Gil Blas:* c'est un livre à la fois railleur et consolateur, un livre qui nous fait rentrer en plein dans le courant de la vie et dans la foule de nos semblables. Quand on est bien sombre, qu'on croit à la fatalité, quand vous vous imaginez que certaines choses extraordinaires n'arrivent qu'à vous, lisez *Gil Blas*, et laissez-vous faire, vous trouverez qu'il a eu ce malheur ou quelque autre pareil, qu'il l'a pris comme une simple mésaventure, et qu'il s'en est consolé.

Toutes les formes de la vie et de l'humaine nature se rencontrent dans *Gil Blas*, — toutes, excepté une certaine élévation idéale et morale, qui est rare sans doute, qui est jouée souvent, mais qui se trouve assez réelle en quelques rencontres pour ne pas devoir être tout à fait omise dans un tableau complet de l'humanité. Le Sage, si honnête homme d'ailleurs, n'avait pas cet idéal en lui. Il était d'avis que « les productions de l'esprit les plus parfaites sont celles où il n'y a que de légers défauts, *comme les plus honnêtes gens sont ceux qui ont les moindres vices.* » Rien de plus vrai qu'une telle remarque, et dans *Gil Blas* il a amplement usé de cette façon de voir qui distribue quelques petits vices aux plus honnêtes gens. Gil Blas tout le premier, s'il n'a pas de vice inné bien caractérisé, est très-capable de les recevoir presque tous à la rencontre. Il est par lui-même honnête, je l'ai dit, préférant en général le bien au mal, mais se laissant aisément aller quand l'occasion, la vanité ou l'intérêt le tentent, et n'en rougissant pas trop, alors même qu'il est revenu. Je sais la part qu'il faut faire, en pareil cas, à la plaisanterie du roman, aux habitudes du genre, et aussi à cette morale facile d'un temps où l'on pardonnait aux friponneries du chevalier Des Grieux, où l'on riait à celles du chevalier de Grammont. Pourtant il n'y a pas à se le dissimuler, c'est afin sans doute de mieux se tenir au niveau de l'humaine nature que Gil Blas n'a pas le cœur très-haut placé : il est bon à tout, médiocrement délicat selon les occurrences, valet avant d'être maître, et un peu de la race des Figaro. Le Sage avait très-bien observé un fait que d'autres moralistes ont relevé également : ce qu'il y a peut-être de plus caractéristique dans les hommes pris en masse, et de plus fait pour étonner chaque fois ceux mêmes qui croient le mieux les connaître, ce n'est pas tant leur méchanceté, ce n'est pas leur folie (ils n'y donnent guère que par accès); ce qu'il y a de plus étonnant dans les hommes et de plus inépuisable en eux, c'est encore leur bassesse et leur platitude. L'auteur de *Gil Blas* le savait bien : son personnage, pour rester un type naturel et moyen, avait donc besoin de n'être à aucun degré monté au ton d'un stoïcien ni d'un héros. Il ne représente rien de singulier et d'unique, ni même de rare. Gil Blas, tout à l'opposé de René, c'est vous, c'est moi, c'est tout le monde. Il doit à cette conformité de nature avec tous, et à sa franchise heureuse, à son ingénuité de saillies et d'aveux, de rester, malgré ses vices, intéressant encore et aimable aux yeux du lecteur : quant au respect, a-t-on dit très-spirituellement, c'est la dernière chose qu'il demande de nous.

On a souvent prononcé, à propos de Gil Blas, les noms de Panurge et de Figaro. Mais Panurge, cette création la plus fine du génie de Rabelais, est tout autrement singulier que Gil Blas; c'est un original bien autrement qualifié, et doué d'une fantaisie propre, d'une veine poétique grotesque. En représentant certains côtés de la nature humaine, Panurge les charge, les exagère exprès d'une manière risible. Figaro, qui est plus dans la lignée de Gil Blas, a aussi une verve, un entrain, un *brio* qui tient du lyrique. Gil Blas est plus uni, plus dans le ton habituel de tous. C'est nous-même, encore une fois, qui passons à travers les conditions diverses et les divers âges.

Le juge le plus compétent en pareille matière, Walter Scott, a très-bien caractérisé l'espèce de critique vive, facile, spirituelle, indulgente encore et bienveillante, qui est celle de *Gil Blas :* « Cet ouvrage, dit-il, laisse le lecteur content de lui-même et du genre humain. » Certes, voilà un résultat qui semblait difficile à obtenir de la part d'un satirique qui ne prétend pas embellir l'humanité ; mais Le Sage ne veut pas non plus la calomnier ni l'enlaidir; il se contente de la montrer telle qu'elle est, et toujours avec un air naturel et un tour divertissant. L'ironie, chez lui, n'a aucune âcreté comme chez Voltaire. Si elle n'a pas cet air de grand monde et de distinction suprême qui est le cachet de celle d'Hamilton, elle n'en a pas non plus le raffinement de causticité ni la sécheresse. C'est une ironie qui atteste encore une âme saine, une ironie qui reste, si l'on peut dire, *de bonne nature.* Il court, il trouve son trait malin, il continue de courir et n'appuie pas. Chez lui, point de rancune ni d'amertume. J'insiste sur cette absence d'amertume qui constitue l'originalité de Le Sage et sa distinction comme satirique ; c'est ce qui fait que, même en raillant, il console. Par là surtout il se distingue de Voltaire, qui mord et rit d'une façon âcre. Rappelons-nous *Candide :* Pangloss peut être un cousin, mais ce n'est pas le frère de Gil Blas.

Je voudrais citer un exemple qui rendît bien toute ma pensée. Gil Blas, après mainte aventure, est passé au service d'un vieux fat qui se pique encore de galanterie, don Gonzale Pacheco. Ce vieillard décrépit, qui se refait et se repeint chaque matin, a pour ami un autre vieillard qui, au contraire, affecte d'être vieux et s'en vante, et met sa vanité à le paraître, autant que l'autre affecte de paraître jeune. L'un fait le Nestor, l'autre le Céladon; ce sont deux formes du même amour-propre inhérent à tous les hommes. Après des scènes très-gaies entre le vieillard fat et sa maîtresse qui le trompe, scènes qui ont pour contre-partie dans l'antichambre les entretiens de Gil Blas aux prises avec la soubrette surannée de la dame, Gil Blas, certain qu'on trompe son maître, prend sur lui de l'en avertir. Le vieux fat touché l'en remercie, et retourne chez sa maîtresse pour rompre. Mais, par un dénoûment tout à fait naturel et comique, ce bonhomme amoureux qui se tient pour bien averti par Gil Blas, et qui lui en sait gré jusqu'à un certain point, se rengage avec sa maîtresse au lieu de rompre. Il s'en revient, un peu honteux de sa faiblesse, et signifie doucement à Gil Blas qu'il le renvoie, tout en le remerciant encore à demi. Voilà qui est un exemple très-net de cette satire si vraie et si gaie, sans rancune. Le maître qui renvoie Gil Blas ne lui en veut pas; il compatit au tort qu'il lui fait, et lui ménage même une bonne condition; et Gil Blas renvoyé ne maudit pas le vieillard; il nous le montre tel qu'il est avec sa passion sénile, amoureux, ridicule, mais bonhomme encore, et tâchant de concilier un reste de justice avec sa faiblesse. Il y a du Térence dans cette raillerie-là.

Les scènes de comédie sont sans nombre chez Gil Blas, et elles ne laissent pas trop le temps de s'apercevoir de ce que peuvent avoir de commun ou d'ennuyeux certains épisodes, certaines nouvelles sentimentales que l'auteur a insérées çà et là pour grossir ses volumes, et qu'il a imitées on ne sait d'où. Les deux premiers volumes de l'ouvrage, après avoir fait passer sous les yeux toutes sortes de classes et de conditions, voleurs, chanoines, médecins, auteurs, comédiens, laissaient Gil Blas intendant de don Alphonse, et chargé de faire en son nom une restitution. « C'était commencer le métier d'intendant par où l'on devrait le finir. » Le troisième volume, publié en 1724, et qui est le plus distingué de tous, nous montre Gil Blas montant par degrés d'étage en étage ; et, à mesure que la sphère s'élève, les leçons peuvent sembler plus vives et plus hardies. Mais, même dans leur hardiesse, elles gardent une sorte d'innocence. Le Sage, même quand il raille, n'a rien au fond d'agressif ; il ne veut rien faire triompher. Il rit pour rire, pour montrer la nature à nu ; il ne se moque jamais du présent au profit d'une idée ni d'un système futur. Il sait que l'humanité, en changeant d'état, ne fera que changer de forme de sottise. C'est en cela qu'il se distingue profondément du xviiie siècle, et qu'il se rattache à la race des bons vieux railleurs d'autrefois. Ce troisième volume abonde en récits excellents. Gil Blas, devenu secrétaire et favori de l'archevêque de Grenade, se perd ici, comme il s'était perdu près du vieux fat amoureux, en disant la vérité. Toutes ces scènes chez l'archevêque sont admirables de naturel, et respirent une douce comédie insensiblement mêlée à toutes les actions de la vie. L'amour-propre d'auteur est peint chez le bon vieillard dans tout son relief et toute sa naïveté béate, et avec un reste de mansuétude. Les scènes chez la comédienne Laure, qui succèdent aussitôt après, sont incomparables de vérité. Le Sage connaissait à fond la gent comique. Quand Laure le fait passer pour son frère et qu'elle le présente sur ce pied à toute la troupe, le respect avec lequel il est reçu par tous, depuis les premiers sujets jusqu'au souffleur, la curiosité et la civilité avec lesquelles on le considère, touchent de près à l'une des prétentions les plus sensibles de ce monde des comédiens d'autrefois : « Il semblait, dit-il, que tous ces gens-là fussent des enfants trouvés qui n'avaient jamais vu de frère. » C'est qu'en effet les comédiens (je parle toujours de ceux d'autrefois), précisément parce qu'ils étaient le plus souvent peu pourvus du côté de la famille, étaient d'autant plus fiers et attentifs quand ils en pouvaient montrer quelques membres comme échantillon.

Quand il est passé à la Cour, et qu'il se voit secrétaire et favori du duc de Lerme, on croit un moment que Gil Blas va s'élever et devenir honnête homme à certains égards; mais non, il a affaire à des dangers d'une autre sorte, et il y succombe. Nous n'avons fait que changer d'étage, mais les mobiles, les intérêts, les passions de la coulisse sont toujours les mêmes. Loin de s'améliorer, il arrive, en ce moment d'ivresse, au pire degré de faute où il soit tombé, à l'insensibilité du cœur, à la méconnaissance de sa famille et de ses premiers amis. Le plus haut point de sa prospérité est juste le moment où va commencer, s'il n'y prend garde, sa dépravation véritable. Il lui faut la disgrâce pour se reconnaître, et pour rentrer dans le vrai de son habitude et de sa nature.

Le quatrième volume de *Gil Blas* ne parut qu'en 1735, c'est-à-dire vingt ans après les deux premiers, et onze ans après le troisième. On lit à ce propos, dans un Journal tenu par un curieux du temps, la note suivante, qui nous donne au juste le ton des contemporains sur Le Sage :

« Le Sage, auteur de *Gil Blas*, vient de donner (janvier 1733) la Vie de M. de Beauchêne, capitaine de flibustiers. Ce livre ne saurait être mal écrit, étant de Le Sage; mais il est aisé de s'apercevoir, par les matières que cet auteur traite depuis quelque temps, qu'il ne travaille que pour vivre, et qu'il n'est plus le maître, par conséquent, de donner à ses ouvrages du temps et de l'application. Il y a six à sept ans que la Ribou (veuve du libraire) lui a avancé cent pistoles sur son quatrième volume de *Gil Blas* qui n'est point encore fini et qui ne le sera pas de sitôt (1). »

Ce quatrième volume, dans lequel on voit Gil Blas sortir de la retraite et du port pour se rengager quelque temps à la Cour, n'offre plus les mêmes vicissitudes ni la même rapidité d'aventures que les précédents, mais ne les dépare point. On y trouve un aperçu des goûts littéraires de l'auteur, quand il nous montre son personnage dans la bibliothèque de son château de Lirias (un château en Espagne), prenant surtout plaisir aux livres de morale enjouée, et choisissant pour ses auteurs favoris *Horace, Lucien, Érasme*.

La théorie littéraire de Le Sage se pourrait extraire au complet de plus d'un passage de *Gil Blas*, et particulièrement des entretiens de celui-ci avec son ami le poëte Fabrice Nunez. Fabrice, pour réussir, avait consulté le goût du temps; il donnait dans le genre de *Gongora*, dans les expressions recherchées, entortillées, le romantismo d'alors. Gil Blas l'en reprend et veut avant tout de la netteté; il demande qu'un sonnet même soit parfaitement intelligible. Son ami le raille de sa simplicité et lui expose la théorie moderne : « Si ce sonnet n'est guère intelligible, tant mieux, mon ami. Les sonnets, les odes et les autres ouvrages qui veulent du sublime, ne s'accommodent pas du simple et du naturel; c'est l'obscurité qui en fait tout le mérite; il suffit que le poëte croie s'entendre... Nous sommes cinq ou six novateurs hardis qui avons entrepris de changer la langue du blanc au noir; et nous en viendrons à bout, s'il plaît à Dieu, en dépit de Lope de Véga, de Cervantes... » Sachons bien qu'en écrivant ces choses, Le Sage avait en vue Fontenelle, Montesquieu peut-être, certainement Voltaire,

---

(1) *Revue rétrospective* (1836), seconde série, tome V, page 465.

qu'il trouvait trop recherchés et visant à renchérir sur la langue de Racine, de Corneille, et des illustres devanciers.

Boileau, on l'a vu, avait peu souri aux débuts de Le Sage. A son tour, Le Sage semble avoir été peu favorable à ce qu'on appelle la grande et haute littérature de son temps, qu'il trouvait guindée. Cette sorte de dissidence, poussée jusqu'à l'aversion, se marque dans tous les actes de sa vie littéraire. Il rompt de bonne heure avec la Comédie-Française, se met en guerre avec elle, avec les Comédiens du roi qui représentent le grand genre, la déclamation tragique. Il s'adonne aux petits théâtres, aux théâtres forains, et fait seul ou en société une centaine au moins de petites pièces qui représentent assez bien en germe, ou déjà même au complet, ce que sont aujourd'hui les vaudevilles, les opéras-comiques, nos pièces des *Variétés* et des Boulevards. Il y avait un Désaugiers dans Le Sage.

Il ne veut pas être de l'Académie française; il résiste à Danchet son ami, qui veut l'y attirer, et il se refuse absolument aux sollicitations qui étaient de rigueur alors pour réunir les suffrages.

Il a en aversion les bureaux d'esprit, tels que l'était en son temps le salon de la marquise de Lambert, et, sans parler de sa surdité qui le gêne, il a ses raisons pour cela : «On n'y regarde la meilleure comédie ou *le roman le plus ingénieux et le plus égayé*, remarque-t-il (non sans un petit retour sur lui-même), que comme une faible production qui ne mérite aucune louange; au lieu que le moindre ouvrage *sérieux*, une ode, une églogue, un sonnet, y passe pour le plus grand effort de l'esprit humain. » Il est décidément contre les faiseurs d'odes, de tragédies, contre tous les genres officiels et solennels, ces genres *titrés* que le public respecte et honore sur l'étiquette, sans voir qu'il y a souvent infiniment plus d'esprit et de talent dépensé ailleurs. Les auteurs de tragédies et d'odes le lui ont rendu; Jean-Baptiste Rousseau a passé toutes les bornes quand il a écrit à Brossette. « L'auteur du *Diable boiteux* ne pouvait mieux faire que de s'associer avec les danseurs de corde : son génie est dans sa véritable sphère. Gilles et Fagotin auront là un bon maître : *Apollon* avait un fort mauvais écolier. » Voltaire avait trop d'esprit pour ne pas louer *Gil Blas*, mais il l'a loué le moins possible, et il a mêlé à son éloge une imputation de plagiat inexacte et tout à fait malveillante. D'après les deux mots qu'il laisse échapper à regret sur *Gil Blas*, Voltaire ne paraît pas se douter qu'il sera infiniment plus glorieux bientôt d'avoir fait ce roman-là que le poëme de *la Henriade*.

Le Sage était un philosophe pratique; de bonne heure il aima mieux suivre son inclination et obéir à ses goûts que de se contraindre. Homme de génie, mais indépendant de caractère, il sut, pour être plus libre, renoncer à une part de cette *considération* qu'il lui eût été si facile de se concilier. «On ne vaut dans ce monde que ce qu'on veut valoir,» a dit La Bruyère. Le Sage le savait; mais, pour paraître à tous ce qu'il était, il ne consentit jamais à se poser à leurs yeux lui-même. Il avait trop de mépris pour tout ce qu'on cherche à se faire accroire dans le monde les uns aux autres. Dans sa haine du solennel et du faux, il se serait rejeté plutôt du côté du vulgaire et du commun. Il aimait mieux hanter les cafés que les salons. *Plebeius moriar senex!* il semblait s'être appliqué ce mot d'un ancien : Que je rentre en vieillissant dans ces rangs obscurs dont je suis un moment sorti! Il se replongeait avec plaisir dans la foule, y trouvant une matière toujours neuve à son observation. Il travailla pour la Foire, et sema son sel à pleines mains sur les tréteaux; il eut cent succès réputés peu honorables. Je viens de lire sa *Foire des Fées*, son *Monde renversé*, de fort jolies farces vraiment. Cette veine et cette vogue de Le Sage *vaudevilliste* mériteraient bien une étude à part; car, remarquons-le, ce n'était pas seulement les besoins de la vie qui le jetaient là, c'était aussi chez lui attrait et vocation. En faisant parler Arlequin, il ne croyait pas si fort déroger; il passa même, un instant, d'Arlequin aux marionnettes. Arlequin, marionnettes, acteurs pour acteurs, il était d'avis que tout cela revient au même, et que ce sont toujours les mêmes ficelles.

Si c'est là de la sagesse pratique, on ne saurait disconvenir que le talent perd toujours un peu à ne pas avoir un très-haut idéal en vue. Le Sage se ressentit de cet inconvénient : après avoir atteint le point parfait de l'observation dans *le Diable boiteux* et dans *Gil Blas*, le vif du comique dans *Crispin* et dans *Turcaret*, il se relâcha, il se répéta, il baissa un peu, et alla ainsi jusqu'à se permettre des publications finales telles que *la Valise trouvée* et *le Mélange amusant*, qui sont en effet le fond du sac et de la valise.

Qu'on se figure Molière n'ayant pas à côté de lui Boileau pour l'exciter, le gronder, lui conseiller la haute comédie et *le Misanthrope;* Molière faisant une infinité de *Georges Dandin*, de *Scapin* et de *Pourceaugnac* en diminutif. C'est là le malheur dont eut à souffrir Le Sage, qui est une sorte de Molière adouci. Il n'eut pas à ses côtés l'Aristarque, et s'abandonna sans réserve aux penchants de sa nature, et aussi au besoin de vivre qui le commandait.

Un esprit qui est aussi peu que possible de la famille de Le Sage, et qui se disait, en souriant, plus platonicien que Platon lui-même, M. Joubert, pensait à ce manque d'idéal chez notre auteur, quand il a laissé tomber ce jugement sévère : « On peut dire des romans de Le Sage qu'ils ont l'air d'avoir été écrits dans un café, par un joueur de dominos, en sortant de la Comédie. » Mais nous touchons là aux antipathies qui séparent nettement deux races d'esprits : ceux qui préfèrent le naturel à tout, même au distingué, et ceux qui préfèrent le délicat à tout, même au naturel.

Le Sage avait soixante-sept ans quand parut le dernier volume de *Gil Blas*. Trois ans après (1738), il donna *le Bachelier de Salamanque*, auquel il tenait beaucoup, dit-on, comme à un fruit de sa vieillesse. Il suivit dans la composition de ce *Bachelier* son procédé ordinaire. Tout en le donnant comme tiré d'un manuscrit espagnol, il y mêla les mœurs françaises, celles de nos petits abbés, classe inconnue en Espagne; et en même temps, pour ce qui est de la description des mœurs du Mexique qu'on trouve dans la seconde partie du *Bachelier*, il la prit, sans le dire, dans la relation d'un Irlandais, Thomas Gage, qui avait été traduite en français bien des années auparavant. Mais tous ces emprunts, ces pièces de rapport, et les choses qu'il y mêlait de son invention, se fondaient et s'unissaient comme toujours dans le cours d'un récit facile et amusant.

Un autre ouvrage de lui, qui n'était certes pas un des moins bons, ce fut le comédien Montménil, son fils, acteur excellent et que ceux qui l'ont vu proclamaient inimitable. Montménil, qui avait été un moment abbé, mais qui n'avait pu résister à sa vocation, jouait admirablement l'Avocat Patelin, Turcaret; il faisait aussi le marquis dans *Turcaret*, le valet La Branche dans *Crispin*, et en général il excellait dans tous les rôles de valets et de paysans. On peut dire qu'il jouait comme son père écrivait et racontait. Montménil ne faisait que traduire sous une autre forme le même fonds comique, le même talent de famille. Le Sage fut quelque temps avant de pardonner à son fils de s'être fait comédien, et comédien surtout à la Comédie-Française, avec laquelle il était en guerre perpétuelle pour son Théâtre de la Foire. Mais, un jour, des amis l'entraînèrent à une représentation de *Turcaret;* il y vit son fils, reconnut deux fois son bien et son ouvrage, pleura de joie et redevint père. Il le redevint si bien, que la mort de Montménil, qui arriva subitement en 1743, fut la grande affliction de sa vieillesse.

« Le Sage ayant perdu Montménil, étant trop vieux pour travailler, trop haut pour demander, et trop honnête homme pour emprunter, se retira à Boulogne-sur-Mer, chez son fils le chanoine, avec sa femme et sa fille. Il venait presque tous les jours dîner chez moi et m'amusait extrêmement. » C'est l'abbé de Voisenon qui parle ; Voisenon était alors grand-vicaire de l'évêque de Boulogne. Ce chanoine, fils de Le Sage, chez qui son vieux père alla finir ses jours, était un joyeux vivant lui-même : « il savait imperturbablement tout son Théâtre de la Foire et le chantait encore mieux que la *Préface.* » Ecclésiastique de la force de l'abbé de Voisenon, il eût fait un excellent comédien. Il y eut encore un troisième fils de Le Sage, qui se fit comédien et courut l'Allemagne sous le nom de *Pittenec;* mais ce dernier ressemblait aux moins bons ouvrages de son père. Le Sage était sourd, il l'était déjà à l'âge de quarante ans. Cette surdité, qui augmenta avec les années, avait dû contribuer à l'éloigner des cercles du beau monde, mais elle n'avait en rien altéré sa gaieté naturelle. Il était obligé, pour converser, de se servir d'un cornet ; il appelait ce cornet *son bienfaiteur,* en ce qu'il s'en servait pour communiquer avec les gens d'esprit, et qu'il n'avait qu'à le poser pour ne pas entendre les ennuyeux et les sots (1). Sur la fin de sa vie il n'avait le plein usage de ses facultés que vers le milieu de la journée, et on remarquait que son esprit montait et baissait chaque jour avec le soleil. Il mourut à Boulogne, le 17 novembre 1747, dans sa quatre-vingtième année. Le comte de Tressan, alors commandant de la province, se fit un devoir d'assister aux obsèques avec son état-major. La mort remit bientôt Le Sage à son rang, et celui qui n'avait rien été de son vivant, et de qui on ne parlait jamais sans mêler à l'éloge quelque petit mot de doléance et de regret, se trouve aujourd'hui classé sans effort dans la mémoire des hommes, à la suite des Lucien et des Térence, à côté des Fielding et des Goldsmith, au-dessous des Cervantes et des Molière.

NOTE.

M. Depping, dans un article du journal *le Temps* (numéro du 29 décembre 1835), a donné, d'après un auteur anglais, quelques détails nouveaux sur Le Sage. Je traduirai ici le passage même de cet auteur anglais, Joseph Spence, qui avait visité Le Sage dans un voyage en France :

« Sa maison est à Paris, dit Spence, dans le faubourg Saint-Jacques, et se trouve ainsi bien exposée à l'air de la campagne. Le jardin se présente de la plus jolie manière que j'aie jamais vue pour un jardin de ville. Il est aussi joli qu'il est petit, et, quand Le Sage est dans le cabinet du fond, il se trouve tout à fait éloigné des bruits de la rue et des interruptions de sa propre famille. Le jardin est seulement de la largeur de la maison, laquelle donne d'abord sur une sorte de terrasse en parterre planté d'une variété de

---

(1) Sa surdité presque complète ne l'avait nullement empêché, durant des années, de suivre la représentation de ses pièces : il n'en perdait presque rien, et disait même qu'il n'avait jamais mieux jugé du jeu et de l'effet que depuis qu'il n'entendait plus les acteurs. (Diderot, *Lettre sur les Sourds et les Muets.*)

fleurs les plus choisies. On descend de là, par un rang de degrés de chaque côté, dans un berceau. Ce double berceau conduit à deux chambres ou cabinets d'été tout au bout du jardin. Ils sont joints par une galerie ouverte dont le toit est supporté par de petites colonnes, de sorte que notre auteur peut aller de l'une à l'autre toujours à couvert dans les moments où il n'écrit pas. Les berceaux sont couverts de vigne et de chèvrefeuille, et l'intervalle qui les sépare est arrangé en manière de bosquet (*grove-work*). C'est dans le cabinet de droite, en descendant, qu'il a écrit *Gil Blas*, » ou du moins une partie de *Gil Blas*, car il est douteux que Le Sage ait occupé durant trente ans la même maison. Si l'imagination de l'auteur anglais n'a pas embelli les lieux, Le Sage avait trouvé dans son faubourg l'ermitage du poëte et du philosophe. La petite maison de la haute-ville de Boulogne, où il passa ses derniers jours, et que j'ai tant vue et regardée dans mon enfance, était certes moins riante et moins jolie. Voici de lui un mot que cite Spence et qui rentre bien dans la philosophie de *Gil Blas :* quelqu'un faisait de grands récits des doléances qu'on entend perpétuellement en Angleterre, en dépit de tous les droits et des avantages dont on jouit : « Certainement, dit Le Sage, le peuple anglais est le plus malheureux peuple de la terre, avec la liberté, la propriété, et trois repas par jour. »

Lundi 12 août 1850.

M. DE BROGLIE.

Ce n'est pas de la politique que je viens faire ; je ne veux qu'appliquer à quelques sujets nouveaux la même méthode d'analyse dont j'use à l'égard des auteurs et des personnages littéraires. Les Assemblées politiques tiennent trop de place dans notre régime de société, et y exercent une trop grande influence, pour pouvoir être omises dans une étude un peu variée et complète des hommes de ce temps. Elles en possèdent dans leur sein les plus considérables, elles les développent, elles les produisent sous des aspects nouveaux ; elles les modifient souvent et les manifestent toujours. En un mot, on ne connaît jamais mieux un esprit, un talent, un caractère ou un amour-propre, que quand on l'a vu quelque temps à ce jeu-là.

En abordant toutefois ce genre d'esquisse, j'ai voulu commencer par un sujet tout à fait sûr, et me prendre à quelqu'un qui ne laissât guère lieu à une diversité de jugements. M. de Broglie, qu'on ait plus ou moins de goût pour ses idées ou pour sa personne, est un homme universellement respecté. Cette chose rare, le *respect*, que M. Royer-Collard proclamait presque introuvable de nos jours, et dont il jouissait si pleinement lui-même,

M. de Broglie a su également se le conserver; il en est investi. Il l'a comme sauvé au milieu des orages politiques de la vie active, à travers les luttes les plus vives qui aient mis un homme d'État en contradiction apparente avec son passé, tant il a laissé à tous, même à ses adversaires, le sentiment de sa droiture, de son haut désintéressement et de sa parfaite sincérité d'homme de bien !

Mais, en même temps, M. de Broglie est un des esprits les plus originaux de notre époque, un des esprits les plus curieux, les plus compliqués dans leur formation et dans leur mode de pensée. Je voudrais tâcher de le bien démêler ici et de le faire comprendre.

Victor, duc de Broglie, celui dont nous parlons, né en novembre 1785, petit-fils du maréchal de Broglie, descend d'une race toute guerrière, dans laquelle on distinguait des gens d'esprit, dont quelques-uns ont eu un nom dans la Diplomatie ou dans l'Église; mais il ne s'y trouverait aucun philosophe ni écrivain proprement dit. Il est le premier de sa race qui ait marqué dans l'ordre de la pensée. Son père, le prince de Broglie, fils aîné du maréchal, était entré jeune au service; il avait fait la guerre d'Amérique avec zèle et gaieté, comme toute cette jeune noblesse du temps, les Lameth, les Ségur, les Lauzun; comme eux aussi, il était en plein dans les idées du xviiie siècle. On a de lui la *Relation* de son voyage en Amérique, dont quelques parties ont été imprimées : c'est un vif, amusant et spirituel récit, tout à fait dans le genre d'esprit d'alors, dans le genre français et léger. Les dames y tiennent beaucoup de place; les observations sérieuses s'y retrouvent sous le badinage. Washington y est très-bien vu et présenté dans un judicieux portrait. Les nonnes de Tercère, les dames espagnoles de Caxacas, n'y sont pas regardées avec moins de complaisance. Le prince de Broglie était bien de cette race d'aimables Français qui s'en allaient à travers les deux mondes semant les saillies, les fleurettes et les idées, — les idées, notez-le, tout autant que le reste. Par exemple, il rencontre dans une petite ville de la Nouvelle-Espagne un M. Prudhomme (le nom est assez singulier pour un Espagnol), qui est à la fois lieutenant de roi et médecin; de plus, philosophe avancé et très-curieux de lire une histoire de la Révolution des Colonies anglaises et quelques volumes de l'abbé Raynal. Le prince de Broglie ne manque pas, à la première occasion, de lui faire passer les deux ouvrages, « au moyen « de quoi j'espère, ajoute-t-il gaiement, que si, de mon « vivant, les Colonies espagnoles se révoltent contre leur « souverain, je pourrai me vanter d'y avoir contribué. »

Membre de l'Assemblée constituante, il suivit la Révolution assez loin et la servit tant qu'elle resta dans les voies et les limites de la première Constitution. Il est assez piquant qu'à une époque le maréchal de Broglie fût commandant en chef des troupes royales réunies autour de Versailles pour intimider l'Assemblée, tandis que son fils poussait au mouvement dans cette même Assemblée. Celui-ci se refusa toujours à émigrer, même après le 10 août. Il mourut sur l'échafaud, à l'âge de trente-quatre ans. Avant de mourir, il s'était fait amener son jeune fils, le duc de Broglie actuel, âgé seulement de huit ans, et lui avait recommandé, malgré tout, de ne jamais déserter la cause de la liberté.

Le jeune enfant fut élevé par les soins de sa mère (née de Rosen), qui se remaria à M. d'Argenson, si connu sous la Restauration par la netteté et la précision radicale de son libéralisme (1). Il eut un gouverneur et suivit les

(1) Sur les rapports de M. de Broglie et de M. d'Argenson, on pourrait lire une *Notice sur la Vie de Voyer d'Argenson* (Paris,

cours des Écoles centrales ; mais surtout il s'appliqua ensuite à refaire de lui-même ses études, et à les étendre, à les fortifier en tous sens par le travail et la réflexion. M. de Broglie est un des hommes de ce temps-ci qui étudient le plus et le mieux. Sachons bien que la plupart des hommes de ce temps qui sont lancés dans le monde et dans les affaires *ne lisent pas*, c'est-à-dire qu'ils ne lisent que ce qui leur est indispensable et nécessaire, mais pas autre chose. Quand ces hommes ont de l'esprit, du goût, et une certaine prétention à passer pour littéraires, ils ont une ressource très-simple, ils font semblant d'avoir lu. Ils parlent des choses et des livres comme les connaissant. Ils devinent, ils écoutent, ils choisissent et s'orientent à travers ce qu'ils entendent dire dans la conversation. Ils donnent leur avis et finissent par en avoir un, par croire qu'il est fondé en raison. M. de Broglie est l'homme qui procède le moins de cette façon légère : appliqué, régulier dans ses habitudes, chaque matin à la même heure il se met à l'œuvre, à son étude, à sa lecture. Doué d'une grande facilité de travail, d'une vaste mémoire, en possession des langues anciennes et de la plupart des langues modernes, il lit les auteurs et les livres d'un bout à l'autre ; il s'instruit en les contrôlant ; il est impartial pour ceux mêmes envers qui il se montre sévère. Son jugement tient compte de tout, et vient finalement se résumer sous une forme à la fois complexe et ingénieuse. En un mot, s'il n'était pas un homme d'État, j'oserais dire qu'il a en lui tout ce qu'il faut pour être, en toute matière, un excellent et consciencieux critique.

Il ne fut, à aucun moment, ébloui ni séduit sous l'Empire. L'Empereur aurait assez aimé sans doute à comp-

1845), et deux articles insérés dans le journal *le Progrès de la Vienne* (2 et 5 mars 1845).

ter un de Broglie dans ses armées, à pouvoir citer ce nom historique dans ses bulletins, et il se peut qu'il le lui ait fait entendre; mais M. de Broglie fut de bonne heure de ceux qui ont l'oreille sourde à la séduction, de ceux qui suivent leur idée et ne se laissent pas dévoyer de leur vocation intérieure. On peut dire que dès lors *il pensait tout droit devant lui.* Il entra vers 1809 comme auditeur au Conseil d'État, et bientôt, comme la plupart des jeunes auditeurs, il devint intendant et administrateur en pays conquis, en Hongrie, en Croatie, dans les Provinces Illyriennes. Il passa quelque temps en Espagne, à Valladolid, en qualité de secrétaire-général de l'administration française. En 1812, il fut attaché à l'ambassade de Varsovie, puis à celle de Vienne ; il accompagna comme secrétaire d'ambassade M. de Narbonne au Congrès de Prague. Dans les diverses occasions qu'il eut d'approcher du maître d'alors et de l'entendre, soit au Conseil d'État, soit ailleurs, il fut frappé des défauts plus que des qualités; il vit et nota surtout, de cette grandeur déclinante, les éclats, les écarts, les brusqueries, sans apercevoir assez les éclairs de génie et de haut bon sens qui jaillissaient et se faisaient jour : c'était là de sa part une prévention que lui-même reconnaît aujourd'hui. Il est, pour tout esprit qui se forme, un régime et un climat qui lui conviennent : évidemment l'Empire n'était pas le climat le plus favorable et le plus propice à la tournure d'esprit morale et un peu idéologique du jeune Victor de Broglie.

La Restauration le créa pair dès le début, en 1814; il n'avait pas encore trente ans. Il venait seulement d'atteindre depuis quatre ou cinq jours cet âge requis pour le vote, lorsque la Chambre des pairs eut à prononcer son jugement sur le maréchal Ney (5 décembre 1815). Il usa de son droit immédiatement pour donner le vote le plus favorable certes et le plus clément qui se soit produit dans le Comité secret de cette nuit mémorable. Sur la question posée en ces termes : « Le maréchal a-t-il commis un attentat à la sûreté de l'État? » 157 voix sur 161 furent pour l'affirmative ; trois membres protestèrent et s'abstinrent ; une *seule* voix fut pour la négative et pour déclarer qu'il n'y avait pas eu attentat : c'était celle du duc de Broglie. Une fois la culpabilité admise, il vota pour la peine la plus douce, qui était la déportation.

Indépendamment de l'intérêt tout particulier qui s'attachait au nom glorieux de Ney et de la question d'humanité même, il y avait dans ce vote autre chose encore, il y avait une théorie. M. de Broglie avait dès lors sur la nature des crimes politiques, et sur l'application de la peine de mort en général, des idées qu'il a eu occasion d'indiquer depuis dans plus d'un écrit sous la Restauration, et qui tenaient de celles de quelques théoriciens philanthropes du commencement du siècle.

Le mariage du duc de Broglie avec la fille de Mme de Staël, en 1816, marque une seconde époque de sa vie intellectuelle. Dans ses premières idées de libéralisme, il avait peut-être été plus absolu, plus radical que nous ne l'avons vu depuis ; ou du moins il était libéral en vertu d'idées plus simples, plus directement déduites, plus voisines de celles de Bentham, et en se distinguant peu de l'école positive de MM. Comte et Dunoyer. Le monde nouveau, la famille dans laquelle il entrait, le trouva singulièrement disposé à élever son libéralisme d'un cran si je puis dire, à lui trouver des raisons plus fines, plus neuves, plus distinguées, plus d'accord avec l'idée morale qu'on s'y faisait de la nature humaine. Nous touchons là à l'un des traits principaux qui caractérisent l'esprit de M. de Broglie, et en général l'esprit *doctri-*

naire, en prenant ce mot dans son vrai sens primitif. J'ai dit que M. de Broglie est un des esprits les plus originaux de ce temps-ci ; il l'est surtout dans la forme, dans la méthode et dans les moyens de démonstration qu'il emploie ; même quand il pense la même chose que tout le monde, quand il arrive aux mêmes conclusions, il y arrive ou s'y confirme par ses raisons à lui ; il a en tout ses raisons, vraies peut-être, subtiles quelquefois, ingénieuses toujours, et qui ne sont jamais du vulgaire : son aristocratie, s'il fallait en rechercher quelque trace en lui, se retrouverait par ce coin-là.

Il a commencé par le libéralisme pur et net ; c'est là son inspiration directe et première. Quoi qu'il fasse et quoi qu'on l'ait vu faire, M. de Broglie est libéral d'instinct et au fond. Depuis des années, c'est un libéral qui se modère sans doute beaucoup et qui se contient ; mais, même avant la Révolution de Juillet 1830, c'était un libéral qui se travaillait sans cesse et qui s'ingéniait noblement pour se perfectionner. Nul n'a fait plus que lui usage de la réflexion et de la dialectique pour réagir sur lui-même et sur son idée, pour élever sa doctrine libérale première à une puissance plus haute, pour la couronner d'une idée religieuse qui la rendît sainte, pour lui trouver au dedans de l'homme une base plus digne et plus intime que celle de l'utilité commune ou de l'intérêt bien entendu. Tous ses discours, tous ses écrits sous la Restauration viendraient bien à l'appui de cette manière d'expliquer l'esprit si distingué et si éminent, si ingénieux et si complexe, que nous avons le regret d'étudier trop rapidement.

Ses premiers discours, ses opinions exprimées à la Chambre des pairs, appartiennent sans réserve à la nuance de gauche. Il fut contre la loi dite d'*amnistie* (janvier 1816), qui était plutôt une loi de proscription et de bannissement. Sur les questions de liberté individuelle, de liberté de presse, de 1816 à 1820, il insista toujours pour les solutions les plus libérales. Il apportait dans ces discussions une grande connaissance de la matière, la science de l'histoire, des rapprochements lumineux avec la législation anglaise, qu'il possédait à fond et dans les moindres particularités, un esprit véritablement *législatif*, qui ne s'en tient pas aux vues générales, mais qui se plaît à entrer dans le dispositif des lois, à en examiner le mécanisme, et qui invente au besoin des moyens et des ressorts nouveaux. C'est encore là un des traits caractéristiques de M. de Broglie. Il a l'esprit naturellement tourné au droit, à la jurisprudence; en même temps qu'il aime à remonter aux principes, il excelle à suivre et à distinguer les applications et les conséquences, à raisonner sur les cas divers et les espèces, à y pourvoir en détail; il a le goût du droit. En ce qui est de système de procédure civile ou pénale, comme aussi en fait d'économie politique, il a eu, en causant, toutes sortes d'idées ingénieuses au service de ses amis qui s'occupaient de ces matières, et il leur a suggéré bien des vues fines de détail. Dans ce sens et en présence des choses, il se pique d'être un homme pratique, et il l'est certainement. Là où il l'est moins, c'est en présence des hommes.

Au moment de la retraite du ministère Dessoles, M. de Serre, avec qui il était étroitement lié, essaya de l'attirer dans le cabinet qui se formait sous la présidence de M. Decazes. C'est à dater de ce moment, je le crois, qu'on pourrait apercevoir non pas une diminution, mais une combinaison nouvelle dans le libéralisme de M. de Broglie : il tiendra désormais plus de compte de ce qu'on appelle dans le style politique l'élément gouvernemental. Il vota, en juin 1820, pour le nouveau système d'élection qui introduisait le double vote, bien qu'il eût été précédemment pour la loi du 5 février 1817, qui instituait l'élection égale et simple. Il ne vota pas sans faire de grandes réserves, sans adresser au Gouvernement des paroles sévères et pleines d'émotion au sujet des troubles de juin. Mais, enfin, il commençait, bien qu'à regret et à son corps défendant, à faire la part des circonstances jusqu'au sein des principes.

Les actes et les tendances du ministère Villèle le remirent bientôt à l'aise, et il put se livrer sans scrupule à l'opposition à la fois méthodique et vigoureuse, qui ressortait alors pour lui de ses convictions et de ses instincts comme de son raisonnement même. Parmi ses discours de cette période, il en est deux qu'il est impossible de ne pas remarquer pour la vivacité et l'énergie de l'expression, qui s'élève ici jusqu'à la passion et à l'éloquence. Le premier de ces discours est celui qu'il prononça au sujet de la guerre d'Espagne (14 mars 1823). Après avoir dégagé la question des ambiguïtés et des arguties dont quelques orateurs l'avaient enveloppée, il arrivait au fond, il entrait dans le vif, et, acceptant le défi dans toute son étendue, il opposait doctrine à doctrine; à celle de la Sainte-Alliance, qui met le droit tout entier du côté de la Royauté, il opposa celle qui le met du côté de la justice toujours, et souvent du côté des peuples :

« Hé quoi ! s'écriait-il (et je demande qu'il me soit permis de citer au long ce qui est une des grandes et belles pages de notre éloquence parlementaire sous la Restauration), hé quoi ! le pouvoir de donner aux peuples des institutions politiques, de les détruire ou de les refuser, réside exclusivement et perpétuellement dans les rois! Un roi est le maître, en tout temps, et par sa seule volonté, d'abolir le droit public de son pays, d'en substituer un autre, ou de n'en substituer aucun ! — Le roi d'Espagne, rentrant dans ses États après cinq ans d'exil, s'empare du pouvoir absolu et soumet au joug le plus humiliant le peuple qui a délivré l'Europe ; il fait bien; nulle voix, parmi les souverains, ne s'élève pour le contredire; il reçoit même, de toutes parts, des félicitations et des éloges! Ce pouvoir périt dans ses mains, par ses propres fautes; aussitôt grande rumeur; il faut que toute l'Europe s'arme pour le lui restituer dans sa pureté et sa plénitude... Quelque usage d'ailleurs que ses conseillers en fassent, à quelques excès qu'ils se portent, de quelques inepties ou de quelques violences qu'ils se rendent coupables, ils n'en seront responsables qu'à Dieu; et si la nation espagnole, ruinée, persécutée, réduite aux abois, poussée au désespoir, se relève enfin, et, sans attenter à la personne de son roi, sans porter atteinte à ses droits héréditaires, invoque et consacre un nouvel état de choses, cette nation ne sera plus qu'un assemblage de bandits qu'il faudra châtier et museler de nouveau. Le droit de résistance à la tyrannie a donc disparu de la terre?

« Messieurs, c'est avec un profond regret que je prononce ces paroles. Je sais que je marche sur des charbons ardents.

« Autant qu'un autre, d'ailleurs, je sais que ce droit délicat et terrible, qui sommeille au pied de toutes les institutions humaines, comme leur triste et dernière garantie, ne doit pas être invoqué légèrement. Autant qu'un autre, je sais que, surtout à l'issue des grandes commotions politiques, la prudence conseille de n'en pas frapper incessamment l'oreille des peuples, et de le laisser enseveli sous un voile que la nécessité seule ait le droit de soulever. Je suis prêt, pour ma part, à me conformer aux conseils de la prudence; je suis prêt à me taire; mais c'est à cette condition pourtant qu'on ne prétendra pas me contraindre à proclamer qu'un tel droit n'existe pas; c'est à cette condition qu'on ne prétendra pas me contraindre à approuver par mes paroles, à tolérer par mon silence, à sceller du sang de mes concitoyens, des maximes de pure servitude. Car enfin, ce droit de compter sur soi-même, et de mesurer son obéissance sur la justice, la loi et la raison; ce droit de vivre et d'en être digne, c'est notre patrimoine à tous; c'est l'apanage de l'homme qui est sorti libre et intelligent des mains de son Créateur. C'est parce qu'il existe, imprescriptible, inexpugnable, au dedans de chacun de nous, qu'il existe collectivement dans les sociétés; l'honneur de notre espèce en dépend. Les plus beaux souvenirs de la race humaine se rattachent à ces époques glorieuses où les peuples qui ont civilisé le monde, et qui n'ont point consenti de passer sur cette terre en s'ignorant eux-mêmes, et comme des instruments inertes entre les mains de la Providence, ont brisé leurs fers, attesté leur grandeur morale, et laissé à la postérité de magnifiques exemples de liberté et de vertu. Les plus belles pages de l'histoire sont consacrées à célébrer ces généreux citoyens qui ont affranchi leur pays. Et lorsque, des hauteurs où cette pensée nous transporte, on abaisse ses regards sur l'état actuel de l'Europe, lorsque l'on songe que ce sont ces mêmes Cabinets que nous avons vus pendant trente ans si complaisants envers tous les Gouvernements nés de notre Révolution, qui ont successivement traité avec la Convention, recherché l'amitié du Directoire, brigué l'alliance du Dévastateur du monde ; lorsque l'on songe que ce sont ces mêmes Ministres que nous avons vus si empressés aux Conférences d'Erfurt qui viennent maintenant, gravement, de leur souveraine science et pleine autorité, flétrir de noms injurieux la cause pour laquelle Hampden est mort au champ d'honneur et lord Russell sur l'échafaud, en vérité le sang monte au visage ; on est tenté de se demander : Qui sont-ils enfin, ceux qui prétendent détruire ainsi, d'un trait de plume, nos vieilles admirations, les enseignements donnés à notre jeunesse, et jusqu'aux notions du beau et du juste ? A quel titre oseraient-ils nous dire, comme le pontife du Très-Haut disait au Sicambre qui s'est assis le premier sur le trône des Gaules : *Brûle ce que tu as adoré, adore ce que tu as brûlé !* »

En citant ces éloquentes et généreuses paroles, loin de moi la pensée de mettre un noble esprit en contradiction avec lui-même pour ce qu'il disait alors et pour ce qu'il a dû faire depuis ! Mais j'ai à le suivre rapidement dans sa marche, et ce qui m'apparaît de plus saillant, je le relève.

Que si vous le voulez absolument, mettez ce noble discours en regard d'autres discours plus récents du même honnête homme politique, lesquels ne sont ni moins sentis, ni moins animés d'un accent de vérité, et vous aurez sous les yeux en abrégé toute la leçon de l'expérience, l'éternelle leçon qui recommence toujours.

Le second discours, dont il est impossible de ne pas faire mention, est celui qu'il prononça le 4 avril 1826 sur le projet de loi relatif au droit d'aînesse. Le sujet y est traité sous toutes ses faces. Venu l'un des derniers dans cette discussion mémorable, M. de Broglie y laisse à son tour des traces lumineuses. Il fait sentir jusqu'à l'évidence qu'il est des choses qu'on ne refait *ni à la main ni après coup;* qu'on ne change point les habitudes et les mœurs d'une nation à l'aide de trois ou quatre articles de loi. Au milieu de toutes les parties sérieuses et élevées de ce discours, je remarque un exemple d'une des qualités et des formes de l'esprit de M. de Broglie, la raillerie et l'ironie. Le rapporteur de la loi (le marquis de Maleville) s'était avisé de dire, pour l'appuyer, qu'en empêchant le partage égal entre les enfants, cette loi allait forcer les déshérités à s'évertuer, à devenir actifs, intelligents, industrieux; il avait cité l'exemple de l'Angleterre. M. de Broglie relève la naïveté de l'argument qui est tout en l'honneur des cadets : « Cet argument, dit-il, appartient en propre à M. le Rapporteur, il est juste d'en prévenir; car, même dans une discussion sur le droit d'aînesse, Dieu nous garde de ne pas laisser à chacun ce qui lui revient ! » Et abordant le raisonnement même : « Merveilleuse réflexion ! fait-il observer. A ce compte, comme on ne saurait avoir trop de gens actifs et intelligents, pourquoi ne pas dépouiller aussi les aînés? Au demeurant, l'argument n'est pas absolument nouveau. Le célèbre Johnson l'employait d'ordinaire dans le siècle dernier, et il le rédigeait comme il suit : La loi de primogéniture, disait-il, a cela de bon, que du moins elle ne fait qu'un sot par famille. »—Mais nous trouverions surtout de ces exemples d'ironie prolongée et prenant l'accent d'un haut dédain, dans les discours prononcés par M. de Broglie quand il fut au pouvoir après 1830, et surtout dans les luttes de 1835.

A part toutefois ces quelques circonstances où il s'est passionné, le genre d'éloquence particulier à M. de Broglie est en général celui que Cicéron avait en vue, quand il disait : « On doit s'énoncer avec moins d'appareil dans les délibérations du Sénat, car on parle devant une assemblée de sages. » Sa parole était bien celle, en tout, qui convenait en présence de l'ancienne Chambre des pairs. M. de Broglie est un orateur de discussion. Il éclaire, il instruit, il élève plus qu'il n'émeut : là même où ses sentiments sont en jeu et où il s'agit de questions qui lui tiennent à cœur, il s'adresse surtout à la raison. Improvisateur véritable, il ne parle jamais qu'autant qu'il a quelque chose à dire; il intervient dans les discussions ardues pour les éclairer, pour y introduire des idées nouvelles, pour y proposer des moyens spéciaux de solution. Il parle avec clarté, avec déduction et suite, et, mieux que cela, avec élégance, avec une élégance qui ne serait pas naturelle chez un autre, qui chez lui ne semble pas cherchée, et qui est la forme précise de sa pensée. Esprit méthodique, son improvisation elle-même porte ce cachet de méthode et n'a rien du laisser-aller ni de l'abandon. Doué, je l'ai dit, d'une très-grande facilité accrue par l'étude, et d'une vaste mémoire, il lui suffit d'une très-courte préparation pour donner à sa parole improvisée tout l'air d'un discours médité; il n'y paraît pas de différence. Sa pensée lui naît toute rédigée, dans cette forme rare, savante et assez imprévue, qui est la sienne.

Les dernières années de la Restauration furent un beau et heureux moment pour M. de Broglie. Ami sincère et dévoué du régime constitutionnel, aspirant à le voir réellement en vigueur dans notre pays, il ne désespérait pas que ce résultat se pût obtenir régulièrement et sans révolution. Le concert de l'opinion publique était rassurant alors : l'élite de la jeunesse semblait apporter chaque jour à ce qu'on appelait *la bonne cause* une force qui n'était pas dépourvue de prudence. M. de Broglie eut en ces années (1828-1829) un véritable rêve d'homme de bien, de philosophe élevé qui croit à Dieu, à la vérité idéale et suprême, à la vérité et à l'ordre ici-bas, à la perfectibilité de l'esprit humain, à la sagesse et au progrès de son propre temps, au triomphe graduel et ménagé de la raison dans toutes les branches de la société et de la science, dans l'ensemble de la civilisation même : « N'en déplaise aux détracteurs officieux de notre temps et de notre pays, écrivait-il en 1828, tout va bien, chaque jour les saines idées gagnent du terrain; l'esprit public se forme et se propage à vue d'œil. » Il s'agissait, dans ce cas, d'une simple pétition sur les juges auditeurs; mais on sent la satisfaction généreuse qui déborde du cœur d'un homme de bien. Les divers articles que M. de Broglie a fournis vers ce moment à la *Revue Française,* et qui sont des morceaux du plus grand mérite, sont tous inspirés ou dominés par un sentiment de cette nature, soit qu'examinant le livre de M. Lucas sur le système pénal, et en particulier sur la peine de mort, il essaie de fixer dans ses limites et de rattacher à son principe le droit qu'a la société de punir, qu'il recherche les raisons qui rendent la vie humaine respectable encore jusque chez les criminels, et qu'il s'inquiète des moyens de régénérer ceux mêmes qu'on châtie; soit que, réfutant la théorie brutalement matérialiste de Broussais, il se complaise à rétablir les titres authentiques, selon lui, et irréfragables, de la spiritualité et de l'énergie propre de l'âme; soit enfin qu'abordant, à propos de l'*Othello* de M. de Vigny, la question de l'art dramatique en France, il se félicite de la disposition du public, et que, de ce côté aussi, il marque sa foi en un certain bon sens général qui semble mûr pour le vrai et pour le beau. Partout et toujours il incline vers la meilleure espérance. Et en littérature, par exemple, en ce qui avait trait à la lutte des deux écoles au théâtre :

« Eh bien! nous osons le dire, s'écriait-il en faisant allusion aux idolâtries classiques qu'il ne voulait point voir remplacées par d'autres idolâtries, eh bien! le temps de ces exagérations est déjà passé pour les Français; nous osons le prédire, il y a, dans le bon sens général, tel que les controverses qui s'agitent depuis quinze ou vingt ans l'ont développé et préparé, un obstacle invincible à ce que ces adorations individuelles gagnent jamais du terrain, et deviennent des opinions communes et des doctrines reçues. On nous a tirés d'un extrême; nous ne nous laisserons point jeter dans l'extrême opposé; on nous a dégagés de mille et mille petites préventions; nous ne nous laisserons point emmaillotter dans des préventions d'une autre nature. »

Ce qu'il disait là sur un point de la question, il le disait ou le pensait sur les autres points; il estimait que l'art dramatique était en bonne voie. S'adressant aux amis du genre classique et à ceux du genre romantique, il posait avec un grand sens et avec une haute impartialité l'antagonisme et la concurrence légitime des deux genres; il en présentait en quelque sorte la Charte, — hélas! une Charte aussi vaine et aussi vite déchirée que l'autre.

Qu'il y a loin de ces nobles et vives dissertations, et des perspectives encourageantes qu'elles ouvraient, au tableau trop fidèle et hideux que traçait, cinq ans après, le même homme, chef du Gouvernement, au lendemain de l'attentat de Fieschi, quand, refoulant les sentiments d'une philanthropie trop prolongée, et demandant aux Chambres des lois répressives énergiques, il disait :

« Et notre théâtre, Messieurs!... Qu'est-ce maintenant que le théâtre en France? Qui est-ce qui ose entrer dans une salle de spectacle, quand il ne connaît la pièce que de nom? Notre théâtre est devenu non-seulement le témoignage éclatant de tout le dévergondage et de toute la démence auxquels l'esprit humain peut se livrer quand il est abandonné sans aucun frein, mais il est devenu encore une école de débauche, une école de crimes, et une école qui fait des disciples que l'on revoit ensuite sur les bancs des Cours d'assises attester par leur langage, après l'avoir prouvé par leurs actions, et la profonde dégradation de leur intelligence et la profonde dépravation de leurs âmes. »

Quoi qu'il en soit, les articles de M. de Broglie dans la *Revue Française*, surtout les trois articles que j'ai indiqués, à propos du livre de M. Lucas, de celui de M. Broussais, et de l'*Othello* traduit par M. de Vigny, honoreront la critique littéraire des dernières années de la Restauration. Ces articles sont des traités; ils en ont presque l'étendue. On y reconnaît un esprit grave, élevé, méthodique, précis et net dans ses déductions, et qui se joue parfois dans le détail, non sans agrément. L'écrivain ne se donne que comme amateur et comme l'un du parterre, et il est maître. Je ne me permettrai d'exprimer qu'une seule critique pour la manière dont ces articles sont conçus et composés. C'est bien, c'est ingénieux, c'est profond, mais c'est un peu dense; il y manque du jour et de la lumière, quelques éclaircies par-ci par-là. «Avant d'employer un beau mot, faites-lui une place,» a dit un critique excellent. Je trouve maint beau mot, mainte belle pensée chez M. de Broglie, mais on n'a pas toujours l'espace et la place pour les regarder. On voit trop l'esprit sérieux qui s'est appliqué tout entier à la chose même, et qui n'écrit qu'en présence de son sujet, sans s'inquiéter assez de l'effet sur ses lecteurs. Ce n'est pas, encore une fois, un certain agrément ingénieux qui manque, mais cet agrément disparaît un peu dans la continuité même, dans la suite de l'application et de l'approfondissement.

Ainsi, dans l'article si distingué sur *Othello* et sur l'art dramatique, il y a comme plusieurs chapitres qui sont offerts tout d'une pièce, qui ne sont pas détachés et découpés à temps. Quand on arrive au terme de ce travail si instructif, et, somme toute, si agréable, peu s'en faut que tout à la fin il ne recommence, tant l'auteur se pose de questions nouvelles en finissant. Il n'y a point de pause ménagée ni de repos. N'était ce défaut-là, ce serait parfaitement littéraire. Mais les mesures littéraires, si je puis dire, sont un peu dépassées. Et en général, quel que soit le sujet qu'il traite, l'auteur remonte aux origines, aux causes; il s'y complaît; il reprend tout dès le principe, et il redescend de là jusqu'à l'extrême conclusion sans passer un seul anneau de la chaîne. Il ne compte pas assez avec la légèreté française, cette légèreté que son père et tout le XVIIIe siècle connaissaient si bien, et que le XIXe n'a pas encore tout à fait oubliée.

A ces morceaux de critique, de premier ordre d'ailleurs, et si dignes de haute estime, il faut joindre l'Éloge du savant orientaliste M. de Sacy, prononcé par le duc de Broglie à la Chambre des pairs le 27 avril 1840, très-bel Éloge, très-grave, religieux de ton, sobrement orné, et de tout point conforme au sujet.

La Révolution de Juillet porta, du premier jour, M. de Broglie au ministère. Mais il n'eut dans le premier Cabinet (11 août 1830) que le portefeuille de l'Instruction publique, et il le garda seulement quelques mois. Ce ne fut que deux ans après qu'il fut appelé à un rôle dirigeant. Casimir Périer était mort; il s'agissait de le continuer avec plus de largeur et avec stabilité. Le ministère du 11 octobre (1832) fut formé. Ce ministère était, en quelque sorte, un ministère Périer collectif, plus intellectuel, aussi énergique; il réunissait en faisceau les hommes les plus capables non encore désunis, M. Guizot, M. Thiers. M. de Broglie eut les affaires étrangères;

les dépêches, aujourd'hui publiées, montrent qu'eu égard aux circonstances d'alors et aux termes dans lesquels le problème était posé, il ne les dirigea point sans fermeté, ni sans un juste sentiment de la dignité de la France. En même temps, l'autorité qui s'attachait à sa bonne foi rendait ses promesses plus sûres, ses garanties plus significatives; sa parole était de celles dont, même en diplomatie, on ne doutait pas. Son opinion pesa pour beaucoup dans la décision du siége d'Anvers. Ce ne fut pas la seule preuve de vigueur qu'il donna. Dans l'été de 1833, une conférence avait eu lieu à Munchen-Graetz, en Bohême, entre les souverains de Russie, de Prusse et d'Autriche, et leurs principaux ministres; il en était résulté un concert assez menaçant pour nous. Les puissances avaient signifié que, si elles croyaient avoir à secourir leurs alliés (il s'agissait surtout de l'Italie), elles le feraient sans tenir compte de l'opposition de la France, et elles donnaient à entendre qu'une intervention armée de sa part serait considérée comme une hostilité directe contre chacune d'elles. M. de Broglie reçut cette communication qui lui fut faite par les ambassadeurs des trois Cours, et par chacun sur un ton un peu différent; il y répondit en des termes parfaitement assortis : « De même, disait-il dans sa Circulaire destinée à informer nos agents du dehors, de même que j'avais parlé à M. de Hugel (chargé d'affaires d'Autriche) un langage roide et haut, je me suis montré bienveillant et amical à l'égard de la Prusse, un peu dédaigneux envers le cabinet de Saint-Pétersbourg. » On a quelquefois reproché à M. de Broglie de porter dans les affaires quelques-unes de ces formes, de ces habitudes peu liantes ; mais ici on conviendra que l'usage n'en était pas déplacé (1).

(1) On peut voir dans l'ouvrage de M. d'Haussonville (*Histoire*

Ayant subi un échec sur la question des indemnités réclamées par les États-Unis d'Amérique, M. de Broglie crut devoir se retirer du Cabinet en avril 1834; mais il y rentra en mars 1835, y retrouvant ses mêmes principaux collègues, et avec le portefeuille des Affaires étrangères il eut cette fois la présidence du Conseil. Ce fut lui qui, après l'attentat de Fieschi, vint proposer aux Chambres, dans la séance du mardi 4 août, les lois dites *de septembre*, dont le but était de faire rentrer forcément tous les partis dans la Charte, et de ne plus souffrir qu'on en remît chaque jour en question le principe. Tous les gouvernements ayant eu leurs lois de septembre, et les hommes qui les avaient combattues ce jour-là étant venus depuis, à leur tour, proposer les leurs sous le coup de la nécessité, il est plus facile aujourd'hui d'en bien juger et de s'en rendre compte avec impartialité. C'étaient des lois de conservation rigoureuse et de défense. J'ai peu réfléchi, je l'avoue, sur les moyens qui étaient de nature à faire durer le dernier Gouvernement; mais je ne puis croire que les lois de septembre lui aient nui; il est aujourd'hui plus que probable, ce me semble, qu'elles l'ont fait durer. En les proposant, M. de Broglie faisait évidemment violence à ses théories antérieures, à ses combinaisons constitutionnelles les plus chères, à ses vues bienveillantes de morale sociale et humaine; mais cette fois, en face d'un forfait immense, il vit la réalité à nu, et, en homme de bien courageux, il n'hésita pas.

On a dit qu'on sentait ce jour-là dans sa parole l'accent d'*un homme de bien irrité;* et, en effet, il devait l'être. Il était arrivé à ce jour où l'on reconnaît, bon gré, mal gré (et dût-on le lendemain tâcher de l'oublier

de la Politique extérieure du Gouvernement français, 1830-1848), la série des dépêches de M. de Broglie, qui réglèrent alors la ligne de conduite de la France à l'égard de l'Autriche en particulier.

encore), que la morale humaine n'est pas ce que les sages et les nobles esprits se la font dans les spéculations de l'étude et du loisir, au haut du cap Sunium ou dans les jardins de l'Académie. C'est un jour amer dans la vie que celui où l'on est contraint de donner raison au fait sur le droit, à Hobbes sur Platon. Quiconque a eu de près affaire à la vie, soit dans l'ordre public, soit même dans l'ordre privé, a connu ce jour-là.

Une haute ironie règne dans bien des passages des discours que M. de Broglie prononça à cette occasion devant la Chambre des députés. On y retrouve l'homme qui sait si bien se passer de la faveur et qui dédaigne la popularité. Il se plaisait à indiquer que le ministère dont il était chef, que lui-même en particulier, prenait volontiers sur lui tout l'odieux des lois proposées, et que d'autres recueilleraient un jour le fruit plus facile de ces rudes journées de lutte et de labeur. — « On nous fera responsables, on s'attaquera à nous, nous deviendrons *le bouc émissaire de la société ;* soit. » Il en prenait hautement son parti, et d'un ton demi-railleur, accentué de dédain, il faisait beau jeu à l'avance aux amis douteux ou aux adversaires :

« Pendant ce temps, disait-il, les périls s'éloigneront ; avec le péril, le souvenir du péril passera, car nous vivons dans un temps où les esprits sont bien mobiles et les impressions bien passagères. Les haines et les ressentiments que nous aurons amassés sur nos têtes subsisteront, car les haines sont vivaces et les ressentiments ne s'éteignent point. A mesure que l'ordre se rétablira, le poste que nous occupons deviendra de plus en plus l'objet d'une noble ambition ; les Chambres, dans un temps plus tranquille, verront les changements d'administration comme quelque chose qui compromet moins l'ordre public ; les hommes s'usent vite d'ailleurs, Messieurs, aux luttes que nous soutenons. Savez-vous ce que nous aurons fait? Nous aurons préparé, hâté l'avènement de nos successeurs. Soit · nous en acceptons l'augure avec joie, nous en embrassons avidement l'espérance. »

De telles paroles dans une autre bouche eussent fait sourire : on savait qu'elles n'étaient que vraies et sincères chez M. de Broglie. Il tient au pouvoir presque aussi peu qu'à la popularité. Ce double dédain est rare et lui semble facile ; c'est ici qu'on pourrait trouver que la hauteur de cœur et un reste de hauteur de race se confondent en lui. Quelques mois après, et la tâche accomplie, M. de Broglie semble avoir provoqué lui-même une occasion de retraite. M. Humann, ministre des finances, en présentant son budget à la Chambre en janvier 1836, avait brusquement déclaré, sans avoir consulté ses collègues, que le moment était venu, selon lui, de réduire l'intérêt de la rente. Il s'ensuivit des explications, des interpellations incessantes adressées au ministère. M. de Broglie, poussé à bout, lâcha son fameux mot : « On nous demande s'il est dans l'intention du Gouvernement de proposer la mesure ? Je réponds : Non. *Est-ce clair?* »

M. de Broglie était de l'avis qu'il a depuis donné en temps utile à M. Guizot, lequel en a trop peu profité : « Gouvernez votre ministère et la Chambre, lui écrivait-il de Coppet en 1844, ou laissez-les se tirer d'affaire. Dans l'un comme dans l'autre cas, la chance est bonne, et la meilleure pour vous serait une sortie par la grande porte. » M. de Broglie avait pratiqué à l'avance ce conseil ; il sentait qu'il ne gouvernait plus son ministère ni la Chambre ; il avait fait sa tâche pour le moment, et il sortit par la grande porte : c'est la seule par où il sorte toujours.

Depuis lors M. de Broglie était rentré au sein de ce qu'on pouvait appeler la plus honorable retraite, et il ne reparut qu'à de rares moments dans l'action politique. Un grand malheur qui le frappa en 1838, la mort de Mme la duchesse de Broglie, augmenta en lui cette disposition sérieuse et réservée, cette faculté de s'abstenir, dans laquelle la pensée religieuse a pris plus de part et tenu plus de place chaque jour. Il fut pourtant encore de bien des choses publiques, commissaire du Gouvernement pour régler avec le docteur Lushington les moyens d'arriver à l'extinction de la traite, et ambassadeur en Angleterre pendant les six derniers mois de la monarchie. Mais son grand rôle dans les dernières années de ce régime était celui de politique consultant, et on l'a vu le parrain de plus d'un ministère. Chacun s'honorait d'être couvert et garanti par lui. De tels rôles à la longue sont plus honorifiques qu'efficaces, et une lettre de M. de Broglie, publiée dans la *Revue rétrospective* (n° 7), a pu montrer que ces conseils, au moment utile, étaient plus sincères qu'écoutés.

La Révolution de Février a dû porter un dernier coup aux théories chères à M. de Broglie; car enfin, si jusque-là il avait dû sacrifier plus d'une de ses anciennes et premières idées à la conservation de la monarchie constitutionnelle, cette monarchie subsistait et vivait. On avait jeté à la mer quelques portions du système, mais le vaisseau voguait et semblait défier les prochains orages. En le voyant tout à coup sombrer sous voiles, M. de Broglie a dû comprendre qu'il n'y a aucune portion de la théorie humaine qui puisse être assurée contre le naufrage, et sa pensée, qui n'est pas faite pour le scepticisme vulgaire, se sera plus que jamais tournée en haut du côté du port éternel.

Il est resté tel, d'ailleurs, en apparence, qu'on le voyait dans les années précédentes. Sa conversation, qui se marque d'abord d'un léger embarras, est bientôt agréable, nourrie pleine de choses heureusement exprimées. Une certaine ironie d'expression, mais qui n'a rien d'amer, s'offre comme à la surface : cet enjouement **habituel, qui ne déroge** pas au sérieux et qui y rentre dès qu'il le faut, semble dénoter la sérénité du fond.

Ses amis particuliers auraient seuls le droit de dire si, sous une réserve un peu froide, sous une écorce un peu uniforme, ils n'ont pas souvent reconnu en lui toutes les délicatesses du cœur.

M. de Broglie, et c'est tout simple, n avait pas été nommé de l'Assemblée constituante. Depuis que les idées se sont un peu éclaircies, les électeurs de l'Eure (le château de Broglie est dans l'Eure) ont envoyé leur noble compatriote à l'Assemblée législative. Il n'y a point pris jusqu'ici la parole, et il doit s'y sentir par moments un peu dépaysé. Mais sa présence déjà est un bon signe, une garantie d'ordre et de considération. L'autre jour, après une scène violente où l'on avait eu M. Miot à la tribune, et où il s'était dit bien des injures, je voyais entrer M. le duc de Broglie paisible, serein et souriant; et cela m'a consolé.

Lundi 19 août 1850.

PROCÈS
DE
JEANNE D'ARC,

Publiés pour la première fois

PAR M. J. QUICHERAT.

(6 vol. in-8o.)

La *Société de l'Histoire de France*, qui n'a pas interrompu ses travaux au milieu des circonstances difficiles que nous avons eu à traverser, vient de voir terminer une de ses publications les plus importantes et les plus nationales, qu'elle avait depuis longtemps confiée au zèle de M. Jules Quicherat. Ce jeune et consciencieux érudit a réuni en cinq volumes tous les documents positifs qui peuvent éclairer l'histoire de Jeanne d'Arc, particulièrement les textes des deux *Procès* dans toute leur étendue, du Procès de *condamnation*, et de celui de *réhabilitation* qui eut lieu vingt-cinq ans plus tard. Les extraits et analyses qui en avaient été jusqu'ici publiés en divers endroits, et notamment dans la *Collection des Mémoires* dirigée par MM. Michaud et Poujoulat, avaient pu mettre en goût les lecteurs; mais autre chose est un extrait où l'on ne prend que les beautés et la fleur d'un sujet, autre chose qu'une reproduction exacte et complète des textes latins dans toute leur teneur, et des *instruments* mêmes (comme cela s'appelle) d'une volumineuse procédure. On peut dire que la mémoire de Jeanne d'Arc était encore à demi enfouie dans la poudre du greffe, et qu'elle en est seulement arrachée d'aujourd'hui. L'éditeur a pris soin de rassembler, à la suite, les témoignages des historiens et chroniqueurs du temps sur la Pucelle, et toutes les pièces accessoires que les curieux peuvent désirer. On a maintenant le dernier mot, autant qu'on l'aura jamais, sur cette apparition merveilleuse. Enfin, pour mettre le cachet à sa publication et à son rôle d'excellent éditeur, M. Quicherat vient d'ajouter un volume à part, une sorte d'introduction, dans laquelle il donne avec beaucoup de modestie, mais aussi avec beaucoup de précision, son avis sur les points nouveaux que ce développement complet des actes du procès fait ressortir et détermine plus nettement. Nous tâcherons ici, en le suivant, d'imiter sa circonspection, et, dans un sujet entraînant où l'on est à tout moment sur la pente de l'enthousiasme et de la légende, de ne nous laisser guider que par l'amour de la vérité.

La destinée de Jeanne d'Arc, même après sa mort, a de quoi sembler des plus singulières, et sa renommée a subi toutes les transformations et toutes les vicissitudes. Sans sortir du cercle de l'horizon littéraire, que de retours soudains, que de mésaventures ! *La Pucelle* de Chapelain avait rendu l'héroïne presque ridicule ; ce poëme, selon la remarque de M. Quicherat, fut presque aussi funeste à la mémoire de Jeanne d'Arc qu'un second procès de condamnation. A force d'ennui, il appelait des représailles. Voltaire eut le malheur de s'en charger, et tout son siècle celui d'y applaudir. L'idée s'était généralement répandue et accréditée, qu'un tel sujet désormais ne pouvait être traité sérieusement. Ce n'est pas le moment de venir faire de la morale à Voltaire pour un tort si universellement senti, et dont lui-même aujourd'hui aurait honte. Sachons seulement que tout le xviii**e** siècle adorait cette *Pucelle* libertine, que les plus honnêtes gens en savaient par cœur des chants entiers (j'en ai entendu réciter encore). M. de Malesherbes lui-même, assure-t-on, savait sa *Pucelle* par cœur. Il y a dans un siècle de ces courants d'influence morale auxquels on n'échappe pas. Aujourd'hui on est passé à une autre extrémité contraire, et on serait assez mal reçu, je pense, si on en avait la vilaine idée, de venir risquer à ce sujet le plus petit mot pour rire. Cette disposition, après tout, même dans son exagération, est des plus respectables; elle est la plus juste et la plus vraie, et ce n'est pas moi qui m'aviserai d'y porter atteinte.

De quelque point de vue qu'on le prenne, et même en se tenant en garde contre toute exaltation, quelle plus touchante figure en effet, quelle plus digne de pitié et d'admiration que celle de Jeanne! La France, au moment où elle parut, était aussi bas que possible. Depuis quatorze années d'une guerre dont le début avait été signalé par le désastre d'Azincourt, il ne s'était rien fait qui pût relever le moral du pays en proie à l'invasion. Le roi anglais siégeait à Paris; le Dauphin français se maintenait à grand'peine sur la Loire. Un de ceux qui l'accompagnaient et qui fut de ses secrétaires, un des écrivains les plus estimables de ce temps, Alain Chartier, a exprimé énergiquement cet état de détresse, pendant lequel il n'y avait plus pour un homme de bien et d'étude un seul lieu de paix ni de refuge dans tout le pays, hors derrière les murailles de quelques cités; car « des champs, on n'en pouvait entendre parler sans effroi, » et toute la campagne semblait devenue comme une *mer* où il ne règne d'autre droit que celui du fait, et « où chacun n'a de seigneurie qu'à proportion qu'il a de force. » C'est alors que dans un village de la vallée de la Meuse, aux confins de la Lorraine, vallée qui venait elle-même d'être envahie par des bandes et d'avoir sa part des douleurs communes, une jeune fille, née d'honnêtes laboureurs, simple, pieuse, régulière, crut entendre une *voix*. Elle avait environ treize ans alors (1425). La première fois que cette *voix* se fit entendre à elle, c'était en la saison d'été, sur l'heure de midi, tandis qu'elle était dans le jardin de son père. Elle avait jeûné le matin et le jour précédent (1). Depuis ce jour-là, la *voix* continua de se faire entendre à elle plusieurs fois la semaine avec une certaine régularité, et plus particulièrement à de certaines heures, et de lui donner des conseils. Ces conseils, c'était de se bien conduire, de fréquenter l'église, et aussi d'aller en France. Ce dernier conseil revenait chaque fois plus pressant, plus impérieux, et la pauvre enfant ne pouvait plus tenir en place où elle était. Ces colloques mystérieux et solitaires, ces luttes intérieures durèrent bien deux ou trois ans : chaque écho des malheurs publics redoublait l'angoisse. La *voix* ne cessait de répéter à la jeune fille qu'il lui fallait aller à tout prix en France ; elle le lui redit surtout à dater du jour où les Anglais eurent mis le siége devant Orléans, ce siége dont l'issue tenait alors en suspens tous les cœurs. Elle lui commandait d'aller le faire lever au plus tôt. Et sur ce que l'enfant répondait qu'elle n'était qu'une pauvre fille qui ne savait chevaucher ni faire la guerre, la *voix* lui répli-

---

(1) Il faut corriger ici ce qui est dit à la page 216 du tome Ier du *Procès* par ce qui est dit à la page 52 du même tome.

quait qu'elle ne s'en souciât et qu'elle allât néanmoins.

Cette idée aventureuse, qui tentait Jeanne, de s'en aller guerroyer en France, avait transpiré malgré elle, et déplaisait fort à son père, honnête homme et de bonnes mœurs, qui disait qu'avant d'être témoin d'une telle chose, il aimerait mieux voir sa fille noyée, ou la noyer de ses propres mains. La *voix* permit à Jeanne d'éluder cette défense, et, sous prétexte d'aller chez un oncle qui demeurait près de là, elle quitta le village natal, puis se fit conduire par cet oncle au capitaine Robert de Baudricourt qui commandait à Vaucouleurs. Robert la reçut d'abord très-mal et la rudoya : « Il fallait que son oncle, disait-il, la ramenât chez son père et lui donnât des *soufflets*. » Mais, sur l'insistance de la jeune fille, sur la netteté et la vigueur de son attitude et de son dire, et la voyant décidée à partir malgré tout, il finit par être vaincu. Jeanne s'était fait conduire sur ces entrefaites au duc de Lorraine, qui lui avait donné quelque argent. Les gens de Vaucouleurs eux-mêmes, mus d'intérêt pour elle, s'étaient mis en frais pour lui procurer un équipement. L'oncle et un autre habitant du lieu lui achetèrent un cheval; Robert de Baudricourt voulut en rembourser le prix. Celui-ci, non sans avoir fait à la jeune fille quelques plaisanteries de soldat, la mit à cheval un jour en habit d'homme, et lui donna un sauf-conduit pour s'en aller à tout hasard vers le Dauphin : « Va, lui dit-il en la voyant partir, et advienne que pourra! »

Jeanne partit donc et arriva sans encombre, après onze jours de voyage, jusqu'au Dauphin, qui était pour lors à Chinon (mars 1429). C'est ici que sa vie publique commence; elle avait dix-sept ans. Après s'être fait reconnaître et agréer du roi, elle prend résolûment le rôle que sa foi en Dieu et en cette *voix* qu'elle ne cessait d'entendre lui dictait; elle dit à tous ce qui est à faire, elle commande. Elle est, à la fin d'avril, sous les murs d'Orléans; elle y entre, et, après une série d'actions qui sont au moins très-remarquables eu égard à la stratégie d'alors, elle en fait lever le siége. Il paraît qu'elle était douée de ce quelque chose de prompt qui est le *coup d'œil militaire*. Tous les mois suivants sont remplis de ses succès et de ses exploits, à Jargeau, à Beaugency, à la bataille de Patay où Talbot est fait prisonnier, à Troyes qu'elle fait rendre au roi; à Reims où elle le fait couronner : ce sont pour elle quatre mois pleins de gloire. Blessée devant Paris le 8 septembre, elle voit pour la première fois la fortune lui manquer, et le conseil de ses *voix* en défaut, ou du moins ce conseil paralysé et mis à néant par l'hésitation obstinée et le mauvais vouloir des hommes. A partir de ce moment, elle n'a plus que des éclairs de succès; son astre baisse, mais non pas son dévouement ni son courage. Après une série de contrariétés et de tentatives diverses, elle est prise dans une sortie qu'elle fait devant Compiègne le 23 mai 1430, un peu moins de treize mois après son apparition glorieuse devant Orléans. Jetée en prison, livrée par les Bourguignons aux Anglais, par ceux-ci à la justice ecclésiastique et à l'Inquisition, son procès s'entame à Rouen en janvier 1431, et se termine par l'atroce scène du bûcher, où elle fut brûlée vive, comme relapse, convaincue de schisme, hérésie, idolâtrie, invocation des démons, le 30 mai de la même année. Jeanne n'avait pas vingt ans.

Mais ne sentez-vous pas d'abord combien ce passage de Jeanne fut rapide, et que sa vie ne fut qu'un éclair, comme il arrive presque toujours de ces merveilleuses et lumineuses destinées?

Après le premier sentiment d'intérêt et d'admiration pour cette jeune, simple et généreuse victime, on sent le besoin, afin même de mieux l'admirer, de se l'expliquer tout entière, de se rendre parfaitement compte et de sa sincérité et des mobiles qui la faisaient agir, du genre de foi qu'elle y attachait; et la pensée va encore au delà, elle va jusqu'à s'enquérir de ce qu'il pouvait y avoir de réel dans le fond de son inspiration même. En un mot, on se pose, bon gré, mal gré, cette question : Jeanne d'Arc peut-elle s'expliquer comme un personnage naturel, héroïque, sublime, qui se croit inspiré sans l'être autrement que par des sentiments humains? ou faut-il absolument renoncer à se l'expliquer, à moins d'admettre, comme elle le faisait elle-même, une intervention surnaturelle?

La publication de M. Quicherat met sur la voie et fournit à peu près tous les éléments désirables pour traiter désormais cette question délicate. Par malheur, une pièce essentielle, celle même qui, si elle existait, serait le document capital pour bien juger du point de départ de Jeanne d'Arc et de ses dispositions primitives, cette pièce manque et ne s'est jamais retrouvée. Lorsque Jeanne arriva d'abord auprès de Charles VII, ce prince la fit interroger et examiner à Poitiers pour être bien assuré de sa véracité et de sa candeur. C'est cette première et naïve déposition de Jeanne dès le premier jour de son arrivée à la Cour, qui serait d'un inestimable prix; car, bien qu'elle ait eu à répondre plus tard sur les mêmes questions devant les juges qui la condamnèrent, elle n'y répondit plus avec la même naïveté ni avec la même effusion qu'elle dut mettre dans cette déposition première. Quoi qu'il en soit de cette perte irréparable, on a de sa bouche une série de réponses qui constatent son état réel dès l'enfance. Sans pouvoir me permettre ici d'aborder une question qui est tout entière du ressort de la physiologie et de la science, je dirai seulement que le seul fait d'avoir entendu des *voix* et de les entendre ha bituellement, de se figurer que les pensées nées du dedans, et qui reviennent sous cette forme, sont des suggestions extérieures ou supérieures, est un fait désormais bien constaté dans la science, un fait très-rare assurément, très-exceptionnel, mais qui ne constitue nullement *miracle*, et qui non plus ne constitue pas nécessairement *folie* : c'est le fait de l'*hallucination* proprement dite.

« En combinant les indices fournis par les documents, l'idée que je me fais de la petite fille de Domremy, dit très-judicieusement M. Quicherat, est celle d'un enfant sérieux et religieux, doué au plus haut degré de cette intelligence à part qui ne se rencontre que chez les hommes supérieurs des sociétés primitives. Presque toujours seule à l'église ou aux champs, elle s'absorbait dans une communication profonde de sa pensée avec les saints dont elle contemplait les images, avec le ciel où on la voyait souvent tenir ses yeux comme cloués. » La chaumière de son père touchait de près à l'église. Un peu plus loin on arrivait, en montant, à la fontaine dite *des Groseilliers*, sous un hêtre séculaire appelé *le beau Mai*, l'arbre des *Dames* ou des *Fées*. Ces *Fées* auxquelles les juges de Jeanne d'Arc attachaient tant d'importance pour la convaincre de commerce avec les malins esprits, et qu'elle connaissait à peine de nom, expriment pourtant l'idée de mystère et de religion qui régnait en ce lieu, l'atmosphère de respect et de vague crainte qu'on y respirait. Plus loin encore, était le *Bois-Chesnu*, le bois des chênes, d'où, suivant la tradition, devait sortir une femme qui sauverait le royaume perdu par une femme (par Isabeau de Bavière). Jeanne savait cette tradition de la forêt druidique et se la redisait en se l'appliquant tout bas. A certains jours de fête, les jeunes filles du village allaient à l'arbre des *Dames* porter des couronnes et des gâteaux, et faire des danses. Jeanne y allait avec elles et ne dansait pas. Elle dut s'y asseoir souvent seule, nourrissant sa secrète pensée. Mais, du jour où l'ennemi apporta dans la vallée le meurtre et le ravage, son inspiration alla s'éclaircissant et se réalisant de plus en plus. Son idée fixe se projetait hors d'elle comme une prière ardente et lui revenait en écho : c'était la *voix* désormais qui lui parlait comme celle d'un être supérieur, d'un être distinct d'elle-même, et que, dans sa simplicité et sa modestie, elle adorait. Ce qui est touchant et vraiment sublime, c'est que l'inspiration première de cette humble enfant, la source de son illusion si peu mensongère, ce fut l'immense pitié qu'elle ressentait pour cette terre de France et pour ce Dauphin persécuté qui en était l'image. Nourrie dans les idées du temps, elle s'était peu à peu accoutumée à entendre ses *voix* et à les distinguer comme celles des anges de Dieu et des saintes qui lui étaient les plus connues et les plus chères. Ces anges familiers, c'étaient saints Michel et Gabriel; ces saintes conseillères, c'étaient saintes Catherine et Marguerite. Interrogée dans son procès sur la doctrine que lui enseignait saint Michel, son principal patron et guide, elle répondait que l'ange, pour l'exciter, lui racontait « la calamité et *pitié qui était au royaume de France.* »

La pitié, ce fut là l'inspiration de Jeanne, non pas la pitié d'une femme qui pleure et se fond dans les gémissements, mais la pitié magnanime d'une héroïne qui se sent une mission et qui prend le glaive pour secourir.

Il y a, ce me semble, deux Jeanne d'Arc qu'on a trop confondues, et desquelles il est peut-être bien difficile aujourd'hui de restituer la première : la publication de M. Quicherat nous met bien pourtant sur la voie pour la discerner. La première Jeanne n'est pas tout à fait celle de la tradition et de la légende (et cette légende commença pour elle de bien bonne heure); la première Jeanne n'est ni si douce ni si régulière que la seconde, mais elle est plus énergique et plus vraie. Lorsque, vingt ou vingt-cinq ans environ après la condamnation de l'héroïne, la reconnaissance un peu tardive de Charles VII provoqua et mena à fin le procès de réhabilitation, on fit des enquêtes, on interrogea les anciens témoins, dont un grand nombre vivaient encore. Mais le dirai-je? et je ne me hasarde à le dire qu'à la suite de M. Quicherat, qui a examiné de si près les choses, ces témoins survivants étaient déjà eux-mêmes sous l'influence de la légende universelle, et ils ne parvinrent peut-être pas à s'y soustraire entièrement dans leurs dépositions. Ils semblent pour la plupart préoccupés, non-seulement de venger, mais d'embellir la mémoire de Jeanne, de la représenter en tout par le beau côté (c'est tout simple), mais aussi par le côté adouci, de faire d'elle l'enfant le plus sage, le plus exemplaire, le plus rangé; il est à croire qu'ils ont supprimé bien des saillies de caractère. Ainsi il y a loin de cette petite Jeanne un peu adoucie et amollie à celle qui aurait plaisanté à Vaucouleurs avec le capitaine Robert de Baudricourt, et qui lui aurait répondu un peu gaillardement à propos de mariage : « Oui, quand j'aurai fait et accompli tout ce que Dieu par révélation me commande de faire, alors j'aurai trois fils, dont le premier sera pape, le second empereur, et le troisième roi. » Ce n'était qu'une plaisanterie de bonne guerre en riposte à quelque gaudriole du capitaine, et elle lui rendait sans doute la monnaie de sa pièce, comme on dit. Celui-ci repartit en vrai soudard : « Je voudrais donc bien qu'il y en eût un de moi (*ergo ego vellem tibi facere unum*), puisque ce seront personnages de si grande marque, et je m'en trouverais mieux dans l'avenir. » A quoi elle répondit railleusement: « Gentil Robert, nenni, nenni, il n'est pas temps; le Saint-Esprit y ouvrera (*pourvoira*). » Je douterais de la conversation, n'était cette dernière réplique, qui est trop spirituelle pour que Baudricourt, qui la racontait, l'eût trouvée tout seul, et qui n'a pas l'air d'avoir été inventée.

Quand cette enfant de seize ans sortit de son village, déterminée à faire sa conquête de France, elle était d'une vigueur et d'une audace tant de parole que d'action, qu'elle-même avait déjà un peu perdue et oubliée dans les longs mois de sa prison de Rouen. La gaieté avec la confiance éclatait dans chacune de ses paroles. Elle avait à la main, selon l'usage du temps, quand elle ne tenait pas l'étendard ou l'épée, un bâton, et ce bâton lui servait à plusieurs fins, et aussi à jurer : « Par mon *martin*, disait-elle des bourgeois d'Orléans, je leur ferai mener des vivres. » Ce *martin*, qui revient sans cesse dans sa bouche chez son historien le mieux informé, c'était son *martin-bâton*, son jurement habituel. Quand elle entendait le brave chevalier La Hire jurer le nom du Seigneur, elle le reprenait en lui disant de faire comme elle et de jurer par son bâton.

Au siége d'Orléans, étant dans la ville, et informée par Dunois qu'un corps anglais commandé par Falstoff s'approchait pour secourir les assiégeants, elle en fut toute réjouie, et, craignant qu'on ne l'en avertît point à temps pour l'empêcher d'aller à la rencontre, elle dit à Dunois : « Bâtard, bâtard, *au nom de Dieu* (elle put bien dire : *Par mon martin*, mais le témoin qui dépose du fait aura jugé le mot trop peu noble), je te commande que, tantôt que tu sauras la venue dudit Falstoff, tu me le fasses savoir; car s'il passe sans que je le sache, *je te ferai couper la tête*. » Que ce ne fût là qu'une manière de plaisanterie, on y voit du moins de quel ton étaient celles de Jeanne, de la Jeanne véritable et primitive.

On a dit qu'elle avait horreur du sang. Interrogée devant les juges sur ce qu'elle aimait mieux porter, de l'étendard ou de l'épée, elle répondit qu'*elle aimait quarante fois mieux l'étendard;* elle ajouta qu'elle portait elle-même cet étendard quand elle se précipitait au milieu de l'ennemi, pour éviter de tuer personne, et qu'en effet elle n'avait jamais tué d'homme. Ce témoignage est formel; il est d'accord avec la légende, avec la poésie, avec cette statuette pleine de grâce qu'une jeune princesse artiste a laissée de Jeanne d'Arc arrêtant court son cheval à la vue du premier cadavre (1). Ce n'était pas une Judith que Jeanne. Qu'on ne se figure pourtant pas une vierge trop douce ni trop compatissante. Il y a d'elle un admirable mot : elle disait « que jamais elle n'avait vu sang de Français que les cheveux ne lui levassent sur la tête. » Mais il faut convenir qu'elle tenait moins au sang des Bourguignons et des Anglais. Enfant, elle ne connaissait dans son endroit qu'un seul Bourguignon, et elle n'aurait pas été fâchée, disait-elle, qu'il eût la tête coupée, *si toutefois Dieu l'avait eu pour agréable.* Au siège d'Orléans, on la voit, au dire de son intendant d'Aulon, frapper rude et dru sur l'ennemi. S'attaquant d'abord à la bastille de Saint-Loup, où étaient environ trois cents Anglais (d'autres disent cent cinquante), elle va planter l'étendard au bord des fossés. Ceux de la place veulent se rendre à elle, mais elle refuse de les recevoir à rançon, et elle leur crie qu'elle les prendra malgré eux. Elle ordonne l'assaut, et *presque tous sont mis à mort.* Parlant d'une certaine épée qui avait été prise sur un Bour-

---

(1) Je veux parler d'une *Jeanne d'Arc* de la princesse Marie, autre que celle que l'on connaît, et restée à l'état de projet ou de modèle.

guignon, elle dit qu'elle s'en servait parce que c'était une bonne épée de guerre, et propre à donner *de bonnes buffes et de bons torchons.* Ce qui montre que, si elle ne frappait pas, comme on dit, *d'estoc et de taille,* si elle se servait le moins possible de la pointe, elle aimait assez à frapper du plat de la lame, comme elle faisait volontiers de son bâton. Je ne dis point ceci pour rien ôter à la beauté de la figure, mais pour ne pas en dissimuler la physionomie première dans ce qu'elle avait de vigoureux et de très-franc.

Un jeune seigneur (Gui de Laval), qui la vit dans le moment de sa gloire, et qui en écrivit une lettre à sa mère et à son aïeule, nous l'a peinte alors de pied en cap, au naturel : « Je la vis monter à cheval, dit-il, armée tout en blanc, sauf la tête, une petite hache en sa main, sur un grand coursier noir qui, à l'huis de son logis, se démenait très-fort, et ne souffrait qu'elle montât ; et lors elle dit : *Menez-le à la Croix.* » Cette Croix était près de l'église, au bord du chemin. « Et lors elle monta sans qu'il se mût, comme s'il fût lié. » Peu s'en faut que le jeune narrateur ne voie déjà du merveilleux dans cette manière dont le coursier de Jeanne se laisse monter par elle près de la Croix. Tous les narrateurs et témoins du temps en sont là quand ils parlent d'elle, et les moindres circonstances, les incidents les plus naturels leur semblent miracles. Une fois montée sur son coursier, la Pucelle, continue Gui de Laval, « se tourna vers l'huis de l'église qui était bien prochain, et dit en assez claire voix de femme : *Vous les prêtres et gens d'Église, faites procession et prières à Dieu.* » Puis elle reprit son chemin, en disant : « *Tirez avant, tirez avant !* » Devant elle marchait son étendard ployé, *que portait un gracieux page,* et elle avait *sa hache petite en la main.*

Voilà bien Jeanne dans toute sa beauté et sa grâce militaire, parlant d'une *voix de femme*, mais avec le ton du commandement, soit qu'elle s'adressât à ses pages, soit qu'elle donnât ses ordres aux prêtres et gens d'Église.

On ne saurait douter qu'elle n'ait eu, au lendemain du siége d'Orléans, un moment d'exaltation et d'ivresse Dans la plénitude de sa mission, elle fut tentée de se dire comme tous les voyants : *Moi, c'est Dieu, c'est la voix de Dieu !* Elle écrit aux villes d'ouvrir leurs portes à la Pucelle, sur le ton d'un chef de guerre et d'un envoyé d'en haut; elle fait des sommations au duc de Bedford, au duc de Bourgogne, « *de par le Roi du ciel, mon droiturier et souverain Seigneur,* » comme elle l'appelle. Elle-même, quand on lui présenta plus tard ses lettres dans la prison, elle eut peine dans son sang-froid à les reconnaître; elle les avait bien dictées pourtant de la sorte. Elle écrivait aux Hussites de Bohême pour les faire rentrer dans le devoir : « Moi, la Pucelle Jeanne, pour vous dire vraiment la vérité, je vous aurais depuis longtemps visités avec mon bras vengeur, si la guerre avec les Anglais ne m'avait toujours retenue ici. Mais si je n'apprends bientôt votre amendement, votre rentrée au sein de l'Église, je laisserai peut-être les Anglais et me tournerai contre vous pour extirper l'affreuse superstition... » Le clerc qui lui servait de secrétaire avait pu lui arranger ses phrases, mais ce devait être assez sa pensée. Le comte d'Armagnac lui écrivait, des confins de l'Espagne, pour lui demander lequel des trois papes d'alors (il y en avait trois pour le moment) était le vrai et le légitime. Elle lui répondait qu'elle était trop empêchée au fait de la guerre pour le satisfaire sur l'heure : « Mais quand vous saurez que je serai à Paris, envoyez un message par devers moi, et je vous ferai savoir tout au vrai auquel vous devrez croire, et ce que j'en aurai su par le conseil de mon droiturier et souverain Seigneur, le Roi de tout le monde. » De telles lettres, produites dans le procès, venaient directement à l'appui de l'accusation qu'on lui intentait, d'avoir prétendu usurper l'office des anges de Dieu et de ses vicaires sur la terre. Il me paraît bien certain que, pour peu que la fortune eût continué de la favoriser, et que ses alentours se fussent prêtés à ce rôle qu'elle embrassait naïvement, elle se fût poussée loin avec le conseil de ses *voix*, et qu'elle ne se considérait point comme uniquement destinée à la levée du siége d'Orléans et à l'accomplissement du sacre de Reims. Cette jeune âme se serait volontiers donné un plus large essor. Encore une fois, je crois entrevoir là une Jeanne d'Arc primitive, possédée de son démon ou génie (nommez-le comme vous voudrez), mais de son génie accoutré à la mode du temps, la vraie Pucelle en personne, sans rien de fade ni de doucereux, gaie, fière, un peu rude, jurant par son bâton et en usant au besoin, un peu exaltée et enivrée de son rôle, ne doutant de rien, disant : *Moi, c'est la voix de Dieu*, parlant et écrivant de par le Dieu du ciel aux princes, aux seigneurs, aux bourgeois des villes, aux hérétiques des pays lointains, disposée à trancher dans les questions d'orthodoxie et de chrétienté pour peu qu'on lui laissât le temps d'écouter ses *voix*. Déjà les peuples l'y poussaient et étaient disposés à l'avance à tout croire d'elle dans leur dévotion, à tout accepter à genoux. Mais ce grand rôle, elle ne put que l'ébaucher, l'entrevoir à peine dans les quelques mois de son triomphe, et il n'est pas à regretter qu'elle n'y soit pas entrée davantage : c'est dans son rôle spécial et restreint qu'elle est touchante et sublime.

Les témoins, les contemporains l'ont bien senti après

sa mort. Aussi presque tous ceux qui lui sont favorables (et tous le sont plus ou moins dans le procès de réhabilitation) s'attachent-ils à croire et à faire croire qu'elle ne s'est jamais donnée que comme destinée à un rôle très-particulier, par exemple à faire lever le siége d'Orléans et à conduire le roi à Reims, rien de plus. Il en résulterait que tout ce que les *voix* lui avaient prédit à l'avance, elle l'a accompli. Mais c'est là une complaisance de l'imagination nationale et populaire qui voudrait, après coup, rendre Jeanne infaillible. Il résulte des témoignages positifs, aujourd'hui connus, qu'elle se promettait et que ses *voix* lui promettaient beaucoup plus de choses qu'elle ne vint à bout d'en accomplir; et il lui fallut, à l'article de la mort, un effort de foi et de suprême confiance en Dieu, pour qu'après bien des agonies et des défaillances, elle pût se relever et s'écrier jusqu'au milieu des flammes que ses *voix*, en définitive, ne l'avaient pas trompée.

Quand j'ai insisté sur le côté énergique et un peu rude de la noble bergère, loin de moi l'idée de lui refuser le don de douceur, douceur qui n'en était que plus réelle et sentie pour ne pas être excessive ! Dans la marche de Reims sur Paris (août 1429), comme elle arrivait avec le roi du côté de La Ferté-Milon et de Crépy-en-Valois, le peuple se portait en foule à la rencontre, en criant : *Noël!* La Pucelle, qui était pour lors à cheval entre l'archevêque de Reims et le comte de Dunois, leur dit : « Voilà un bon peuple, et je n'ai vu aucun autre peuple se tant réjouir de l'arrivée d'un si noble roi. Et plût à Dieu que je fusse assez heureuse, quand je finirai mes jours, pour pouvoir être inhumée dans cette terre ! » Sur quoi l'archevêque lui dit : « O Jeanne, en quel lieu avez-vous espoir de mourir ? » Et elle répondit : « Où il plaira à Dieu, car je ne suis pas plus assurée du temps ni du lieu que vous ne le savez vous-même; et plût à Dieu, mon Créateur, que je me pusse retirer maintenant, laissant là les armes, et m'en aller pour servir mon père et ma mère, en gardant leurs brebis avec ma sœur et mes frères, qui auraient grande joie de me voir! » Voilà la vraie douceur de Jeanne après son moment d'exaltation et quand sa fureur de guerre était passée.

Elle était parfaitement chaste, est-il besoin de le dire? Tous les témoins sont unanimes sur ce point. Le vieil écuyer Bertrand de Poulengy, qui, dans sa jeunesse, avait eu l'honneur d'escorter Jeanne lors de sa première chevauchée de Vaucouleurs à Chinon, disait que, dans toutes les nuitées et les couchées du voyage, il n'avait pas eu à son égard une pensée de désir. Le duc d'Alençon disait la même chose. Jeune alors et beau, et très-préféré d'elle entre tous les capitaines, parce qu'il était gendre du duc d'Orléans prisonnier, à la cause duquel elle s'était vouée, il témoignait avoir souvent bivouaqué à côté d'elle; il avouait même l'avoir vue se déshabiller quelquefois, et avoir aperçu ce que la cuirasse avait coutume de cacher (*aliquando videbat ejus mammas, quæ pulchræ erant*): « Et pourtant, disait-il, je n'ai jamais rien eu de désir charnel à son égard. » Elle avait cette simplicité d'honneur et de vertu qui éloigne de telles pensées.

Les juges qui la condamnèrent furent atroces, et l'évêque de Beauvais qui mena toute l'affaire joignit à l'atrocité un artifice consommé; mais ce qui frappe surtout aujourd'hui, quand on lit la suite de ce procès, c'est la bêtise et la *matérialité* de ces théologiens praticiens qui n'entendent rien à cette vive inspiration de Jeanne, qui, dans toutes leurs questions, tendent toujours à rabaisser son sens élevé et naïf, et qui ne peuvent parvenir à le rendre grossier. Ils se montraient surtout très-curieux de savoir sous quelle forme elle avait vu saint Michel : « Portait-il une couronne? avait-il des habits? n'était-il pas *tout nu?* » A quoi Jeanne répondait en les déconcertant : ' Pensez-vous donc que Dieu n'ait pas de quoi le vêtir?» Ils revenaient sans cesse sur cette sotte question ; elle y coupa court en leur disant que l'archange, quand il lui apparaissait, « était en l'habit et la forme *d'un trèsvrai prud'homme,* » — d'un parfait honnête homme.

Ces questions sur l'archange Michel lui portaient bonheur. Un jour qu'à Poitiers, dans les premiers temps de son arrivée près du roi, un des docteurs du lieu voulait absolument savoir d'elle de quel idiome se servait l'archange en lui parlant, elle avait répondu à ce Limousin trop curieux : « Il parle un meilleur français que vous.»

Chose mémorable ! le procès de condamnation, instruit et dressé pour flétrir la mémoire de Jeanne, est le monument le plus fait pour la consacrer. Je penserais même, avec M. Quicherat, que, bien que rédigé par les juges et les ennemis, il est plus à l'honneur de la véritable Jeanne que j'appelle primitive, et plus propre à la faire bien connaître, plus digne de confiance en ce qui la touche, que le procès de réhabilitation déjà imprégné et légèrement affecté de légende. Les plus beaux mots de Jeanne, les mots simples, vrais, héroïques, sont enregistrés par les juges et nous sont transmis par eux. Ce procès fut beaucoup plus régulier et plus légal (au point de vue du droit inquisitorial alors en vigueur) qu'on ne l'a cru et répété depuis, ce qui ne veut pas dire qu'il soit moins odieux et moins exécrable. Mais ces juges, comme tous les Pharisiens du monde, comme ceux qui condamnèrent Socrate, comme ceux qui condamnèrent Jésus, ne savaient pas bien au fond ce qu'ils faisaient, et leur procès-verbal authentique et paraphé devient la page immortelle et vengeresse, l'Évangile de la victime.

Ces juges, tout occupés de convaincre d'idolâtrie cette simple fille, l'interrogeaient à satiété sur son étendard, sur l'image qu'elle y avait fait peindre : si elle ne croyait pas que des étendards tout pareils à celui-là étaient plus heureux que d'autres à la guerre. A quoi elle répondait que, pour tout sortilége, elle disait aux siens : « Entrez hardiment parmi les Anglais! » et qu'elle y entrait elle-même.

Sur ce même étendard qu'on lui reprochait d'avoir fait porter en l'église de Reims au sacre, de préférence à celui de tous autres capitaines, elle répondit cette parole tant citée : « Il avait été à la peine, c'était bien raison qu'il fût à l'honneur. »

Il y a dans Homère un admirable passage. C'est quand Hector, ayant repoussé les Grecs de devant les murs de Troie, les vient assiéger dans leur camp à leur tour, et va leur livrer assaut jusque dans leurs retranchements, décidé à porter la flamme sur les vaisseaux ; tout à coup un prodige éclate : un aigle apparaît au milieu des airs enlevant dans ses serres un serpent qui, tout blessé qu'il est, déchire la poitrine de son superbe ennemi et le force à lâcher prise. A cette vue, un Troyen savant dans les augures, Polydamas, s'approche d'Hector, et, lui expliquant le sens du présage, lui conseille de s'éloigner de ce camp, qu'il considérait déjà comme sa proie. A ces mots, Hector furieux menace Polydamas de sa lance, et lui dit : « Peu m'importe ce que disent les oiseaux! J'ai pour moi la parole directe et l'ordre du grand Jupiter : c'est le seul Dieu dont la volonté compte. *Il n'y a qu'un augure souverain, c'est de combattre pour la patrie.* »

Quand Jeanne d'Arc donna à Paris l'assaut du 8 septembre 1429, assaut où elle fut blessée, et qui fut le temps d'arrêt de ses succès, c'était un jour de fête, le jour de la Nativité de Notre-Dame ; et ce fut un des points aussi par où les docteurs, ses juges, la voulurent prendre en flagrant délit d'irrévérence et d'indévotion : « Était-ce fête ce jour-là ? » lui demandèrent-ils. Elle répondit qu'elle croyait bien que c'était fête en effet. Et quand ils insistaient, en ajoutant : « Était-ce donc bien fait à vous de livrer l'assaut ce jour-là ? » elle se contentait d'éluder, de se taire, et baissant les yeux : « Passez, disait-elle, à autre chose. »

La noble fille, enlacée à son tour par le serpent, n'osait répondre comme Hector, mais elle pensait comme lui. Comme lui, elle avait l'ordre direct et le conseil du Dieu suprême. Que lui importaient les autres augures ?

L'inspiration directe, ce fut là la ferme créance et la force de Jeanne d'Arc, comme aussi son grand crime aux yeux de ses juges. Elle croyait fermement à la réalité et à la divinité de ses *voix*; comme tous les voyants, elle croyait tenir l'esprit à sa source et jaillissant du sein de Dieu même. L'Église hiérarchique et officielle, l'Église, telle qu'elle était organisée alors, lui semblait respectable sans doute, mais ne lui semblait venir qu'après ses *voix*. Elle se fût sentie de force à commander aux gens d'Église et aux prêtres, à les redresser et à les remettre dans leur chemin, tout comme elle y remettait les princes, chevaliers et capitaines. Aussi, dans le procès de réhabilitation qui se fit depuis, ne trouva-t-on pas Rome aussi empressée, aussi bien disposée qu'on aurait pu croire. Le roi dut forcer la main au pape, et Jeanne, qui avait tant de vertus et de qualités requises pour être canonisée sainte comme on l'entendait en ces âges, ne fut jamais que la Sainte du peuple et de la France, la Sainte de la patrie.

Des historiens, dans ces dernières années, l'ont enfin comprise, l'ont présentée sous son vrai jour, et il est impossible de ne pas rappeler ici ce qui est dit d'elle au tome V⁰ de l'*Histoire de France* de M. Michelet. Ce n'est pas qu'une critique sévère et précise, une critique d'un goût simple ne pût relever dans ce brillant et vivant morceau bien des inexactitudes et des infractions au ton vrai du sujet. L'auteur, comme toujours, pousse à l'effet, il force les couleurs, il fait grimacer les personnages qui interviennent, il badine hors de propos; il se fait gai, vif, fringant et pimpant contre nature; il dramatise, il symbolise. Dans le récit du procès, il crée, d'un interrogatoire à l'autre, des péripéties qui ne ressortent pas de la lecture des pièces mêmes. En général, l'impression qui résulte de cette lecture des originaux, quand on la fait avec suite, est beaucoup plus grave, plus naïve et plus simple. Mais quand on a posé toutes ces réserves, on doit, pour être juste, reconnaître que M. Michelet a bien saisi la pensée même du personnage, qu'il a rendu avec vie, avec entrain et verve, le mouvement de l'ensemble, l'ivresse de la population, ce cri public d'enthousiasme qui, plus vrai que toute réflexion et toute doctrine, plus fort que toute puissance régulière, s'éleva alors en l'honneur de la noble enfant, et qui, nonobstant Chapelain ou Voltaire, n'a pas cessé de l'environner depuis. La Jeanne d'Arc de M. Michelet est plus vraie qu'aucune des précédentes.

Il en reste, je crois, une dernière à dégager des pièces aujourd'hui publiées par M. Quicherat, une Jeanne d'Arc exposée avec plus de tenue et de simplicité, et sur laquelle la critique pourtant sache garder assez de prise pour n'y guère rien laisser qui ne soit de nature à satisfaire les esprits à la fois généreux et judicieux. Quand même la critique et la science rencontreraient dans Jeanne d'Arc des points à jamais inexplicables, je sais que le malheur, après tout, ne serait pas grand, et qu'il n'y aurait pas tant de quoi s'étonner. Shakspeare fait dire admirablement à son Hamlet : « Il y a plus de choses au ciel et sur la terre qu'il n'en est rêvé dans votre philosophie. » Mais, à lire attentivement les pièces, et même en tenant compte des difficultés constatées par M. Quicherat, je ne crois pas du tout impossible qu'on arrive à tirer de l'ensemble des documents bien lus et contrôlés, et sans leur faire violence, une **Jeanne d'Arc** à la fois sincère, sublime et naturelle.

Lundi 26 août 1850.

L'ABBÉ GALIANI.

En parlant, il y a quelque temps, de Mme d'Épinay, j'ai été conduit vers l'abbé Galiani, avec qui cette dame entretint une Correspondance pendant les douze dernières années de sa vie. L'abbé Galiani est une des figures les plus vives, les plus originales et les plus gaies du xviiie siècle; il a écrit bon nombre de ses ouvrages en français; il appartient à notre littérature autant qu'aucun étranger naturalisé chez nous, presque autant qu'Hamilton lui-même. Mais, en même temps qu'il entra si bien dans les idées et dans les goûts de la société française, il sut garder son air, sa physionomie, son geste, et aussi une indépendance de pensées qui l'empêcha d'abonder dans aucun des lieux-communs du moment. Il se piquait d'avoir une manière d'envisager les choses qui lui était propre, et il l'avait en effet, il ne voyait pas comme un autre. Le xviiie siècle, jugé dans l'abbé Galiani, nous revient par des aspects tout nouveaux.

L'abbé Ferdinand Galiani, né dans le royaume de Naples le 2 décembre 1728, élevé à Naples auprès d'un oncle archevêque, y avait développé les dispositions les plus précoces pour les Lettres et pour toute espèce de science; mais, au physique, il ne put jamais s'élever au-dessus de la taille de quatre pieds et demi. Dans ce petit corps très-bien taillé et très-joli, ce n'était qu'esprit, grâce, saillie et sel pur; la gaieté du masque couvrait bien du bon sens et des idées profondes. En 1748, Galiani, âgé de vingt ans, devint célèbre dans son pays par une plaisanterie poétique, une Oraison funèbre du *bourreau* qui venait de mourir : c'était une parodie burlesque des Éloges académiques, encore plus emphatiques en Italie qu'ailleurs. Les académiciens de Naples, tournés en ridicule, firent un éclat qui augmenta le succès de l'ingénieuse satire. Galiani, vers ce temps, se livrait aux études les plus sérieuses : il publiait à vingt et un ans un livre sur *la monnaie;* il rendait à un savant illustre, alors très-vieux et presque aveugle, à l'abbé Intieri, le service de décrire en son nom, dans un petit traité substantiel et tout positif, un procédé nouveau pour *la conservation des grains.* Il s'occupait aussi d'antiquités et d'histoire naturelle. Ayant fait une collection des pierres et matières volcaniques vomies par le Vésuve, non sans y joindre une dissertation savante, il en fit présent au pape Benoît XIV, qui ne fut point ingrat. Sur l'une des caisses d'envoi à l'adresse du *Très-Saint-Père,* Galiani avait eu soin d'écrire ces mots de l'Évangile : « Fais que ces pierres deviennent des pains : *Fac ut lapides isti panes fiant.* » L'aimable Benoît XIV comprit à demi-mot, et, en échange de ces pierres, il donna à Galiani un bénéfice. L'oncle archevêque lui en avait déjà procuré plus d'un. Ce petit homme de quatre pieds et demi, si gai, si fou, si sensé et si savant, était donc abbé *mitré* et avait titre *monseigneur.*

Il vint à Paris en 1759 en qualité de Secrétaire d'ambassade, et, à part de courtes absences, il y résida jusqu'en 1769, c'est-à-dire pendant dix années : il ne comptait avoir vécu d'une vraie vie que durant ce temps-là. Remarqué dès le premier jour pour la singularité de sa taille, il déconcerta à l'instant la curiosité railleuse et la changea en faveur par la vivacité et le piquant de ses reparties. Il fit les délices des sociétés qui se l'arrachaient; ses amis particuliers, surtout Grimm et Diderot, appréciaient hautement la nouveauté et l'étendue de ses vues, de ses lumières : « Ce petit être, né au pied du mont Vésuve, écrivait Grimm, est un vrai phénomène. Il joint à un coup d'œil lumineux et profond une vaste et solide érudition, aux vues d'un homme de génie l'enjouement et les agréments d'un homme qui ne cherche qu'à amuser et à plaire. C'est Platon avec la verve et les gestes d'Arlequin. » Marmontel disait de lui également : « L'abbé Galiani était de sa personne le plus joli petit Arlequin qu'eût produit l'Italie; mais, sur les épaules de cet Arlequin, était la tête de Machiavel. » Ce nom d'Arlequin qui revient ici est caractéristique de Galiani. Si Français qu'il fût et qu'il voulût être, il ne cessa jamais d'être Italien, d'être Napolitain, ce qu'il ne faut jamais oublier en le jugeant; il avait le génie propre du cru, le facétieux, le plaisant, le goût de la parodie. Dans un article de lui sur *Polichinelle* (1), il le fait naître dans la Campanie, non loin du lieu où naquirent dans l'antiquité les farces *atellanes*. Il semble croire que l'esprit de ces farces antiques a pu se perpétuer dans l'original moderne, et lui-même, le petit abbé, il en avait hérité quelque chose, même la bouffonnerie et la licence. Il avait des pensées grandes, élevées, sublimes, dignes de Vico sinon de Platon, dignes de la Grande-Grèce, et tout à coup ces pensées étaient déjouées par des lazzis, des calembours, par du bouffon, et du plus mauvais : « Mais voilà comme je suis, disait-il agréablement, deux

---

(1) On peut lire cet article à la page 283 de la *Bibliographie parémio*'*ogique* de M. Duplessis (1847).

hommes divers, pétris ensemble, et qui cependant ne tiennent pas tout à fait la place d'un seul. »

Lu aujourd'hui, l'abbé Galiani perd beaucoup; il fallait l'entendre. Il ne débitait pas ses contes, il les jouait. Il y avait du *mime* en lui. A propos de chaque chose sérieuse, en politique, en morale, en religion, il avait quelque apologue, quelque bon conte à faire, un conte gai, fou, imprévu, qui vous faisait *rire à chaudes larmes*, comme il disait, et qui recélait souvent une moralité profonde. Il en faisait une petite pièce, une parade en action, s'agitant, se démenant, dialoguant chaque scène avec la gentillesse la plus naïve, faisant accepter les libertés et les indécences, même de Mme Necker, même de Mme Geoffrin. Il s'est peint lui-même à ravir dans une lettre de Naples adressée à cette dernière. En l'écrivant, il se revoit en idée et il se montre à nous chez Mme Geoffrin, comme il y était par le passé : « Me voilà donc tel que toujours, l'abbé, le petit abbé, votre *petite chose*. Je suis assis sur le bon fauteuil, remuant des pieds et des mains comme un énergumène, ma perruque de travers, parlant beaucoup, et disant des choses qu'on trouvait sublimes et qu'on m'attribuait. Ah! Madame, quelle erreur! Ce n'était pas moi qui disais tant de belles choses : vos fauteuils sont des trépieds d'Apollon, et j'étais la Sibylle. Soyez sûre que, sur les chaises de paille napolitaine, je ne dis que des bêtises. » Non, il ne disait pas de bêtises; mais, à Naples, le genre de talent qu'il avait au plus haut degré était plus commun; on y remarquait moins le jeu, l'action, chose plus habituelle, et on ne savait pas y discerner tout ce que Galiani mettait là-dessous d'excellent et d'unique. Cette pétulance gesticulante qui paraissait d'abord si curieuse à Paris, et qui le distinguait aussitôt, était vulgaire dans la rue de Tolède et aux environs,

Galiani manquait d'*écouteurs* et de cercle à lui tout seul : « Paris, s'écriait-il souvent avec l'accent du désespoir après l'avoir quitté, Paris est le seul pays où l'on m'écoutait. » Une fois retiré dans sa patrie, cette patrie qu'il aime pourtant, et dont il est une des curiosités vivantes, il se meurt de *paroles rentrées* et non écoutées. Galiani est un franc virtuose napolitain, mais qui ne pouvait se passer de l'auditoire de Paris.

Aussi, comme il y était goûté ! Que l'on soit à La Chevrette chez Mme d'Épinay, au Grand-Val chez le baron d'Holbach, si l'on se sent un peu triste et si le jour baisse, si la conversation languit, si la pluie tombe, l'abbé Galiani entre, « et avec le gentil abbé la gaieté, l'imagination, l'esprit, la folie, tout ce qui fait oublier les peines de la vie.—L'abbé est inépuisable de mots et de traits plaisants, ajoute Diderot; c'est un trésor dans les jours pluvieux. Je disais à Mme d'Épinay que, si l'on en faisait chez les tabletiers, tout le monde en voudrait avoir un à la campagne. » De ces mots heureux et de ces saillies de l'abbé, il s'en est retenu un grand nombre. On parlait des arbres du parc de Versailles, et l'on disait qu'ils étaient hauts, droits et minces : *Comme les courtisans*, achevait l'abbé Galiani. Amateur de musique, et de musique exquise, comme le sont les Napolitains, comme devait l'être l'ami de Paisiello, il en voulait à l'Opéra français du temps, qui faisait trop de bruit, et comme après l'incendie de la salle du Palais-Royal, cet Opéra ayant été transféré aux Tuileries, quelqu'un se plaignait que la salle était sourde : « Qu'elle est heureuse ! » s'écriait Galiani. Mais bien des gens, ou du moins plus d'un, ont de ces saillies qui partent sur le temps, qui ne durent qu'un éclair, et qui sont suivies d'un long silence, et avec l'abbé Galiani il n'y avait pas de silence : il alimentait presque à lui seul la conversation ; il y répandait les imaginations les plus folles, les plus réjouissantes, et qui portaient souvent leur fin bon sens avec elles. En cela, il était unique de son espèce. Diderot nous a conservé dans ses lettres à Mlle Voland quelques-uns des bons contes de l'abbé, celui du *porco sacro*, l'apologue du grand et gros moine en malle-poste, le conte de l'archevêque contrefaisant une duchesse au lit devant un cardinal qui la visite, et les coliques de la fausse duchesse et ce qui s'ensuit, enfin mille folies intraduisibles, et qui, sous la plume de Diderot lui-même, sont restées à l'état de simple canevas : cela se parle, cela se joue et s'improvise, mais cela ne s'écrit pas. Les anciens avaient les *mimes* (petites scènes) de Sophron, et on les a perdus ; nous avons perdu les *mimes* de l'abbé Galiani. Diderot nous a très-bien rendu pourtant l'apologue du *Coucou*, du *Rossignol* et de l'*Ane*, et on le peut lire dans ses Œuvres ; mais, en fait d'apologue de Galiani, j'aime mieux rappeler celui que je trouve rapporté dans les Mémoires de l'abbé Morellet et qui est célèbre.

Un jour, chez le baron d'Holbach, après dîner, les philosophes rassemblés avaient causé de Dieu à tue-tête et avaient dit des choses « à faire tomber cent fois le tonnerre sur la maison, s'il tombait pour cela. » Galiani avait écouté patiemment toute cette dissertation intrépide ; enfin, lassé de voir tout ce monde ne prendre qu'un seul côté de la question, il dit :

« Messieurs les philosophes, vous allez bien vite. Je commence par vous dire que, si j'étais pape, je vous ferais mettre à l'Inquisition, et, si j'étais roi de France, à la Bastille ; mais, comme j'ai le bonheur de n'être ni l'un ni l'autre, je reviendrai dîner jeudi prochain, et vous m'entendrez comme j'ai eu la patience de vous entendre, et je vous réfuterai. »

A jeudi! s'écria-t-on tout d'une voix; et le cartel fut accepté.

« Jeudi arrive, continue Morellet. Après le dîner, et le café pris, l'abbé s'assied dans un fauteuil, ses jambes croisées en tailleur, c'était sa manière ; et, comme il faisait chaud, il prend sa perruque d'une main, et gesticulant de l'autre, il commence à peu près ainsi :

« Je suppose, Messieurs, celui d'entre vous qui est le plus convaincu que le monde est l'ouvrage du hasard, jouant aux trois dés, je ne dis pas dans un tripot, mais dans la meilleure maison de Paris, et son antagoniste amenant une fois, deux fois, trois fois, quatre fois, enfin constamment, rafle de six.

« Pour peu que le jeu dure, mon ami Diderot, qui perdrait ainsi son argent, dira sans hésiter, sans en douter un seul moment : « *Les dés sont pipés*, je suis dans un coupe-gorge. »

« Ah! philosophe! comment! parce que dix ou douze coups de dés sont sortis du cornet de manière à vous faire perdre six francs, vous croyez fermement que c'est en conséquence d'une manœuvre adroite, d'une combinaison artificieuse, d'une friponnerie bien tissue ; et, en voyant dans cet univers un nombre si prodigieux de combinaisons mille et mille fois plus difficiles et plus compliquées, et plus soutenues, et plus utiles, etc., vous ne soupçonnez pas que les dés de la nature sont aussi *pipés*, et qu'il y a là-haut un grand fripon qui se fait un jeu de vous attraper, etc. »

Morellet ne fait qu'indiquer le canevas de ce développement, lequel, dans la bouche de Galiani, était, assure-t-il (et on le croira sans peine), la plus piquante chose du monde et valait le spectacle le plus amusant.

Voilà bien nos philosophes pris sur le fait, les voilà, comme tous les épicuriens du monde, faisant des questions les plus graves de la destinée et de la morale humaine un *spectacle*, une pure joute de loisir où le pour et le contre se traitent également à la légère, et tout étonnés ensuite (je parle de ceux qui survécurent, comme l'abbé Morellet) si, un jour, toutes ces théories de huis-clos viennent à éclater, et, en tombant dans la rue, à se résumer sur la Place de la Révolution dans les fêtes de la Raison et autres déesses. Le peuple cependant ne faisait là que traduire le raisonnement des plus fins; il le traduisait grossièrement, selon l'ordinaire des traducteurs, mais sans trop de contre-sens.

Galiani, dans cette dispute, a l'air de jouer le beau rôle; il semble plaider en faveur de l'ordre et de l'Ordonnateur suprême, contre l'athéisme dogmatique et par trop brutal de ses amis : ne nous en faisons pourtant pas, d'après ce facétieux sermon, une trop édifiante idée. Il avait l'esprit trop fin, trop sensé, pour ne pas être choqué des théories absolues de d'Holbach : « Au fond, nous ne connaissons pas assez la nature, pensait-il, pour en former un système. » Il reprochait à ces prétendus systèmes de la nature de ruiner toutes les illusions naturelles et chères à l'homme; et, comme le livre de d'Holbach parut vers le temps où l'abbé Terray décrétait la banqueroute, il disait : Ce M. *Mirabaud* (pseudonyme de d'Holbach) est un vrai abbé Terray de la métaphysique. Il fait des réductions, des suspensions, et cause la banqueroute du savoir, du plaisir et de l'esprit humain. »

En philosophie, le vrai système de l'abbé Galiani est celui-ci : il croit que l'homme, quand il n'a point l'esprit alambiqué par la métaphysique et par le trop de réflexion, vit dans l'*illusion* et est fait pour y vivre : « L'homme, nous dit-il, est fait pour jouir des effets sans pouvoir deviner les causes; l'homme a cinq organes bâtis exprès pour lui indiquer le plaisir et la douleur; il n'en a pas un seul pour lui marquer le vrai et le faux d'aucune chose. » Galiani ne croit donc pas à la vérité absolue pour l'homme, à la vérité digne de ce nom : la vérité relative, qui n'est qu'une *illusion d'optique*, est la seule, selon lui, que l'homme doive chercher. Selon lui encore, il en est de l'illusion au moral comme au physique : elle engendre des résultats qui peuvent être beaux et bons, relativement à la société et à l'homme. C'est parce que notre œil est configuré de manière à voir le ciel rond et voûté, que l'homme a ensuite inventé la coupole, le dôme du temple, soutenu de colonnes, qui est une chose belle à voir. Ainsi, au moral, nos illusions intérieures sur la liberté, sur la cause première, ont engendré la religion, la morale, le droit, toutes choses utiles, naturelles à l'homme, et même vraies si l'on veut, mais d'une vérité purement relative et toute subordonnée à la configuration, à l'illusion première.

En religion, en morale, on sent où une telle manière de voir le mène. Du moins, s'il se pique de se dégager lui-même des vues illusoires et des impressions relatives, il ne s'acharne pas à les détruire chez les autres, en quoi il diffère essentiellement de ses amis, les philosophes français du xviiie siècle. Il serait assez de l'avis de celui qui dirait : « Je me fais l'effet d'être dans la vie comme dans un appartement entre cave et grenier. En pareil cas on a un plancher qui recouvre la poutre, et de plus, si l'on a moyen, on met un tapis sous ses pieds. On tâche aussi d'orner son plafond pour cacher les lattes. Si l'on pouvait avoir sur ce plafond une belle fresque, un ciel peint à la Raphaël, ce serait tant mieux. Ainsi des illusions de la vie et des perspectives où elle se joue : il faut les respecter et par moments s'y complaire, même quand on sait trop bien ce qu'il y a par delà. »

Voilà, dans toute sa vérité, la théologie de l'abbé Galiani, et, même au point de vue de l'illusion à laquelle il tenait tant, je ne la donne ni comme très-belle ni comme consolante; le total, il en convient, en est égal à *zéro*. Mais, dans son scepticisme, elle n'a rien de l'arrogance et de l'intrépidité de doctrine qui choque chez ses amis. Quand Mme Geoffrin tomba malade, en 1776, à la suite des excès de dévotion qu'elle avait commis, disait-on, pendant les exercices du Jubilé, Galiani écrivait à Mme d'Épinay :

« J'ai rêvé sur cette étrange métamorphose (de Mme Geoffrin), et j'ai trouvé que c'était la chose du monde la plus naturelle. L'incrédulité est le plus grand effort que l'esprit de l'homme puisse faire contre son propre instinct et son goût. Il s'agit de se priver à jamais de tous les plaisirs de l'imagination, de tout le goût du merveilleux; il s'agit de vider tout le sac du savoir (et l'homme voudrait tout savoir); de nier ou de douter toujours et de tout, et de rester dans l'appauvrissement de toutes les idées, des connaissances, des sciences sublimes. Quel vide affreux! quel rien! quel effort! Il est donc démontré que la très-grande partie des hommes (et surtout des femmes, dont l'imagination est double) ne saurait être incrédule, et pour ceux qui peuvent l'être, ils n'en sauraient soutenir l'effort que dans la plus grande force et jeunesse de l'âme. Si l'âme vieillit, quelque croyance reparaît. »

Il ajoutait encore que l'incrédule, celui qui persiste à l'être à tous les instants, fait un vrai tour de force; qu'il ressemble à « un danseur de corde qui fait les tours les plus incroyables en l'air, voltigeant autour de sa corde; il remplit de frayeur et d'étonnement tous les spectateurs, et personne n'est tenté de le suivre ou de l'imiter. » Et il en concluait qu'il ne faut jamais persécuter les vrais incrédules, les incrédules paisibles et sincères : attendez et ne regardez pas, il y a toute chance pour qu'il arrive un moment où, cet effort contre nature venant à se relâcher, l'incrédule cessera de l'être.

En politique, l'abbé Galiani n'avait pas des idées moins originales et moins à part de celles de presque tous les philosophes du XVIIIe siècle. Il ne croyait pas comme eux (et tant s'en faut!) au progrès et au triomphe de la raison; en revanche, il comptait fort sur le gain de cause des folies et des sottises. Il eût dit très-volontiers avec quelqu'un de son école : « Il arrive bien souvent que l'idée qui triomphe parmi les hommes est une folie pure ; mais, dès que cette folie a éclaté, le bon sens, le sens pratique et intéressé d'un chacun s'y loge insensiblement, l'organise, la rend viable, et la folie ou l'utopie devient une institution qui dure des siècles. Cela s'est vu. » En fait de politique, il avait coutume de dire : « Les sots font le texte, et les hommes d'esprit font les commentaires. » Les livres comme ceux de l'abbé Raynal (*Histoire des deux Indes*) lui faisaient pitié au fond : « Ce n'est pas mon livre, disait-il ; en politique je n'admets que le machiavélisme pur, sans mélange, cru, vert, dans toute sa force, dans toute son âpreté. » Ce machiavélisme dont il était imbu et qu'il affichait beaucoup trop, il l'a pratiqué jusqu'à un certain point. De retour à Naples, devenu magistrat et Conseiller du Commerce, tout en insistant sur certaines réformes positives et utiles, et en s'appliquant à les introduire dans son pays, il ne chercha point du tout, comme on disait en France, à propager les *lumières*. Un jour qu'une troupe française était à Naples et qu'elle y jouait la comédie, chargé de l'examen des pièces, il empêcha qu'on ne jouât *le Tartufe*. Il l'écrit à d'Alembert et s'en vante.

Quand on l'entendait causer politique, on dit qu'il était aussi charmant que lumineux. Quand on le lit aujourd'hui, s'échappant sur ces matières dans sa *Correspondance*, il faut faire la part des idées hasardées, des paradoxes, du besoin d'amuser qui le tourmentait toujours, de sa manie de prédire et de prophétiser, enfin des bouffonneries perpétuelles qui viennent se mêler à tout cela. Chez lui, un raisonnement sérieux et profond se tourne tout à coup en calembour. Pourtant à travers ces défauts, aujourd'hui très-sensibles, il y a bien du bon sens, bien des idées, des horizons d'une grande étendue, et, à chaque instant, des perspectives.

Les deux contemporains avec qui il était le plus en intimité, le plus en rapport de cœur et d'intelligence, Grimm et Diderot l'ont jugé tout à fait avec admiration, avec enthousiasme, et ils parlent de lui comme d'un vrai génie. Galiani lui-même ne semble pas du tout récuser cette manière de voir à son sujet, et il ne craint pas de dire couramment et sans y prendre garde : *Montesquieu et moi.* D'autres contemporains paraissent avoir été plus frappés de ses défauts :

« L'abbé Galiani s'en retourne à Naples, écrivait le sage et fin David Hume à l'abbé Morellet; il fait bien de quitter Paris avant que j'y aille, car je l'aurais certainement mis à mort pour tout le mal qu'il a dit de l'Angleterre. Mais il en est arrivé comme l'avait prédit son ami Caraccioli, lequel disait que l'abbé resterait deux mois dans ce pays, qu'il n'y aurait à parler que pour lui, qu'il ne permettrait pas à un Anglais de placer une syllabe, et qu'à son retour il donnerait le caractère de la nation et pour tout le reste de sa vie, comme s'il n'avait connu et étudié que cela. »

Galiani eut, à un certain moment, un grand succès et un vrai triomphe. « Vers l'an 1750, dit Voltaire, la nation rassasiée de vers, de tragédies, de comédies, d'opéras, de romans, d'histoires romanesques, de réflexions morales plus romanesques encore, et de disputes théologiques sur la Grâce et sur les convulsions, se mit enfin à raisonner sur les *blés.* On oublia même les vignes pour ne parler que de froment et de seigle... » Les blés et tout ce qui se rapporte à ce commerce étaient donc très à la mode durant le séjour de l'abbé Galiani en France. Fallait-il accorder la libre exportation? fallait-il la régler ou l'interdire? La secte économique se fondait alors, et des hommes éclairés accordaient grande attention et grande estime à ces vues systématiques. Galiani, très au fait de ces questions, et qui les avait étudiées avant son arrivée en France, avait en horreur les idées absolues en telle matière, et surtout la façon dogmatique, tranchante, mystérieuse et ennuyeuse, dont les économistes présentaient les leurs. Il se mit à raisonner et à badiner là-dessus. Il paraît même que ce fut à quelque plaisanterie qu'il se permit à ce sujet et qui atteignait M. de Choiseul, pour les concessions que ce ministre faisait aux idées nouvelles, qu'il dut son rappel de France, sollicité près de sa Cour par M. de Choiseul même. Quoi qu'il en soit, Galiani, en partant, lança sa flèche; il laissa en manuscrit ses *Dialogues sur le Commerce des blés*, qui parurent en 1770, et dont Diderot revit les épreuves. Ce fut le feu d'artifice et le bouquet par lequel le spirituel abbé couronna brillamment sa période d'existence parisienne. On ne peut se faire idée aujourd'hui du succès de ces Dialogues; les femmes en raffolaient, elles croyaient comprendre; elles étaient alors économistes, comme elles furent depuis pour l'électricité, comme elles avaient été précédemment pour la Grâce, comme elles sont aujourd'hui quelque peu socialistes : toujours la mode du jour ou celle de demain. On a comparé ces Dialogues de Galiani aux *Petites Lettres* de Pascal; c'est beaucoup dire. Ils sont moins faciles à relire aujourd'hui que *les Provinciales*, qui ne laissent pas elles-mêmes par endroits de fatiguer un peu. Galiani avait pris à dessein cette forme du dialogue, comme plus française : « Cela est naturel, disait-il; le langage du peuple le plus social de l'univers, le langage d'une nation qui parle plus qu'elle ne pense, d'une nation qui a besoin de parler pour penser, et qui ne pense que pour parler, doit être le langage le plus dialoguant. » Quant au fond, en combattant les idées absolues et les raisonnements des économistes, Galiani visait à faire entrevoir les idées politiques qui doivent régir et dominer même ces matières. Quand il avait dit d'un homme : « C'est un économiste, et rien de plus, » il le croyait jugé et retranché de la sphère des hommes d'État. « Il est bon à faire des mémoires, des journaux, des dictionnaires, ajoutait-il, à occuper les libraires et les imprimeurs, à amuser les oisifs ; mais il ne vaut rien pour gouverner. » Un homme d'État, selon lui, ne devait pas seulement connaître à fond les matières spéciales, mais aussi connaître la matière par excellence sur laquelle il a à opérer, c'est-à-dire le cœur humain. « Vous êtes un délicat anatomiste de l'homme, » dit le Marquis des Dialogues au Chevalier. Celui-ci répond : « C'est ce qu'il faut être lorsqu'on veut parler des hommes. Il faut les avoir bien étudiés pour se mêler de les gouverner. » Il déniait cette connaissance et cet art à M. Turgot lui-même, à plus forte raison aux hommes de la secte. Galiani n'avait pas attendu l'éveil et le coup de tocsin de la Révolution française pour se méfier des hommes d'État optimistes et rationalistes, de ces honnêtes gens comme on en a vu sous Louis XVI et depuis, qui oublient trop les vraies, les réelles et toujours périlleuses conditions de toute société politique : « Croyez-moi, disait-il, ne craignez pas les fripons, ni les méchants, tôt ou tard ils se démasquent : craignez l'honnête homme trompé ; il est de bonne foi avec lui-même ; il veut le bien ; et tout le monde s'y fie ; mais malheureusement il se trompe sur les moyens de le procurer aux hommes. » Les amis de Galiani, et l'abbé lui-même, avaient coutume de dire de son livre sur les blés : « C'est moins un livre sur le Commerce des blés qu'un ouvrage sur la science du Gouvernement : il faut savoir y lire le *blanc* et l'*entre-deux* des lignes. » Le Gouvernement chargea l'abbé Morellet de répondre à Galiani, et cet autre abbé, aussi grand de taille que l'autre était petit, aussi didactique et pesant de plume que l'autre était léger, fit cette réponse de manière à n'être pas lu. Il n'est pas d'espiègleries que, durant cette polémique, le malicieux Napolitain n'adressât de loin à son patient et lent adversaire. Turgot, dont les principes étaient fort intéressés dans la question, s'est expliqué sur le livre de Galiani, et, sans en méconnaître l'agrément, il a écrit quelques mots qui marquent bien l'opposition des vues, des inspirations et des doctrines : « Je n'aime pas non plus, dit-il après quelques critiques sur sa méthode sautillante et faite pour dérouter, je n'aime pas à le voir toujours si prudent, si ennemi de l'enthousiasme, si fort d'accord avec tous les *Ne quid nimis* et avec tous ces gens qui jouissent du présent, et qui sont fort aises qu'on laisse aller le monde comme il va, parce qu'il va fort bien pour eux, gens qui, ayant leur lit bien fait, ne veulent pas qu'on le remue. » Turgot touchait à l'un des faibles du petit abbé mitré et à bénéfices. Ce qu'on sent trop d'ailleurs dans ces Dialogues, et ce que Galiani a pris soin plus tard de nous confirmer en toutes lettres, c'est que son Chevalier Zanobi, qui représente l'auteur, « ne croit ni ne pense un mot de tout ce qu'il dit; qu'il est le plus grand sceptique et le plus grand académique du monde; qu'il ne croit *rien en rien, sur rien de rien.* » Galiani définit son homme d'État « un homme qui a la clef du mystère, et qui sait que le tout se réduit à *zéro.* » Ici la plaisanterie est trop forte; les marionnettes humaines, tant qu'on veut les bien mener, ne sauraient se traiter avec cette absence de ressort, et Turgot, même avec ses erreurs et ses gaucheries d'honnête homme et d'homme éclairé, qui se fie trop à son raisonnement, reprend sur Galiani tous ses avantages.

En tout, Galiani croyait à une doctrine *secrète*, à un fin mot que peu de gens sont appelés à pénétrer, et que de très-grands talents eux-mêmes ne soupçonnent pas. Il prétendait, selon sa façon demi-sérieuse, demi-bouffonne, et où la pensée se doublait du calembour, qu'il y avait trois sortes de raisonnements ou *résonnements :* 1° raisonnements de *cruches ;* c'était, à ce qu'il croyait, les plus ordinaires, ceux du commun des hommes; 2° raisonnements ou *résonnements* de *cloches ;* c'étaient ceux de bien des poëtes et orateurs, de gens de haut talent, mais qui s'en tenaient trop, selon lui, aux apparences, aux formes majestueuses et retentissantes de l'illusion humaine. Il osait ranger dans cette classe de raisonnements ceux de Bossuet et de Jean-Jacques Rousseau. 3° Enfin, il y avait, selon lui toujours, les raisonnements d'*hommes*, ceux des vrais sages, de ceux qui ont cassé la noix (comme l'abbé Galiani), et qui ont trouvé qu'elle ne contient rien. Je pense qu'à ses moments les plus sérieux il aurait défini le sage « celui qui, aux heures de réflexion, se dégage complétement et se dépouille de toutes les impressions relatives, et qui se rend compte de son propre accident, de son propre *rien*, au sein de l'universalité des choses.»

L'abbé Galiani quitta Paris, pour n'y plus revenir, dans l'été de 1769, et c'est à cette date que commence sa Correspondance avec Mme d'Épinay; c'est par elle dès lors qu'il se rattache presque uniquement à ses amis de Paris, et il aura l'occasion de lui répéter bien souvent : « Je suis perdu si vous me manquez. » Ce petit Machiavel, qui faisait l'insensible, qui se vantait de n'avoir pleuré de sa vie, et d'avoir vu d'un œil sec s'en aller père, mère, sœurs, tous les siens (il se calomniait lui-même), pleurait et sanglotait en quittant Paris, en quittant « cette nation aimable, disait-il, et qui m'a tant aimé. » Il fallut l'en arracher, sans quoi il n'eût pas eu la force de partir. Toute sa Correspondance n'est qu'un long regret. Cette Naples, qui a tant d'attraits pour qui l'a vue une fois, et où l'on voudrait mourir, ne lui paraît qu'un exil. « La vie y est d'une uniformité tuante. Que faire dans un pays où l'on ne dispute de rien, *pas même de religion?* » Il s'y occupe pourtant, et avec plus de sérieux qu'il ne dit. Homme du roi, Conseiller-secrétaire du Commerce, il y juge ou fait juger des cas difficiles; il s'applique, dans les intervalles de sa charge, aux Lettres et à l'étude; il reprend ses anciens écrits de jeunesse pour les revoir, les corriger, en donner des éditions nouvelles : « Ils sont tous en italien; il y a des dissertations, des vers, de la prose, des recherches d'antiquités, des pensées détachées : cela est bien jeune en vérité, *cependant c'est de moi.* » Il laisse voir naïvement dans ces choses de l'esprit sa tendresse de père. Il s'applique aussi à des ouvrages nouveaux; il pousse plus loin son étude sur Horace, qu'il avait déjà commenté avec un goût rare, aiguisé de paradoxe; il pense à tirer de son poëte favori toute une philosophie morale. Il s'adonne, avec une passion qu'on aime à retrouver en lui, à son dialecte napolitain, dont il maintient la prééminence et l'antériorité sur les autres dialectes de l'Italie; il le compare au *dorique* des Grecs. Parmi les poëtes et écrivains célèbres en ce patois, on retrouverait, j'imagine, plus d'un type de Galiani resté à l'état pur et non taillé à la française. L'abbé, redevenu Napolitain, recommence, pour n'en pas perdre l'habitude, à se moquer des sots, des pédants littéraires du lieu, et, sous le titre du *Socrate imaginaire*, il bâtit une pièce, un opéra bouffon dont un autre fait les vers, et dont l'illustre Paisiello compose la musique; la pièce fit fureur, et on crut devoir l'interdire. Au milieu de ces distractions d'esprit et des jeux avec sa chatte qui lui fournit mille sujets d'observations philosophiques et folâtres, Galiani remplit exactement ses devoirs d'homme public et ceux de chef de famille. Il a trois nièces dont il fait bon marché dans sa Correspondance (*Mes nièces sont bêtes, et je n'ai qu'une chatte pour toute société*), trois nièces qui demandent à être mariées à cor et à cri, et dont il est, comme il dit, le *maquignon*. Sous cet air d'en rire, il les marie très-paternellement. Cependant le pauvre abbé vieillit et plus vite qu'un autre, comme si chez lui, avec cette vivacité de feu, tout était dans une mesure plus rapide, comme si l'étoffe plus mince devait être plus vite dévorée. Il perd ses dents; il ne peut plus manger, lui friand; mais surtout, ô malheur! il ne peut plus *parler*, il balbutie : « Or, imaginez ce que c'est que le petit abbé *muet!* »

Par une contradiction qui n'est pas rare, cet épicurien, qui ne veut d'aucun des ressorts généreux en eux-mêmes et qui les décompose, a pour son propre compte l'âme noble, élevée, et toute la fierté de l'honnête homme. Les ministres changent, se succèdent : sa fortune, bonne assurément, mais non pas au niveau de ses talents, s'arrête au même point. Que lui importe que son ami Sambucca devienne ministre à la place de Tanucci? « Un ministre ne s'attache qu'aux gens qui se dévouent, et moi je ne puis point me dévouer; je ne saurais pas même me donner au Diable. *Je suis à moi!* »

De même, cet homme qui fait l'insensible éprouve toutes les inquiétudes de l'amitié; il en ressent les douleurs cruelles dans les pertes qu'il fait. Il est vrai que le nombre de ses vrais amis, de ceux auxquels il tient réellement et par les fibres secrètes, se réduit fort avec les années. Apprenant par Mme d'Épinay la mort d'un de ses amis de Paris, le marquis de Croismare, il s'étonne de n'en pas être aussi affecté qu'il aurait cru : « Ce phénomène m'a étonné, a pensé me faire horreur à moi-même, dit-il, et j'ai voulu en approfondir la cause. Ce n'est pas l'absence; ce n'est pas que mon cœur ait changé ou qu'il se soit endurci : c'est qu'on n'a d'attachement à la vie d'autrui que dans la mesure de l'attachement qu'on a à la sienne, et on n'est attaché à la vie qu'en proportion des plaisirs qu'elle nous procure. J'entends à présent pourquoi les paysans meurent tranquillement et voient mourir les autres stupidement. Un homme, envoyé à Bicêtre pour toujours, apprendrait toutes les morts de l'univers sans regret. » Cette théorie, très-vraie peut-être, se trouve en défaut par rapport à lui dès qu'il est en présence d'une perte vive et qui lui tient réllement au cœur; il n'en est pas venu encore à l'insensibilité qu'il suppose : « Le temps, remarque-t-il, efface les petits sillons, mais les profondes gravures restent. Je sais à présent quelles sont les personnes qui m'ont le plus intéressé à Paris; dans les premières années je ne les distinguais pas. » Le jour où il perd Mme d'Épinay, ce jour-là seulement son âme se brise, sa vie parisienne est close; le Galiani parisien meurt avec elle, le Galiani napolitain continue de végéter. Une femme de Paris, Mme Du Bocage, lui avait proposé de remplacer auprès de lui Mme d'Épinay comme correspondante, pour le tenir au courant des choses et des personnes; il refuse cette distraction et ce soulagement :

« Il n'y en a plus pour moi, s'écrie-t-il avec un accent qu'on ne saurait méconnaître; j'ai vécu, j'ai donné de sages conseils, j'ai servi l'État et mon maître, j'ai tenu lieu de père à une famille nombreuse; j'ai écrit pour le bonheur de mes semblables; et, dans cet âge où l'amitié devient plus nécessaire, j'ai perdu tous mes amis! j'ai tout perdu! On ne survit point à ses amis. »

Bravo! aimable Abbé, c'est ainsi que vous étiez noblement en désaccord avec vos principes affichés, avec vos prétentions de sécheresse, et c'est ainsi qu'on vous aime!

Ginguené, dans une bonne Notice sur Galiani, s'est attaché à montrer que le petit abbé était *patriote* au vrai sens du mot; qu'il n'a cessé, à travers ses plaisanteries, de chercher à être utile, à améliorer la vie humaine autour de lui, et qu'il n'a pas démenti en effet cette maxime de son Chevalier dans ses Dialogues : « La corvée du sage est de faire du bien aux hommes. » Sur ce point, Ginguené me paraît avoir tout à fait raison; mais il s'avance beaucoup quand il nous assure que, loin d'être *incrédule*, Galiani fut toujours *religieux*. Ce qu'on peut dire, c'est que Galiani mourut selon les formes et les convenances de son habit et de son pays, non sans avoir trouvé jusqu'à la dernière heure quelque plaisanterie à la Rabelais. On pourrait ajouter son nom à la liste des hommes célèbres morts en plaisantant. Il n'avait pas cinquante-neuf ans quand il expira le 30 octobre 1787.

Son vrai titre littéraire aujourd'hui pour nous, sa Correspondance avec Mme d'Épinay a été publiée en deux volumes, et les deux éditions de cette Correspondance qui parurent à la fois et concurremment en 1818, l'une d'après une copie, l'autre d'après les originaux, sont également défectueuses, au point de compromettre l'agrément de la lecture. On ne saurait imaginer les inexactitudes de mots, les altérations de sens, les inepties pour tout dire, qui se sont glissées dans le texte de l'une et de l'autre de ces éditions : il serait difficile de les distinguer à cet égard. Lui-même, l'abbé Galiani, qui, en écrivant, songeait certainement au cercle de ses amis de Paris, et qui recommande sans cesse à Mme d'Épinay de garder ses lettres, de les recueillir, ne s'est pas assez rendu compte de l'effet qu'elles pourraient faire sur un public plus étendu et moins initié. Il y parle trop de ses affaires d'intérêt, de ses ports de lettres. Il veut sans cesse paraître amusant, étincelant, et il n'est pas tous les jours en veine : « Je suis *bête* ce soir... Je n'ai rien de *drôle* à vous mander d'ici... Je ne suis pas gai aujourd'hui, et ma lettre ne sera pas à imprimer. » Cela revient perpétuellement sous sa plume et nuit au naturel. Il y a des jours, on le sent, où il se pince pour faire rire. Ajoutez, comme inconvénient, des indécences fréquentes, incroyables, même dans le siècle de Diderot et de Voltaire, et qui n'ont de précédent que chez Rabelais : « Ne donnons pas gain de cause aux gens délicats, répétait Galiani ; je veux être ce que je suis, je veux avoir le ton qui me plaît. » Il a usé et abusé de la licence. Dans un temps où la librairie aurait tous ses loisirs et pourrait se permettre toutes ses largesses, ce qui serait à faire, ce serait un volume unique de Galiani, dans lequel on n'admettrait que ce qu'il a fait de mieux, ses meilleures lettres, dont on respecterait en tout le texte, dût-il paraître un peu salé et mordant ; on se contenterait de ne pas multiplier les échantillons en ce genre. On élaguerait les lettres d'affaires, celles où il rabâche, où il se bat les flancs pour avoir trop d'esprit. On dégagerait de la sorte et on mettrait dans tout leur jour des pages fines, neuves, délicates, les lettres sur la *Curiosité*, sur l'*Éducation*, celles sur *Cicéron*, sur *Voltaire commentateur de Corneille*, celle où il trace le plan d'une *Correspondance entre Carlin et Ganganelli*, et tant d'autres. On n'a jamais mieux parlé de la France, on ne l'a jamais mieux jugée que l'abbé Galiani ; il faut l'entendre expliquer pourquoi Paris est *la capitale de la curiosité ;* comme quoi « à Paris il n'y a que l'à-propos ; » comment nous parlons si bien des arts et de toute chose, en n'y réussissant souvent qu'à demi. A l'occasion d'une Exposition au Louvre et de je ne sais quelle critique qu'on en avait faite : « Je remarque, dit-il, que le caractère dominant des Français perce toujours. Ils sont causeurs, raisonneurs, badins par essence ; un mauvais tableau enfante une bonne brochure ; ainsi, vous parlerez mieux des arts que vous n'en ferez jamais. Il se trouvera au bout du compte, dans quelques siècles, que vous aurez le mieux raisonné, le mieux discuté ce que toutes les autres nations auront fait de mieux. Chérissez donc l'imprimerie ; c'est votre lot dans ce bas monde. » Cela ne l'empêche pas un autre jour de parler bien sévèrement de la liberté de la presse que M. Turgot songeait, disait-on, à octroyer par édit, et de la vouloir très-restreinte dans l'intérêt même de l'esprit français, qui se joue mieux et qui triomphe dans la contrainte. « Il y a des Empires qui ne sont jolis que dans leur décadence, » dit-il encore de nous. Enfin il nous sent, il nous aime, il est un des nôtres, et nous devons bien à ce charmant abbé une sépulture littéraire honorable, choisie, toute mignonne, *urna brevis*, une petite urne élégante et qui ne soit pas plus grande que lui.

Il y faudrait peut-être graver, comme emblème, un Silène, une tête de Platon, un Polichinelle, et une Grâce

Lundi 2 septembre 1850.

M. DE BALZAC.

Une véritable Étude sur le romancier célèbre qui vient d'être enlevé, et dont la perte soudaine a excité l'intérêt universel, serait tout un ouvrage à écrire, et le moment, je le crois, n'en est pas venu. Ces sortes d'autopsies morales ne se font pas sur une tombe récente, surtout quand celui qui y est entré était plein de force, de fécondité, d'avenir, et semblait encore si plein d'œuvres et de jours. Tout ce que l'on peut et ce que l'on doit envers une grande renommée contemporaine au moment où la mort la saisit, c'est d'indiquer en quelques traits bien marqués les mérites, les habiletés diverses, les séductions délicates et puissantes par où elle a charmé son époque et y a conquis l'influence. Je tâcherai de le faire à l'égard de M. de Balzac, avec un sentiment dégagé de tout ressouvenir personnel (1), et dans une mesure où la critique seulement se réserve quelques droits.

M. de Balzac fut bien un peintre de mœurs de ce temps-ci, et il en est peut-être le plus original, le plus approprié et le plus pénétrant. De bonne heure, il a

(1) Voir dans la *Revue parisienne* de M. de Balzac, du 25 août 1840, l'article qui me concerne. Si je l'ai oublié, qu'on sache bien que je ne crains pas que d'autres s'en souviennent. De pareils jugements ne jugent dans l'avenir que ceux qui les ont portés.

considéré ce xix⁰ siècle comme son sujet, comme sa chose; il s'y est jeté avec ardeur et n'en est point sorti. La société est comme une femme, elle veut son peintre, son peintre à elle toute seule : il l'a été; il n'a rien eu de la tradition en la peignant; il a renouvelé les procédés et les artifices du pinceau à l'usage de cette ambitieuse et coquette société qui tenait à ne dater que d'elle-même et à ne ressembler à nulle autre; elle l'en a d'autant plus chéri. Né en 1799, il avait quinze ans à la chute de l'Empire; il a donc connu et senti l'époque impériale avec cette clairvoyance et cette pénétration de coup d'œil particulière à l'enfance, et que la réflexion achèvera ensuite, mais dont rien n'égalera la jeune lucidité. Quelqu'un du même âge que lui a dit : « Dès mon enfance, je pénétrais les choses avec une sensibilité telle, que c'était comme une lame fine qui m'entrait à chaque instant dans le cœur. » Ainsi il a pu dire lui-même. Ces impressions de l'enfance, ressaisies plus tard dans les jugements ou dans les peintures, s'y font sentir par un fonds d'émotion singulière, et sont précisément ce qui y donne la finesse et la vie. Jeune homme sous la Restauration, il l'a traversée, il l'a vue tout entière comme on est le mieux placé peut-être pour voir les choses en observateur artiste, c'est-à-dire d'en bas, dans la foule, dans la souffrance et les luttes, avec ces convoitises immenses du talent et de la nature qui font que les objets défendus ont été mille fois devinés, imaginés, pénétrés, avant d'être possédés enfin et connus; il a senti la Restauration en amant. Il commençait à arriver à la réputation en même temps que s'installait le nouveau régime promu en Juillet 1830. Ce dernier régime, il le vit de plain-pied et même un peu de haut; il le jugea dans sa rondeur, il l'a peint à ravir dans ses types et ses reliefs bourgeois les plus saillants. Ainsi ces trois époques de physionomie si diverse qui constituent le siècle arrivé à son milieu, M. de Balzac les a connues et les a *vécues* toutes les trois, et son œuvre en est jusqu'à un certain point le miroir. Qui mieux que lui, par exemple, a peint les vieux et les belles de l'Empire? Qui surtout a plus délicieusement touché les duchesses et les vicomtesses de la fin de la Restauration, ces femmes de trente ans, et qui, déjà venues, attendaient leur peintre avec une anxiété vague, tellement que, quand lui et elles se sont rencontrés, ç'a été comme un mouvement électrique de reconnaissance? Qui, enfin, a mieux pris sur le fait et rendu dans sa plénitude le genre bourgeois, triomphant sous la dynastie de Juillet, le genre désormais immortel et déjà éclipsé, hélas! des Birotteau d'alors et des Crevel?

Voilà donc un champ immense, et il faut dire que M. de Balzac se l'est proposé de bonne heure dans toute son étendue, qu'il l'a parcouru et fouillé en tous sens, et qu'il le trouvait encore trop étroit au gré de sa vaillance et de son ardeur. Non content d'observer et de deviner, il inventait et rêvait bien souvent. Quoi qu'il en soit de son rêve, ce fut d'abord par ses observations de finesse et de grâce qu'il gagna le cœur de cette société aristocratique à laquelle il avait toujours aspiré. *La Femme de trente ans, la Femme abandonnée, la Grenadière,* furent les premières troupes d'élite qu'il introduisit dans la place, et il fut maître aussitôt de la citadelle. La femme de trente ans n'est pas une création tout à fait imprévue. Depuis qu'il existe une société civilisée, la femme de cet âge y a tenu une grande place, la première peut-être. Dans ce xviiie siècle qui avait eu le temps de tout raffiner, il se donna à la Cour, au mardi-gras de 1763, un bal qu'on appela *le Bal des mères;* la jeunesse, à proprement parler, fut spectatrice, et il n'y eut que les femmes de trente ans qui dansèrent. On fit à ce sujet une jolie chanson :

> Il est plus d'un mois pour les fleurs,
> Et toutes les roses sont sœurs.

Voici le plus joli couplet de cette agréable chansonnette :

> Belles qui formez des projets,
> Trente ans est pour vous le bel âge;
> Vous n'en avez pas moins d'attraits,
> Vous en connaissez mieux l'usage :
> C'est le vrai moment d'être heureux;
> On plaît autant, on aime mieux.
>   *Enfants de quinze ans,*
>   *Laissez danser vos mamans!*

C'était le refrain. On voit comment le xviiie siècle prenait encore légèrement cette réhabilitation en forme, qui ne dura qu'une soirée. Mais le xixe siècle devait renchérir, et la théorie de la femme de trente ans, avec tous ses avantages, ses supériorités et ses perfections définitives, ne date que d'aujourd'hui. M. de Balzac en est l'inventeur, et c'est là une de ses découvertes les plus réelles dans l'ordre du roman intime. La clef de son immense succès était tout entière dans ce premier petit chef-d'œuvre (1). Les femmes lui passèrent ensuite bien des choses et le crurent, en toute rencontre, sur parole, pour avoir, une première fois, si bien deviné.

Si rapide et si grand qu'ait été le succès de M. de Balzac en France, il fut peut-être plus grand encore et plus incontesté en Europe. Les détails qu'on pourrait donner à cet égard sembleraient fabuleux, et ne seraient que

(1) Ne le lisez, je vous prie, que dans les premières éditions; l'auteur me l'a gâté en le voulant amplifier depuis.

vrais. Oui, M. de Balzac a peint les mœurs de son temps, et son succès même en serait une des plus curieuses peintures. Il y a plus de deux siècles déjà, en 1624, Honoré d'Urfé (l'auteur du fameux roman de l'*Astrée*), qui vivait en Piémont, reçut une lettre très-sérieuse qui lui était adressée par vingt-neuf princes ou princesses et dix-neuf grands seigneurs ou dames d'Allemagne; les susdits personnages l'informaient qu'ils avaient pris les noms des héros et des héroïnes de l'*Astrée*, et s'étaient constitués en *Académie des vrais amants;* ils demandaient avec instance la suite de l'ouvrage. Ce qui est arrivé là à d'Urfé s'est renouvelé à la lettre pour M. de Balzac. Il y a eu un moment où, à Venise, par exemple, la société qui s'y trouvait réunie imagina de prendre les noms de ses principaux personnages, et de jouer leur jeu. On ne vit, pendant toute une saison, que Rastignacs, duchesses de Langeais, duchesses de Maufrigneuse, et l'on assure que plus d'un acteur ou actrice de cette comédie de société tint à pousser son rôle jusqu'au bout. Telle est la loi assez ordinaire dans ces influences réciproques entre le peintre et ses modèles : le romancier commence, il touche le vif, il l'exagère un peu; la société se pique d'honneur et exécute; et c'est ainsi que ce qui avait pu paraître d'abord exagéré finit par n'être plus que vraisemblable.

Ce que je dis de Venise se reproduit à des degrés divers en différents lieux. En Hongrie, en Pologne, en Russie, les romans de M. de Balzac faisaient loi. A cette distance, la portion légèrement fantastique qui s'y mêle à la réalité, et qui de près en compromettait le plein succès auprès des esprits difficiles, disparaissait ou même n'était qu'un attrait de plus. Par exemple, ces ameublements riches et bizarres, où il entassait au gré de son imagination les chefs-d'œuvre de vingt pays et de vingt époques, devenaient une réalité après coup; on copiait avec exactitude ce qui nous semblait à nous un rêve d'artiste millionnaire; on se meublait *à la Balzac*. Comment l'artiste serait-il resté insensible et sourd à ces mille échos de la célébrité, et n'y aurait-il pas entendu l'accent de la gloire?

Il y croyait, et ce sentiment d'une ambition, du moins élevée, lui a fait tirer de son organisation forte et féconde tout ce qu'elle contenait de ressources et de productions en tout genre. M. de Balzac avait le corps d'un athlète et le feu d'un artiste épris de la gloire; il ne lui fallut pas moins pour suffire à sa tâche immense. Ce n'est que de nos jours qu'on a vu de ces organisations énergiques et herculéennes se mettre, en quelque sorte, *en demeure* de tirer d'elles-mêmes tout ce qu'elles pourraient produire, et tenir durant vingt ans la rude gageure. Quand on lit Racine, Voltaire, Montesquieu, on n'a pas trop l'idée de se demander s'ils étaient ou non robustes de corps et puissants d'organisation physique. Buffon était un athlète, mais son style ne le dit pas. Les écrivains de ces âges plus ou moins classiques n'écrivaient qu'avec leur pensée, avec la partie supérieure et tout intellectuelle, avec l'essence de leur être. Aujourd'hui, par suite de l'immense travail que l'écrivain s'impose et que la société lui impose à courte échéance, par suite de la nécessité où il est de frapper vite et fort, il n'a pas le temps d'être si platonique ni si délicat. La personne de l'écrivain, son organisation tout entière s'engage et s'accuse elle-même jusque dans ses œuvres; il ne les écrit pas seulement avec sa pure pensée, mais avec son sang et ses muscles. La physiologie et l'hygiène d'un écrivain sont devenues un des chapitres indispensables dans l'analyse qu'on fait de son talent.

M. de Balzac se piquait d'être physiologiste, et il l'était

certainement, bien qu'avec moins de rigueur et d'exactitude qu'il ne se l'imaginait ; mais la nature physique, la sienne et celle des autres, joue un grand rôle et se fait sentir continuellement dans ses descriptions morales. Ce n'est pas un blâme que je lui adresse, c'est un trait qui affecte et caractérise toute la littérature pittoresque de ce temps-ci. Un jour, M. Villemain, bien jeune encore, lisait à Sieyès son *Éloge de Montaigne*, ce charmant éloge, le premier qu'il ait composé, et si plein de légèreté et de fraîcheur. Quand il en fut de sa lecture au passage où il dit : « Mais je craindrais, en lisant Rousseau, d'arrêter trop longtemps mes regards sur de coupables faiblesses, qu'il faut toujours tenir loin de soi... » Sieyès l'interrompit en disant : « Mais non, il vaut mieux les laisser approcher de soi, pour pouvoir les étudier de plus près. » Le physiologiste, avant tout curieux, venait ici à la traverse du littérateur qui veut le goût avant tout. Le dirai-je? je suis comme Sieyès.

C'est dire aussi que je suis un peu comme M. de Balzac. Mais je l'arrête pourtant, je m'arrête moi-même sur deux points. J'aime de son style, dans les parties délicates, cette *efflorescence,* (je ne sais pas trouver un autre mot) par laquelle il donne à tout le sentiment de la vie et fait frissonner la page elle-même. Mais je ne puis accepter, sous le couvert de la physiologie, l'abus continuel de cette qualité, ce style si souvent chatouilleux et dissolvant, énervé, rosé, et veiné de toutes les teintes, ce style d'une corruption délicieuse, tout asiatique comme disaient nos maîtres, plus brisé par places et plus amolli que le corps d'un mime antique. Pétrone, du milieu des scènes qu'il décrit, ne regrette-t-il pas quelque part ce qu'il appelle *oratio pudica*, le style *pudique* et qui ne s'abandonne pas à la *fluidité* de tous les mouvements?

Un autre point sur lequel j'arrête en M. de Balzac le physiologiste et l'anatomiste, c'est qu'en ce genre il a pour le moins autant imaginé qu'observé. Anatomiste délicat au moral, il a certainement trouvé des veines neuves ; il a découvert et comme injecté des portions de vaisseaux lymphatiques encore inaperçus jusqu'alors ; mais il en invente aussi. Il y a un moment où, dans son analyse, le plexus véritable et réel finit et où le plexus illusoire commence, et il ne les distingue pas : la plupart de ses lecteurs, et surtout de ses lectrices, les ont confondus comme lui. Ce n'est pas le lieu ici d'insister sur ces points de séparation. Mais, on le sait, M. de Balzac a un faible déclaré pour les Swedenborg, les Van-Helmont, les Mesmer, les Saint-Germain et les Cagliostro en tout genre : c'est dire qu'il est sujet à illusion. En un mot, pour suivre mon image toute physique et anatomique, je dirai : Quand il tient la *carotide* de son sujet, il l'injecte à fond avec fermeté et vigueur ; mais quand il est à faux, il injecte tout de même et pousse toujours, créant, sans trop s'en apercevoir, des réseaux imaginaires.

M. de Balzac avait la prétention de la science, mais ce qu'il avait surtout en effet, c'était une sorte d'*intuition* physiologique. M. Chasles l'a très-bien dit : « On a répété à outrance que M. de Balzac était un observateur, un analyste ; c'était mieux ou pis, c'était un *voyant* » Ce qu'il n'avait pas vu du premier coup, il le manquait d'ordinaire ; la réflexion ne le lui rendait pas. Mais que de choses aussi il savait voir et dévorer d'un seul coup d'œil ! Il venait, il causait avec vous ; lui, si enivré de son œuvre, et, en apparence, si plein de lui-même, il savait interroger à son profit, il savait écouter ; mais, même quand il n'avait pas écouté, quand il semblait n'avoir vu que lui et son idée, il sortait ayant emporté de là, ayant absorbé tout ce qu'il voulait savoir, et il vous étonnait plus tard à le décrire.

J'ai dit qu'il était comme enivré de son œuvre; et, en effet, dès sa jeunesse, il n'en sortait pas, il y habitait. Ce monde, qu'il avait à demi observé, à demi créé en tous sens; ces personnages de toute classe et de toute qualité qu'il avait doués de vie, se confondaient pour lui avec le monde et les personnages de la réalité, lesquels n'étaient plus guère qu'une copie affaiblie des siens. Il les voyait, il causait avec eux, il vous les citait à tout propos comme des personnages de son intimité et de la vôtre; il les avait si puissamment et si distinctement créés en chair et en os, qu'une fois posés et mis en action, eux et lui ne s'étaient plus quittés : tous ces personnages l'entouraient, et, aux moments d'enthousiasme, se mettaient à faire cercle autour de lui et à l'entraîner dans cette immense ronde de la Comédie humaine qui nous donne un peu le vertige, rien qu'à la regarder en passant, qui le donnait à son auteur tout le premier.

La puissance propre à M. de Balzac a besoin d'être définie : c'était celle d'une nature riche, copieuse, opulente, pleine d'idées, de types et d'inventions, qui récidive sans cesse et n'est jamais lasse; c'était cette puissance-là qu'il possédait et non l'autre puissance, qui est sans doute la plus vraie, celle qui domine et régit une œuvre, et qui fait que l'artiste y reste supérieur comme à sa création. On peut dire de lui qu'il était en proie à son œuvre, et que son talent l'emportait souvent comme un char lancé à quatre chevaux. Je ne demande pas qu'on soit précisément comme Goethe et qu'on ait toujours son front de marbre au-dessus de l'ardent nuage; mais lui, M. de Balzac, il voulait (et il l'a écrit) que l'artiste se précipitât dans son œuvre tête baissée, *comme Cur-*

tius dans le gouffre. De telles allures de talent impliquent bien de la verve et de la fougue, mais aussi du hasard et beaucoup de fumée.

Pour exposer sa vraie théorie littéraire, il ne faudrait d'ailleurs qu'emprunter ses paroles : si je prends, par exemple, *les Parents pauvres*, son dernier roman et l'un des plus vigoureux, publié dans ce journal même (1), j'y trouve, à propos de l'artiste polonais Wenceslas Steinbock, les idées favorites de l'auteur et tous ses secrets, s'il eut jamais des secrets. Pour lui, « un grand artiste aujourd'hui, c'est un prince qui n'est pas titré; c'est la gloire et la fortune. » Mais cette gloire ne s'acquiert pas en se jouant ni en rêvant; elle est le prix du travail opiniâtre et de l'ardeur appliquée : « Vous avez des idées dans la cervelle? la belle affaire! et moi aussi j'ai des idées... A quoi sert ce qu'on a dans l'âme, si l'on n'en tire aucun parti? » Voilà ce qu'il pensait, et aussi ne s'épargna-t-il jamais le travail acharné de l'exécution. Concevoir, disait-il, c'est jouir, c'est *fumer des cigarettes enchantées;* mais sans l'exécution tout s'en va en rêve et en fumée : « Le travail constant, a-t-il dit encore, est la loi de l'art comme celle de la vie; car l'art, c'est la création idéalisée. Aussi les grands artistes, les poëtes, n'attendent-ils ni les commandes, ni les chalands; ils enfantent aujourd'hui, demain, toujours. Il en résulte cette habitude du labeur, cette perpétuelle connaissance des difficultés qui les maintient *en concubinage* avec la Muse, avec ses forces créatrices. Canova vivait dans son atelier comme Voltaire a vécu dans son cabinet. Homère et Phidias ont dû vivre ainsi. » J'ai voulu exprès citer ce passage, parce qu'avec les mérites de vaillance et de labeur qui s'y déclarent et qui ho-

---

(1) *Les Parents pauvres* parurent d'abord en feuilletons dans *le Constitutionnel*.

norent M. de Balzac, on y saisit à nu le côté moderne, et la singulière inadvertance par laquelle il dérogeait et attentait aussitôt à cette beauté même qu'il prétendait poursuivre. Non, Homère ni Phidias n'ont pas vécu *ainsi en concubinage* avec la Muse; ils l'ont toujours accueillie et connue chaste et sévère.

« Le beau en tout est toujours sévère, » a dit M. de Bonald. Quelques paroles de cette autorité me sont nécessaires; elles sont comme les colonnes immuables et sacrées que je tiens seulement à montrer du doigt dans le lointain, pour que notre admiration même et notre hommage de regret envers un homme d'un merveilleux talent n'aillent pas se jouer au delà des bornes permises.

M. de Balzac parle encore quelque part de ces artistes qui ont « un succès fou, un succès à écraser les gens qui n'ont pas des épaules et des reins pour le porter; ce qui, par parenthèse dit-il, arrive souvent. » En effet, il est pour l'artiste une épreuve plus redoutable encore que la grande bataille qu'il doit tôt ou tard livrer, c'est le lendemain de la victoire. Pour soutenir cette victoire, pour porter cette vogue, n'en être ni effrayé ni découragé, ne pas défaillir et ne pas abdiquer sous le coup comme fit Léopold Robert, il faut avoir une force réelle, et se sentir arrivé seulement à son niveau. M. de Balzac avait ce genre de force, et il l'a prouvé.

Quand on lui parlait de la gloire, il en acceptait le mot et mieux que l'augure; il en parlait lui-même quelquefois agréablement : « La gloire, disait-il un jour, à qui en parlez-vous? je l'ai connue, je l'ai vue. Je voyageais en Russie avec quelques amis. La nuit vient, nous allons demander l'hospitalité à un château. A notre arrivée, la châtelaine et ses dames de compagnie s'empressent; une de ces dernières quitte, dès le premier moment, le salon pour aller nous chercher des rafraîchissements. Dans l'intervalle, on me nomme à la maîtresse de la maison; la conversation s'engage, et quand celle des dames qui était sortie rentre, tenant le plateau à la main pour nous l'offrir, elle entend tout d'abord ces paroles : « Eh bien ! monsieur de Balzac, vous pensez « donc... » De surprise et de joie elle fait un mouvement, elle laisse tomber le plateau de ses mains, et tout se brise. N'est-ce pas là la gloire ? »

On souriait, il souriait lui-même, et pourtant il en jouissait. Ce sentiment-là le soutenait et l'enflammait dans le labeur. Le plus spirituel et le plus regrettable de ses disciples, M. Charles de Bernard, mort depuis peu, manquait de ce mobile; il doutait de tout avec ironie et avec goût, et son œuvre si distinguée s'en est ressentie. L'œuvre de M. de Balzac a gagné en verve et en chaleur à l'enivrement même de l'artiste. Une exquise finesse trouvait moyen de se glisser à travers cet enivrement.

L'Europe tout entière lui était comme un parc où il n'avait qu'à se promener pour y rencontrer des amis, des admirateurs, des hospitalités empressées et somptueuses. Cette petite fleur qu'il vous montrait sèche à peine, il l'avait cueillie l'autre matin en revenant de la Villa-Diodati; ce tableau qu'il vous décrivait, il l'avait vu hier dans le palais d'un prince romain. Il semblait pour lui que, d'une capitale à l'autre, d'une villa de Rome ou de l'*Isola-Bella* à un château de Pologne ou de Bohême, il n'y eût qu'un pas. Un coup de baguette l'y transportait. On ne peut pas dire pour lui que ce fut là un rêve; car ce qui sembla longtemps le rêve et l'illusion du poëte, une femme dévouée, une de celles qu'il avait divinisées au passage, l'avait réalisé pour lui en bonheur.

Tous les artistes du temps furent ses amis, et *il les a*

presque tous magnifiquement placés dans ses œuvres. Il avait le goût, la passion des œuvres de l'art, peinture, sculpture, antiques ameublements. Quand il était de loisir (et il trouvait souvent moyen de l'être, livrant ses journées à la fantaisie, consumant ses nuits au travail), il aimait à aller à la chasse de ce qu'il appelait *les beaux morceaux*. Il connaissait en fureteur tous les magasins de *bric-à-brac* de l'Europe, et il en discourait à merveille. Aussi, lorsque ensuite il plaçait dans un roman ces masses d'objets qui, chez d'autres, eussent ressemblé à des inventaires, c'était avec couleur et vie, c'était avec amour. Les meubles qu'il décrit ont quelque chose d'animé; les tapisseries frémissent. Il décrit trop, mais le rayon tombe en général là où il faut. Même lorsque le résultat ne répond pas à l'attention qu'il a paru y donner, il en reste au lecteur l'impression d'avoir été ému. Balzac a le don de la couleur et des *fouillis*. Par là il a séduit les peintres, qui reconnaissaient en lui un des leurs transplanté et un peu fourvoyé dans la littérature.

Il appréciait peu la critique; il avait fait sa trouée dans le monde presque malgré elle, et sa fougue n'était pas, je crois, de celles qui se peuvent modérer ni diriger. Il a dit quelque part d'un artiste sculpteur découragé et tombé dans la paresse : « Redevenu artiste *in partibus*, il avait beaucoup de succès dans les salons, il était consulté par beaucoup d'amateurs; *il passa critique comme tous les impuissants qui mentent à leurs débuts.* » Ce dernier trait peut être vrai d'un artiste sculpteur ou peintre qui, au lieu de se mettre à l'œuvre, passe son temps à disserter et à raisonner; mais, dans l'ordre de la pensée, cette parole de M. de Balzac, qui revient souvent sous la plume de toute une école de jeunes littérateurs, est à la fois (je leur en demande bien pardon) une injustice et une erreur. Pourtant, comme il est toujours très-délicat de démontrer aux gens comme quoi l'on est ou l'on n'est pas impuissant, passons.

Un Aristarque vrai, sincère, intelligent, s'il avait pu le supporter, lui eût été pourtant bien utile; car cette riche et luxueuse nature se prodiguait et ne se gouvernait pas. Il y a trois choses à considérer dans un roman : les caractères, l'action, le style. Les caractères, M. de Balzac excelle à les poser; il les fait vivre, il les creuse d'une façon indélébile. Il y a du grossissement, il y a de la minutie, qu'importe? ils ont en eux de quoi subsister. On fait avec lui de fines, de gracieuses, de coquettes et aussi de très-joyeuses connaissances, on en fait à d'autres jours de très-vilaines; mais, une fois faites, ni les unes ni les autres, on est bien sûr de ne les oublier jamais. Il ne se contente pas de bien tracer ses personnages, il les nomme d'une façon heureuse, singulière, et qui les fixe pour toujours dans la mémoire. Il attachait la plus grande importance à cette façon de baptiser son monde; il attribuait, d'après Sterne, aux noms propres une certaine *puissance occulte* en harmonie ou en ironie avec les caractères. Les *Marneffe*, les *Bixiou*, les *Birotteau*, les *Crevel*, etc., sont ainsi nommés chez lui en vertu de je ne sais quelle onomatopée confuse qui fait que l'homme et le nom se ressemblent. Après les caractères vient l'action : elle faiblit souvent chez M. de Balzac, elle dévie, elle s'exagère. Il y réussit moins que dans la formation des personnages. Quant au style, il l'a fin, subtil, courant, pittoresque, sans analogie aucune avec la tradition. Je me suis demandé quelquefois l'effet que produirait un livre de M. de Balzac sur un honnête esprit, nourri jusqu'alors de la bonne prose française ordinaire dans toute sa frugalité, sur un esprit comme il n'y en a plus, formé à la lecture de Nicole, de Bourdaloue, à ce style simple, sérieux et scrupuleux, *qui va loin*, comme disait La Bruyère : un tel esprit en aurait le vertige pendant un mois. La Bruyère a dit encore qu'il n'y a pour toute pensée qu'une *seule* expression qui soit la bonne, et qu'il faut la trouver. M. de Balzac, en écrivant, semble ignorer ce mot de La Bruyère. Il a des suites d'expressions vives, inquiètes, capricieuses, jamais définitives, des expressions *essayées* et qui cherchent. Ses imprimeurs le savent bien ; en faisant imprimer ses livres, il remaniait, il refaisait sur chaque épreuve à n'en plus finir. Chez lui le moule même était dans un bouillonnement continuel, et le métal ne s'y fixait pas. Il avait trouvé la forme voulue, qu'il la cherchait encore.

La critique la plus cordiale, celle d'un ami, d'un camarade, comme il l'était de Louis Lambert, aurait-elle jamais pu lui faire accepter quelques idées de sobriété relative, et les lui introduire dans le torrent de son talent, pour qu'il le contînt et le réglât un peu? Sans prétendre le détourner en rien de sa voie féconde, j'aurais voulu qu'il eût présents à l'esprit quelques axiomes que je crois essentiels en tout art, en toute littérature :

« La netteté est le vernis des maîtres. »

(Vauvenargues.)

« L'œuvre d'art ne doit exprimer que ce qui élève l'âme, la réjouit noblement, et rien de plus. Le sentiment de l'artiste ne doit porter que là-dessus, tout le reste est faux. »

(Bettine a la mère de Goethe.)

« Le bon sens et le génie sont de la même famille : l'esprit n'est qu'un collatéral. »

(Bonald.)

Enfin, lui, qui admirait tant Napoléon, et que ce grand exemple, transposé et réfléchi dans la littérature, éblouissait comme il en a ébloui tant d'autres, j'aurais voulu qu'il laissât de côté, une bonne fois, ces comparaisons, ces émulations insensées et à l'usage des enfants, et, s'il lui fallait absolument chercher son idéal de puissance dans les choses militaires, qu'il se posât quelquefois cette question, bien faite pour trouver place dans toute bonne rhétorique française: « Lequel est le plus beau, un conquérant d'Asie entraînant à sa suite des hordes innombrables, ou M. de Turenne défendant le Rhin à la tête de trente mille hommes? »

Ne forçons point les natures, et, puisque la mort a fermé la carrière, acceptons, du talent qui n'est plus, l'héritage opulent et complexe qu'il nous a légué. L'auteur d'*Eugénie Grandet* vivra. Le père, j'allais dire l'amant, de M*me* *de Vieuménil*, de M*me* *de Beauséant*, gardera sa place sur la tablette du boudoir la plus secrète et la plus choisie. Ceux qui cherchent joie, gaieté, épanouissement, la veine satirique et franche du Tourangeau rabelaisien, ne sauraient méconnaître les illustres *Gaudissart*, les excellents *Birotteau* et toute leur race. Il y en a, comme on voit, pour chacun. Si j'avais l'espace devant moi, j'aimerais à parler ici du dernier roman de M. de Balzac, l'un des plus remarquables, à mon sens, sinon des plus flatteurs pour la société actuelle. *Les Parents pauvres* nous montrent ce talent vigoureux arrivé à sa plus forte maturité et se donnant toute carrière. Il surabonde, il nage, il semble en plein dans ses eaux. On n'a jamais plus étalé ni secoué le *sens-dessus-dessous* de la guenille humaine. La première partie de ce roman (*la Cousine Bette*) présente des caractères d'une grande vérité, et aussi des exagérations telles qu'en a presque inévitablement l'auteur. Bette toute la première, qui donne son nom au roman, est une de ces exagérations: il ne semble pas que cette pauvre personne qu'on a vue d'abord une simple paysanne des Vosges, mal vêtue, mal mise, rude, un peu envieuse, mais non pas méchante ni scélérate, soit la même qui se transforme à un certain moment en personne du monde presque belle, et de plus si perverse et si infernale, un vrai Iago ou un Richard III femelle! Cela ne se passe point ainsi dans la vie; cette fille est de la race des *Ferragus* et des *Treize*. Notre société gâtée et vicieuse ne comporte point de ces haines atroces et de ces vengeances. Nos péchés certes ne sont pas mignons, nos crimes pourtant sont moins gros. Mais d'autres caractères du roman sont vrais, profondément vrais, et avant tout le baron Hulot, avec cet amour effréné des femmes qui mène de degré en degré l'honnête homme au déshonneur et le vieillard à l'avilissement; et Crevel, excellent de tout point, de ton, de geste, de plaisanterie, le vice bourgeois dans toute sa tenue et son importance. Car ici, notons-le bien, nous n'avons plus affaire seulement aux travers, aux ridicules, ni même aux folies humaines, c'est le vice qui est le ressort, c'est la dépravation sociale qui fait la matière du roman. L'auteur y plonge; à voir sa verve, on dirait même par endroits qu'il s'y joue. Quelques scènes élevées, pathétiques, arrachent une larme; mais les scènes atroces dominent; la séve de l'impur déborde; ces infâmes Marneffe infectent tout. Ce remarquable roman, étudié à part, prêterait à des réflexions qui n'atteindraient pas M. de Balzac lui seul, mais nous tous, enfants plus ou moins mystérieux ou avoués d'une littérature sensuelle. Les uns, fils de René, ont caché et comme *ennuage* leur sensualisme sous le mysticisme; les autres l'ont franchement démasqué.

M. de Balzac a souvent pensé à Walter Scott, et le génie du grand romancier écossais l'a vivement excité, dit-il. Mais, au milieu de cette œuvre immense de l'aimable enchanteur, n'avait-il donc pas reconnu, selon l'heureuse expression de M. de Lamartine,

> Les nobles sentiments s'élevant de ces pages,
> Comme autant de parfums des odorantes plages?

N'avait-il pas respiré ce charme universel de pureté et comme de santé, ces courants d'air salubre qui y circulent, même à travers le conflit des passions humaines? On sent d'abord le besoin d'aller s'y retremper, d'aller se jeter dans quelque lecture limpide et saine au sortir des *Parents pauvres*, — de se plonger dans quelque chant de Milton, *in lucid streams*, dans les *purs et lucides courants*, comme dit le poëte.

Il y aurait, dans un travail moins incomplet, et si l'on était libre de se donner carrière, à bien établir et à graduer les rapports vrais entre le talent de M. de Balzac et celui de ses plus célèbres contemporains, Mme Sand, Eugène Sue, Alexandre Dumas. En un tout autre genre, mais avec une vue de la nature humaine qui n'est pas plus en beau ni plus flattée, M. Mérimée pourrait se prendre comme opposition de ton et de manière, comme contraste.

M. Mérimée n'a peut-être pas une meilleure idée de la nature humaine que M. de Balzac, et, si quelqu'un a semblé la calomnier, ce n'est pas lui certes qui la réhabilitera. Mais c'est un homme de goût, de tact, de sens exact et rigoureux, qui, même dans l'excès de l'idée, garde la retenue et la discrétion de la manière; qui a autant le sentiment personnel du ridicule que M. de Balzac l'avait peu, et en qui, au milieu de tout ce qu'on admire de netteté, de vigueur de trait et de précision de burin, on ne peut regretter qu'un peu de cette verve, dont l'autre avait trop. On dirait qu'en lui l'homme du monde accompli, l'*honnête homme*, comme on s'exprimait autrefois, a tenu de bonne heure l'artiste en échec.

Mme Sand, est-il besoin de le rappeler? est un plus grand, plus sûr et plus ferme écrivain que M. de Balzac; elle ne tâtonne jamais dans l'expression. C'est un grand peintre de nature et de paysage. Comme romancier, ses caractères sont souvent bien saisis à l'origine, bien dessinés; mais ils tournent vite à un certain idéal qui rentre dans l'école de Rousseau, et qui touche au systématique. Ses personnages ne vivent pas d'un bout à l'autre; il y a un moment où ils passent à l'état de type. Elle ne calomnie jamais la nature humaine, elle ne l'embellit pas non plus; elle veut la rehausser, mais elle la force et la distend en visant à l'agrandir. Elle s'en prend surtout à la société, et déprime des classes entières, pour faire valoir *quand même* des individus, qui restent encore, malgré tout, à demi abstraits. En un mot, cette sûreté de maître qu'elle porte dans l'expression et la description, elle ne l'a pas également dans la réalisation de ses caractères. Ceci soit dit avec toutes les réserves convenables pour tant de situations et de scènes charmantes et naturelles. Quant au style, c'est chez elle un don de première qualité et de première trempe.

M. Eugène Sue (laissons de côté le socialiste et ne parlons que du romancier) est peut-être l'égal de M. de Balzac en invention, en fécondité et en composition. Il dresse à merveille de grandes charpentes; il a des caractères qui vivent aussi, et qui, bon gré, mal gré, se retiennent; surtout il a de l'action et des machines dramatiques qu'il sait très-bien faire jouer. Mais les détails sont faibles souvent; ils sont assez nombreux et variés, mais moins fins, moins fouillés, d'une observation bien moins originale et moins neuve que chez M. de Balzac. Il a aussi de la gaieté et rencontre en ce genre des types heureux et naturels; mais, de plus, il aime, il affecte les excentricités et se plaît trop à les décrire. Chez l'un comme chez l'autre, il faut faire bon marché de la nature saine; ils opèrent volontiers sur le gâté ou le factice. Eugène Sue ne sait pas autant écrire que Balzac, ni aussi bien, ni même aussi mal, et aussi subtilement dans le mal. Enfin il a eu le tort de ne pas se livrer uniquement aux instincts de sa nature propre, et de consulter les systèmes du jour, de les professer dans ses derniers romans, ce que M. de Balzac n'a jamais fait. Au moins lui, il n'a obéi qu'à ses instincts, à ses inspirations favorites, et s'y est livré de plus en plus en artiste qui ne transige pas. En fait de torrent, M. de Balzac n'a jamais suivi que le sien.

Quant à M. Dumas, tout le monde sait sa verve prodigieuse, son entrain facile, son bonheur de mise en scène, son dialogue spirituel et toujours en mouvement, ce récit léger qui court sans cesse et qui sait enlever l'obstacle et l'espace sans jamais faiblir. Il couvre d'immenses toiles sans fatiguer jamais ni son pinceau ni son lecteur. Il est amusant. Il embrasse, mais n'étreint pas comme M. de Balzac.

Des trois derniers, M. de Balzac est celui qui étreint et qui creuse le plus.

La Révolution de Février avait porté un coup sensible à M. de Balzac. Tout l'édifice de la civilisation raffinée, telle qu'il l'avait rêvée toujours, semblait s'écrouler; l'Europe un moment, son Europe à lui, allait lui manquer comme la France. Cependant il se relevait déjà, et méditait de peindre à bout portant cette société nouvelle sous la quatrième forme dans laquelle elle se présentait à lui. Je pourrais tracer ici l'esquisse de son futur roman, son dernier roman en projet, dont il ne parlait qu'avec flamme. Mais à quoi bon un songe de plus? Il est mort d'une maladie de cœur, comme meurent aujourd'hui tant d'hommes parmi ceux qui ont trop ardemment labouré la vie. C'est au même mal qu'avait succombé, il y a trois ans à peine, Frédéric Soulié, qu'il serait injuste d'oublier, dès l'instant qu'on groupe les principaux chefs de cette littérature.

Peut-être, sur la tombe d'un des plus féconds d'entre eux, du plus inventif assurément qu'elle ait produit, c'est l'heure de redire que cette littérature a fourni son école et fait son temps; elle a donné ses talents les plus vigoureux, presque gigantesques; tant bonne que mauvaise, on peut penser aujourd'hui que le plus fort de sa sève est épuisé. Qu'elle fasse trêve du moins, qu'elle se repose; qu'elle laisse aussi à la société le temps de se reposer après l'excès, de se recomposer dans un ordre quelconque, et de présenter à d'autres peintres, d'une inspiration plus fraîche, des tableaux renouvelés. Une terrible émulation et comme un concours furieux s'était engagé dans ces dernières années entre les hommes les plus vigoureux de cette littérature active, dévorante, inflammatoire. Le mode de publication en feuilletons, qui obligeait, à chaque nouveau chapitre, de frapper un grand coup sur le lecteur, avait poussé les effets et les tons du roman à un diapason extrême, désespérant, et plus longtemps insoutenable. Remettons-nous un peu. En admirant le parti qu'ont su tirer souvent d'eux-mêmes des hommes dont le talent a manqué des conditions nécessaires à un développement meilleur, souhaitons à l'avenir de notre société des tableaux non moins vastes, mais plus apaisés, plus consolants, et à ceux qui les peindront une vie plus calmante et des inspirations non pas plus fines, mais plus adoucies, plus sainement naturelles et plus sereines.

Lundi 9 septembre 1850.

M. BAZIN.

Le 23 du mois dernier, est mort dans la force de l'âge un homme dont le nom et les œuvres n'étaient guère connus que de ceux qui s'occupent des productions de l'esprit, mais qui était fort apprécié par les meilleurs juges, d'une intelligence rare, élevée, étendue et sérieuse, d'un goût fin, curieux, quelquefois singulier, mais distingué toujours, d'un caractère à part, ironique et original; écrivain des plus spirituels et des moins communs, et qu'il serait injuste de traiter comme il semblait par moments désirer qu'on le fît, c'est-à-dire par l'omission et le silence.

Les principaux écrits de M. Bazin sont (je les range par ordre d'intérêt et d'importance) :

1° Une *Histoire de France sous Louis XIII, et sous le ministère du Cardinal Mazarin*, grande composition qui parut en deux parties, les quatre volumes qui traitent de Louis XIII en 1838, et les deux qui traitent de Mazarin, en 1842. Cette Histoire, dont l'auteur a donné depuis (en 1846) une seconde édition revue et définitive, a commencé, dès 1840, à obtenir le second des *prix Gobert* que l'Académie française décerne chaque année aux deux meilleurs ouvrages qui traitent de l'Histoire de France. Pendant dix ans, M. Bazin a paru digne de garder son rang après M. Augustin Thierry, et son nom était encore proclamé par M. Villemain dans la séance publique du 8 août, quand il allait mourir le 23.

2° Des *Études d'Histoire et de Biographie*, recueillies en un volume (1844). Ce sont des morceaux agréables et piquants, publiés la plupart dans des Revues et concernant des personnages qui se rattachent plus ou moins à l'époque traitée par l'historien : Sully, Henri IV, l'ancien Balzac, Bussy-Rabutin, etc.; il y manque deux morceaux très-neufs sur Molière, insérés depuis dans la *Revue des Deux Mondes* (juillet 1847 et janvier 1848).

3° Deux volumes d'Études de mœurs, intitulés : *l'Époque sans nom* (1833). Sous ce titre un peu solennel, l'auteur ne fait autre chose que donner des esquisses morales, satiriques, ingénieuses, très-fines et assez justes, le résultat de ses observations quand il se promène en flâneur dans Paris. C'est un joli livre dans le genre de Duclos, et qui peint bien l'aspect des mœurs à sa date.

4° Enfin un volume que je ne mentionne que pour ne pas être incomplet, un roman historique intitulé : *la Cour de Marie de Médicis, Mémoires d'un Cadet de Gascogne* (1830). L'auteur, selon la mode du moment qui encourageait ces sortes de pastiches, suppose qu'un cadet de Gascogne, venu à Paris au début du règne de Louis XIII, et pendant la faveur du maréchal d'Ancre, raconte ses premières aventures. Le livre est froid et mérite peu d'être relu.

Mais les trois autres publications constituent une œuvre véritable, digne de trouver place dans toute bonne bibliothèque moderne, et elles assurent un rang distingué à M. Bazin comme historien, comme critique littéraire et observateur moraliste.

Qu'était-il donc cet homme qui, avec des talents rares, s'est tenu exactement sur la limite de la considération et de la célébrité, et comme en défiance de celle-ci; qui était si goûté et si apprécié du nombre restreint de ceux qui l'approchaient, et si facilement ignoré des autres? Il lut absolument que je fasse ce qu'il détestait le plus quand cela n'était pas à deux siècles au moins de distance, une biographie ou du moins quelque chose qui y ressemble, et qui rende quelque vie, quelque physionomie, à ce qui de soi seul parlerait peu.

Anaïs de Raucou naquit à Paris le 8 pluviôse an v (1797), ce qui nous reporte en plein Directoire. Une ordonnance royale, en date du 25 avril 1834, l'autorisa à ajouter à son nom celui de M. Bazin, son bienfaiteur, « et à s'appeler désormais Bazin de Raucou. » On l'avait toujours connu, d'ailleurs, sous ce premier nom. Mais il n'est pas douteux que l'importance excessive qu'il attacha à l'irrégularité que le Bulletin des Lois laisse entrevoir et que nous n'avons pas ici à démêler, n'ait influé beaucoup sur son naturel et ne donne la clef de plus d'une singularité, inexplicable autrement, dans son caractère. Quoi qu'il en soit de ce coin réservé, son père, riche avoué de la rue Vivienne, soigna son éducation; l'enfant fut mis en pension chez M. Lepitre, où l'on faisait de bonnes études, et où l'on prenait en même temps je ne sais quel avant-goût de royalisme jusque sous l'Empire. Le jeune Bazin conçut de bonne heure l'aversion du régime qu'il voyait finir; il était encore au collége, qu'il se permit un jour, m'assure-t-on, quelque espièglerie poétique qui courut, quelque *Napoléone* au petit pied, qui eut l'honneur d'inquiéter la police impériale. Cependant il faisait d'excellentes études au lycée Charlemagne, où M. Cousin, cet autre élève de la pension Lepitre, l'avait précédé avec éclat, et où les plus brillants élèves du temps se rassemblaient autour de la chaire de rhétorique qu'illustrait déjà le jeune Villemain. M. Bazin était un des plus fameux et des plus destinés aux couronnes. Les événements de 1814 interrompirent brusquement ces joutes universitaires. M. Bazin avait dix-sept ans ; il épousa vivement la Restauration et entra dans les gardes-du-corps.

Il fit tout ce que purent faire les gardes-du-corps en 1814, dans cette première et courte Restauration, et il alla sans doute, comme les autres, escorter les princes fugitifs jusqu'à Béthune. Cette année dut lui être féconde et lui profiter en ironie et en expérience. Après les Cent-Jours, il ne reprit pas de service et se voua sérieusement à la profession d'avocat. Il paraît avoir aimé cette profession, où il conquit l'estime et se fit considérer ; il en garda quelques amis de jeunesse, parmi lesquels on me cite MM. Baroche, Delangle et Bethmont. Dans les esquisses de mœurs qui composent son *Époque sans nom*, il émousse son épigramme quand il arrive au Palais-de-Justice. Il remarque que nulle part il ne se rencontre plus de cordialité, plus de facilité de commerce et d'égalité véritable qu'entre avocats : « Nulle part, dit-il, la réputation, l'âge, le talent, ne font moins sentir leur supériorité et n'exigent moins de déférence que dans cette corporation singulière où les relations sont presque toujours hostiles. » Pourtant, avec tous les mérites solides et fins qu'il allait posséder, et en partie à cause de ces mérites mêmes, il manquait de ce qui procure le succès au barreau ; quand il avait donné les bonnes raisons en bons termes, il ne savait pas se répéter et au besoin en trouver d'autres : « Le juge y compte, dit-il malicieusement ; et peut-être l'avocat qui serait le plus disposé à s'en corriger, est-il obligé de reproduire une seconde série des mêmes raisonnements, quand il voit que le tribunal n'a pas écouté la première. Un autre obstacle encore à la concision des plaidoiries, c'est l'exigence du client, qui n'est jamais content, même d'avoir gagné sa cause, lorsque son défenseur n'a pas développé longuement tous les faits inutiles, toutes les circonstances oiseuses, tous les commérages qui pouvaient la lui faire perdre. » Il y a longtemps déjà que Pline, dans une lettre adressée à Tacite, a très-bien exposé comment il importe grandement, selon lui, à l'avocat de plaider avec diffusion et surabondance, s'il veut réussir : tel qui ne prend pas d'abord à la bonne raison qu'on allègue, sera pris à une autre qui l'est moins. Or, M. Bazin aimait avant tout la concision et la discrétion, les choses justes qui ne s'adressent qu'aux esprits faits pour les sentir.

Avec une intelligence qui se formait et s'étendait chaque jour, avec une aptitude d'esprit qui pouvait s'appliquer à bien des objets, mais sans aucun de ces talents et de ces dons impétueux qui se déclarent d'eux-mêmes, il cherchait son propre emploi, et tâtonnait un peu sur sa direction. Il essaya dans un temps, me dit-on, du genre de comédie à la Gresset ; il aurait trouvé sans doute d'heureux vers, peut-être une scène ; mais la veine comique n'était pas son fait. Il aurait eu plus volontiers en main la satire. En attendant, il s'exerçait dans les Concours académiques. En 1820, sur le sujet proposé, qui était une sorte de parallèle entre l'Éloquence de la tribune et celle du barreau, il se mit en frais inutilement. En 1822, dans le Concours sur Le Sage, il eut une première mention, laquelle ne venait toutefois qu'après deux prix et un accessit. Bref, ou plutôt à la longue, cette voie des Concours académiques le mena à obtenir, après 1830, le prix pour l'Éloge de Malesherbes. Je ne me permettrai ici qu'une remarque : de tous les écrivains distingués de nos jours, il n'en est, j'en suis certain, aucun qui ait fait plus d'épigrammes contre l'Académie française que M. Bazin. Dans tout ce qu'il a écrit, il n'a perdu aucune occasion de décocher contre elle son trait malicieux. Je me suis amusé, en le relisant, à relever les endroits dans ses œuvres; ils sont innombrables. Tantôt, à propos des solennités de réception, il déclare doucement et d'un ton de doléance que « le temps est passé, il faut bien en convenir, de ces réunions brillantes que la mode comptait parmi ses fêtes. » Tantôt, faisant allusion aux prix annuels, il plaisante dédaigneusement l'Académie « qui décerne en médaille d'or son aumône de gloire aux pauvres honteux de la littérature. » Il est inépuisable sur ce sujet-là. Voulant en venir à publier son propre Discours qui a obtenu le prix, il commence par en railler les circonstances, par montrer ce prix en l'honneur de Malesherbes proposé sous la monarchie légitime et décerné sous la dynastie de Juillet, non sans avoir été quelque peu modifié dans ses conditions et dans son programme. Il fait en petit comme Cicéron et comme Chateaubriand, qui se moquaient l'un du triomphe, et l'autre du Cordon-Bleu, tout en ambitionnant de les obtenir. Or, je vous en prie, où toute cette petite guerre inaperçue a-t-elle conduit M. Bazin? A être pendant dix années le lauréat proclamé et bien renté de l'Académie, le lauréat inamovible. Lui, qui avait si peur de paraître tomber comme un autre, comme un de nous tous, dans quelque contradiction avec lui-même, il n'a pas échappé à celle-là.

Il est vrai que, par un reste de fidélité à ses épigrammes, il n'a jamais cédé aux suggestions amicales qui lui furent faites plus d'une fois de se mettre sur les rangs pour un fauteuil, bien qu'il réunît certainement à cet effet toutes les qualités à la fois solides, sérieuses, distinguées et même mitigées, qu'on préfère ou qu'on exige.

Je reviens à lui, tel qu'il était aux pleines années de

la Restauration, grand, bien fait de taille, d'une physionomie forte et fine, jouissant d'une position aisée et qui sentait l'indépendance, possédant, ce semble, toutes les conditions du bonheur, et pourtant ayant en lui un principe d'ironie et d'âcreté secrète que l'attrait piquant de son esprit ne recouvrait pas et ne faisait le plus souvent que mettre en saillie. Ses amis, ceux qui ont le plus droit de le juger, l'ont comparé à Duclos pour le tour d'observateur moraliste. C'est bien un moraliste, en effet, qui se propose à un certain jour un tableau plus vaste et plus grand, qui se dit qu'il est temps de sortir du genre, et qui, après s'être dûment préparé, s'élève jusqu'à l'histoire. Il y avait aussi du Chamfort en lui, mais tout cela plus raffiné, ou du moins plus rentré; une partie de ses traits se retournait sur lui-même et ne sortait pas.

L'idée lui était venue d'écrire un roman, *le Gil Blas révolutionnaire;* mais il n'avait rien de cette imagination qui crée les personnages ou qui anime les détails. Mieux averti par le goût du temps et par le sérieux de sa propre inclination, il médita de s'appliquer à loisir à une grande Étude d'histoire, et, en attendant, il fit de la politique. Il en fit là où un homme de son opinion le pouvait avec le plus de liberté et de sincérité, il entra à *la Quotidienne* sous M. Michaud.

Ce serait une peinture à faire que celle des journaux politiques de la Restauration, et surtout des trois principaux : le *Journal des Débats*, organe du royalisme selon Chateaubriand, et suivant celui-ci en toutes ses métamorphoses; *le Constitutionnel* d'alors, centre du libéralisme pur; et *la Quotidienne*. Celle-ci, bien que pure royaliste, se composait en grande partie de gens d'esprit, très-libres de convictions et très-désabusés. M. Michaud, homme fin, aimable, de plus en plus spirituel en vieillissant, et dont on cite une foule de mots charmants, était le Voltaire de ce petit groupe qui comptait de jeunes noms, dignes déjà de s'associer avec le sien. Le caractère de la jeune rédaction de *la Quotidienne* était de ne donner (c'est tout simple) dans aucun des lieux-communs libéraux du temps, d'en rire tout haut, et aussi de rire plus bas des déclamations et des lieux-communs monarchiques et religieux qu'elle pratiquait de si près, qu'elle semblait partager et redoubler souvent, mais auxquels elle ne tenait en réalité que par le côté politique. C'était le cas de plusieurs du moins, et de M. Bazin plus que de personne : esprit sceptique, sans enthousiasme, fort léger de croyances, il était sincèrement royaliste, comme l'eût été un voltairien du xviiie siècle, comme le doit être en général celui qui estime la majorité des hommes peu en état de se conduire raisonnablement elle-même. Mais, si l'on excepte ce fonds de croyance royaliste, il n'eût pas fallu trop le presser sur les autres articles du symbole, et un confesseur ordinaire aurait pu être scandalisé.

Ce n'est pas une biographie que je fais, mais le peu que j'ai dit était indispensable pour entrer dans l'esprit de l'écrivain et pour prendre la mesure de l'homme. M. Bazin lui-même était de ceux qui prennent tout d'abord dans leur esprit la mesure des autres, et qui peut-être souffrent un peu de ne pouvoir donner à l'instant la leur : il en résulte que, plus tard, trop tard, quand on leur accorde ce qui leur est dû, ils n'en savent pas gré, et ne répondent au succès qu'avec un demi-sourire; l'habitude de l'ironie est contractée.

Le premier ouvrage publié par M. Bazin, les *Mémoires d'un Cadet de Gascogne* ou *la Cour de Marie de Médicis,* indique qu'à cette époque de 1830 il s'occupait déjà de son grand travail historique; il en détachait par avance quelques hors-d'œuvre, quelques tableaux en marqueterie comme on les aimait alors. Mais quand ces prétendus Mémoires parurent en 1830, la veine ouverte il y avait déjà dix ans, et où avaient fait trace des hommes d'esprit et de talent (MM. Trognon, Vitet, Mérimée), semblait épuisée : la chute de la Restauration allait décidément y couper court, et l'ouvrage de M. Bazin fut peu remarqué. Ce roman, d'ailleurs, est froid; le soi-disant Gascon manque tout à fait de verve gasconne; c'est partout l'auteur qui parle, on le sent, et non son cadet. Il n'observe pas le style du temps. Enfin, les traits spirituels semés çà et là ne rachètent en rien l'artificiel et le factice du genre.

En un endroit du récit, on trouve un chapitre intitulé *les Poëtes :* c'est un dîner supposé entre gens de Lettres et beaux-esprits du temps de Louis XIII; le fameux poëte Théophile y préside. L'auteur met en tête une note qui le peint lui-même par un de ses travers : « Il nous a semblé convenable, dit-il, d'avertir le lecteur qu'il va se trouver avec des gens de Lettres. C'est une précaution que prend toujours en pareil cas un maître de maison qui sait son monde. » Cette note sent terriblement son grand seigneur d'autrefois. Un des faibles de M. Bazin était de ne point vouloir être homme de Lettres; qu'était-il donc autre chose? Je ne sais, d'ailleurs, pourquoi il a cru devoir prendre tant de précautions avec sa note. Ce chapitre n'a rien de trop vif ni de trop égayé, je vous assure. Ce n'est pas même une conversation, c'est un Cours de poésie française, un Cours froid et sans relief, assaisonné de force plaisanteries indirectes · et d'allusions contre les romantiques du temps. On sent que l'auteur ne parle point de tout cela *tanquam potestatem habens,* comme dit l'Écriture, « en tant qu'ayant pouvoir et vertu. » Son meilleur emploi est ailleurs.

Le second ouvrage de M. Bazin est tout différent; en s'attaquant directement aux mœurs du siècle, l'auteur a trouvé sa matière. Ce livre, qui a titre *l'Époque sans nom*, et qui commence par une lettre adressée à M. Michaud, contenant une relation épigrammatique des journées de Juillet, est plein de jolies observations et d'ingénieuses malices. L'auteur vous promène dans Paris durant les années 1830-1833; il vous peint le bourgeois d'alors, le gamin et le Mayeux d'alors, l'émeute d'alors, et toutes les choses parisiennes de cette date. J'insiste sur la date, parce qu'en relisant ces volumes, ceux qui les ont le plus goûtés dans leur primeur les trouveront un peu vieillis et déjà en partie passés. C'est ce qui arrive à tout ce qui n'a pas été animé, à sa naissance, d'un souffle ardent, ou fixé d'abord d'un trait immortel. Le style de M. Bazin, dans cet ouvrage, n'est que fin, élégant, railleur, mais non exempt de prétention, et il manque de variété. C'est de *l'Ermite de la Chaussée d'Antin*, beaucoup mieux fait et plus distingué; c'est du La Bruyère en petit, sans le relief, la vigueur et l'éclat du maître, et tout ce qui grave. J'y vois quantité de remarques fines, rangées les unes à côté des autres, un peu trop de ce qu'on appelle dans les classes *de l'esprit de vers latins*. Les connaisseurs pourtant ont retenu et me signalent du doigt dans ces volumes un vrai bijou, la vie et la mort de Mayeux, le fameux Mayeux (le type grotesque de notre versatilité politique), venu au monde à Paris le 14 juillet 1789, et qui s'est successivement appelé *Messidor-Napoléon-Louis-Charles-Philippe* Mayeux, selon les noms des divers régimes qu'il a, tour à tour, épousés ou répudiés, Mayeux un moment porté sur le pavois après 1830, et qui meurt, vers 1833, de douleur et de honte d'avoir été renvoyé des rangs de la Garde nationale et rayé des contrôles comme coupable de faire rire. Car M. Bazin, pour le remarquer en passant, ne perd aucune occasion de railler notre Garde nationale. Le bourgeois aristocratique et sybarite qu'il est, se révolte contre l'institution *citoyenne*. Il se retrouve homme des Lettres sur ce point : entre deux ridicules, selon lui, et deux inconvénients, il choisit le moindre, et, pour le coup, il dirait volontiers comme cet autre de ma connaissance : « J'ai, pour un homme de Lettres, le malheur d'appartenir à une nation qui n'est jamais plus fière que quand elle a un pompon sur la tête, et qu'elle obéit au mot d'ordre d'un caporal. »

Son bourgeois de Paris nous est présenté par lui comme ayant éprouvé aux affaires du mois de juin (1832) un double accident : « il a gagné une extinction de voix et la *croix d'honneur*, deux malheurs dans la vie d'un homme raisonnable, qui craint également la médecine et le *ridicule*. » Cela est bien contourné et maniéré. Plus tard, l'auteur se trouva sujet lui-même à ce ridicule qu'il craignait. Un ministre de ses amis l'obligea de recevoir la croix d'honneur, et le persuada même de la lui demander selon l'usage. Le malin pris au piége écrivit une lettre qu'il fit la plus épigrammatique qu'il pût, et qui se terminait à peu près par ces mots : « Cela dit, mon cher ami, j'accepterai un petit morceau de ce ruban dont vous avez une aune. » C'est encore là une de ces petites contradictions auxquelles il attachait tant d'importance, et qu'avec tout son esprit il ne sut point éviter.

Nous nous acheminons lentement vers l'historien. M. Bazin avait quarante ans quand il aspira publiquement à ce titre sérieux, dont il avait compris toute la responsabilité et qu'il justifia. Il est permis de croire que, quand il s'adressait à l'époque assez peu étudiée de Louis XIII, avec le dessein de la poursuivre jusque sous la Fronde et de ne s'arrêter qu'à la mort de Mazarin, il était un peu conduit par le désir de contredire les idées communes, de faire justice de certaines préventions et de retourner du tout au tout certaines opinions consacrées. En un mot, je crois qu'en abordant l'histoire, il y entra encore avec un dessein d'ironie. C'était là une porte étroite; mais, à peine introduit dans ce riche domaine, à peine en présence des sources, il agrandit sa vue et réagit contre sa propre humeur. Son esprit qui, dans l'appréciation des faits eux-mêmes, se retrouvait positif et excellent, rectifia ses propres impressions anticipées, ou du moins les astreignit aux règles du bon sens et de la justice. L'époque qu'il avait choisie était la moins propice aux grandes phrases et à ce qu'on nomme éloquence. L'historien de Richelieu devait avoir quelque chose de cette patience si lente et si tortueuse, par laquelle le grand ministre eut à subir tant de retards et à user tant d'ambitions subalternes avant de s'élever lui-même au faîte et de triompher. L'historien de Mazarin avait besoin d'une patience au moins égale, pour se débrouiller et se dégager des intrigues, des éclats et des triomphes turbulents de la Fronde. M. Bazin était l'homme le plus propre à traverser sans ennui ces époques intermédiaires de l'histoire, et à en tirer un bon parti, un parti adroit et judicieux. Il ne craignait pas d'avoir à marquer dans sa narration, pour rester plus fidèle à la vérité, la langueur ou la complication des mouvements politiques; ce jeu bizarre et entre-croisé des choses lui allait, et il prenait plaisir à nous en démêler la trame. Le danger avec lui était plutôt qu'il ne répondît pas toujours aux situations décisives avec grandeur.

M. Villemain, dans son excellent Rapport de 1840, a indiqué les mérites et donné à deviner les lacunes, quand il a dit :

« L'histoire est toujours à faire; et tout esprit distingué, en s'aidant lui-même du progrès d'idées qu'il adopte ou qu'il combat, découvre dans les événements racontés par d'autres des leçons et des vues nouvelles. Sans avoir épuisé la double tâche qu'il s'était proposée, la peinture d'une époque historique et d'un grand homme, M. Bazin a fait un ouvrage instructif et piquant. Si quelques événements n'offrent pas dans ses récits le pathétique terrible auquel s'attendait l'imagination du lecteur, on n'en doit pas moins apprécier la finesse impartiale de son esprit. Il explique plus qu'il ne peint, mais une pénétration ingénieuse éclaire tous ses récits : et dans l'art si difficile de l'histoire, l'étendue et la précision des recherches, l'intelligence exacte des grandes choses, et le talent d'écrire soutenu dans un long ouvrage, sont des qualités rares, dignes d'un succès durable. »

Les récits de M. Bazin, sans afficher de réflexions et sous un air d'impartialité indifférente, sont volontiers disposés de manière à donner, à qui sait les comprendre, le sentiment habituel et le mépris de la versatilité et de la sottise humaine. Les chapitres qui traitent de la chute, de l'assassinat du maréchal d'Ancre, et de la condamnation de sa veuve, sont, à les bien voir, des scènes d'une tragi-comédie amère. Le plaisir de M. Bazin, quand il rencontre un lieu-commun de haine ou de faveur populaire qui s'attache à de certains noms historiques célèbres (tels que ceux de Concini, de Sully, de Henri IV ou de tout autre), est de déranger ce lieu-commun, de le mettre à jour et de le réduire. Il aime à ne penser en rien comme le vulgaire, et son travers serait peut-être, quand il rencontre une opinion communément établie, de se jeter dans la contradiction. Mais, en général, il juge bien les hommes, rend hommage aux avisés et aux vraiment habiles, et donne l'exacte mesure des caractères sans se laisser séduire ni entraîner. Il a fait un fort grand usage, au début de son histoire, des lettres de Malherbe, en qui il prise un témoin clairvoyant et bien informé, un de ces esprits caustiques, mordants et secs, l'un des types du sien. Quelquefois, bien rarement, sa pensée se fait jour par des réflexions morales qui accusent la haute misanthropie dont il est plein. Voulant expliquer, par exemple, pourquoi le connétable de Luynes, pour le moins aussi digne d'être haï et méprisé que le maréchal d'Ancre, n'a pas encouru la même impopularité dans sa mémoire, il dira énergiquement : « C'est qu'il mourut au sein de sa grandeur, qui se continuait dans une famille riche et puissante; et il faut toujours au vulgaire l'autorité d'un revers pour lui faire mépriser tout à fait les enfants de la fortune : il ne comprend guère que les dénoûments. »

Mais le plus souvent sa malice se recouvre, et plus d'un lecteur qui parcourrait le livre avec bonhomie pourrait la laisser échapper. Ainsi, quand le comte de Soissons se rapproche de son neveu le prince de Condé en 1611, et unit ses intérêts aux siens, cette association est si bien liée, que les Mémoires du temps font remarquer avec surprise que rien ne put la rompre jusqu'à la mort du comte de Soissons, « qui arriva un an après. » La malice de l'historien est toute dans ce trait : *qui arriva un an après*. Il veut faire entendre qu'un accord si court, observé de part et d'autre, était quasi un miracle entre princes, eu égard à la fidélité et à la bonne foi courante du temps. — Ainsi encore, quand le prince de Condé est prisonnier à Vincennes en mai 1617, ce prince est un peu étonné de voir la princesse sa femme venir adoucir, en les partageant, les rigueurs de sa prison. « Peu de temps après ce rapprochement, dit l'historien sans avoir l'air d'y toucher, la princesse fut reconnue enceinte, et avant sept mois elle accoucha d'un enfant qui ne vécut pas. » Cela veut dire en bon gaulois que la princesse passait pour être déjà enceinte, quand elle jugea nécessaire de venir retrouver son mari. A tout moment, M. Bazin fait entendre de la sorte certaines choses, mais il ne les dit pas.

C'est un défaut pour l'histoire, laquelle, dans sa simplicité et sa force, ne comporte guère ce genre de malice couverte et d'épigramme. En vérité, on dirait par moments que l'historien n'est pas fâché que le lecteur candide ne sente point toute la portée de ce qu'il dit, et que son ambition n'aille à être compris que des plus fins (1).

Un autre défaut chez M. Bazin historien ou biographe, un défaut qui ne laisse pas d'impatienter les lecteurs francs qui n'entendent rien à toutes ces ruses, c'est qu'il ne cite jamais ses sources ni ses auteurs, lui qui en fait un usage si scrupuleux pourtant, si exact et si fait pour défier la confrontation. Il a vu que l'abus du jour était d'afficher l'érudition, d'entasser les notes et les citations d'auteurs au bas de chaque page, et, de peur de paraître pédant, il s'est jeté dans l'abus contraire; il n'indique jamais l'endroit d'où il emprunte une citation. Vous êtes curieux, tant pis! même quand il vous instruit, il n'est peut-être pas fâché de vous humilier un peu, et il vous dérobe quelque chose. Cette affectation singulière, tout à fait petite dans un mérite si réel et si solide, a choqué dès longtemps un critique qui fait de M. Bazin le plus grand cas, et qu'il me prend envie ici,

(1) Il y a une *Histoire de Louis XIII*, qu'on ne lit guère, par le Père Griffet continuateur de Daniel; cette Histoire me paraît bien préférable à celle de M. Bazin, plus large et plus naturelle, très-curieuse de recherches, et laissant dans l'esprit du lecteur une idée plus nette des choses et des personnages.

tout en le citant, de ne pas nommer, à son exemple. Ce critique a dit :

« M. Bazin est un homme de beaucoup d'esprit et qui se pique de n'avoir rien, en écrivant, de l'érudit de profession et du pédant. Je me permettrai seulement de demander si dans cette abstinence absolue de toute citation et de toute note en un genre d'ouvrage qui les réclame naturellement, si dans cette suppression exacte de tout nom propre moderne, là même où l'auteur y songe le plus et y fait allusion, si dans cette attention tout épigrammatique à ne laisser sans rectification aucune des petites erreurs d'autrui, il n'y a pas une autre sorte de pédantisme. L'*honnête homme* est celui qui ne se pique de rien, a dit La Rochefoucauld ; M. Bazin se pique trop d'être *honnête homme*. Quand on fait un métier, il faut franchement en être : c'est à la fois plus simple, plus commode et de meilleur goût. »

Je résumerai le défaut littéraire de la manière historique de M. Bazin par un mot : il suit sa ligne, il vise au vrai, il fait de son mieux, mais il ne daigne pas se mettre assez à la place du lecteur ordinaire ; son procédé envers lui n'est pas obligeant, ni prévenant.

Malgré ces défauts que je ne cherche pas à dissimuler, et quoiqu'elle reste assez difficile à lire dans toute sa continuité pour les esprits qui ne sont pas très-sérieux et attentifs, l'Histoire de M. Bazin est une composition rare, originale, offrant, non pas comme d'autres prétendues histoires, une marqueterie brillante et spirituelle, moyennant des lambeaux de citations relevées de quelques scènes dramatiques, mais un récit médité, réfléchi, tout à fait neuf, dans lequel il est tenu compte de chaque témoignage, et où l'historien a constamment le fil en main pour donner à tout la liaison la plus vraisemblable, l'accord le plus exact et l'enchaînement le plus conforme à la vérité. Dans le tableau du ministère de Mazarin, M. Bazin s'est attaché à contredire et, comme on dirait vulgairement, à *démolir* le plus qu'il a pu le cardinal de Retz, en qui il voyait un spirituel brouillon de ce temps-là, assez pareil à d'autres brouillons qu'il désignait de ce temps-ci. Il est difficile de croire que cette sorte d'inimitié personnelle contre Retz ne l'ait pas entraîné à quelques excès en sens contraire; tout ce que Retz met en relief, par exemple, il affecte de l'éteindre et de l'effacer. Le détail de ce procès historique serait à examiner de très-près. Mais il est du moins devenu impossible de se faire désormais une idée complète de cette époque de la Fronde sans écouter le témoignage, le rapport habile et si bien dressé de M. Bazin..

Le volume qui contient ses Notices biographiques et littéraires renferme peut-être ce qu'il a écrit de plus vraiment distingué et de plus parfait. Ici sa manière s'aiguise tout à fait et se dégage. Si elle avait encore gardé un peu de la façon académique et presque rhétoricienne dans les débuts de son Histoire (1), elle n'offre plus, sous cette forme de critique, qu'une correction élégante, où le piquant de l'esprit domine. Il ne se peut imaginer de biographie de Henri IV plus épigrammatique d'un bout à l'autre que celle qu'a tracée M. Bazin : c'était à faire à un écrivain royaliste d'écrire de telles choses sur le premier roi Bourbon. J'aime bien mieux pourtant son morceau excellent sur Bussy-Rabutin, sujet moins élevé et où un tel genre d'esprit était plus de mise. M. Bazin a très-bien compris, dans ce curieux exemple du cousin de Mme de Sévigné, tout ce qu'on

---

(1) Par exemple, en mars 1612, deux ans après la mort de Henri IV, à l'occasion du double mariage annoncé entre les Maisons de France et d'Espagne, l'historien nous montre le deuil public faisant place à des fêtes «où allait se réveiller cette passion du luxe, de l'éclat et du plaisir, si longtemps ensevelie sous la *triste livrée du regret.* »

peut avoir de distinction et de mordant, ou même de justesse dans l'esprit, avec des travers de vanité et des vices de caractère. A ce morceau sur Bussy il faut joindre ce qu'il a écrit sur Molière dans la *Revue des Deux Mondes :* il y détruit quelques erreurs traditionnelles répétées par tous les biographes; il rectifie des dates et ajoute aux faits connus sur les origines du grand poëte quelques faits nouveaux. Cependant, après avoir lu ce morceau d'une exactitude inexorable, et l'avoir goûté en ce qu'il a de sobriété piquante, je n'ai pu m'empêcher d'écrire en marge cette impression plutôt morale que littéraire : « C'est très-bien, mais pourquoi cette âcreté mal dissimulée pour des choses si simples? pourquoi ne pouvoir rectifier une date ou un fait sans avoir l'air de faire une épigramme, et de dire à son prochain : *Tu es un sot* (1) ! »

On a parlé d'autres morceaux inédits de M. Bazin qui rentrent dans les mêmes études du xviie siècle; il s'était fort occupé de Saint-Simon et de Mme de Sévigné, laquelle il admirait comme écrivain par-dessus tout. Les amis des Lettres doivent désirer que ces morceaux soient assez achevés pour que M. Paulin Paris, qui en est dépositaire, puisse nous en faire jouir.

Ce qu'était surtout M. Bazin en effet, et ce que je trouve le plus à honorer en lui, c'était l'amateur véritable et passionné des Lettres. Vivant dans le commerce des hommes du meilleur temps et de la meilleure

(1) Une note précise que j'ai sous les yeux, et que je dois à l'amitié de M. Taschereau, me montre qu'en se piquant d'être plus exact que tous ses devanciers, M. Bazin, lui aussi, n'a pas laissé de faire plus d'une hypothèse et de commettre quelques petites erreurs de fait, en même temps qu'il se donne le facile plaisir de se poser en redresseur sur des points que d'autres avaient déjà rectifiés avant lui. Conclusion : même quand nous croyons avoir le plus raison, soyons modeste.

langue, il était allé, à cet égard, se perfectionnant lui-même. Bien différent de l'historien moraliste Lemontey, avec qui il n'était pas sans quelque rapport, mais qui resta toujours académique dans le mauvais sens et précieux, son propre style, à lui, s'était simplifié; les derniers écrits sortis de sa plume sont aussi ce qu'il a produit de mieux et de plus parfait : il était arrivé à l'excellent. On peut dire de M. Bazin qu'il s'était fait le contemporain du XVIIe siècle. Il avait le goût et un peu la prétention de ne lire et de ne pratiquer que les gens de ce temps-là. Il savait sur leur compte mille particularités précises, recueillies et notées au passage dans ses tournées d'historien. Il possédait les bonnes éditions, et ne manquait pas d'y surprendre les bévues que n'avaient pas su éviter les meilleurs éditeurs : il en régalait de rares et doctes amis à la rencontre. Sa conversation littéraire, surtout vers la fin, disent ceux qui en ont joui, était pleine d'intérêt, d'instruction positive, et même de charme quand il se sentait goûté. Le soin de la réputation l'occupait peu ; il n'aurait point fait un pas pour la rechercher. En général, il n'aurait pas voulu solliciter les choses, mais qu'elles le vinssent trouver d'elles-mêmes, et encore, quand même elles le prévenaient, elles n'étaient pas sûres de le trouver d'humeur à les bien accueillir toujours. Il était comme retenu sans cesse par la peur d'être dupe ou ridicule. Lui, si heureux à première vue, si bien doué, ce semble, par la nature, si bien doté de plus par la fortune, il se tenait sur la défensive avec la société, comme s'il eût craint d'être abordé de trop près. Cette disposition caractéristique à part, et quand il parvenait à triompher des travers où elle le jetait souvent, c'était un esprit judicieux, étendu, supérieur, ferme surtout et fin, un homme jugeant les hommes. Le *Nil admirari* d'Horace était sa devise. Il tenait tout charlatanisme en mépris; il avait un beau dédain de la popularité, et par les côtés élevés. Je ne sais si l'on ne méprise de tout son cœur la popularité que quand on manque au fond de ce qu'il faut pour l'obtenir; mais, quoique M. Bazin n'eût rien assurément de ce *sympathique* vrai ou faux qui enlève les hommes, je crois qu'il aurait encore méprisé dans tous les cas leur faveur. C'était, à cet égard, un philosophe, un sage qui a vu le dessous de toutes les cartes, un de ces esprits dont parle Gabriel Naudé, tout à fait *déniaisés et guéris du sot*, et qui savent bien la vérité. « La sottise est à peu près comme la disposition à la petite vérole, a dit Horace Walpole, il faut que chacun l'ait une fois en sa vie. » M. Bazin s'était donc très-bien guéri de la maladie universelle; il en était resté très-peu gravé, et c'était tout au plus si on lui voyait un grain. Il vivait d'une manière particulière, un peu bizarre. Il réalisait, avec plus de singularité, le portrait qu'il a tracé du *flâneur*, dans le dernier chapitre de son *Époque sans nom*. Selon lui, Paris n'était pas au roi (quand il y avait un roi); il n'est pas au peuple, toujours occupé et affairé : « le seul, le véritable souverain de Paris, c'est le flâneur. » Combien de fois ne l'ai-je pas rencontré l'après-midi, le soir, aux boulevards, sous les arcades Rivoli, toujours seul, jouissant incognito de son empire! Il ne s'agissait pas de le reconnaître et de le saluer : je crois que cela l'aurait choqué et qu'il l'aurait pris pour une offense. Il allait, observant ainsi, se souriant à lui-même et redoublant ses pensées. Ajoutez que, suivant lui, « le flâneur est bien logé, dans un beau quartier, à proximité des boulevards; qu'il a réuni dans son logis tout ce qui compose le confortable. Car le meilleur moyen de goûter avec calme les plaisirs du dehors, c'est de ne jamais être poursuivi par la crainte de rentrer. » Il avait eu soin de réaliser pour lui de longue main toutes ces conditions de flânerie heureuse (y compris, bien entendu, le célibat) ; et, comme ce flâneur encore qu'il a si bien décrit, il complétait la ressemblance par la crainte des visites qui retiennent chez lui l'honnête homme qui veut sortir. Il ne les aimait guère, assure-t-on, et ne les encourageait jamais. Là où il était le mieux à rencontrer et à entendre, le plus à son avantage peut-être, c'était au Cercle des Arts, son lieu d'habitude, où il venait tard et où il se plaisait assez à parler quand un petit nombre de gens d'esprit l'environnaient. Il s'y était même fait aimer. Enfin, c'était un des esprits rares et l'un des originaux de ce temps-ci. Il m'eût été facile de donner de lui un portrait en apparence plus favorable de tout point, et aussi plus effacé ; mais je crois que la plus grande faveur qu'on puisse faire à un homme distingué et qui a de belles et hautes parties, le plus vrai service à rendre à sa mémoire d'homme de Lettres, c'est-à-dire d'homme qui veut, en définitive, qu'on se souvienne de lui, c'est de le montrer le plus au vif qu'on peut, et le plus saillant dans les lignes de la vérité. C'est ainsi du moins que ceux qui viendront après seront à même de prendre une idée de lui et de le reconnaître entre tant de gens également distingués, qu'on loue d'une manière uniforme et monotone.

NOTE.

Un homme qui a beaucoup connu M. Bazin, et qui avait le droit de se compter dans le très-petit nombre de ses amis, m'a écrit au sujet de l'article précédent, et, tout en trouvant que j'avais fidèlement esquissé la misanthropie flâneuse et légèrement acrimonieuse de M. Bazin, il a pensé que je n'avais pas indiqué suffisamment pour ceux qui l'ont connu de près, ce qui en rachetait et en excusait les saillies quelquefois désobligeantes : « Sous cette enveloppe dure et parfois hérissée, m'écrit l'homme d'esprit que je ne me crois pas autorisé à nommer, il y avait un cœur honteux de lui-même, se masquant de son mieux, mais qui se laissait par moments deviner. Et ce cœur souffrait d'un mal celé *jusqu'à sa dernière minute.*

« Je ne puis vous en dire plus long sur ce sujet ni entrer dans des détails tout à fait intimes. Je me borne, sans m'expliquer davantage, à vous prier de relire certains chapitres de *the Antiquary. Old Buck,* le *haïsseur* de femmes, ressemblait à Bazin par plus d'un côté.

« Si donc, comme cela est probable, vous réimprimez jamais cette Étude, croyez-moi, jetez-y un rayon de plus, et atténuez, dans le sens que je prends la liberté de vous indiquer, ce que votre jugement a d'un peu trop rigoureux. »

J'ai pensé que la meilleure manière d'introduire ce *rayon* à demi obscur qui m'avait échappé, c'était d'en faire remarquer l'absence et de consigner le regret si bien senti et si délicatement touché qu'on vient de lire.

Lundi 16 septembre 1850.

MADAME DE POMPADOUR.

MÉMOIRES DE MADAME DU HAUSSET,

SA FEMME DE CHAMBRE.

(Collection Didot.)

Dans une Étude un peu suivie du xviiie siècle, Mme de Pompadour est inévitable. Il ne faut pas craindre de nommer les choses et les époques par leur nom ; et le nom sous lequel le xviiie siècle peut le plus justement se désigner à beaucoup d'égards, pour le goût, pour le genre universellement régnant alors dans les arts du dessin, dans les modes et les usages de la vie, dans la poésie même, n'est-il pas ce nom galant et pomponné qui semblait fait tout exprès pour la belle marquise et qui rimait si bien avec l'amour? Tous les arts de ce temps portent son cachet; le grand peintre Watteau, venu trop tôt pour elle, et qui créait un monde pastoral enchanté, semble ne l'avoir décoré et embelli que pour qu'elle en prît possession un jour et qu'elle pût s'y épanouir et y régner. Les successeurs de Watteau se complurent unanimement à reconnaître le sceptre de leur protectrice naturelle. En poésie, ce n'est pas Bernis seulement qui est tout Pompadour, c'est Voltaire dans les trois quarts de ses petits vers, c'est toute la poésie légère du temps ; c'est la prose, Marmontel dans ses *Contes moraux*, Montesquieu lui-même dans son *Temple de Gnide*. Le genre Pompadour assurément préexistait à la venue de la belle marquise, mais elle le résume en elle, elle le couronne et le personnifie.

Jeanne-Antoinette Poisson, née à Paris le 29 décembre 1721, sortait de cette riche bourgeoisie et de ce monde de finance qui s'était si fort poussé dans les dernières années de Louis XIV, et dans lequel il n'était pas rare de rencontrer un épicuréisme spirituel et somptueux : elle y apporta les élégances. On s'accorde à dire qu'elle eut dans sa jeunesse tous les talents et toutes les grâces. Son éducation avait été des plus soignées pour les arts d'agrément, et on lui avait tout appris, hormis la morale. « Je trouvai là, écrit quelque part le président Hénault à Mme du Deffand, une des plus jolies femmes que j'aie jamais vues ; c'est Mme d'Étioles. Elle sait la musique parfaitement, elle chante avec toute la gaieté et tout le goût possible, sait cent chansons, joue la comédie à Étioles, sur un théâtre aussi beau que celui de l'Opéra, où il y a des machines et des changements... » La voilà au vrai telle qu'elle était avant Louis XV. Fille d'une mère galante qu'entretenait un fermier-général, mariée comme provisoirement au neveu de ce dernier, il sembla de bonne heure que toute la famille, en la voyant si séduisante et si délicieuse, la destinât à mieux, et qu'on n'attendît plus que l'occasion et le moment. « C'est un morceau de roi..., » disait-on de toutes parts autour d'elle ; et la jeune femme avait fini par croire à cette destinée de maîtresse de roi comme à son étoile. Louis XV était alors dans le premier éclat de son émancipation tardive, et la nation, ne sachant plus depuis longtemps où se prendre, s'était mise à l'aimer éperdument.

Mme d'Étioles fit de même. Quand le roi allait chasser dans la forêt de Sénart, non loin d'Étioles, elle se rencontrait comme par hasard devant lui dans une jolie calèche. Le roi la remarquait, lui envoyait galamment de son gibier; puis, le soir, quelque valet de chambre, parent de la famille, insinuait au maître tous les détails désirables et offrait ses services à bonne fin. Tout cela, pour commencer, n'est pas beau, mais c'est de l'histoire.

Louis XV, doué d'une si noble figure et de tant de grâces apparentes, se montrait, dès sa jeunesse, le plus faible et le plus timide des rois. Rien n'est plus propre à le faire connaître au moral, à cette date, que huit lettres de Mme de Tencin au duc de Richelieu et un fragment de Mémoires de la duchesse de Brancas. Longtemps maladif dans son enfance, le jeune roi, dont la vie semblait ne tenir qu'à un souffle, avait été élevé avec des précautions excessives, et on lui avait épargné tout effort, plus même qu'il n'était d'usage avec un prince. Le cardinal de Fleury avait dirigé toute son éducation en ce sens de mollesse; ce vieillard, de plus de quatre-vingts ans, à la fois par habitude et par ruse, avait tenu constamment son royal élève à la lisière, le détournant de tout ce qui ressemblait à une idée ou à une entreprise, attentif à déraciner en lui la moindre velléité; il ne l'avait accoutumé qu'aux choses faciles. La nature n'avait rien fait, d'ailleurs, pour aider le jeune roi à surmonter cette éducation efféminée et sénile. Il n'avait aucune étincelle en lui, que celle qui bientôt se déclara pour les choses des sens. Les jeunes courtisans, les ambitieux qui l'entouraient, voyaient avec dépit se perpétuer cette tutelle du cardinal et cette insipide enfance, ce rôle d'écolier d'un roi qui avait déjà plus de trente ans : ils comprirent qu'il n'y avait qu'une seule manière de l'émanciper et de le rendre maître, c'était de lui donner une maîtresse. Il en avait depuis des années, mais en écolier toujours et sous le bon plaisir du cardinal ; il lui en fallait une qui fût réellement maîtresse et qui le mît *hors de page*. Ils ménagèrent tout à cet effet, et on peut dire que Louis XV, à cette chasse nouvelle, n'eut à faire d'abord que ce que les rois fainéants font à l'autre chasse, c'est-à-dire à viser le gibier qu'on amenait devant lui. On le vit, pour ses débuts, successivement épris des trois sœurs filles de Mme de Nesle, tant l'habitude et une sorte de routine le dominaient encore jusque dans l'inconstance. Le cardinal de Fleury étant mort, les intrigues jouèrent de plus belle ; il ne s'agissait, puisque le roi était si nul de volonté, que de savoir quelle main saisirait le gouvernail. Mme de Tencin, qui aurait voulu pousser son frère le cardinal à la tête du ministère, ne savait par quel moyen avoir prise sur cette volonté apathique du monarque : elle en écrivait au duc de Richelieu, qui était pour lors à la guerre ; elle engageait ce courtisan à écrire à Mme de La Tournelle (duchesse de Châteauroux), pour qu'elle essayât de tirer le roi de l'engourdissement où il était sur les affaires publiques :

« Ce que mon frère a pu lui dire là-dessus, ajoutait-elle, a été inutile : c'est, comme il vous l'a mandé, parler aux rochers. Je ne conçois pas qu'un homme puisse vouloir être nul, quand il peut être quelque chose. Un autre que vous ne pourrait croire à quel point les choses sont portées. Ce qui se passe dans son royaume paraît ne pas le regarder : il n'est affecté de rien ; dans le Conseil, il est d'une indifférence absolue ; il souscrit à tout ce qui lui est présenté. En vérité, il y a de quoi se désespérer d'avoir affaire à un tel homme. On voit que, dans une chose quelconque, son goût apathique le porte du côté où il y a le moins d'embarras, dût-il être le plus mauvais. »

Cette Mme de Tencin et son frère, si peu estimables, jugeaient ici les choses en gens de coup d'œil et d'esprit. La même, toujours d'après son frère, suggérait l'idée qu'il serait utile d'engager le roi à se mettre à la tête des armées : « Ce n'est pas qu'entre nous, ajoutait-elle encore, il soit en état de commander une compagnie de grenadiers, mais sa présence fera beaucoup ; le peuple aime son roi par habitude, et il sera enchanté de lui voir faire une démarche qui lui aura été soufflée. Ses troupes feront mieux leur devoir, et les généraux n'oseront pas manquer si ouvertement au leur. » C'est cette idée qui prévalut, grâce à Mme de Châteauroux, et qui fit un moment de Louis XV un simulacre de héros et l'idole de la nation. Mme de Châteauroux, sa maîtresse d'alors, avait du cœur ; elle sentit l'inspiration généreuse et la communiqua. Elle tourmenta ce roi qui semblait l'être à regret, en lui parlant des affaires d'État, de ses intérêts, de sa gloire. « Vous me tuez », lui répétait-il sans cesse. — « Tant mieux ! lui répondait-elle, il faut qu'un roi ressuscite. » Elle le ressuscita en effet, et réussit pendant quelque temps à faire de Louis XV un prince sensible à l'honneur et qui n'était pas reconnaissable.

Nous ne sommes pas si loin de Mme de Pompadour qu'il semblerait. C'est ce roi-là que, n'étant encore que Mme d'Étioles, elle épiait dans ses chasses de la forêt de Sénart et qu'elle se mit à aimer. Elle rêvait je ne sais quoi d'Henri IV et de Gabrielle. Mme de Châteauroux étant morte subitement, elle se dit que c'était à elle de la remplacer. Une intrigue fut ourdie par son monde. Les détails en échappent, et ce qu'ont raconté les libelles ne saurait être article d'histoire. Mais, avec ce manque absolu d'initiative qui caractérisait Louis XV, il fallut qu'on fît ici pour Mme d'Étioles ce qu'on avait fait pour Mme de Châteauroux, c'est-à-dire qu'on *arrangeât* pour lui l'affaire : en pareil cas, auprès des princes, les entremetteurs officieux ne manquent jamais. Mme de Tencin, à ce qu'il paraît, ayant vu se briser en Mme de Châteauroux un premier instrument, songea et concourut à la remplacer par Mme d'Étioles. Le duc de Richelieu, au contraire, était opposé à celle-ci : il avait un autre candidat en vue, une grande dame; car il semblait que, pour devenir maîtresse du roi, la condition première fût d'être dame de qualité, et l'avénement de Mme Lenormant d'Étioles, de Mlle Poisson, comme maîtresse en titre du roi, fit toute une révolution dans les mœurs de la Cour. C'est dans ce sens surtout qu'il y eut scandale; la grande ombre de Louis XIV fut invoquée. Les Maurepas, les Richelieu, se révoltèrent à l'idée d'une bourgeoise, d'une *grisette* comme on l'appelait, usurpant le pouvoir réservé jusqu'alors aux filles de noble sang. Maurepas, satirique avant tout, resta dans l'opposition et se consola avec des chansons pendant vingt-cinq ans. Richelieu, courtisan avant tout, fit sa paix, et se réconcilia.

L'année 1745, celle de Fontenoy, fut pour Mme d'Étioles l'année aussi du triomphe et celle des grandes métamorphoses. Sa liaison avec le roi était déjà *arrangée*, et il ne s'agissait plus que du moment de la déclarer publiquement. Le roi était à l'armée, et elle à Étioles. Le roi lui écrivait lettres sur lettres; Voltaire, qui se trouvait chez elle et à qui elle avait fait composer une comédie pour les fêtes de la Cour, à l'occasion du mariage du Dauphin, se prêtait à ce jeu d'Henri IV et de Gabrielle, et rimait madrigaux sur madrigaux :

> Il sait aimer, il sait combattre;
> Il envoie en ce beau séjour
> Un brevet digne d'Henri quatre,
> Signé Louis, Mars et l'Amour.

C'était le brevet sans doute du marquisat. L'abbé de Bernis aussi se trouvait alors à Étioles : on a dit qu'il était l'amant de la marquise, mais cela est très-douteux. « Il la connaissait peu avant qu'elle eût été *arrangée* avec le roi. » C'est le cardinal de Brienne qui l'assure : j'aime à me couvrir de ces graves autorités en si délicate matière. Mais quand la chose eut été réglée comme affaire d'État et que le roi dut partir pour l'armée « sans avoir peut-être encore rien obtenu, » on songea à former la société intime de la marquise durant l'absence, et l'abbé de Bernis fut désigné. Il fut fidèle à sa mission; il fit de jolis vers, tout en l'honneur de ce royal amour dont il était le confident et presque l'aumônier :

> On avait dit que l'Enfant de Cythère
> Près du Lignon avait perdu le jour;
> Mais je l'ai vu dans le bois solitaire
> Où va rêver la jeune Pompadour.

Ce bois était sans doute la forêt de Sénart, témoin des premières entrevues. Bernis, fidèle au goût du temps, loin de trouver dans cet amour royal rien de répréhensible, nous le peint à l'avance comme un modèle de chasteté et de *pudeur*, et digne en tout de l'âge d'or (1). L'aimable abbé, qui ne voit de crime que dans l'inconstance nous promet qu'il n'y en aura plus :

> Tout va changer : les crimes d'un volage
> Ne seront plus érigés en exploits;
> La *Pudeur* seule obtiendra notre hommage;
> L'Amour *constant* rentrera dans ses droits

(1) Parlant de Diane de Poitiers, la Pompadour de son temps, un poëte du xvie siècle, Olivier de Magny, disait :

> Partout où vous allez, et de jour et de nuit,
> La *piété*, la *foi*, et la *vertu* vous suit,
> La *chasteté*, l'*honneur* . . . .

Ces poëtes ont une façon de prendre les choses, qui n'est qu'à eux.

> L'exemple en est donné par le plus grand des rois,
> Et par la beauté *la plus sage.*

Ainsi la jeune Pompadour fit son entrée à Versailles à titre de *beauté sage*, dont le cœur s'était senti pris uniquement pour un héros fidèle.

Tout ceci semble étrange et presque ridicule ; mais, pour peu qu'on étudie la marquise, on reconnaît qu'il y a du vrai dans cette manière de voir, et que le goût même du xviiie siècle s'y retrouve au naturel. Mme de Pompadour n'était pas une *grisette* précisément, comme affectaient de le dire ses ennemis, et comme Voltaire l'a répété en un jour de malice : elle était une bourgeoise, la fleur de la finance, la plus jolie femme de Paris, spirituelle, élégante, ornée de mille dons et de mille talents, mais avec une manière de sentir qui n'avait pas la grandeur et la sécheresse d'une ambition aristocratique. Elle aimait le roi pour lui-même, comme le plus bel homme de son royaume, comme celui qui lui était apparu le plus aimable ; elle l'aimait sincèrement, sentimentalement, sinon avec une passion profonde. Son idéal eût été, en arrivant à la Cour, de le charmer, de l'amuser par mille divertissements empruntés aux arts ou même aux choses de l'esprit, de le rendre heureux et constant dans un cercle d'enchantements variés et de plaisirs. Un paysage de Watteau, des jeux, des comédies, des pastorales sous l'ombrage, un continuel embarquement pour Cythère, c'eût été là son cadre préféré. Mais, une fois transportée sur ce terrain glissant de la Cour, elle ne put réaliser son idéal que bien imparfaitement. Elle, naturellement obligeante et bonne, elle dut s'armer contre les inimitiés et les perfidies, prendre l'offensive pour ne pas être renversée ; elle fut amenée par nécessité à la politique et à se faire ministre d'État.

Pourtant, dès l'abord (et c'est en cela que je la trouve

fidèle à ses origines), elle porte je ne sais quoi des sentiments bourgeois, des affections et des goûts de la vie privée jusque dans les scandales brillants de sa liaison royale. Les Mémoires de Mme du Hausset, sa femme de chambre, nous édifient à ce sujet, et nous montrent avec une grande naïveté de propos les sentiments habituels et vrais de Mme de Pompadour : je n'en citerai qu'un exemple qui éclaircira ma pensée.

Mme de Pompadour avait eu de son mari une fille, Alexandrine, qu'elle éleva avec un soin extrême, et qu'elle destinait à un grand parti. Le roi avait eu de Mme de Vintimille (sœur de Mme de Châteauroux) un fils qui lui ressemblait beaucoup et était tout le portrait de son père. Mme de Pompadour voulut voir ce fils du maître, trouva moyen de se le faire amener à Bellevue où elle avait sa fille, et, conduisant le roi dans une figuerie où étaient, comme par hasard, les deux enfants, elle lui dit en les montrant tous deux : « Ce serait un beau couple. » Le roi resta froid et donna peu dans cette idée. Le sang bourbon résistait en lui à l'attrait d'une telle alliance, ainsi proposée. Mais elle, sans bien se rendre compte de cette froideur, elle disait à Mme du Hausset, en y resongeant :

« Si c'était Louis XIV, il ferait du jeune enfant un duc du Maine ; mais je n'en demande pas tant : une charge et un brevet de duc pour son fils, c'est bien peu ; et *c'est à cause que c'est son fils que je le préfère*, ma bonne, *à tous les petits ducs de la Cour. Mes petits enfants participeraient en ressemblance du grand-père et de la grand'mère, et ce mélange que j'ai l'espoir de voir ferait mon bonheur un jour.* — Les larmes lui vinrent aux yeux en disant ces paroles, » ajoute l'honnête femme de chambre.

On surprend ici, ce me semble, la veine bourgeoise pervertie, mais persistante, dans ce vœu de Mme de Pompadour ; elle fait encore entrer des idées d'affection et des arrangements de famille jusque dans ses combinaisons adultères. Elle a des sentiments; elle pense à l'avance en grand'mère déjà tout attendrie. On eût fait de cette scène de la marquise, montrant les deux enfants au roi avec larmes, un tableau que j'appellerais du Greuze-Pompadour.

C'est ce côté qui choquait tant les courtisans à la Maurepas, et qui la faisait appeler *grisette*, à cause d'une de ses qualités même, dépaysée en haut lieu. Mme de Pompadour représente, par d'autres côtés encore, la classe moyenne à la Cour, et en signale en quelque sorte l'avénement, — avénement très-irrégulier, mais très-significatif et très-réel.

Elle aimait les arts et les choses de l'esprit comme pas une des maîtresses de qualité n'eût su le faire. Arrivée à ce poste éminent et peu honorable, — beaucoup moins honorable qu'elle ne le croyait, — elle ne s'y considéra d'abord que comme destinée à aider, à appeler à elle et à encourager le mérite en souffrance et les gens de talent en tout genre. Sa seule gloire est là, son meilleur titre comme son excuse. Elle fit tout pour produire Voltaire et pour le faire agréer de Louis XV, que le pétulant poëte repoussait si fort par la vivacité et la familiarité même de ses louanges. Elle crut trouver en Crébillon un génie et l'honora. Elle favorisa Gresset, elle protégea Marmontel, elle accueillait Duclos; elle admirait Montesquieu et le lui témoignait hautement. Elle aurait voulu obliger Jean-Jacques Rousseau. Quand le roi de Prusse fit avec faste à d'Alembert une pension modique, comme Louis XV se moquait devant elle du chiffre de cette pension (1,200 livres), mise en regard des termes de *génie sublime* qui la motivaient, elle lui conseilla de défendre au philosophe de l'accepter, et d'en accorder une double : ce que Louis XV n'osa faire par principes de piété, à cause de l'*Encyclopédie*. Il ne tint pas à elle qu'on ne pût dire *le siècle de Louis XV* comme on dit le siècle de Louis XIV. Elle eût voulu faire de ce roi peu affable et *peu donnant* un prince ami des Arts, des Lettres, et libéral comme un Valois. « Comment était fait François Ier? demandait-elle un jour au comte de Saint-Germain, qui avait la prétention d'avoir vécu plusieurs siècles; c'est un roi que j'aurais aimé. » Mais Louis XV ne pouvait s'accoutumer à l'idée de compter les gens de Lettres et d'esprit pour quelque chose, et de les admettre sur aucun pied à la Cour :

« Ce n'est pas la mode en France, disait ce monarque de routine, un jour qu'on citait devant lui l'exemple de Frédéric; et, comme il y a ici un peu plus de beaux-esprits et plus de grands seigneurs qu'en Prusse, il me faudrait une bien grande table pour les réunir tous. » — Et puis il comptait sur ses doigts : « Maupertuis, Fontenelle, La Motte, Voltaire, Piron, Destouches, Montesquieu, le cardinal de Polignac. » — « Votre Majesté oublie, lui dit-on, d'Alembert et Clairaut. » — Et Crébillon, dit-il, et La Chaussée ! » — « Et Crébillon fils, dit quelqu'un, il doit être plus aimable que son père; et il y a encore l'abbé Prévost, l'abbé d'Olivet. » — « Eh bien! dit le roi, depuis vingt-cinq ans *tout cela* aurait dîné ou soupé avec moi ! »

Oh! *tout cela*, en effet, aurait été fort déplacé à Versailles; mais Mme de Pompadour aurait voulu les y voir pourtant, et que la liaison se fît à quelque degré dans l'opinion entre le monarque et les hommes qui étaient l'honneur de son règne. Au fait, elle n'était que le plus aimable et le plus joli des philosophes, et non pas le plus inconséquent, qui avait place à la Cour et qui aurait aimé à y introduire quelques-uns de ses pareils : « Avez-vous regretté Mme de Pompadour ? écrivait Voltaire à d'Alembert en apprenant sa mort. Oui, sans doute; car, dans le fond de son cœur, *elle était des nôtres;* elle protégeait les Lettres autant qu'elle le pouvait : voilà un beau rêve de fini !... »

Quand, pour distraire le roi, elle fit jouer la comédie dans les petits appartements, Montesquieu avait l'air de s'en railler dans une lettre écrite à un ami (novembre 1749) : « Je ne puis vous dire autre chose, si ce n'est que les opéras et comédies de Mme de Pompadour vont commencer, et qu'ainsi M. le duc de La Vallière va être un des premiers hommes de son siècle; et, comme on ne parle ici que de comédies et de bals, Voltaire jouit d'une faveur particulière. » Mais, au milieu de ces ballets et de ces opéras dont Montesquieu faisait fi et dont le détail nous a été transmis par Laujon, on jouait aussi *le Tartufe;* on le jouait à deux pas de la Cour dévote du Dauphin, et les courtisans qui n'avaient ni rôle ni place de faveur ne s'en consolaient pas.

Dans l'entre-sol de la marquise à Versailles vivait le docteur Quesnay, son médecin, le patron et le fondateur de la secte des Économistes. C'était un homme original, brusque, honnête, resté sincère à la Cour, sérieux *avec son air de singe,* trouvant des apologues ingénieux pour faire parler la vérité. Pendant que le roi était chez la marquise, et que les Bernis, les Choiseul, les ministres et courtisans gouvernaient avec elle, les Encyclopédistes et les Économistes causaient librement de toutes choses dans l'entre-sol de Quesnay et disposaient de l'avenir. Il semblait que la marquise eût le sentiment de tout ce qui s'amoncelait d'orages là-haut sur sa tête, quand elle disait : *Après moi le déluge!* C'était cet entre-sol plein d'idées et de doctrines, qui enfermait toutes les cataractes du ciel et qui devait tôt ou tard éclater. Il y avait des jours où l'on y rencontrait dînant ensemble Diderot, d'Alembert, Duclos, Helvétius, Turgot, Buffon, *tout cela,* comme disait Louis XV; « et Mme de Pompadour, nous raconte Marmontel, ne pouvant pas engager cette troupe de philosophes à descendre dans son salon,

28.

venait elle-même les voir à table et causer avec eux. »

Le secret des lettres était alors très-peu observé, et l'intendant des Postes venait régulièrement chaque semaine apporter au roi et à Mme de Pompadour les extraits qu'on en faisait. Quand le docteur Quesnay le voyait passer, il entrait en fureur sur cet *infâme* ministère comme il l'appelait, à tel point que *l'écume lui venait à la bouche* : « Je ne dînerais pas plus volontiers, disait-il, avec l'intendant des Postes qu'avec le bourreau. » Ces propos se tenaient dans l'appartement de la maîtresse du roi, et sans danger, et cela a duré vingt ans. M. de Marigni, frère de Mme de Pompadour, homme de mérite et digne de sa sœur par plus d'un bon côté, se contentait de dire : « C'est la probité qui s'exhale, et non la malveillance. »

Un jour, ce même M. de Marigni se trouvait dans l'appartement de Quesnay; on parlait de M. de Choiseul :

« Ce n'est qu'un petit-maître, dit le docteur, et, s'il était plus joli, fait pour être un favori d'Henri III. » — Le marquis de Mirabeau entra (le père du grand tribun) et M. de La Rivière. — « Ce royaume, dit Mirabeau, est bien mal ; il n'y a ni sentiments énergiques, ni argent pour les suppléer. » — « Il ne peut être régénéré dit La Rivière, que par une conquête comme à la Chine, ou par quelque grand bouleversement intérieur ; mais malheur à ceux qui s'y trouveront ! le peuple français n'y va pas de main morte. » Ces paroles me firent trembler, ajoute la bonne Mme du Hausset qui nous transmet le récit, et je m'empressai de sortir. M. de Marigni en fit de même, sans avoir l'air d'être affecté de ce qu'on disait. »

Rapprochez de ces paroles prophétiques celles qui échappaient à Louis XV lui-même au sujet des résistances du Parlement : « Les choses, comme elles sont, dureront autant que moi. » C'était là son bout du monde.

Mme de Pompadour a-t-elle contribué autant qu'on l'a dit à cette perte de la monarchie ? Elle n'y a pas nui sans doute. Pourtant le caractère de Louis XV étant donné, c'est encore ce qui pouvait peut-être arriver de mieux à ce roi que de tomber aux mains d'une femme « née sincère, qui l'aimait pour lui-même, et qui avait de la justesse dans l'esprit et de la justice dans le cœur : cela ne se rencontre pas tous les jours. » Telle est, du moins, l'opinion de Voltaire, jugeant Mme de Pompadour après sa mort. Elle avait du bon, le genre admis.

Louis XV, si méprisable par le caractère, n'était pas un homme sans esprit ni sans bon sens. On a cité de lui des mots heureux, des reparties piquantes et assez fines, comme en ont volontiers les princes de la maison de Bourbon. Il paraît avoir eu assez de jugement, si ce terme n'était pas trop élevé pour signifier l'espèce d'immobilité et de paresse dans laquelle il aimait à tenir son esprit; mais il lui fallait avant tout être gouverné. C'était un Louis XIII venu au xviiie siècle, avec les vices de son temps, aussi faible, aussi lâche et beaucoup moins chaste que son aïeul, et qui ne trouva point son Richelieu. Il n'aurait pu le trouver que dans une belle femme, et ces rencontres-là, d'un génie de Richelieu en un corps de Pompadour, ne sont peut-être pas dans l'ordre des choses humaines possibles. Cependant Mme de Pompadour comprit, à un certain moment, que la maîtresse en elle était usée, qu'elle ne pouvait plus retenir ni amuser le roi à ce seul titre; elle sentit qu'il n'y avait qu'un moyen sûr de se maintenir, c'était d'être l'amie nécessaire et le ministre, celle qui soulagerait le roi du soin de vouloir dans les choses d'État. Elle devint donc telle à peu près qu'il lui fallait être (1); elle força sa na-

---

(1) Bernis, ministre d'État, écrivait à Choiseul, alors ambassadeur, le 20 Janvier 1757, peu après la tentative d'assassinat de Damiens, qui avait ouvert le champ à tant d'intrigues contre la **favorite** : « Le Roi a été assassiné, et la Cour n'a vu dans cet

ture, plus faite pour le gouvernement des petits cabinets et des menus plaisirs. Ici la mythologie cesse, et l'histoire commence, une peu noble histoire! Lorsqu'elle eut fait renvoyer MM. d'Argenson et de Machault, elle gouverna conjointement avec M. de Bernis et avec M. de Choiseul. C'est alors qu'on vit le système politique de l'Europe bouleversé, les anciennes alliances de la France interverties, et toute une série de grands événements s'engageant à la merci des inclinations, des antipathies et du bon sens trop fragile et trop personnel d'une aimable femme.

On vit alors aussi le plus singulier spectacle, un roi de Prusse héroïque et cynique aux prises avec trois femmes, trois *Souveraines* acharnées à sa perte, et qu'il qualifiait toutes les trois énergiquement, l'impératrice Élisabeth de Russie, l'impératrice Marie-Thérèse et Mme de Pompadour, et s'en tirant avec elles en homme qui n'est habitué ni à aimer le sexe ni à le craindre ; et, d'autre part, Louis XV disant naïvement de ce roi dont il n'avait pas su être l'allié, et dont il était l'ennemi si souvent humilié et battu : « C'est un fou qui risquera le tout

affreux événement qu'un moment favorable de chasser notre amie. Toutes les intrigues ont été déployées auprès du confesseur. Il y a une tribu à la Cour qui attend toujours l'extrême-onction pour tâcher d'augmenter son crédit. Pourquoi faut-il que la dévotion soit si séparée de la vertu? Notre amie ne peut plus scandaliser que les sots et les fripons : *il est de notoriété publique que l'amitié, depuis cinq ans, a pris la place de la galanterie*. C'est une vraie cagoterie de remonter dans le passé pour noircir l'innocence de la liaison actuelle : elle est fondée sur la nécessité d'ouvrir son âme à une amie sûre et éprouvée, et qui, dans la division du ministère, est le seul point de réunion... Que d'ingrats j'ai vus, mon cher comte, et combien notre siècle est corrompu! Il n'y a peut-être jamais eu (beaucoup) plus de vertu dans le monde, mais il y avait plus d'honneur. »

pour le tout, et qui peut gagner la partie, quoique sans religion, sans mœurs et sans principes ». Le plaisant est que Louis XV se croyait des mœurs et des principes plus qu'à Frédéric, et il en avait en effet un peu plus, puisqu'il le croyait.

Battue au dehors, faute de héros, dans son duel contre Frédéric, Mme de Pompadour fut plus heureuse de sa personne, à l'intérieur, dans sa guerre à mort contre les Jésuites. Elle leur avait offert sa paix à un certain moment; ils refusèrent les avances contre leur usage. Elle était femme, femme d'esprit et maîtresse du terrain; elle se vengea. Elle fit cette fois tout le mal possible à ceux qui lui en voulaient faire. Des publications récentes ont éclairé d'un jour vif ce point intéressant (1).

Il y eut donc, dans la carrière et le crédit de Mme de Pompadour, deux époques distinctes: la première, la plus brillante et la plus favorisée, fut au lendemain de la paix d'Aix-la-Chapelle (1748): là elle était complétement dans son rôle d'amante jeune, éprise de la paix, des arts, des plaisirs de l'esprit, conseillant et protégeant toutes les choses heureuses. Il y eut une seconde époque très-mêlée, le plus souvent désastreuse et fatale : ce fut toute la période de la guerre de Sept ans, l'époque de l'attentat de Damiens, de la défaite de Rosbach et des insultes victorieuses de Frédéric. Ce furent de rudes années, et qui vieillirent avant l'âge cette faible et gracieuse femme entraînée à une lutte plus forte qu'elle. Pour avoir le degré précis des fautes commises par chacun à cette date, il faut attendre la publication, qui ne saurait

---

(1) Voir l'*Histoire de la Chute des Jésuites au* XVIIIe *siècle*, par le comte Alexis de Saint-Priest. — Mais il faut y ajouter désormais, comme rectifiant ce que M. de Saint-Priest a eu lui-même de trop précipité dans ses conclusions, le Père Theiner (*Histoire du Pontificat de Clément XIV*, 1852) : toutes les pièces du procès y sont.

tarder bien longtemps, de toutes les pièces diplomatiques relatives au ministère du cardinal de Bernis et à celui du duc de Choiseul. Jusque-là, je m'en tiens volontiers aux aperçus historiques de Duclos sur les causes et les malheurs de cette guerre de 1756. Mon impression pourtant, celle qui résulte aujourd'hui d'une simple vue à cette distance, c'est que les choses pouvaient tourner plus mal, et que Mme de Pompadour, aidée de M. de Choiseul, moyennant la conclusion du Pacte de famille, recouvrit encore de quelque prestige ses propres fautes et l'humiliation de la monarchie et de la France.

Il semble que la nation elle-même l'ait senti, qu'elle ait senti surtout qu'après cette brillante favorite on allait tomber bien bas; car, lorsqu'elle mourut à Versailles, le 15 avril 1764, le regret de cette population de Paris qui l'aurait lapidée quelques années auparavant, fut universel. Mme de La Tour-Franqueville, témoin peu suspect, écrivait à Jean-Jacques Rousseau (6 mai) :

> « Le temps a été si affreux ici tout le mois passé, que Mme de Pompadour en a dû avoir moins de peine à quitter la vie. Elle a prouvé dans ses derniers moments que son âme était un composé de force et de faiblesse, mélange qui, dans une femme, ne me surprendra jamais. Je ne suis pas surprise non plus de la voir aussi généralement regrettée qu'elle a été généralement méprisée ou haïe. Les Français sont les premiers hommes du monde pour tout; il est tout simple qu'ils le soient pour l'inconséquence. »

L'un de ceux qui parurent la regretter le moins, fut Louis XV ; on raconte que, voyant d'une fenêtre passer le cercueil qu'on transportait du château de Versailles à Paris, comme il faisait un temps affreux, il dit ces seuls mots : « La marquise n'aura pas beau temps pour son voyage. » Son aïeul Louis XIII avait dit à l'heure de l'exécution du favori Cinq-Mars : « *Cher ami* doit faire maintenant une laide grimace. » Auprès du mot de

Louis XIII, le mot de Louis XV est presque touchant de sensibilité.

Les arts ressentirent avec douleur la perte de Mme de Pompadour, et consacrèrent sa mémoire; ils avaient espéré un moment sa convalescence, et ils ne firent que se montrer reconnaissants. Si Voltaire, écrivant de Mme de Pompadour morte à ses amis, disait : *Elle était des nôtres*, à plus forte raison les artistes avaient droit de le dire. Mme de Pompadour était elle-même un artiste distingué. Directement, et par son frère, M. de Marigni, qu'elle avait fait nommer à la Surintendance des bâtiments, elle exerça la plus active et la plus heureuse influence. A aucune époque, l'art ne fut plus vivant, plus en rapport avec la société, qui s'y exprimait et s'y modelait de toutes parts (1). Rendant compte du Salon de 1765, Diderot rencontrait d'abord un tableau allégorique, où Carle Vanloo représentait les Arts désolés et suppliants qui s'adressent au Destin pour obtenir la conservation de la marquise : « Elle les protégeait en effet, dit le critique; elle aimait Carle Vanloo; elle a été la bienfaitrice de Cochin; le graveur Gai avait son touret chez elle. Trop heureuse la nation si elle se fût bornée à délasser le souverain par des amusements, et à ordonner aux artistes des tableaux et des statues! » Et après avoir décrit le tableau, il conclut un peu rudement, ce semble :

« Les Suppliants de Vanloo n'obtinrent rien du Destin, plus favorable à la France qu'aux Arts. Mme de Pompadour mourut au mo-

---

(1) Sur ce chapitre de l'art et des artistes du xviiie siècle au point de vue du goût *Pompadour*, je ne puis que rappeler une quantité de gracieux portraits littéraires de M. Arsène Houssaye, qui, dès longtemps, a fait de cette étude riante comme son domaine. Dans ce moment, je sais que je chasse en quelque sorte sur ses terres; mais ce n'est pas sans lui en avoir demandé l'agrément.

ment où on la croyait hors de péril. Eh bien! qu'est-il resté de cette femme qui nous a épuisés d'hommes et d'argent, laissés sans honneur et sans énergie, et qui a bouleversé le système politique de l'Europe? Le Traité de Versailles, qui durera ce qu'il pourra; *l'Amour* de Bouchardon, qu'on admirera à jamais; quelques pierres gravées de Gai, qui étonneront les antiquaires à venir; un bon petit tableau de Vanloo, qu'on regardera quelquefois; et une pincée de cendres! »

Il restera quelques autres choses encore, et la postérité, ou du moins les amateurs qui aujourd'hui la représentent, semblent accorder à l'influence de Mme de Pompadour, et ranger sous son nom plus d'objets dignes d'attention que Diderot lui-même n'en énumérait. J'en indiquerai rapidement quelques-uns.

Mme de Pompadour avait une belle bibliothèque, très-riche surtout en matière de théâtre, une bibliothèque en grande partie composée de livres français, c'est-à-dire de livres qu'elle lisait, la plupart reliés à ses armes (trois tours), et quelquefois avec de larges dentelles qui ornent les plats. Ces volumes sont encore recherchés, et les bibliophiles lui accordent à elle-même une place d'élite sur leur livre d'or, à côté des plus illustres connaisseurs dont les noms se sont conservés. Elle poussa l'amour de l'art jusqu'à *imprimer* de ses mains, à Versailles, une tragédie de Corneille, *Rodogune* (1760) : la pièce n'a été tirée qu'à une vingtaine d'exemplaires. Ce ne sont là que des singularités, dira-t-on ; mais elles attestent le goût et la passion des Lettres chez cette femme « qui aurait aimé François Ier. »

Il existe d'elle au Cabinet des Estampes un Recueil intitulé l'*Œuvre de Mme de Pompadour*, composé de plus de soixante estampes ou gravures à l'eau-forte. Ce sont pour la plupart des sujets allégoriques destinés à célébrer quelques événements mémorables du temps; mais il y en a aussi qui rentrent davantage dans l'idée que réveille l'aimable artiste : *l'Amour cultivant un myrte, l'Amour cultivant des lauriers*. En général, les Amours se retrouvent sous toutes les formes, et *le Génie militaire* lui-même est représenté en Amour, méditant devant des drapeaux et des canons. Non contente de reproduire ainsi sur cuivre à l'eau-forte les gravures sur pierres fines de Gai, Mme de Pompadour paraît en avoir fait quelques-unes elle-même au touret sur pierres fines (agate ou cornaline). Ses eaux-fortes, d'ailleurs, ont été retouchées au burin. Enfin, ici comme pour l'imprimerie, elle a mis de toute manière sa main, sa jolie main, à l'œuvre; elle est du métier, et, de même que les bibliophiles l'inscrivent sur leur liste et les typographes sur la leur, les graveurs ont droit de compter dans leurs rangs, à titre de confrère, Mme de Pompadour *graveuse à l'eau-forte*.

La manufacture de Sèvres lui doit beaucoup; elle la protégea activement; elle y conduisait souvent le roi qui, cette fois, sentait l'importance d'un art auquel il devait de magnifiques services de table, dignes d'être offerts en cadeau aux souverains. Sous l'influence prochaine de Versailles, Sèvres eut bientôt des merveilles originales à opposer à celles du Vieux-Saxe et du Japon. Nulle part le genre dit *Pompadour* ne brille avec plus de délicatesse et de fantaisie, et plus à sa place, que dans les services de porcelaine de cette date. Cette gloire, due à un art fragile, est plus durable que bien d'autres.

Tandis que M. de Marigni, son frère, appelait de Lyon Souflot pour le charger de la construction de Sainte-Geneviève (Panthéon), elle s'intéressait vivement et contribuait pour sa part à l'établissement de l'École militaire. Parmi le très-petit nombre des lettres authentiques qu'on a d'elle, il s'en trouve deux qui donnent là-dessus de précieux détails. Dans l'une, adressée à une amie, la comtesse de Lutzelbourg, elle dit (3 janvier 1751) :

« Je vous crois bien contente de l'édit que le roi a donné pour anoblir les militaires. Vous le serez bien davantage de celui qui va paraître pour l'Établissement de cinq cents gentilshommes que Sa Majesté fera élever dans l'art militaire. Cette École royale sera bâtie auprès des Invalides. Cet Établissement est d'autant plus beau, que Sa Majesté y travaille depuis un an et que ses ministres n'y ont eu nulle part, et ne l'ont su que lorsqu'il a eu arrangé tout à sa fantaisie, ce qui a été à la fin du voyage de Fontainebleau. Je vous enverrai l'Édit d'abord qu'il sera imprimé. »

Si le roi y avait songé tout seul et sans ses ministres, il n'est pas douteux que c'est à Mme de Pompadour qu'il en dut l'inspiration, car il n'était pas homme à avoir de son chef de ces idées-là. Une autre lettre toute familière de Mme de Pompadour, adressée à Paris-Duverney, qui lui en avait suggéré l'idée première à elle-même, nous la montre poursuivant l'exécution de ce noble projet avec sollicitude :

« Le 15 août 1753.

« Non, assurément, mon cher *nigaud*, je ne laisserai pas périr au port un Établissement qui doit immortaliser le roi, rendre heureuse sa noblesse, et faire connaître à la postérité mon attachement pour l'État et pour la personne de Sa Majesté. J'ai dit à Gabriel aujourd'hui de s'arranger pour remettre à Grenelle les ouvriers nécessaires pour finir la besogne. Mon revenu de cette année ne m'est pas encore rentré; je l'emploierai en entier pour payer les quinzaines des journaliers. J'ignore si je trouverai mes sûretés pour le paiement, mais je sais très bien que je risquerai, avec grande satisfaction, cent mille livres pour le bonheur de ces pauvres enfants. Bonsoir, cher *nigaud*, etc., etc. »

Si le ton peut paraître un peu bourgeois, l'acte est royal.

Tous les maîtres de l'École française d'alors firent le portrait de Mme de Pompadour : on a celui de Boucher, celui de Drouais que Grimm préférait à tous; mais le plus admirable est certainement le pastel de La Tour, que possède le Musée. C'est là qu'il faut aller voir la marquise avant de se permettre de la juger et de se former la moindre idée de sa personne.

Elle est représentée assise dans un fauteuil, tenant en main un cahier de musique, le bras gauche appuyé sur une table de marbre où sont posés une sphère et divers volumes. Le plus gros de ces volumes, qui touche à la sphère, est le tome IV de l'*Encyclopédie;* à côté se trouvent rangés un volume de *l'Esprit des Lois, la Henriade* et le *Pastor Fido,* témoignage des goûts à la fois sérieux et tendres de la reine de ces lieux. Sur la table encore, au pied de la sphère, se voit un volume bleu renversé qui porte inscrit au dos : *Pierres gravées ;* c'est son œuvre. Une estampe se détache et pend, qui représente un graveur en pierres fines au travail avec ces mots: *Pompadour sculpsit.* A terre, au pied de la table, est un carton de gravures et de dessins, marqué à ses armes ; on a là tout un trophée. Au fond, entre les pieds de la console, s'entrevoit un vase en porcelaine du Japon : pourquoi pas de Sèvres? Derrière son fauteuil, et du côté opposé à la table, est un autre fauteuil ou une ottomane avec une guitare. Mais c'est la personne même qui est de tout point merveilleuse de finesse, de dignité suave et d'exquise beauté. Tenant en main le cahier de musique avec légèreté et négligence, elle en est tout à coup distraite; elle semble avoir entendu du bruit et retourne la tête. Est-ce bien le roi qui vient et qui va entrer? Elle a l'air d'attendre avec certitude et d'écouter avec sourire. Sa tête ainsi tournée laisse voir le profil du cou dans toute sa grâce, et ses petits cheveux très-courts, délicieusement ondés, dont les boucles s'étagent et dont le blond se devine encore sous la demi-poudre qui les couvre à peine. La tête nage dans un fond bleu-clair qui, en général, est celui de tout le tableau. L'œil est partout satisfait et caressé; c'est de la mélodie plutôt encore que de l'harmonie. Une lumière tamisée et bleuâtre descend et glisse sur tous les objets. Il n'est rien, dans ce boudoir enchanté, qui ne semble faire sa cour à la déesse, rien, pas même *l'Esprit des Lois* et l'*Encyclopédie*. La robe de satin à ramages laisse place dans l'échancrure de la poitrine à plusieurs rangs de ces nœuds qu'on appelle, je crois, des *parfaits contentements,* et qui sont d'un lilas très-clair. Elle-même a les chairs et le teint d'un blanc lilas, légèrement azuré. Ce sein, ces rubans, cette robe, tout cet ensemble se marie harmonieusement ou plutôt amoureusement. La beauté brille dans tout son éclat et dans sa fleur épanouie. La figure est jeune encore, les tempes ont gardé leur jeunesse et leur fraîcheur; la lèvre est fraîche également et n'a pas encore été flétrie, comme on dit qu'elle le devint pour s'être trop souvent froncée et mordue en dévorant la colère ou les affronts. Tout dans la physionomie, dans l'attitude, exprime la grâce, le goût suprême, l'affabilité et l'aménité plutôt que la douceur, un air de reine qu'il a fallu prendre, mais qui se trouve naturel et qui se soutiendra sans trop d'effort. Je pourrais continuer et décrire bien de jolis détails, j'aime mieux m'arrêter en renvoyant les curieux devant le modèle : ils y verront encore mille choses que je n'ose effleurer.

Telle était dans son plus beau jour cette personne ravissante, ambitieuse, fragile, mais qui fut sincère, qui resta bonne dans son élévation, fidèle (j'aime à le croire) dans sa faute, serviable tant qu'elle put, vindicative pourtant si on l'y poussait, qui était bien de son sexe après tout, et qu'enfin sa femme de chambre a pu nous montrer dans l'intimité, sans lui être un témoin trop à charge ni accablant. Ce livre de Mme du Hausset laisse une impression singulière; il est écrit avec une sorte de naïveté et d'ingénuité qui s'est conservée assez honnête dans le voisinage du vice : « Voilà ce que c'est que la Cour, tout est corrompu du grand au petit », disais-je un jour à Madame, qui me parlait de quelques faits qui étaient à ma connaissance. — « Je pourrais t'en dire bien d'autres, m'ajouta-t-elle; mais la petite chambre où tu te tiens souvent t'en apprend assez. » Mme de Pompadour, après le premier moment passé de féerie et d'éblouissement, jugea sa situation ce qu'elle était, et, tout en aimant le roi, elle ne garda aucune illusion sur son caractère ni sur l'espèce d'affection dont elle était l'objet. Elle sentait qu'elle n'était pour lui qu'une habitude et pas autre chose. « C'est votre escalier que le roi aime, lui disait la petite maréchale de Mirepoix; il est habitué à le monter et à le descendre. Mais, s'il trouvait une autre femme à qui il parlerait de sa chasse et de ses affaires, cela lui serait égal au bout de trois jours. » Elle se répétait à elle-même cette parole comme l'exacte et triste vérité. Elle avait tout à craindre à chaque minute, car, avec un tel homme, *tout était possible;* un sourire même de lui et une mine plus ou moins gracieuse ne prouvaient rien: « Vous ne le connaissez pas, ma bonne, disait-elle un jour à Mme Du Hausset, avec qui elle causait de je ne sais quelle rivale qu'on avait essayé de lui susciter; s'il devait la mettre ce soir dans mon appartement, il la traiterait froidement devant le monde, et me traiterait avec la plus grande amitié. » Il tenait cette sournoiserie de sa première éducation sous le vieux cardinal de Fleury. — Enfin, elle s'écrie avec un sentiment secret de sa misère et une expression qui ne laisse pas d'étonner : « Ah! ma vie est comme celle du chrétien, un combat perpétuel. Il n'en était pas ainsi des personnes qui avaient su gagner les bonnes grâces de Louis XIV... »

Malgré tout, elle fut bien la maîtresse qui convenait à ce règne, la seule qui pût venir à bout d'en tirer parti dans le sens de l'opinion, la seule qui pût diminuer le désaccord criant entre le moins littéraire des rois et la plus littéraire des époques. Si l'abbé Galiani, dans une page curieuse, préférant hautement au siècle de Louis XIV le siècle de Louis XV, a pu dire de cet âge de l'esprit humain si fécond en résultats : « On ne rencontrera de longtemps nulle part un règne pareil, » Mme de Pompadour y contribua certainement pour quelque chose. Cette gracieuse femme rajeunit la Cour, en y apportant la vivacité de ses goûts bien français, de ses goûts parisiens. Comme maîtresse et amie du Prince, comme protectrice des arts, son esprit se trouva tout à fait au niveau de son rôle et de son rang : comme politique, elle fléchit, elle fit mal, mais pas plus mal peut-être que toute autre favorite en sa place n'eût fait à cette époque, où manquait chez nous un véritable homme d'État.

Quand elle se vit mourir après dix-neuf années de règne, quand il lui fallut, à l'âge de quarante-deux ans, quitter ces palais, ces richesses, ces merveilles d'art amoncelées, ce pouvoir si envié, si disputé, mais qu'elle retint tout entier en ses mains jusqu'au dernier jour, elle ne dit point comme Mazarin avec soupir : « Il faut donc quitter tout cela ! » Elle envisagea la mort d'un œil ferme, et, comme le curé de la Madeleine était venu la visiter à Versailles et s'en retournait : « Attendez un moment, Monsieur le curé, lui dit-elle, nous nous en irons ensemble. »

Mme de Pompadour peut être considérée comme la **dernière en date des maîtresses de roi, dignes de ce** nom : après elle, il serait impossible de descendre et d'entrer décemment dans l'histoire de la Du Barry. Les rois et empereurs qui ont succédé depuis lors en France jusqu'à nos jours, ont été ou trop vertueux, ou trop despotiques, ou trop podagres, ou trop repentants, ou trop pères de famille, pour se permettre encore de ces inutilités-là : on en a entrevu au plus quelques vestiges. La race des maîtresses de roi peut donc être dite sinon finie, du moins très-interrompue, et Mme de Pompadour reste à nos yeux la dernière en vue dans notre histoire et la plus brillante (1).

(1) Voici le relevé exact des registres de l'État civil relatifs à Mme de Pompadour :

Jeanne-Antoinette Poisson, marquise de Pompadour, née à Paris, le 29 décembre 1721 (Saint-Eustache) ; — mariée, le 9 mars 1741, à Charles-Guillaume Lenormant, seigneur d'Étioles (Saint-Eustache) ; — morte le 15 avril 1764 ; inhumée le 17 aux Capucines de la place Vendôme. — Sa paroisse à Paris était la Madeleine ; son hôtel, dans le faubourg Saint-Honoré, est aujourd'hui l'Elysée.

M. Le Roi, bibliothécaire de la ville de Versailles, a publié, d'après un manuscrit authentique, le *Relevé des dépenses de Madame de Pompadour depuis la première année de sa faveur jusqu'à sa mort*. Ce relevé, avec la désignation et l'emploi des sommes, présente un tableau complet des goûts variés de la marquise et ne fait pas trop de déshonneur à sa mémoire.

Lundi et mardi 23 et 24 septembre 1850.

M. DE MALESHERBES.

Dans un Recueil des *Discours et Rapports lus aux séances de l'Académie française* (1840-1849), qui vient de paraître, je retrouve un excellent morceau de M. Dupin sur M. de Malesherbes. M. de Malesherbes était membre de l'Académie française; il y avait été reçu par acclamation en 1775. En 1830, l'Académie proposa son Éloge, et M. Bazin eut le prix. Mais elle chargea, de plus, l'un de ses membres les plus considérables, M. Dupin, de venir lui parler plus amplement, et en toute autorité, de ce grand magistrat et citoyen, que son dévouement et sa mort ont fait sublime. Après tant d'éloges et de panégyriques, le sujet pouvait sembler épuisé. M. Dupin l'a envisagé, selon les habitudes de son esprit, avec vigueur, bon sens, et une sorte de résolution de coup d'œil : s'emparant de quelques objections adressées aux idées premières de M. de Malesherbes, il n'a pas seulement loué, il a discuté. Rapprochant les doctrines politiques et philosophiques longtemps professées par ce grand homme de bien, des réformes sociales qui se sont réalisées depuis, il en a tiré des vues justes et neuves. Je saisirai cette occasion de dire moi-même ici quelque chose sur un sujet qui honore tous ceux qui y touchent.

Chrétien-Guillaume de Lamoignon de Malesherbes, héritier d'un nom si beau, qu'il devait rendre plus beau par sa vie et sacré par sa mort, était né le 6 décembre 1721. Élevé chez les Jésuites de qui il ne prit que le goût des Lettres, initié à la jurisprudence auprès du célèbre conseiller janséniste l'abbé Pucelle de qui il ne prit que l'intégrité et la doctrine, il fut de bonne heure de son siècle par une certaine liberté d'esprit que ne connaissait point l'âge précédent, ou qui du moins n'y était point de droit commun. Issu de bonne race, il avait en lui des trésors de santé, de probité, de vigueur intellectuelle et morale, dont il usa sans cesse avec application et qu'il ne laissa point dissiper. Il se mit à l'étude à la fois dans tous les sens. Les premières fonctions qu'il exerça dans la magistrature (substitut du procureur-général, puis conseiller aux enquêtes) lui laissèrent du loisir pour s'occuper activement des lettres, des sciences, et particulièrement des sciences naturelles qu'il aimait passionnément. En agronomie, en botanique, il était mieux qu'un amateur, il fit ses preuves comme homme du métier. La nature ne lui avait point accordé les élégances ni les grâces de la jeunesse, non plus que l'envie de les acquérir ou d'y suppléer : c'était du temps de gagné pour les choses sérieuses. On raconte que le fameux maître de danse Marcel, si connu par la solennité de ses aphorismes, demanda un jour une audience à M. de Lamoignon père pour lui déclarer qu'il ne pouvait lui dissimuler en conscience que son fils ne danserait jamais bien et ne pourrait conséquemment faire son chemin ni dans la magistrature ni dans l'armée : « A la manière dont il marche, concluait-il, vous ne pouvez raisonnablement le placer que dans l'Église. » M. de Malesherbes se plaisait gaiement à raconter ce lamentable pronostic de Marcel.

M. de Lamoignon père ayant été nommé Chancelier

de France en 1750, Malesherbes lui succéda en qualité de premier président de la Cour des Aides ; dès lors il appartient aux grandes charges, et sa vie publique commence. Il avait vingt-neuf ans.

Il est très-probable que, sans cette circonstance, et s'il eût été retardé de quelques années dans sa carrière de magistrat, il eût fait son entrée dans la vie littéraire par quelque publication d'ouvrage ; car, dans chaque ordre d'études, il aimait à se rendre compte par écrit de ses pensées. Au moment où il devint premier président, il était très-occupé de l'*Histoire naturelle* de Buffon, dont les trois premiers volumes venaient de paraître (1749), et il s'attachait à y relever, plume en main, les légèretés et les inexactitudes, principalement en ce qui concernait la botanique, que Malesherbes savait si bien, et que Buffon savait peu. Malesherbes, jeune, ne craint pas de traiter avec vivacité Buffon, nouvellement célèbre et non encore consacré : « M. de Buffon, dit-il, qui ne s'est adonné que depuis peu de temps à l'étude de la nature. » Il venge Gesner, Linné, Bernard de Jussieu, tous les grands botanistes que Buffon avait traités un peu dédaigneusement et presque voulu *déshonorer* en les assimilant aux alchimistes, sans considérer « que la botanique est le tiers de l'histoire naturelle par son objet, et plus de la moitié par la quantité des travaux. » Parlant quelque part d'une remarque féconde du grand naturaliste Gesner, Buffon avait dit de celui qui l'avait faite : « *Je crois que c'est Gesner.* » — Or toute la botanique moderne est fondée sur la découverte de Gesner, fait observer Malesherbes. Que dirait-on d'un homme qui, donnant des Réflexions sur le Théâtre-Français, dirait : *En tel temps il parut une tragi-comédie intitulée* le Cid, *qui était,* je crois, *de Pierre Corneille?* » En lisant les Observations de Malesherbes, restées inédites de son vivant et qui ne parurent qu'en 1798, on sent partout un homme modeste, instruit, qui est sur son terrain et qui ne fait que le défendre comme il doit, en accueillant un peu vertement l'homme supérieur, qui jette un coup d'œil général et qui tranche. Ces critiques nous montrent un esprit ferme, judicieux, *souverainement droit*, a dit M. Flourens, l'esprit qui convient aux sciences d'observation; le style y est abondant, naturel, sain, médiocrement élégant, mais souvent spirituel par le bon sens : c'est là un des traits qui caractérisent Malesherbes. Plus tard, dans son Discours de réception à l'Académie, Malesherbes louera Buffon présent, mais il avait commencé par le juger.

La carrière publique de Malesherbes s'ouvrit donc en 1750, et, à partir de ce moment, il faudrait le diviser lui-même sous plusieurs aspects et sous plusieurs chefs pour le suivre et l'étudier convenablement. En même temps qu'il présidait à la Cour des Aides, il se trouva chargé par le Chancelier son père d'une place de confiance des plus délicates, celle de Directeur de la librairie. Or, en un temps où aucun livre ne pouvait s'imprimer en France sans permission expresse ou tacite, et en plein milieu du xviiie siècle, on peut juger de l'importance d'une pareille place que Malesherbes remplit durant treize années (1750-1763).

Comme premier président de la Cour des Aides, la carrière de Malesherbes demanderait tout un chapitre; il suivit la ligne de conduite des hommes les plus courageux et les plus indépendants de l'antique magistrature française, se signala par des Remontrances énergiques et qui touchaient aux grands intérêts de la nation, ne rechercha en tout que la droite équité, et, s'il rencontra la popularité dans cette voie, du moins il n'y sacrifia jamais.

Exilé, en 1771, à la suite de Remontrances mémorables, il reparut à la tête de sa Compagnie au début du règne de Louis XVI, et devint ministre de ce vertueux prince en 1775, dans ce premier ministère réformateur dont Turgot faisait partie. Pourtant Malesherbes resta peu et se découragea vite. « Dans Malesherbes ministre, a dit un historien bien digne de le comprendre (M. Droz), on voit toujours l'honnête homme, mais on ne retrouve plus l'intrépide magistrat. » Malesherbes, comme tant d'hommes de sa race et de sa forme de caractère, n'était tout à fait grand et intrépide que sur les fleurs de lis, en attendant le jour où il fut si grand en présence de l'échafaud.

En 1787, Malesherbes rentra encore un moment au Conseil du roi, sous le ministère de M. de Brienne; mais il n'avait point de portefeuille, il y eut peu de crédit, et ne réussit qu'à décider l'émancipation civile des protestants. Les événements se précipitaient chaque jour au gré des passions et des intrigues. Il semblait qu'en se retirant alors comme il fit, en se consacrant uniquement désormais aux soins de l'agriculture dans ses beaux jardins de Malesherbes, ce noble et digne vieillard de près de soixante-dix ans avait clos définitivement sa carrière. S'il fût mort à cette époque, il eût laissé la réputation d'un des hommes les plus vertueux et les plus éclairés de son temps. Son oraison funèbre eût été belle encore; elle eût été tout entière dans ces paroles qu'un étranger de grand mérite (lord Shelburne, depuis marquis de Lansdowne) avait pu dire, en revenant de le visiter quelques années auparavant :

« J'ai vu pour la première fois de ma vie ce que je ne croyais pas qui pût exister : c'est *un homme dont l'âme est absolument exempte de crainte et d'espérance, et cependant est pleine de vie et de chaleur.* Rien dans la nature ne peut troubler sa paix ; *rien ne lui est néces-*

saire, et il s'intéresse vivement à tout ce qui est bon. En un mot, j'ai beaucoup voyagé et je n'ai jamais rapporté un sentiment aussi profond. Si je fais quelque chose de bien dans tout le temps qui me reste à vivre, je suis sûr que le souvenir de M. de Malesherbes animera mon âme. »

C'était là, ce semble, une haute destinée d'homme de bien déjà toute remplie et toute consommée; mais, pour l'enseignement de l'humanité et pour sa propre gloire, il fallait que M. de Malesherbes obtînt plus encore. L'occasion, qui nous révèle tout entier aux autres et à nous-même, l'alla chercher dans la tempête civile et le trouva tout préparé; il vit celui qu'il avait appelé son maître, seul, sans défense, dans un cachot, et il s'avança en lui tendant les bras. Il y avait pensé à l'avance. Voyageant en Suisse dans l'été de l'année 1792, à l'époque, je crois, du 20 juin, il entra un matin à Lausanne chez une de ses parentes (la marquise Daguesseau) qui s'y trouvait alors et qu'il visitait tous les jours : « Je pars pour Paris, » dit-il. — « Et pourquoi? » — « Les choses deviennent plus graves; je vais à mon poste; le roi pourrait avoir besoin de moi. » J'ai voulu citer ce mot pour montrer qu'il y eut préméditation ou du moins prévision dans son dévouement. M. de Malesherbes revint; on sait le reste. Défenseur de Louis XVI, qu'il suivit bientôt à son tour avec tous les siens sur l'échafaud, M. de Malesherbes a donné l'un des plus grands exemples de bonté et de grandeur morale: de telles victimes sont encore plus faites pour relever la nature humaine que leurs bourreaux pour la dégrader.

Forcé de choisir entre tant de points de vue que présente la vie de M. de Malesherbes, j'en prendrai un sur lequel il m'a été donné de recueillir des renseignements précieux et confidentiels : je veux parler de son administration comme Directeur de la librairie durant treize ans. Les pièces les plus importantes, les principaux dossiers manuscrits relatifs à cette partie de sa vie et de sa conduite, sont sous mes yeux, et j'en pourrai traiter, non pas avec plus de justesse et d'équité (car la plupart des biographes en ont très-bien parlé en général), mais avec plus de précision qu'on ne l'avait fait jusqu'ici.

En 1750, M. le Chancelier de Lamoignon avait donc chargé son fils de diriger la librairie, qui était alors dans les attributions du Chancelier. M. de Malesherbes était un homme éclairé, je l'ai dit, et selon les lumières modernes; il aurait voulu la liberté de la presse, et croyait peu à l'efficacité de la Censure, quand une fois l'opinion a pris son essor dans un certain sens. Et malgré tout, le voilà placé à la tête de cette Censure, et investi de la plus délicate des fonctions, en présence d'une littérature philosophique très-émancipée, dont il partage plus d'une doctrine, en face d'une opposition religieuse et réactionnaire très-irritée, qui a des appuis à la Cour auprès de la reine et du Dauphin, en regard enfin du Parlement, qui a ses préjugés, ses prétentions, et qui voudrait, dans bien des cas, évoquer à lui le jugement des livres et des auteurs. L'office du Directeur de la librairie consistait, quand un livre lui était soumis (et tous devaient l'être) à indiquer un censeur; sur l'approbation de ce censeur, approbation quelquefois publique et d'autres fois tacite, on permettait d'imprimer l'ouvrage, non sans avoir exigé le plus souvent des corrections. Ce n'était cependant pas une raison pour qu'à la rigueur, même après la publication du livre, et nonobstant cette censure préalable, suivie d'approbation, il ne pût y avoir poursuite, soit par Arrêt du Conseil du roi, soit par le fait du Parlement. Enfin il était toujours temps pour qu'une Lettre de cachet intervînt, qui envoyait l'auteur à la Bastille.

On voit d'ici la complication et le dédale. Malesherbes, qui était d'ailleurs premier président de la Cour des Aides, ne pouvait donc consentir à remplir une mission aussi arbitraire, d'une juridiction si peu définie et d'une responsabilité si périlleuse, que pour obliger son père, et aussi dans l'intérêt des lettres et des sciences, qu'il aimait si vivement, et auxquelles il pouvait être utile.

Il était impossible qu'il contentât tout le monde, ou mieux il était impossible qu'il n'indisposât point presque tout le monde.

On ne peut contenter tout le monde et *son père*,

il l'éprouva dans son administration et dut se le redire bien souvent ; ce qui n'empêcha point que, le lendemain de sa démission, il ne fût universellement regretté de tous les gens de Lettres.

Le Directeur de la librairie, par sa position, se trouvait le confident et quelquefois le point de mire de tous les amours-propres inquiets ou irrités; amours-propres de gens du monde, de grands seigneurs, de dévots, de gens de Lettres surtout, il avait affaire à tous ensemble ou à chacun tour à tour, et il en savait plus long que personne sur leurs singularités secrètes et leurs faiblesses. Quelques-uns de ces amours-propres parlaient au nom de la religion et de la morale; quelques autres (et ce n'étaient pas les moins aigres) se mettaient en avant au nom du goût :

« J'ai entendu dire sérieusement, remarquait-il, qu'il est contre le bon ordre de laisser imprimer que *la musique italienne est la seule bonne...*

» Je connais des magistrats qui regardent comme un abus de laisser imprimer, sur la jurisprudence, des livres élémentaires, et qui prétendent que ces livres diminuent le nombre des véritables savants.

« La plupart des médecins voudraient qu'on défendît d'écrire en langue vulgaire sur la médecine.

« Presque tous ceux qui ont joué un rôle dans les affaires publiques n'aiment point à voir écrire sur la politique, le commerce, la législation.

« Les gens de Lettres pensent de même sur la critique littéraire; ils n'osent pas proposer de la proscrire entièrement, mais leur délicatesse sur cet article est si grande, que, si l'on y avait tout l'égard qu'ils désirent, on réduirait la critique à rien. »

Dans les *Mémoires* de lui qui ont été publiés *sur la Librairie et la Liberté de la Presse*, M. de Malesherbes revient souvent, et avec une raison piquante, sur cette diversité et cette contradiction des mille amours-propres entre eux. On eût fait de ces observations une Satire ingénieuse dans le goût d'Horace; il se bornait à en tirer quelques principes d'équité et de bonne administration.

Nous sommes aujourd'hui dans un moment peu favorable pour bien sentir les avantages de la liberté de la presse. Ces avantages sont répandus et comme disséminés dans un ensemble d'effets généraux insensibles qui tiennent au contrôle de la publicité et à tout ce qu'elle prévient d'abus : au contraire, les inconvénients de cette liberté sont directs et très-sensibles; ils touchent et frappent chacun. La société a eu peur, et, depuis qu'elle se rasseoit, elle n'est pas devenue très-raisonnable sur cet article de la presse. Les écrivains eux-mêmes sont devenus de plus en plus exigeants. Pour retrouver de part et d'autre quelque justesse d'appréciation et de la lucidité de coup d'œil, il ne sera pas mauvais de se reporter au temps de M. de Malesherbes et de le suivre dans quelques-unes des mille affaires contentieuses qu'il eut à démêler. On appréciera la différence des régimes à cent ans de distance. La société verra qu'elle n'a raisonnablement rien à regretter ni à vouloir reprendre de ce bon vieux temps, et les écrivains verront aussi qu'ils n'ont pas trop à se plaindre du temps d'aujourd'hui. Ouvrons donc ensemble et parcourons quelques-uns des dossiers de la librairie pendant l'administration de M. de Malesherbes.

En 1758, Helvétius voulut publier le livre de *l'Esprit*, mauvais ouvrage, superficiel, indécent en bien des endroits, et plus fait pour scandaliser encore un vrai philosophe qu'un évêque. M. de Malesherbes avait donné à Helvétius pour censeur un M. Tercier, employé aux Affaires étrangères, homme du monde, qui ne vit pas grande malice au livre et qui donna son laissez-passer. Le livre avait paru quand M. de Malesherbes fut averti du scandale à la fois par un de ses subordonnés et par la clameur publique. Il arrêta immédiatement la vente du livre; sa première idée fut de le faire examiner de nouveau par un autre censeur. « Monsieur, lui écrivait Helvétius, je suis pénétré de vos bontés; je compte toujours sur votre amitié : j'espère que vous ne m'aurez pas mis entre les mains d'un théologien ridicule. » Il s'agissait bien de cela, en vérité, et des belles protestations d'Helvétius qui s'écriait : « Je n'ai été animé, en composant mon livre, que du désir d'être utile à l'humanité, autant qu'un écrivain peut l'être. » L'affaire avait pris des proportions effrayantes. Le Parlement s'en mêlait, et, sur le bruit public, prétendait évoquer l'affaire, en s'arrogeant le droit de juger le livre, et en empiétant ainsi sur la juridiction du Chancelier. Le Conseil du roi se hâta de prendre les devants sur la poursuite du Parlement, par un Arrêt du 10 août 1758, qui révoquait les Lettres de privilège et supprimait l'ouvrage. M. de Malesherbes, avec sa bonté naturelle, se trouva alors dans la situation la plus pénible, obligé de réserver et de maintenir les droits de son père, de négocier avec le Parlement, qui n'en tint compte et lança son Arrêt, de rassurer et de conseiller son ami Helvétius tout en le frappant, et de frapper enfin le pauvre censeur Tercier qu'on demandait de toutes parts pour victime et qui n'avait été que maladroit. Il fallait concilier tous ces devoirs officiels avec la bonté morale et l'équité naturelle dont il n'était pas homme à se départir. Mme Helvétius, là-dessus, lui écrivait avec instances pour le supplier d'interdire aux journaux ecclésiastiques de venir à la charge en critiquant le livre de son mari; mais Malesherbes voulait autant que possible la liberté de la presse et n'était d'avis, en aucun cas, d'entraver les critiques littéraires. Et ici il le pouvait moins que jamais; car il était indirectement blâmé lui-même et un peu abandonné par son père, « chez qui le respect pour la religion qu'on disait offensée avait prévalu sur toute autre considération. »

L'éclat que produisit cette affaire du livre de *l'Esprit*, la position fausse où elle plaça tant de personnes considérables, et le conflit des juridictions qui s'y produisit ouvertement, suggérèrent un moment l'idée de dresser une loi qui régirait la matière, loi qu'il valait mieux que le roi fît que de la laisser faire au Parlement; et c'est à cette occasion que M. de Malesherbes se mit à rédiger ses intéressants *Mémoires sur la Librairie*.

Une seconde affaire où l'on trouve M. de Malesherbes en difficulté, non plus avec le Parlement et avec le Chancelier, mais avec les auteurs, est l'affaire de *l'Écossaise* de Voltaire. Dans cette comédie, Voltaire avait traduit sur la scène Fréron sous le nom à peine déguisé de *Frélon*, et il lui faisait jouer le rôle le plus vil. Fréron, dans sa feuille de *l'Année littéraire*, voulut rendre compte de la comédie où il était outragé, et en tirer vengeance; il était difficile de s'y opposer. Le censeur donné par M. de Malesherbes (Coqueley de Chaussepierre) fit d'abord toutes sortes de difficultés au critique. Fréron, dans le premier moment, s'était livré à de grosses représailles, à des personnalités et à des injures : le tout était encadré dans une relation assez spirituelle qu'il intitulait *Relation d'une grande Bataille*, c'est-à-dire de la soirée de la Comédie-Française (26 juillet 1760). Mais le censeur lui rayait tout. Fréron, hors de lui, écrivait à ce censeur dont il ne savait pas le nom; il s'adressait en dernier ressort à M. de Malesherbes :

« C'est bien la moindre des choses que je réponde par une gaieté à un homme qui m'appelle *fripon, coquin, impudent*... J'ai recours à votre équité, Monsieur; on imprime tous les jours à Paris cent horreurs; je me flatte que vous voudrez bien me permettre un badinage. Le travail de mon *Année littéraire* ne me permet pas de faire de petites brochures détachées; mon ouvrage m'occupe tout entier et ne me laisse point le temps de faire autre chose. Mes feuilles sont mon théâtre, mon champ de bataille; c'est là où j'attends mes ennemis et où je dois repousser leurs coups. »

M. de Malesherbes fut d'avis que, cette fois, il fallait passer quelque chose à Fréron; on ne lui raya que les personnalités les plus directes. « Il faut suivre une règle, écrivait Malesherbes au censeur, quoique nous nous en soyons un peu écartés dans la feuille de la *Bataille*, parce que, dans ce moment-là, le pauvre Fréron était dans une crise qui exigeait quelque indulgence. » Maintenant qu'on lise, si on le veut, dans l'*Année littéraire* (1760, tome V, p. 209), la *Relation d'une grande Bataille*. Grâce aux difficultés que lui opposa la Censure, Fréron, obligé de se contraindre et de passer de l'injure à l'allusion, a véritablement acquis de la finesse et de l'esprit plus qu'il ne s'en accorde ordinairement. C'est un de ses meilleurs articles, le meilleur peut-être; c'est presque du Janin déjà, avec plus de sobriété. Il caractérise sous des noms légèrement travestis, comme dans la bataille du *Lutrin*, les principaux chefs de l'armée philosophique, Diderot et son aide de camp Sédaine, Grimm, Marmontel, et les autres à la suite : on les reconnaissait tous alors sous leur masque transparent (1). La bataille à peine gagnée à la Comédie-Française, les ardents vainqueurs s'empressent d'accourir aux Tuileries, où les attendaient les membres les plus influents et les plus rassis du Sénat philosophique, le sage *Tacite* (d'Alembert), le prudent *Théophraste* (Duclos). Il y a bal, illumination, le soir, à la façade de tous les hôtels des philosophes, et le tout finit le lendemain par un *Te Deum* solennel, — non, je me trompe, — par un *Te Voltarium !* Fréron avait eu bien de la peine à sauver ce *Te Voltarium* des griffes du censeur ; cet homme désolant alléguait que ce serait pris comme une parodie indécente et une profanation. Fréron avait dû en référer encore à M. de Malesherbes ; c'était sa plaisanterie finale, son trait, sa pointe ; il y tenait plus qu'à tout :

(1) Pour ceux qui voudraient chercher ces pages de Fréron, je donnerai ici une petite clef qui leur en facilitera la lecture. Le *savetier Blaise*, qui fait le *Diable à quatre*, est Sédaine, auteur des opéras-comiques connus sous ce titre.—Le redoutable *Dortidius*, le généralissime qui commande le centre en personne, c'est Diderot ; — le *petit Prophète* et le *Calchas*, Grimm ; —l'usurpateur du petit royaume d'*Angola*, le chevalier de La Morlière.—L'*abbé Micromégan* est le chevalier de Méhégan qui avait eu maille à partir avec Fréron.— Le *petit Prestolet*, qu'on traite de transfuge, est l'abbé de La Porte, autrefois collaborateur, alors rival de Fréron pour son *Observateur littéraire.*—*Mercure* exilé de l'Olympe, c'est Marmontel à qui l'on avait retiré le brevet du *Mercure.*—Le *bruit des clairons* fait allusion à sa grande amie Mlle Clairon. — *Tacite*, c'est d'Alembert, qui avait traduit quelques portions du grand historien ; — *Théophraste*, Duclos. — A la page 210, il y a un coup de patte à Voltaire à propos du Dictionnaire *dont la suspension fait gémir l'Europe.* Ces mots prétentieux lui étaient échappés, en effet, à propos des persécutions contre l'*Encyclopédie.*

« Ainsi, Monsieur, écrivait-il, je vous prie en grâce de me la passer. Tout mon article n'est fait que pour amener cette chute, et je suis perdu si vous me la retranchez. Je vous supplie, Monsieur, de m'accorder cette grâce. Ce n'est point une supposition en l'air quand j'ai l'honneur de vous dire, Monsieur, que j'ai lu le *Te Voltarium* à deux évêques ; rien de plus certain et de plus vrai. J'aurai l'honneur de vous les nommer, lorsque j'aurai celui de vous voir ; ils n'en ont fait que rire. »

M. de Malesherbes avait ri aussi et le lui avait passé.

Voltaire, c'est tout simple, entra en fureur ; il avait insulté Fréron sur la scène, mais Fréron lui répondait dans sa feuille ; il ne pouvait concevoir une telle audace. Ses lettres de ce temps sont remplies, à tout propos, de véritables invectives contre M. de Malesherbes, qu'il représente comme le *protecteur* des feuilles de Fréron, parce que cet homme juste n'en était pas le persécuteur. Il va, dans son délire d'amour-propre, jusqu'à écrire, par allusion à ce nom vénéré : « Le nom de Fréron est sans doute celui du dernier des hommes, mais *celui de son protecteur serait à coup sûr l'avant-dernier.* » A l'entendre, M. de Malesherbes *avilit la littérature,* il fait entrer dans ses calculs de budget *le produit des infamies de Fréron, il aime le chamaillis !* (lui, M. de Malesherbes, accusé par Voltaire d'aimer le *chamaillis !*) : la plume s'arrête à transcrire de telles injures. Mais que M. de Malesherbes quitte la Direction de la librairie, alors Voltaire, ramené au sang-froid et à des sentiments plus justes, écrira à d'Argental (14 octobre 1763) : « M. de Malesherbes n'avait pas laissé de rendre service à l'esprit humain en donnant à la presse plus de liberté qu'elle n'en a jamais eue. Nous étions déjà à moitié chemin des Anglais... » De tels rapprochements sont toute une histoire, tout le portrait d'un homme, que dis-je ? le portrait plus ou moins de tous les hommes.

Si peu ménagé par Voltaire, il ne manquait à M. de Malesherbes, pour se sentir tout à fait dans la vraie voie et dans le juste-milieu, que d'être dénoncé par Pompignan, et c'est ce qui arriva. Pompignan, reçu à l'Académie française à la place de Maupertuis, y avait prononcé un discours de parti qui avait irrité tout le côté philosophique. Voltaire avait risposté par une plaisanterie, *les* Quand, qui fit beaucoup rire cette société désœuvrée. Pompignan, qui à quelque talent joignait de la sottise, prit de là occasion de rédiger un *Mémoire* justificatif *au Roi* (mai 1760), qu'il voulut faire imprimer avec faste en inscrivant le nom du roi en tête et en déclarant à tous : « Le manuscrit de ce Mémoire a été présenté au Roi, qui a bien voulu le lire lui-même, et qui a trouvé bon que l'auteur le fît imprimer. » Moyennant cette grosse apostille, Pompignan prétendait être affranchi de la règle commune et pouvoir se passer de censeur. M. de Malesherbes exigeait qu'il en eût un pour la forme, à moins d'un ordre direct de la Cour qui l'en exemptât; et comme Pompignan, par pure gloriole, persistait à s'en passer, et qu'il avait livré déjà son Mémoire à l'impression, M. de Malesherbes se transporta chez l'imprimeur et fit rompre la planche. On juge de la fureur de l'ambitieux dévot; il jeta feu et flamme et menaça. Malesherbes dut se mettre en garde lui-même par un Mémoire justificatif qu'il adressa aux principaux conseillers de la petite Cour du Dauphin, où Pompignan se vantait d'avoir des amis : « Après tout, disait-il en concluant, de ce que les Encyclopédistes sont répréhensibles à beaucoup d'égards, il ne s'ensuit pas que leurs adversaires ne doivent être soumis à aucune loi. » Et il expliquait d'un seul mot comment, avec des intentions bienveillantes et une équité qui péchait plutôt par l'indulgence, il réussissait à mécontenter tant de gens :

« C'est que je refuse très-peu de chose, mais je tâche de refuser les mêmes choses à tout le monde. »

L'*Encyclopédie* fut une des plus grosses affaires de l'administration de M. de Malesherbes. Dans le principe, l'*Encyclopédie* avait été projetée par des libraires. « Le Chancelier Daguesseau eut connaissance de ce projet : non-seulement il l'agréa, mais il le corrigea, le réforma, et choisit M. Diderot pour être le principal éditeur. » Ce choix de Diderot est piquant de la part du pieux et timoré Daguesseau, le même qui n'accordait à l'abbé Prévost la permission d'imprimer les premiers volumes de *Cléveland* que sous la condition que Cléveland se ferait catholique au dernier volume. Malgré toutes les précautions qu'avait pu prendre le pieux Chancelier, les deux premiers volumes de l'*Encyclopédie* avaient donné lieu à un Arrêt du Conseil qui en ordonnait la suppression, sans néanmoins interdire la continuation de l'ouvrage. Pour parer aux inconvénients à l'avenir, on exigea que tous les articles seraient soumis à des censeurs théologiens, même les articles qui semblaient le plus étrangers à la théologie. Mais ces nouvelles précautions ne tinrent pas ; il y avait eu bientôt du relâchement, et l'ennemi avait trouvé moyen de s'introduire dans la place sous l'œil même des sentinelles. De nouvelles plaintes très-vives s'élevèrent à l'occasion du septième tome (1758), et l'abbé de Bernis, alors ministre, dut écrire à M. de Malesherbes pour aviser à des moyens plus efficaces de censure. M. de Malesherbes, dans une remarquable lettre, répondit au ministre qu'il n'y avait guère, au fond, à compter sur la censure ; que des gens d'esprit, dans un ouvrage de longue haleine, viendraient toujours à bout de l'éluder ; qu'il ne savait qu'un seul moyen sûr de remédier aux abus, c'était de rendre les auteurs responsables personnellement de leurs fautes :

« Si ce moyen est le plus sûr, continuait M. de Malesherbes en s'adressant à l'abbé de Bernis, vous me demanderez pourquoi je ne l'ai pas employé jusqu'à présent ? A cela, Monsieur, voulez-vous que je vous réponde avec une confiance entière et que je vous ouvre mon cœur ? Vous y trouverez un sentiment qui ne vous est sûrement pas étranger.

« Si j'étais Lieutenant criminel, mon métier serait d'intimider ceux qui seraient assez malheureux pour avoir affaire à moi. Je ne sais pas si j'aurais la vertu de cet état, mais heureusement ce n'est pas le mien ; je suis chargé d'une police qui concerne les gens de Lettres, les savants, les auteurs de toute espèce, c'est-à-dire des gens que j'aime et que j'estime, avec qui j'ai toujours désiré de passer ma vie, qui font honneur à leur siècle et à leur patrie. Je ne prétends pas que les talents d'un homme doivent le soustraire à la punition due à ses fautes, je crois que tout le monde doit être soumis aux lois ; mais il me semble que des hommes célèbres doivent avoir cet avantage, qu'on leur présente d'un côté la peine et de l'autre la récompense.

« Cela posé, Monsieur, voyez quelle est ma situation, je peux imposer des gênes aux gens de Lettres, contraindre leur génie, me plaindre des fautes qu'ils commettent, et je n'ai aucune grâce à leur procurer ; je peux leur nuire, et *je ne peux jamais leur être utile.* »

Faisant l'application de ceci à l'*Encyclopédie*, Malesherbes montrait les deux principaux auteurs, d'Alembert et Diderot, l'un d'eux, d'Alembert, le plus sage, et « qui n'a jamais eu d'aventures, » ayant part aux honneurs académiques et aux grâces littéraires, et sur qui on avait prise à quelque degré ; le second, Diderot, qui avait fait des fautes et en avait été puni sévèrement :

« Mais ces fautes sont-elles irréparables ? continuait Malesherbes ; les disgrâces qu'il a déjà éprouvées et celle qu'il éprouve encore, puisque l'entrée des Académies lui est interdite pour le moment présent, ne sont-elles pas suffisantes ? Vous voyez, Monsieur, où j'en veux venir. »

Et il en venait à proposer non pas de corrompre (loin d'un Malesherbes une pareille pensée !), mais de contenir Diderot en lui représentant que sa modération à l'avenir, son attention à éviter dans ce grand travail tout sujet légitime de plainte, lui pourrait valoir ce qu'on appelait alors les grâces du roi; et il aurait voulu même qu'on lui en donnât quelque garantie à l'avance dans une lettre ministérielle :

« Si vous approuvez cette idée, disait-il en finissant, et que vous croyiez qu'on la puisse mettre à exécution, j'en parlerai, si vous le jugez à propos, à Mme de Pompadour, et je vous prierai ensuite de vouloir bien me guider dans les autres démarches nécessaires pour l'effectuer. »

Il n'y avait qu'un seul terrain sur lequel M. de Malesherbes eût chance de s'accorder avec Mme de Pompadour, c'était l'*Encyclopédie*.

On voit ici à nu quelle était la pensée bienveillante de Malesherbes à l'égard de cette grande entreprise, quand il s'en expliquait avec des hommes dont il était sûr et qui étaient philosophes comme lui. Quand il avait à la justifier et à la garantir auprès de la Cour dévote de la reine et du Dauphin, il était plus embarrassé et se voyait obligé de recourir à des adresses qui, de sa part, nous font sourire : « Si vous êtes admis aux comités dans lesquels on parle devant la reine de l'abus des mauvais livres, écrivait-il à un des amis qu'il avait de ce côté, je vous prie d'y faire observer que *les Cacouacs* (plaisanterie de Moreau contre les Encyclopédistes) ont porté un coup plus mortel à l'*Encyclopédie* qu'un Arrêt du Conseil dont l'effet eût été de faire expatrier un des éditeurs, qui aurait achevé son ouvrage en pays étranger. » C'est par ces subterfuges (je ne sais pas un autre mot) que Malesherbes essayait de désarmer et de tranquilliser la reine, qui répondait en riant « que l'on ne pouvait pas mieux défendre une mauvaise cause. » Mais, franchement, Malesherbes ne pouvait croire que *les Cacouacs*, malgré leur vogue d'un jour, eussent tant de vertu que de guérir radicalement le public et de tuer net l'*Encyclopédie*. « La preuve de l'effet qu'a fait cette brochure, ajoutait-il avec insistance, est dans la douleur des auteurs offensés, de la part de qui j'ai reçu dix fois plus de plaintes que je n'en ai reçu contre eux des *gens de bien*. » Les *gens de bien*, c'est-à-dire les gens du bord de la reine et du Dauphin ; et, en effet, ils s'intitulaient eux-mêmes de la sorte ; mais j'ai regret, ici, je l'avoue, de voir Malesherbes essayer de leur donner le change, en leur accordant ce nom qui n'avait pas tout à fait pour lui le même sens.

Vous croyez peut-être que les Encyclopédistes étaient satisfaits et reconnaissants? Vous êtes loin de compte. Grimm, après coup, a rendu justice aux bons offices de Malesherbes ; mais d'Alembert, dans le moment, se plaignait à lui avec une sécheresse et une aigreur des plus vives d'être sacrifié à Fréron. Voici une de ces lettres de d'Alembert qui, voulant toute liberté et toute licence pour lui, n'en souffrait aucune chez les autres (23 janvier 1758) :

« Monsieur,

« Mes amis (les amis servent toujours à merveille en ces occasions-là) me forcent à rompre le silence que j'étais résolu de garder sur la dernière feuille de Fréron. L'auteur des *Cacouacs*, en attaquant l'*Encyclopédie* en général et quelques-uns des auteurs en particulier, avait jugé à propos de ne rien dire nommément contre moi ; il a plu à Fréron de ne pas suivre cet exemple. Dans un endroit des *Cacouacs*, il est parlé de la géométrie : Fréron, en rapportant cet endroit, a ajouté une note dans laquelle il cite un de mes ouvrages, pour faire connaître que l'auteur a voulu me désigner en cet endroit, quoique la phrase qu'il rapporte ne se trouve dans aucun de mes ouvrages. Mes amis m'ont représenté, Monsieur, que les accusations de l'auteur des *Cacouacs* étaient trop graves et trop atroces pour que je dusse souffrir d'y être impliqué nommément ; je prends donc la liberté de vous porter mes plaintes du commentaire que Fréron a fait à mon sujet, et de vous en demander justice. »

Là-dessus, M. de Malesherbes, avec une patience exemplaire et en vrai juge de paix de la littérature, faisait avertir Fréron, et on lui demandait sur quoi il se croyait fondé pour attaquer si violemment l'*Encyclopédie* et si personnellement l'un des auteurs. Fréron répondait cette fois avec toute sorte d'esprit et de justesse (27 janvier) :

« Monsieur,

« Il m'est impossible de vous envoyer la note des articles encyclopédiques où je suis directement ou indirectement attaqué. Je n'ai jamais lu toute l'*Encyclopédie* ni ne la lirai jamais, à moins que je ne commette quelque grand crime et que je ne sois condamné au supplice de la lire. D'ailleurs, ces Messieurs me font venir à propos de botte dans les articles les plus indifférents, et où je ne soupçonnerais jamais qu'il fût question de moi. On m'a dit qu'à l'article *Cependant*, par exemple, il y avait deux traits, l'un contre Dieu, l'autre contre moi. Mais l'article où ils se sont le plus déchaînés sur mon compte, c'est l'article *Critique;* il y en a mille autres que je ne me rappelle pas, et mille autres que je n'ai pas lus. »

Fréron aurait en tout ceci un trop beau rôle, si je n'ajoutais que, vers la fin de sa lettre, son amour-propre prenait le dessus et s'exaltait jusqu'à dire :

« Je crois que je m'y connais un peu, Monsieur; je sais ce qu'ils valent, et je sens ce que je vaux. Qu'ils écrivent contre moi tant qu'ils voudront; je suis bien sûr qu'avec un seul trait je ferai plus de tort à leur petite existence littéraire qu'ils ne pourront me nuire avec des pages entières de l'*Encyclopédie*. »

Des deux côtés, il y a un moment où la folie commence. Malgré tout, Fréron était dans son droit; et, à ce sujet, M. de Malesherbes écrivait à d'Alembert une admirable lettre qu'on peut lire dans les *Mémoires* de l'abbé Morellet, et dans laquelle sont posés tous les vrais principes de la tolérance littéraire. Il y joignit une lettre à l'abbé Morellet, qui s'était entremis dans cette affaire, et il lui disait :

« Pour les gens de Lettres, l'expérience m'a appris que quiconque a à statuer sur les intérêts de leur amour-propre, doit renoncer à leur amitié, s'il ne veut affecter une partialité qui le rende indigne de leur estime. »

— « Je suis très-accoutumé, disait-il encore en une autre occasion, aux boutades et aux espèces d'accès auxquels les gens de Lettres sont sujets; je ne m'en offense jamais, parce que je sais que ce sont de petits défauts inséparables de leurs talents. »

Notez bien que l'irascibilité de d'Alembert ne l'empêche pas de demander à M. de Malesherbes, quelques mois après, une permission tacite pour imprimer à Lyon (sous la rubrique de *Genève*) ses *Mélanges de littérature*. On lui donne un censeur encyclopédiste pour la forme, et les épreuves vont et viennent sous le couvert de M. de Malesherbes. C'est par cette voie et par ce moyen que les épreuves de *la Nouvelle Héloïse* voyageaient également d'Amsterdam à Montmorency. M. de Malesherbes, qui les lisait au passage, avisait lui-même aux corrections à faire pour que l'ouvrage pût avoir cours en France, et il se concilia, malgré ces services aimables, la reconnaissance de Rousseau, infidèle ici à son ingratitude naturelle. Cette reconnaissance, au reste, a porté bonheur à Rousseau, qui n'a rien écrit de plus beau que les *quatre Lettres à M. de Malesherbes.*

Je pourrais multiplier les exemples et montrer en un plus grand nombre de cas quel fut le rôle précis de M. de Malesherbes, dépositaire de l'autorité, dans ses rapports avec les gens de Lettres de son temps; combien il les aima et les protégea efficacement, mais non à l'aveugle, et sans jamais manquer à ses devoirs, et comment il sut garder une mesure presque impossible dans une position où il était de toutes parts en butte aux plaintes, aux susceptibilités et aux exigences les plus contraires. Je ne citerai plus qu'un trait qui témoigne de la manière de voir élevée et désintéressée qu'il portait dans la direction des Lettres.

Un jour, Marmontel, qui était rédacteur du *Mercure*, eut l'idée, pour être agréable à M. de Malesherbes, d'écrire l'éloge d'un de ses cousins, le président de Lamoignon, qui venait de mourir (mai 1759), et il lui demanda de lui procurer quelques détails biographiques. M. de Malesherbes lui répondit :

« Je suis très-sensible, Monsieur, à l'offre que vous voulez bien me faire de donner au public une espèce d'Éloge d'un homme à qui je dois m'intéresser et comme mon ami et comme l'aîné de ma famille. Mais, puisque vous me demandez ce que j'en pense, je ne crois pas que la vie de M. de Lamoignon ait produit des événements assez brillants pour intéresser beaucoup le public. La mauvaise santé qu'il a toujours eue, etc., etc. (Suivent des détails relatifs à son cousin.)

« Après vous avoir répondu, Monsieur, comme parent et ami de M. de Lamoignon, me permettrez-vous de vous dire mon avis comme amateur de la littérature et comme m'intéressant au succès d'un ouvrage périodique qui doit acquérir un nouveau lustre entre vos mains ? Les Éloges que vous me proposez de donner des gens de mérite et que le public regrette, seront pour leur mémoire et pour leur famille l'hommage du monde le plus flatteur, et il sera très-agréable pour vous d'en être le dispensateur; mais ce ne sera qu'autant que vous ne les laisserez pas avilir en les prodiguant avec trop de facilité. Ne croyez pas, Monsieur, que l'éloge le mieux fait et le mieux écrit en impose au public s'il n'a déjà prononcé avant l'auteur...

« Je ne vous ai pas fait cette objection à l'occasion de mon neveu (mort aussi depuis peu de temps), parce que le public avait bien voulu partager notre douleur, et d'ailleurs parce qu'un avocat-général est un homme public, qu'il est exposé comme un auteur à la critique, et que, par cette raison, il est susceptible d'éloges. De plus, je vous avouerai que j'ai peut-être un peu plus considéré la situation affreuse de ses parents que votre ouvrage : *Solatia luctus exigua, misero sed debita patri*. Enfin, Monsieur, je croyais mon neveu digne des larmes du public, et je ne crois mon cousin digne que des larmes de ses amis : vous voyez combien je vous parle naturellement. »

Ces paroles nous peignent, ce me semble, M. de Malesherbes dans toute l'habitude de sa vie : *naturel* avant tout, bonhomme, simple, sensé, vif de franchise jusqu'à paraître un peu brusque. Tâchons bien de nous le figurer tel qu'il était en personne, et non pas d'après des portraits trop idéalisés, trop *sensibilisés* et trop adoucis. Il était négligé dans sa forme, rond dans sa tournure, et avait quelque chose de l'homme de campagne. — « M. de Malesherbes, lui disait Louis XVI, vous et moi avons ici le ridicule de tenir aux mœurs du vieux temps ; mais ce ridicule ne vaut-il pas mieux que les beaux airs d'aujourd'hui ? » — « Quand on le voyait pour la première fois avec son habit marron à grandes poches, ses boutons d'or, ses manchettes de mousseline, son jabot barbouillé de tabac, sa perruque ronde mal peignée et mise de travers, et qu'on l'entendait parler avec si peu d'affectation et de recherche, quoique avec un si grand sens et tant d'érudition et d'esprit, » il était impossible d'imaginer qu'on fût en présence d'un homme si vénéré. C'est Boissy d'Anglas qui nous le montre ainsi, et Chateaubriand achève le portrait en ajoutant : « Mais, à la première phrase qui sortait de sa bouche, on sentait l'homme d'un vieux nom et le magistrat supérieur. »

Sa conversation était riche, nourrie, abondante ; il savait tout, ou du moins il savait beaucoup de tout, et cela sortait à flots avec une vivacité et une profusion qui rendait sa parole aussi piquante qu'instructive. Il avait sur tout sujet un fonds d'idées et de connaissances amassées, et il s'enflammait à vous les dire. Il n'avait pas un moindre fonds d'affections et de sentiments. Sur la fin, sa chaleur de cœur s'exhalait souvent par des bouffées d'indignation et par de saintes colères d'honnête homme. M. de Chateaubriand, en deux ou trois endroits de ses *Mémoires*, où il introduit M. de Malesherbes, a très-bien rendu ce mouvement de paroles qu'on a comparé « au mouvement irrégulier et perpétuel d'une liqueur bouillante. » On trouve une conversation de Malesherbes rapportée au long dans les *Mémoires* de Bertrand de Molleville (1); cette conversation a fort choqué, je ne sais pourquoi, M. Boissy d'Anglas, qui la trouve *joviale :* elle n'est que très-vive et très-naturelle. Malesherbes est assez grand pour qu'on ne nous le présente point drapé (2). L'abbé Morellet a remarqué que Malesherbes, avec tant

(1) Elle est rapportée un peu différemment dans les deux éditions de ces *Mémoires* (1797 et 1816) : je l'aime mieux dans le premier texte de 1797 (tome III, page 21) ; elle y est moins écrite et plus *parlée*, et comme plus près de la source.

(2) Autre trait de nature : il aimait les enfants; une personne aimable et distinguée, après avoir lu cet article dans *le Constitutionnel*, me fait l'honneur de m'écrire quelques-uns des souvenirs que réveille en elle cette lecture : « Je me rappelle qu'un jour ce noble vieillard tenant par la main une petite fille de cinq ans, et se promenant avec elle dans les jardins de Malesherbes, lui proposa de jouer à la *cachette*, et que cette petite fille croyait que son vieil ami y prenait autant de plaisir qu'elle-même. Je me rappelle encore que, deux ans plus tard, cette même petite fille se trouvant à Lausanne et jouant avec les petits-enfants de M. de Malesherbes, le grand-père fut établi président de questions grammaticales dont une des principales était de savoir si le mot *ténèbres* était masculin ou féminin. La plus vieille de ces académiciennes [a]vait bien huit ans accomplis, et M. de Malesherbes nous présidait avec une gravité qui nous semblait fort naturelle. »—C'est au sortir de ces jeux d'enfants que le généreux vieillard s'en revint exprès à Paris pour être à son poste à l'heure du danger.

de lumières et de bon sens, n'était pas ennemi des opinions singulières et qu'il avait quelque goût du paradoxe : son immense instruction l'y aidait, en lui montrant qu'il y a plus de choses existantes qu'on ne l'imagine. Enfin, pour toucher aux divers traits, il avait dans le propos non-seulement de la gaieté, mais quelque grain du ton du xviiie siècle, et Chamfort a cité de lui un mot leste qui sent presque sa Régence : on est toujours de son temps.

Mais ce qu'était surtout M. de Malesherbes, c'était un homme des anciens jours, se développant et se réjouissant un peu plus que de raison aux lumières de son siècle. Il était philosophe, mais non pas comme ceux d'alors, qui avaient tous, plus ou moins, l'instinct destructif et révolutionnaire. Lui, il y allait sans malice, en toute droiture, avec bonhomie et prud'homie; il n'eût voulu que maintenir et régénérer. En politique, il ne visait qu'à la réforme et la voulait autant que possible selon les principes de l'antique droit, de *l'antique liberté* à laquelle il croyait trop peut-être, de même qu'il se confiait trop aussi au bon sens moderne. En tout, on le trouverait de la race des L'Hôpital, des Jérôme Bignon, des Vauban, des Catinat, ou même des Fénelon (c'est plaisir d'appareiller de tels noms au sien), plutôt que de celle des Encyclopédistes novateurs. Ce n'est pas une nuance, notez-le bien, c'est un abîme qui le sépare, au moral, des Mirabeau et des Condorcet.

Magistrat, il était un modèle; ses paroles, ses actes, quand il le fallait, allaient à la grandeur. Pour ministre, il ne l'était pas, il l'a reconnu lui-même en cent façons: « Les qualités nécessaires pour remplir une charge, surtout une charge de magistrature, ne sont point celles qui conviennent à un administrateur, et il est rare qu'elles soient réunies. » Il écrivait cela dans l'un de ses *Mé-*

moires sur la Librairie. S'il pensait ainsi de l'administrateur, à plus forte raison du ministre : « Pour faire un bon ministre, disait-il, l'instruction et la probité ne suffisent pas. Turgot et moi nous en avons été la preuve. Notre science était toute dans les livres; nous n'avions aucune connaissance des hommes. » On n'a nulle raison de révoquer en doute ces paroles qu'il a répétées plus d'une fois et à plus d'une personne. Il remarquait encore, en parlant de Louis XVI, que cette extrême sensibilité, si aimable, si désirable dans la vie privée et dans des temps tranquilles, devenait souvent, dans un temps de révolution, plus fatale à un roi que certains vices. » Cette remarque de Malesherbes lui est applicable à lui-même en tant que ministre et politique. Un grand et vrai politique ne doit pas être bon comme un particulier; il doit agir et gouverner en vue des bons et des honnêtes gens, voilà sa morale; mais, pour cela, il doit croire au mal et aux méchants, y croire beaucoup et s'en défier sans relâche.

Grand magistrat, ministre trop sensible et trop vite découragé, avocat héroïque et victime sublime, c'est ainsi que peut se résumer tout M. de Malesherbes.

M. Dupin, dans son excellent travail, s'est attaché à montrer que Malesherbes ne s'était pas trompé, je ne dis pas en conduite, mais dans les vues, et que sur tous les points capitaux de *liberté religieuse*, de *liberté de la presse*, de *liberté individuelle*, d'*égalité en matière d'impôt*, cet homme éclairé n'avait fait que devancer les idées que les diverses Chartes et Constitutions ont mises en vigueur depuis. M. Dupin a parfaitement démontré cette thèse. Malesherbes, ce Franklin de vieille race, avait très-nettement embrassé la société moderne dans ses articles fondamentaux; il l'avait d'avance prévue et anticipée; mais s'il ne s'était pas trompé sur le but, il s'était fait illusion sur les distances et sur les incidents du voyage. Il avait, en un mot, cru à la Terre Promise avant le passage de la mer Rouge. C'est là une sorte d'erreur contre laquelle il est bon d'être toujours en garde, car il y a plus d'un bras, disent les géographes, à la mer Rouge, et il serait désagréable à la société d'en avoir un à traverser encore, si petit qu'il fût.

Lundi 30 septembre 1850.

CHATEAUBRIAND

HOMME D'ÉTAT ET POLITIQUE.

M. de Chateaubriand commença sa carrière politique avec la Restauration en 1814 ; il avait quarante-cinq ans, il avait publié tous ses grands ouvrages littéraires, et il se sentait dans un certain embarras pour appliquer désormais ses hautes et vives facultés. L'Empire, contre qui il s'était mis en lutte, l'étouffait : quand le colosse parut chanceler, Chateaubriand tressaillit ; quand tout croula, il poussa un cri, un cri de joie sauvage. Dès le premier jour, il fut dans l'arène, et on peut dire, en lui empruntant une de ses images, qu'il entra dans la Restauration en rugissant. « *J'avais rugi,* dit-il après sa chute de 1824, *en me retirant des affaires.* » Il aurait pu dire de même : « J'avais rugi en y entrant. »

Quelle était donc cette nature impétueuse et passionnée qui a pris et quitté si vivement les choses de ce monde, tout en s'en proclamant si désabusé ?

M. de Chateaubriand, au milieu des songes et des fantômes de son imagination, a toujours eu le goût des études sérieuses. Son premier écrit, son *Essai sur les Révolutions*, atteste l'étendue et la diversité de ses lectures, et un penchant marqué aux considérations politiques dans les intervalles de la rêverie. A cette première époque de sa vie, le jeune écrivain, bien qu'émigré, n'avait épousé de cœur aucune cause politique ; on se rappelle son mot sur Chamfort : « Je me suis toujours étonné qu'un homme qui avait tant de connaissance des hommes, eût pu épouser si chaudement une cause quelconque. » Un tel mot donne la mesure des convictions de M. de Chateaubriand au moment où il l'écrivait. Il ne faut jamais oublier, en le jugeant plus tard, cette indifférence fondamentale sur laquelle germèrent, depuis, toutes les passions, toutes les espérances et les irritations politiques, et les plus magnifiques phrases qu'ait jamais produites talent d'écrivain. Mais ce fond d'indifférence subsista toujours, et il se retrouve subitement chez lui aux instants où l'on s'y attend le moins. En réimprimant son *Essai* en 1826, et en le voulant juger, l'auteur disait, dans la Préface nouvelle : « On y trouvera aussi un jeune homme exalté plutôt qu'abattu par le malheur, et dont le cœur est *tout à son roi*, à l'honneur et à la patrie. » Il y a anachronisme dans ces trois mots, et le jeune Chateaubriand n'avait nullement ce triple culte, surtout le premier. Si, dans l'*Essai*, il parle très-sévèrement des républicains, il ne parle pas mieux des royalistes : « Le républicain, y dit-il, sans cesse exposé à être pillé, volé, déchiré par une populace furieuse, s'applaudit de son bonheur ; le sujet, tranquille esclave, vante les bons repas et les caresses de son maître. » Et sa conclusion était à la façon de Rousseau pour l'homme de la nature, et en faveur des forêts vierges du Canada. Jeune, M. de Chateaubriand put donc obéir à l'honneur et payer sa dette en émigrant, mais il n'était nullement royaliste de cœur et d'affection, et il n'a pas menti à la fin de sa carrière quand il a dit, en s'en vantant : « Notre cœur n'a jamais beaucoup battu pour les rois. »

Il rentra en France en 1800, et la vérité est qu'il se rallia très-franchement et très-entièrement au Consulat. La préface de la première édition du *Génie du Christianisme* se termine par une citation (supprimée depuis) où Bonaparte est comparé à Cyrus. Le nouveau Cyrus a dit au prince des prêtres :

« Jéhovah, le Dieu du ciel, m'a livré les royaumes de la terre, et il m'a commis pour relever son temple. Allez, montez sur la montagne sainte de Jérusalem, rebâtissez le temple de Jéhovah. » — « A cet ordre du libérateur, continue Chateaubriand, tous les Juifs, et jusqu'au moindre d'entre eux, doivent rassembler des matériaux pour hâter la reconstruction de l'édifice. Obscur Israélite, j'apporte aujourd'hui mon grain de sable. »

C'est ainsi qu'à l'âge de trente-trois ans s'exprimait le brillant écrivain qui allait inaugurer le siècle.

Dès lors une velléité d'ambition politique le saisit; il entra dans les affaires, il alla à Rome sous le cardinal Fesch. Mais le dirai-je? même avant sa démission donnée, il était déjà découragé et dégoûté au début. Toutes ses lettres écrites à cette date le prouvent. Il ne cherchait qu'une porte pour sortir : la mort du duc d'Enghien lui en offrait une, belle et magnifique, une sortie éclatante, comme il les aimait; il n'y résista pas, et, le lendemain de cette démission, il se trouva, on peut l'affirmer, bien autrement royaliste qu'il ne l'avait jamais été jusque-là.

Était-ce le royaliste, en effet, qui avait donné sa démission lors de la mort du duc d'Enghien? Non, c'était le poëte, l'homme de premier mouvement, l'homme ennuyé des premiers dégoûts et des lenteurs inévitables de la carrière; le jeune homme encore enivré de la poésie des déserts, qui la voulait aller ressaisir sous d'autres cieux, et qui n'avait point tiré de lui toutes les œuvres grandioses auxquelles il demandait la gloire. Ces dégoûts, ces désirs vagues, ces espérances romanesques, se confondirent, au moment de sa démission, dans un sentiment d'indignation généreuse, et firent un éclat qui lui imposait désormais un rôle.

Cependant M. de Chateaubriand avait visité l'Orient et la Grèce; il avait composé *les Martyrs*, l'*Itinéraire*; il avait à peu près terminé son œuvre, son voyage littéraire autour du monde, et il sentait qu'il s'ennuyait toujours, qu'il y avait en lui un grand vide, et que son talent demandait aliment et pâture. Son fameux article du *Mercure*, en 1807, où il se vantait d'être un Tacite sous Néron, plus tard ce Discours de réception à l'Académie, qu'il se mit dans l'impossibilité de prononcer, étaient surtout des indices de ce malaise d'un talent immense sans emploi suffisant, et d'un cœur incurablement ennuyé.

Le chant xxiv° des *Martyrs* débute par une admirable invocation et de nobles adieux adressés à la Muse : « C'en est fait, ô Muse ! encore un moment, et pour toujours j'abandonne tes autels ! Je ne dirai plus les amours et les songes séduisants des hommes : il faut quitter la lyre avec la jeunesse. » Cette jeunesse, qui s'enfuyait en effet, bien qu'elle dût avoir encore tant de retours, laissait M. de Chateaubriand au milieu de la vie avec un talent puissant, une ardeur dévorante, une ambition qui ne savait où chercher son objet. Il a exprimé en maint endroit ce sentiment impatient et si naturel aux fortes natures, qui leur fait désirer un vaste champ d'activité. Dans ce Discours de réception à l'Académie qui ne put être prononcé, il disait dès l'abord énergiquement :

« Il y a des personnes qui voudraient faire de la littérature une chose abstraite, et l'isoler au milieu des affaires humaines... Quoi ! après une révolution qui nous a fait parcourir en quelques années les événements de plusieurs siècles, on interdira à l'écrivain toute considération morale élevée ! on lui défendra d'examiner le côté sérieux des objets! il passera une vie frivole à s'occuper de chicanes grammaticales, de règles de goût, de petites sentences littéraires! il vieillira enchaîné dans les langes de son berceau! il ne montrera point sur la fin de ses jours un front sillonné par les longs travaux, les graves pensées, et souvent par ces mâles douleurs qui ajoutent à la grandeur de l'homme! Quels soins importants auront donc blanchi ses cheveux? les misérables peines de l'amour-propre et les jeux puérils de l'esprit. »

Plus tard il reproduira admirablement cette même pensée dans le dernier chapitre de sa *Monarchie selon la Charte* : il se demande ce que devenaient en France autrefois les hommes qui avaient passé la jeunesse et qui avaient atteint la saison des fruits, et, les montrant privés des nobles emplois de la vie publique, oisifs par état, vieillissant dans les garnisons, dans les antichambres, dans les salons, dans le coin d'un vieux château, n'ayant pour toute occupation que l'historiette de la ville, la séance académique, le succès de la pièce nouvelle, et, pour les grands jours, la chute d'un ministre :

« Tout cela, s'écriait-il, était bien peu digne d'un homme! N'était-il pas assez dur de ne servir à rien dans l'âge où l'on est propre à tout? Aujourd'hui les mâles occupations qui remplissaient l'existence d'un Romain, et qui rendent la carrière d'un Anglais si belle, s'offriront à nous de toutes parts. Nous ne perdrons plus le milieu et la fin de notre vie; nous serons des hommes quand nous aurons cessé d'être jeunes gens. Nous nous consolerons de n'avoir plus les illusions du premier âge, en cherchant à devenir des citoyens illustres : on n'a rien à craindre du temps, quand on peut être rajeuni par la gloire. »

Une idée se dessine déjà : M. de Chateaubriand, e poëte qu'il est, regrette la jeunesse, et il la veut rem placer du moins par quelque chose de grand, de sérieux d'occupé, et qui en vaille la peine; il veut de l'éclat et de la gloire pour *se rajeunir*. Dans ses Mémoires, le chapitre par lequel il entame sa vie politique et qu'il intitule

De Bonaparte, débute également par une page qui va rejoindre la dernière invocation de ce poëme des *Martyrs :* « La jeunesse est une chose charmante; elle part au commencement de la vie, couronnée de fleurs, comme la flotte athénienne pour aller conquérir la Sicile... » Et le poëte conclut que, quand la jeunesse est passée avec ses désirs et ses songes, il faut bien, en désespoir de cause, se rabattre à la terre et en venir à la triste réalité. Que faire alors? On fait de la politique, faute de mieux; la politique, pour ces grands poëtes, n'est donc qu'un pis-aller, ils s'y rabattent quand les ailes leur manquent. Cette idée de M. de Chateaubriand est exactement celle de M. de Lamartine.

Dans une des plus remarquables pièces des *Harmonies* (*Novissima Verba*), ce mélodieux poëte célèbre l'amour et déclare qu'il n'y a rien dans le monde que lui :

> Femmes, anges mortels, création divine,
> Seul rayon dont la vie un moment s'illumine !
> Je le dis à cette heure, heure de vérité,
> Comme je l'aurais dit quand devant la beauté
> Mon cœur épanoui, qui se sentait éclore,
> Fondait comme une neige aux rayons de l'aurore,
> Je ne regrette rien de ce monde que vous !

Et il ajoute, parlant toujours des femmes et de l'amour :

> Quand vous vous desséchez sur le cœur qui vous aime,
> Ou que ce cœur flétri se dessèche lui-même ;
> Quand le foyer divin qui brûle encore en nous
> Ne peut plus rallumer la flamme éteinte en vous,
> Que nul sein ne bat plus quand le nôtre soupire,
> . . . .
> Alors, comme un esprit exilé de sa sphère
> Se résigne en pleurant aux ombres de la terre,
> Détachant de vos pas nos yeux voilés de pleurs,
> Aux faux biens d'ici-bas nous dévouons nos cœurs.

Ce *faux biens* d'ici-bas, selon le poëte, c'est la réalité, c'est le monde politique, c'est le gouvernement de la société et des autres hommes ; les poëtes, quand ils ont épuisé leurs songes et leurs chimères, veulent bien y arriver et y condescendre, les uns comme M. de Lamartine avec plus de sérénité et de clémence, les autres comme M. de Chateaubriand avec plus d'irritation et d'amertume. Mais, dans tous les cas, c'est toujours parce que la jeunesse n'est plus là, que le poëte veut bien s'occuper de nous, de la terre et de la matière humaine gouvernable. L'aveu est précieux. Il reste à savoir si, quand on ressent si vivement le regret idéal du passé et de la jeunesse, on n'en a pas des retours, des *revenez-y* plus vifs qu'il ne faudrait, et qui dérangent à tout moment l'exacte prudence et l'attention qu'exigerait le maniement des grands intérêts humains. Il est fort à craindre en effet que quand on aborde la politique à ce point de vue, dans ces dispositions d'un génie désœuvré qui veut faire absolument quelque chose et se désennuyer en s'illustrant, on n'y cherche avant tout des émotions et des rôles.

M. de Chateaubriand fit véritablement explosion en politique au mois d'avril 1814, par sa fameuse brochure : *De Buonaparte et des Bourbons*. Il entra dans cette carrière nouvelle l'épée à la main comme un vainqueur forcené, et du premier jour il embrassa la Restauration, de toute sa haine contre le régime qui tombait. Ici commence pour M. de Chateaubriand une période de sa vie politique qu'on ne parviendra jamais à mettre en accord avec la seconde partie. Cette vie politique, depuis 1814, peut se diviser en trois temps : 1° du 30 mars 1814 au 6 juin 1824, la période royaliste pure ; 2° du 6 juin 1824, jour de son renvoi du ministère jusqu'à la chute de la Restauration, la période libérale en contradiction ouverte avec la première ; 3° la période de royalisme et de républicanisme après Juillet 1830, quand Chateaubriand dit à la duchesse de Berry pour l'acquit de sa conscience : *Votre fils est mon roi*, et qu'il donne en même temps une main à Carrel, une autre à Béranger, et prend à l'avance ses précautions avec la république future. Les Mémoires, écrits dans cette dernière période, en expriment toutes les contradictions, et contiennent tous les aveux qu'il suffit de rapprocher.

Pour avoir la clef de ces contradictions et s'expliquer tout l'homme, on n'a d'ailleurs qu'à recourir à cette nature poétique et *littéraire*, qui est essentielle et fondamentale en M. de Chateaubriand : c'est de ce dernier côté seulement qu'on trouvera l'explication. Quiconque le voudrait prendre purement et simplement comme un homme politique, et prétendrait découvrir par des raisons de cet ordre les motifs fondés de ses variations et de ses disparates, n'en viendrait jamais à bout.

Ce qui caractérise le poëte, c'est d'avoir un idéal, et M. de Chateaubriand, dès les dernières années de l'Empire, s'en était formé un en politique. Dans le Discours de réception à l'Académie, il disait :

« M. de Chénier adora la liberté : peut-on lui en faire un crime? Les chevaliers eux-mêmes, s'ils sortaient aujourd'hui de leurs tombeaux, suivraient la lumière de notre siècle. On verrait se former cette illustre alliance entre l'honneur et la liberté, comme sous le règne des Valois les créneaux gothiques couronnaient avec une grâce infinie dans nos monuments les ordres empruntés de la Grèce. »

Voilà qui est tout à fait joli et séduisant : on arrive à un symbole politique par une image. Cette alliance entre l'honneur et la liberté compose ce que j'appelle l'écusson politique de M. de Chateaubriand. Dans les *Réflexions* qu'il publiait en décembre 1814, il revenait sur cette idée : « Qui pourrait donc s'opposer, parmi nous, à la généreuse alliance de la liberté et de l'honneur ? » S'il fallait chercher une ligne un peu suivie dans la conduite politique de M. de Chateaubriand, ce serait celle-là : mais combien de fois on la verrait brisée par la colère, le ressentiment et les plus chétives des passions !

La liberté d'abord, malgré le grand usage qu'il fit du mot, il est impossible de l'y trouver fidèle dans le sens véritable et pratique durant toute sa période d'ultra-royalisme. Quoique ses Mémoires soient pleins d'aveux naïfs et suffisamment sincères, ce n'est point là qu'il faut juger cette partie première de la vie politique de M. de Chateaubriand : il est tout occupé à la raccommoder à l'usage des générations libérales ou républicaines qui ne se souviennent plus des véritables circonstances. Par exemple, dans ses Mémoires, il a l'air de dire qu'il ne comptait pas en 1814 sur l'étranger ; qu'il espérait toujours en un mouvement national qui eût dispensé les Alliés d'entrer à Paris et qui eût délivré les Français par leurs propres mains. N'en croyez rien. Ouvrez la frénétique brochure *De Buonaparte et des Bourbons*, et lisez-y ces paroles :

« Et quel Français aussi pourrait oublier ce qu'il doit au prince Régent d'Angleterre, au noble peuple qui a tant contribué à nous affranchir ? Les drapeaux d'Élisabeth flottaient dans les armées de Henri IV, ils reparaissent dans les bataillons qui nous rendent Louis XVIII. Nous sommes trop sensible à la gloire pour ne pas admirer ce lord Wellington, qui retrace d'une manière si frappante les vertus et les talents de notre Turenne. »

Dans les Mémoires, il se donne comme navré de l'entrée des Alliés à Paris : « Je les vis défiler sur les boulevards, stupéfait et anéanti au dedans de moi, comme si l'on m'arrachait mon nom de Français, pour y substituer le numéro par lequel je devais désormais être connu dans les mines de la Sibérie... » Ce sont là de ces douleurs ressenties et racontées après coup. Dans le moment il n'éprouva qu'une joie furieuse et délirante. Il voudrait nous faire croire qu'à la première Restauration, il aurait été d'avis qu'on gardât la cocarde tricolore : c'est un mensonge : « Qu'entend-on en France depuis six mois, écrivait-il en 1814, sinon ces paroles : *Les Bourbons y sont-ils? Où sont les Princes? Viennent-ils? Ah! si l'on voyait un drapeau blanc!* »

Vainement il essaie aujourd'hui l'apologie de cet écrit, *De Buonaparte et des Bourbons;* on sourit de le voir se couvrir de toutes les autorités les plus libérales pour montrer qu'il était dans son droit en s'exprimant alors comme il le fit. Lanjuinais, M⁰ᵉ de Staël, Ducis, Lemercier, Chénier lui-même, Carnot, Benjamin Constant, Béranger, *M. de Latouche*, « mon brave et infortuné ami Carrel, » tous sont invoqués comme témoins justificatifs de cette fameuse brochure. Et pourquoi ne pas dire simplement : J'ai été violent, j'ai été injuste, j'ai été passionné? Mais l'embarras de M. de Chateaubriand tient à ceci : il veut la popularité, il veut être l'idole du siècle et de l'avenir, et il s'aperçoit trop tard qu'il a heurté et insulté la grande idole populaire, Napoléon. Il voudrait tout concilier, tout réparer, et, chose plaisante! après avoir épuisé tous les témoins à décharge, il s'appuie en définitive du témoignage même de Napoléon qui, parcourant la brochure à Fontainebleau, aurait dit : *Ceci est juste, et ceci ne l'est pas.*

Il est difficile d'imaginer ce que Napoléon a pu trouver de juste dans une brochure où on lit à chaque page des phrases comme celle-ci :

« Il a plus corrompu les hommes, plus fait de mal au genre humain dans le court espace de dix années que tous les tyrans de Rome ensemble depuis Néron jusqu'au dernier persécuteur des chrétiens... Encore quelque temps d'un pareil règne, et la France n'eût plus été qu'une caverne de brigands. »

Mais non, tout ceci est puéril. Un homme politique véritable aurait pu entrer dans la carrière par une brochure violente et incendiaire ; mais il l'eût laissée de côté en avançant, et se serait bien gardé de chercher à réveiller et à raccommoder ce qui n'est pas conciliable ni compatible. Chez M. de Chateaubriand, l'homme de Lettres, remarquez-le bien, tient prodigieusement à cette détestable brochure : « Louis XVIII déclara, je l'ai déjà plusieurs fois mentionné, que ma brochure lui avait plus profité qu'une armée de cent mille hommes ; il aurait pu ajouter qu'elle avait été pour lui un certificat de vie. » Car on ne savait plus seulement qu'il existât. Et il continue modestement : « Je contribuai à lui donner une seconde fois la couronne par l'heureuse issue de la guerre d'Espagne. » S'il était de bon goût à Louis XVIII de dire de cette brochure qu'elle lui avait valu une armée, il l'est bien peu à l'auteur de n'être pas satisfait de cet éloge hyperbolique et de vouloir surenchérir encore. Mais telle est la nature littéraire quand on ne lui impose aucun frein, et c'est cette nature littéraire, toujours renaissante et si vite excitée, qui compromet à tout moment chez M. de Chateaubriand l'homme politique.

L'homme politique, l'homme d'État supérieur est patient : il ne met pas du premier jour le marché à la main à la fortune : il attend, il se plie, il sait être le second et même le troisième avant d'arriver à être le premier. Pourvu qu'il ait son jour et qu'il en vienne à posséder enfin la réalité des choses, que lui importent quelques vanités et quelques apparences d'un instant ? M. de Chateaubriand, dès 1814, est impatient, et il s'étonne, il se pique que tout d'abord on ne vienne pas à lui comme à l'homme nécessaire : « J'avais été mis si fort à l'écart, dit-il, que je songeais à me retirer en Suisse. » Et il montre Louis XVIII comme jaloux et déjà dégoûté de lui, et *Monsieur* (le comte d'Artois) comme n'ayant jamais rien lu du *Génie du Christianisme*. Je le crois bien ; il n'est pas étonnant que Charles X n'eût jamais lu beaucoup de ces grands écrits de M. de Chateaubriand : « J'en veux à M. de La Vauguyon, disait un jour cet aimable prince, de m'avoir si mal élevé que je n'ai jamais pu lire quatre pages de suite, même quatre pages de *Gil Blas*, sans m'ennuyer. » Mais un homme politique, un ambitieux véritable, qui tient réellement à gouverner les choses de ce monde, ne se décourage pas pour si peu, et ne se comporte pas comme un auteur qui a besoin avant tout d'une louange un peu creuse ; il vise au solide. M. de Chateaubriand était ardent et pressé. Carnot avait publié en 1814 un *Mémoire au Roi*, plus ou moins opportun de sa part, mais qui était dicté par un sentiment patriotique honorable et un désir manifeste de conciliation. Chateaubriand y répondit par un écrit violent, les *Réflexions politiques*, dans lequel il arrivait à des conclusions assez analogues, mais après avoir déversé le mépris et l'injure sur les hommes qui avaient eu le malheur de tremper dans la Révolution. Il jetait pour premier mot le nom de *régicide* à la face de ses adversaires. Il parlait très-bien de la Charte, et commençait magnifiquement dès lors l'explication de la théorie constitutionnelle ; mais si les conclusions étaient saines, les arguments étaient presque partout violents et irritants, les moins faits pour attirer et affectionner les esprits à la cause qu'il préconisait. « Il prétend verser de l'huile sur nos plaies, remarquait-on, mais c'est de l'huile bouillante. » Pythagore disait qu'on ne doit jamais *attiser le feu avec l'épée* : Chateaubriand, grâce à sa nature de talent et à sa plume flamboyante, n'a guère jamais fait autre chose.

Il se présente à nous dans ses Mémoires comme très-dégoûté de la partie dès 1814, songeant à rentrer dans la solitude, à se retirer aux bords de ce lac de Genève, où il s'en ira toujours sans pouvoir y rester jamais. Que de fois il nous a rappelé ce vers, qui semble fait pour lui à la lettre :

» Le vicomte indigné sortait au second acte !

Ici, il voulait sortir dès le premier. Mais Mme de Duras, « qui m'avait pris sous sa protection, dit-il, fit tant, qu'on déterra pour moi une ambassade vacante, l'ambassade de Suède :

« Louis XVIII, déjà fatigué de mon bruit, était heureux de faire présent de moi à son bon frère le roi Bernadotte. Celui-ci ne se figurait-il pas qu'on m'envoyait à Stockholm pour le détrôner ! Eh ! bon Dieu, princes de la terre, je ne détrône personne ; gardez vos couronnes, si vous pouvez, et surtout ne me les donnez pas, *car je n'en veux mie.* »

Qu'est-ce donc, je vous prie, que tout ceci veut dire ? Ne croirait-on pas, en vérité, qu'on lui a offert une couronne et qu'il a eu toutes les peines du monde à s'y dérober ? Oh ! que voilà bien le poëte, le René que nous connaissons, lequel, au moindre obstacle, au moindre retard dans l'accomplissement de son désir, se dégoûte, fait le dédaigneux et le superbe, et menace de s'en retourner comme devant, au Canada ou dans les Florides ! Tel il se présente à nous dans toute la partie politique de ses Mémoires. Aux moments les plus critiques et les plus décisifs, il fait le désabusé et le rêveur ; il se met à causer avec les corbeaux perchés sur les arbres du chemin, avec les hirondelles, avec l'abeille. C'est là le propre des poëtes, et c'est aussi leur charme quand ils le font simplement, avec naturel, avec innocence ; mais quand ils affectent de le faire au milieu des graves devoirs qu'ils se sont imposés par ambition, je les arrête et je les trouve en ceci très-petits et même coupables. Du moment que vous aspirez à gouverner les hommes et à devenir le pilote de la société, sachez du moins le vouloir avec suite et sérieusement. Soyez ambitieux tout de bon et à front découvert, c'est plus noble et plus estimable.

M. de Chateaubriand, en 1814, était moins désabusé en effet qu'il ne voudrait le paraître. Il espérait encore beaucoup, il espérait tout, et parlait de Louis XVIII en conséquence : « Il marche difficilement, disait-il de lui avec toutes les ressources et les complaisances du langage, mais d'une manière noble et *touchante;* sa taille n'a rien d'extraordinaire ; sa tête est superbe ; son regard est à la fois celui d'un roi et d'un homme de génie. » Plus tard il empruntera, pour peindre Louis XVIII, quelques-unes des couleurs de Béranger ; mais alors, quand il attendait encore de ce roi impotent sa fortune politique, il le voyait ainsi dans sa majesté.

L'Empereur débarqua de l'île d'Elbe en mars 1815. A cette nouvelle, Chateaubriand prétendait que tout serait sauvé si on le nommait ministre de l'intérieur. Mais il n'eut ce ministère qu'à Gand, et il était déjà mis de côté avant qu'on fût rentré dans Paris. Les nécessités du moment avaient fait considérer Fouché comme l'homme essentiel et unique dans cette crise périlleuse. M. de Chateaubriand avait contre ce choix une répulsion que l'on conçoit très-bien et qu'il dit avoir exprimée à Louis XVIII. A Saint-Denis, au moment de rentrer à Paris, Louis XVIII l'aurait questionné sur cette adoption de Fouché, et Chateaubriand aurait répondu : « Sire, la chose est faite, je demande à Votre Majesté la permission de me taire. »—« Non, non, dites ; vous savez comme j'ai résisté depuis Gand. » — «Sire, je ne fais qu'obéir à vos ordres; pardonnez à ma fidélité : *je crois la monarchie finie.* » Sur quoi le roi aurait répondu : « Eh bien! monsieur de Châteaubriand, je suis de votre avis. »

Je ne sais si cette conversation se passa exactement dans ces termes; mais, en les admettant pour exacts, je retrouve là encore une preuve que Chateaubriand n'était pas un véritable homme politique. Quoi! le roi le met sur la nomination de Fouché, et, au lieu de dire ses raisons, de montrer les inconvénients et les suites, d'indiquer les moyens de se passer ou de se débarrasser de ce choix funeste, il demande d'abord à se taire; puis il ne parle que pour dire : *La monarchie est finie.* Il passe d'un excès à l'autre. Tout ou rien, c'est sa devise. Rien de plus opposé au génie politique, lequel, au contraire, cherche à tirer le meilleur parti des situations les plus compromises, et ne jette jamais, comme on dit, le manche après la cognée.

De dépit, et bien que son titre de ministre d'État lui imposât quelques devoirs de retenue, il se lança aussitôt dans l'opposition, dans celle de droite, et il y fit sa pointe. Ses écrits, ses actes de ce temps doivent s'étudier, non point selon l'interprétation posthume qu'il en a donnée, mais dans l'histoire même et aux sources. L'irritation de se voir évincé du pouvoir au moment où il avait cru le tenir, le poussa à partager et à exciter de son talent tous les excès de réaction que réclamait la Chambre de 1815. Il commença par demander la suspension de l'inamovibilité des juges pour une année, afin de voir qui était royaliste en jugeant, et qui ne l'était pas. Tous les ministères de conciliation et de transaction qui s'essayèrent alors l'eurent pour adversaire implacable. M. Decazes (c'est tout simple), comme favori du maître, n'obtint que ses injures : mais le noble duc de

Richelieu ne fut pas plus heureux. Il y eut sous la Restauration un ministère libéral par excellence, le seul qui essaya l'impossible peut-être, mais qui le tenta en toute loyauté, le ministère Dessoles : M. de Chateaubriand n'eut de cesse qu'il n'eût réussi à le renverser. Ce qu'il voulait alors, c'était le gouvernement de la France par les royalistes purs, par ceux qui n'avaient trempé à aucun degré dans les régimes précédents, par ceux qui étaient *tout à Dieu et au roi* (et Dieu sait ce qu'on entendait alors sous cette formule !) :

« C'est à ceux-ci, s'écriait-il, qu'il appartient de diriger les affaires; ils rendront meilleur tout ce qui leur sera confié; les autres gâtent tout ce qu'ils touchent. Qu'on ne mette plus les honnêtes gens dans la dépendance des hommes qui les ont opprimés, mais qu'on donne les bons pour guides aux méchants : c'est l'ordre de la morale et de la justice. Confiez donc les premières places de l'État aux véritables amis de la monarchie légitime. Vous en faut-il un si grand nombre pour sauver la France ? Je n'en demande que sept par département : un évêque, un commandant, un préfet, un procureur du roi, un président de la Cour prévôtale, un commandant de gendarmerie, et un commandant de gardes nationales. Que ces sept hommes-là soient à Dieu et au roi, je réponds du reste...

« Quant à ces hommes capables, mais dont l'esprit est faussé par la Révolution, à ces hommes qui ne peuvent comprendre que le trône de saint Louis a besoin d'être soutenu par l'autel et environné des vieilles mœurs comme des vieilles traditions de la monarchie, qu'ils aillent cultiver leur champ. La France pourra les rappeler, quand leurs talents, lassés d'être inutiles, seront sincèrement convertis à la religion et à la légitimité. »

C'est dans *la Monarchie selon la Charte* qu'il énonçait ce programme exclusif et épuratoire. Quand nous lisons aujourd'hui cette *Monarchie selon la Charte*, nous sommes tentés d'y voir un traité constitutionnel libéral : ce serait une grande illusion et la preuve d'une extrême innocence. M. Dunoyer, dans un article du *Censeur européen* d'alors (t. 1er, page 236), en a jugé très-sainement. Les quarante premiers chapitres du livre sont consacrés à développer les principes du gouvernement représentatif, et ces principes sont en général les véritables, les principes orthodoxes constitutionnels. Mais ce traité préliminaire ne fait que cacher l'arme du parti qui ressort dans la seconde moitié. *La Monarchie selon la Charte* n'est qu'un pamphlet *ultra* sous forme de catéchisme libéral. Ce n'était qu'une machine de guerre destinée à faire brèche au pouvoir et à l'envahir au nom de la faction royaliste pure.

Dans toute cette partie de sa carrière (de 1815 à 1820), M. Chateaubriand fit preuve d'un grand talent d'écrivain, d'une passion incandescente, d'une assez grande habileté de tactique, et il travailla plus que personne à pousser la Restauration hors de la ligne modérée et à l'attirer dans des voies qui n'étaient nullement celles du juste-milieu. Tant que Louis XVIII vivrait, il était douteux pourtant qu'il réussît, lui et les siens, à envahir le pouvoir, lorsque l'assassinat du duc de Berry vint lui mettre en main à l'improviste un argument dont il s'arma sans pitié. Cet homme, qui s'est vanté depuis de n'avoir aucune affection pour les races royales, se déploya alors dans tout l'appareil de la sensibilité, se pavoisa de toutes les couleurs de l'oriflamme, pour exploiter politiquement, et au profit d'un parti, ce grand deuil monarchique. Le ministère Decazes succomba sous le coup : « Ceux qui luttaient encore contre la haine publique, écrivait Chateaubriand dans un fameux article du *Conservateur* (3 mars 1820), n'ont pu résister à la publique douleur. Nos larmes, nos gémissements, nos sanglots ont étonné un imprudent ministre : *les pieds lui ont glissé dans le sang*; il est tombé. »

Cette parole contre un homme aussi modéré que M. Decazes a pu paraître atroce. Sachons pourtant qu'avec les écrivains il faut faire toujours la part de la phrase. J'ai entendu raconter à l'une des personnes qui étaient alors dans la rédaction du *Conservateur* que, primitivement, la phrase de M. de Chateaubriand était ainsi conçue : « *Les pieds lui ont glissé dans le sang, et il a été entraîné par le torrent de nos pleurs.* » Ce n'était là qu'une très-mauvaise phrase; on hésitait à l'en avertir. Enfin, l'un des membres du comité de rédaction, et qui, n'étant pas homme de Lettres, semblait moins suspect comme critique, proposa à M. de Chateaubriand de supprimer la dernière partie de la phrase, en lui montrant qu'elle ferait ainsi plus d'effet. L'auteur y consentit, et l'on eut, au lieu d'une métaphore ridicule, une insulte de plus, une allusion sanglante.

Arrivé au ministère où MM. de Villèle et Corbière, jusqu'alors unanimes avec lui, l'avaient précédé, M. de Chateaubriand, durant ces dix-sept mois de pouvoir, inspira et mena à bonne fin un acte dont il ne faut exagérer ni diminuer l'importance. La guerre d'Espagne, si on daigne l'envisager dans le cadre et dans les conditions particulières de la Restauration, ne fut certainement pas une entreprise méprisable, et, sans les fautes qui se sont accumulées depuis, la monarchie en aurait ressenti les bons effets. Persuadé que le Génie militaire n'est autre que le Génie de la France, et se flattant d'avoir réconcilié avec lui la Restauration, M. de Chateaubriand considéra cette guerre d'Espagne comme le plus grand service qu'il pût rendre à la monarchie. Elle lui fit l'effet d'être dans sa carrière politique ce que le *Génie du Christianisme* avait été dans sa carrière littéraire; il l'appelait aussi son *René* en politique, c'est-à-dire son chef-d'œuvre. Bref, il y mit une vanité d'auteur, et une vanité telle qu'il fut choqué de n'en pas être complimenté à la Cour avant tous les autres, soit ministres, soit généraux, et qu'il devint dès ce moment un collègue intraitable. Il ne se concevait plus que comme premier ministre et Président du Conseil. *On ne peut gouverner avec lui ni sans lui*, disait M. de Villèle; on prit pourtant le dernier parti, celui de gouverner sans lui, et M. de Chateaubriand fut renvoyé sans égards, le 6 juin 1824 (1).

A dater de ce jour, il rentra dans l'opposition, pour n'en plus sortir qu'un moment, pendant le court ministère de M. de Martignac. Ainsi, depuis sa démission, après le meurtre du duc d'Enghien, jusqu'à sa mort (1804-1848), il passa environ quarante-deux ans sur quarante-quatre dans l'opposition et la bouderie. C'était son élément. On peut même dire que, dans les derniers mois de son ministère, il était déjà à demi dans l'opposition, puisqu'il conspirait contre la loi sur la réduction des rentes, non-seulement par son silence, mais en excitant l'archevêque de Paris, à la Chambre des Pairs, à se prononcer contre l'adoption. Il est vrai qu'il s'agissait de finances, « *les finances que j'ai toujours sues,* » dit-il quelque part ingénument. Nous avons vu cette même prétention à M. de Lamartine.

« Avec le caractère français, avait écrit M. de Chateaubriand en 1814, l'opposition est plus à craindre que l'influence ministérielle. » Il se chargea de le prouver en mainte occasion, et surtout à partir de 1824. Il ouvrit son feu dans les *Débats* par deux magnifiques articles,

---

(1) Il paraît que Louis XVIII avait dit à neuf heures du matin : *Je ne veux plus voir cet homme.* Il y avait conseil des ministres le même jour. M. de Villèle n'eut que le temps d'envoyer à M. de Chateaubriand l'avis de son renvoi, qui ne le trouva pas à son hôtel. Quelle que soit l'explication, ce fut une chose fâcheuse pour la royauté que M. de Chateaubriand, aux yeux de l'opinion, parût non pas renvoyé, mais chassé.

du 29 juin et du 6 juillet, dans lesquels il démontrait que le système *actuel* suivi par le ministère, et hier encore approuvé par lui-même dans son ensemble, était aussi contraire au génie de la nation qu'à celui de nos institutions et à l'esprit de la Charte. Les adversaires, émus d'une si vive attaque, firent remarquer « que l'auteur de ces articles ne différait en rien, dans ses opinions, de tels rédacteurs de la *Minerve* et du *Constitutionnel*, » et ils avaient raison. M. de Chateaubriand ne différait plus désormais des écrivains du parti libéral que par quelques phrases de pure courtoisie royaliste jetées çà et là, par quelques restes de panache blanc agités à la rencontre, et par l'éclat éblouissant du talent.

Quatre ans auparavant, dans ce singulier livre, vraiment fabuleux et tout bouffi de sentimentalité royaliste, *sur la Vie et la Mort de M. le duc de Berry*, il avait dit, en concluant par une éloquente menace :

« Tirons au moins de notre malheur une leçon utile, et qu'elle soit comme la morale de cet écrit.

« Il s'élève derrière nous une génération impatiente de tous les jougs, ennemie de tous les rois; elle rêve la République, et est incapable, par ses mœurs, des vertus républicaines. Elle s'avance; elle nous presse; elle nous pousse : bientôt elle va prendre notre place. Buonaparte l'aurait pu dompter en l'écrasant, en l'envoyant mourir sur les champs de bataille, en présentant à son ardeur le fantôme de la gloire, afin de l'empêcher de poursuivre celui de la liberté; mais nous, nous n'avons que deux choses à opposer aux folies de cette jeunesse : la Légitimité escortée de tous ses souvenirs, environnée de la majesté des siècles; la Monarchie représentative assise sur les bases de la grande propriété, défendue par une vigoureuse aristocratie, fortifiée de toutes les puissances morales et religieuses. Quiconque ne voit pas cette vérité, ne voit rien et court à l'abîme : hors de cette vérité, tout est théorie, chimère, illusion. »

Ici, en 1824, que faisait-il? il se tournait du côté de cette génération et de cette jeunesse, et s'offrait de la conduire lui-même à l'assaut.

Que voulait-il? Que voulait Coriolan? se venger avant tout, montrer qu'il était nécessaire, qu'il était redoutable, et qu'on s'était fait bien du mal à soi-même en croyant pouvoir se passer de lui. Ce fut cette pensée de vengeance qui tout d'un coup le ramena à l'indifférence radicale sur les choses et sur les personnes, et qui dissipa, comme par enchantement, l'ivresse de son royalisme factice. En doutez-vous? ouvrez la Préface de *la Monarchie selon la Charte* dans l'édition de 1827; il y disait, laissant échapper le ressentiment dont il était plein :

« En me frappant, on n'a frappé qu'un dévoué serviteur du roi, et l'ingratitude est à l'aise avec la fidélité; toutefois, il peut y avoir tels hommes moins soumis et telles circonstances dont il ne serait pas bon d'abuser : l'histoire le prouve. Je ne suis ni le prince Eugène, ni Voltaire, ni Mirabeau; et, quand je posséderais leur puissance, j'aurais horreur de les imiter dans leur ressentiment. Mais... »

Et c'est précisément ce qu'il faisait; il se vengeait, non comme un homme d'État, mais comme un homme de talent blessé, et il forçait ses adversaires à se repentir. Il se plaisait à dire de la Restauration, comme Pascal de l'homme : *Je l'élève, je l'abaisse*, jusqu'à ce qu'elle comprenne... qu'elle ne pouvait se passer de moi. Lui qui affectait le christianisme, il sentait bien qu'il n'y avait rien de parfaitement chrétien dans tout cela :

« Il serait mieux d'être plus humble, plus prosterné, plus chrétien. Malheureusement nous sommes sujet à faillir : nous n'avons point la perfection évangélique. Si un homme nous donnait un soufflet, nous ne tendrions pas l'autre joue; cet homme, s'il était sujet, nous aurions sa vie ou il aurait la nôtre; *s'il était roi!...* »

Il s'arrêtait. Achevons pour lui la phrase : S'il était roi, nous n'aurions de repos que nous n'eussions mis à bas son trône; — et il fit tout ce qu'il fallait en effet pour consommer sa pensée.

D'admirables pages, d'une éclatante polémique, quelques-unes même qui sont pleines de vérité, si on les détache de ce qui les précède et de ce qui les inspire, ne sauraient dissimuler l'ensemble des résultats. Après avoir, dans la première moitié de sa vie politique, poussé la Restauration dans le sens de l'ultra-royalisme, M. de Chauteaubriand, dans la seconde moitié, l'a attaquée par un brusque *volte-face* avec toutes les forces du libéralisme, groupées autour de lui ; et, dans ce duel où un même homme a fait le double rôle, elle a fini par se briser. Elle se fût brisée sans lui très-probablement, mais plus que personne il peut se vanter d'y avoir mis la main.

Et il s'en vante en effet. Que lui importe ? il a eu sa part, ce qu'il voulait avant tout, les plus beaux rôles, et le plaisir d'en faire fi, et de dire qu'il en aurait eu un bien plus beau encore si l'on avait voulu. Il a été à la tête de toutes les grandes questions monarchiques ou populaires de son temps ; il les a menées comme on mène volontiers les choses en ce pays de France, c'est-à-dire à côté du port et tout autrement qu'à bonne fin. Mais, encore un coup, qu'est-ce que cela lui fait ? Il s'est entendu applaudir, chaque matin, des deux côtés ; il a eu les fanfares des deux camps.

La Restauration tombée, M. de Chateaubriand, dans cet amour des beaux rôles, crut se devoir à lui-même de lui demeurer fidèle, tout en proclamant, dans l'oraison funèbre qu'il prononça sur elle à la Chambre des pairs, qu'elle s'était perdue par *la conspiration de l'hypocrisie et de la bêtise.* « Après tout, a-t-il écrit de la branche aînée, c'est une monarchie tombée ; il en tombera bien d'autres ! *Nous ne lui devions que notre fidélité : elle l'a.* » Et il n'a cessé de redoubler ses duretés, en même temps que de proclamer ses serments.

C'est trop. Je crois voir exactement une femme de caractère acariâtre, la Xanthippe de Socrate, si vous voulez, qui, sous prétexte qu'elle est femme d'honneur et fidèle, s'en autorise pour dire à son mari, sur tous les tons, qu'elle ne l'aime pas, et pour le traiter comme un nègre. N'est-ce pas ainsi que M. de Chateaubriand a traité les rois? Les rois en revanche ont eu le caractère bien fait; ils ont tout souffert et oublié, et le bon Charles X, cette fois, a été comme Socrate.

Depuis la publication du *Congrès de Vérone* et des Mémoires, ce point de vue qui porte sur le caractère même nous est apparu dans toute sa lumière, et l'auteur a pris soin de mettre en saillie toutes les faiblesses de l'homme. Si M. de Chateaubriand n'avait pas écrit cette partie politique de ses Mémoires, et s'il eût laissé le souvenir public suppléer à ses récits, on lui eût trouvé sans doute des écarts bien brusques et des inconséquences; mais la grandeur du talent, la chevalerie de certains actes, la beauté historique de certaines vues, auraient de loin recouvert bien des fautes; je ne sais quel air de générosité aurait surnagé, et jamais on n'eût osé pénétrer à ce degré dans la petitesse des motifs et des intentions. L'imagination publique, assez d'accord avec ses défauts, les eût, au contraire, protégés et agrandis. Aujourd'hui il n'y a plus moyen, et jamais auteur de Mémoires, en se posant, n'a plus fait pour se diminuer. Ceux pourtant qui continuent d'aimer les phrases, les belles pensées détachées, les fragments spécieux de théorie, les prédictions inutiles et frappantes, les fantaisies poétiques dont on peut faire collection, trouveront amplement encore, en le lisant, de quoi se satisfaire; mais les esprits qui demandent de la suite, de la raison, un but, quelque conséquence dans les actes et dans la conduite, savent désormais à quoi s'en tenir sur la valeur de l'écrivain éminent qui, avec de si hautes parties, n'a été en politique qu'un grand *polémiste* toujours personnel, et un agent lumineux de dissolution. S'il nous restait de l'espace, il serait curieux de le montrer dans cette partie politique des Mémoires, affectant toujours de paraître au-dessus de son sujet, se raillant, dans sa narration, des choses les plus sérieuses comme trop plates et prosaïques, et faisant semblant de rapetisser des luttes qu'il épousait alors si ardemment. Un poëte dans les affaires, prenez garde! c'est toujours comme un gentilhomme dans le commerce : il se croit au-dessus de son état, et il y a un moment où, si on le contrarie, il tire ses parchemins de sa poche et tranche du grand seigneur avec les vilains.

Nous parlant des conférences et réunions particulières qui précédèrent l'entrée de MM. de Villèle et Corbière au Conseil et dont il était l'un des principaux moteurs, M. de Chateaubriand se complaît à tracer de ses collègues des caricatures plus ou moins grotesques ; il nous étale les fronts chauves de tous ces *Solons peu soignés :* « C'était bien vénérable assurément, dit-il, mais je préférais l'hirondelle qui me réveillait dans ma jeunesse, et les Muses qui remplissaient mes songes. » Et il continue de se jouer avec ces images de cygne et d'aurore. Encore une fois, c'est bien de préférer l'hirondelle et l'abeille, mais laissez alors les nations et le soin de leurs intérêts, et ne prétendez pas à les régir. Le dirai-je? autant ces choses de la poésie sont délicieuses et adorables dans une âme restée vierge et doucement enivrée, autant elles révoltent quand elles ne viennent qu'à titre de mépris jeté à des intérêts après tout sérieux et sacrés, puisqu'ils sont ceux de la société même. Il est bien temps de venir nous dire, quand l'expérience est faite et que vous êtes à bout de mécomptes : « Que m'importaient pourtant ces futiles misères, à moi *qui n'ai jamais cru au temps où je vivais,* à moi qui appartenais au passé, *à moi sans foi dans les rois, sans conviction à l'égard des peuples, à moi qui ne me suis jamais soucié de rien, excepté des songes, à condition encore qu'ils ne durent qu'une nuit!...* » Pauvres songes, c'est fort heureux pour eux ! Et la religion, s'il vous plaît, où est-elle dans tout cela? Vous l'avez oubliée cette fois par mégarde, même dans vos songes. Et la société ! vous ne l'oubliez pas moins, vous la mettez à néant, vous qui avez, pendant près de vingt ans, brigué l'honneur de la conduire ! Mais elle a droit, cette société, de demander au moins le sérieux de leur ambition à ceux qui veulent être ses guides et ses pilotes.

NOTE.

Au moment où cet article est écrit, les journaux anglais publient le Codicille du Testament de sir Robert Peel, qui a rapport à la publication de ses Mémoires et papiers d'État. On y verra, dans un contraste frappant, la différence des procédés d'un homme d'État véritable et de ceux d'un homme politique *littéraire*, l'un apportant aux choses toute discrétion et maturité, et l'autre se hâtant de divulguer avant l'heure tout ce qu'il croit propre à le rehausser, sans souci aucun des convenances de gouvernement ou de celles qui concernent les personnes. Ce Codicille de sir Robert Peel est, par le fait, la critique la plus sensible du procédé qui a présidé à la publication du *Congrès de Vérone*. En voici les termes textuels :

« Je donne et livre à l'honorable Philippe-Henri Stanhope, autrement dit le vicomte Mahon, et à Edward Cardwell, de White-Hall, membre du Parlement, mes exécuteurs, administrateurs ou mandataires, toutes les lettres inédites, les papiers et documents d'un caractère public ou privé, imprimés ou manuscrits, dont je pourrai être possesseur à ma mort. Considérant que la collection de ces papiers et de ces lettres renferme toute ma Correspondance confidentielle, qui remonte à 1812; que, pendant une portion considérable de cette période de temps, j'ai été employé au service de la Couronne, et que, quand je n'ai pas occupé de fonctions publiques, j'ai pris une part active aux affaires du Parlement; qu'il est très-probable que cette Correspondance offrira de l'intérêt et sera de nature à apporter quelque lumière sur la conduite et le caractère des hommes aussi bien que des événements de cette époque, je donne à mes exécuteurs testamentaires tout pouvoir de choisir dans cette Correspondance ce qui leur paraîtra devoir être publié; je les laisse juges de l'opportunité de cette publication, ayant la conviction complète qu'ils y mettront une discrétion sans égale; que toute confidence que j'aurais reçue et qui ne serait pas honorable, ne sera pas trahie, qu'aucuns sentiments privés ne seront froissés sans nécessité, et qu'aucun intérêt public ne sera compromis par une publicité indiscrète ou prématurée. J'appelle spécialement toute leur sollicitude pour qu'aucune partie de ma Correspondance avec S. M. la reine Victoria ou avec S. A. R. le prince Albert ne soit livrée au public pendant la vie de l'un ou de l'autre sans avoir été préalablement communiquée à LL. MM. et sans avoir reçu leur autorisation pour la publication de tout ou partie de cette Correspondance.

« J'autorise mes exécuteurs à publier ceux de ces documents qui leur paraîtront devoir intéresser le public, et même à les vendre, mais à la condition expresse de ne le faire qu'avec la discrétion la plus complète, et sans que les lois de la loyauté et de l'équité soient lésées, et aussi en donnant à cette discrétion assez de latitude pour que l'on puisse consulter ces documents, à titre purement gratuit, toutes les fois qu'ils le jugeront convenable et utile...

« C'est en vue de l'accomplissement de ces instructions que je désire que mes exécuteurs réunissent ces lettres et ces documents après ma mort, qu'ils les examinent en toute discrétion et sans contrôle. Je leur donne le pouvoir de détruire ceux qui leur paraîtront devoir être détruits..., etc., etc. »

Qu'on ouvre maintenant *le Congrès de Vérone*, publié du vivant de l'auteur, et les Mémoires publiés le lendemain de sa mort, et qu'on juge de la différence des *esprits*.

FIN DU TOME DEUXIÈME.

TABLE DES MATIÈRES.

	Pages.
Lettres et Opuscules de Fénelon	1
OEuvres de Barnave	22
Pline le Naturaliste	44
Mme de La Tour-Franqueville et Jean-Jacques Rousseau	63
Lettres de la duchesse de Bourgogne	83
La Religieuse de Toulouse, par JULES JANIN	103
Lettres de Mlle de Lespinasse	121
Chateaubriand romanesque et amoureux	143
Huet, évêque d'Avranches	163
Mémoires de Mme d'Épinay	187
Lettres de Mme de Graffigny, ou Voltaire à Cirey	208
Lettres de lord Chesterfield	226
Le palais Mazarin, par M. LÉON DE LABORDE	247
Mme Du Châtelet, Suite de Voltaire à Cirey	266
Chansons de Béranger	286
Mme Geoffrin	309
Lettres de Goethe et de Bettina	330
Gil Blas, par LE SAGE	353
M. de Broglie	376
Procès de Jeanne d'Arc	399
L'abbé Galiani	421
M. de Balzac	443
M. Bazin	464
Mme de Pompadour	486
M. de Malesherbes	512
Chateaubriand homme d'État et politique	530

FIN DE LA TABLE

www.ingramcontent.com/pod-product-compliance
Lightning Source LLC
Chambersburg PA
CBHW060753230426
43667CB00010B/1552